ORCHID

洋ラン大全

優良花から珍ラン奇ランまで

―監修―

世界らん展日本大賞事務局

全日本蘭協会

日本洋蘭農業協同組合

蘭友会

誠文堂新光社

多種多様な洋ランの世界——はじめに

洋ランの世界に魅了され、深く関わってこられた愛好家、生産・流通のプロ、研究者の方々にランの魅力について尋ねると、まず異口同音にその「多様性」を挙げます。

豪華絢爛なカトレアやコチョウラン（ファレノプシス）、シンビジウム、デンドロビウム、独特の気品と希少性でマニアの心をとらえて離さないパフィオペディルムといった花の美しいものから、いわゆる「珍奇植物」にも分類される奇怪なバルボフィルムやドラキュラ、マスデバリアの類まで、その形状は多種多様です。

自生地の環境も多種多様で、一般的にイメージする高温多湿な熱帯地域だけでなく、乾燥した砂漠地帯や、逆に冷涼湿潤な雲霧林に生育する種類もあります。また同じ環境下でも、地上で生育する地生種と、樹上や岩場の上で生育する着生種があります。

そんな洋ランの多種多様さに合わせて、私たちもさまざまな楽しみ方ができます。１つの株をじっくりと育てるのもよし、同一のグループや似たような性質の種類をコレクションするのもよし。特殊な環境を用意することなく屋内屋外で育つものもたくさんありますが、温室や保冷室が必要な種類もあります。交配・育種にチャレンジするのも楽しいものです。また、洋ランの花は長持ちするものも多いので切花で楽しむのもよいでしょう。

本書は、世界有数のランの祭典を運営する世界らん展日本大賞事務局、愛好家団体の全国組織である全日本蘭協会と蘭友会、洋ラン生産・流通のプロである日本洋蘭農業協同組合が監修しています。まず１章の冒頭で、監修４団体それぞれで行われている審査の基準（蘭友会は審査なし）および各団体の入賞花・おすすめの花を紹介しています。

「洋ラン図鑑」として、１章では約300種類の原種とその自生地および性質を、２章では45種類の交配種とその交配親を紹介しています。

また、２章後半のコラムでは、耐暑性ミルトニオプシスの育成とその品種、シンビジウムの育成とその品種などを紹介しています。

３章では、洋ランを始めて栽培する方のためにまず、栽培の概論、それに続いて洋ランの主要五属であるカトレア（原種系）、シンビジウム、デンドロビウム、パフィオペディルム、ファレノプシスの育て方をそれぞれ解説しています。

４章は、洋ランの学名に関する読み物です。洋ランの学名は変更が繰り返されており、「どれが新しいのか」「どれが正しいのか」など、混乱することも多いと思います。なぜ学名が変更されるのか、どれが正しいのか、現在の状況と今後の展望を洋ランのプロが解説しています。

本書は洋ランの「アーカイブ」も目指しました。５章ではまず、幕末から現在までの「通史」として日本の洋ラン界の歴史を解説し、監修４団体の歴史を紹介し、章の後半に「合田弘之氏、宇田川芳雄氏に伺う日本洋ラン界の『歴史証言』」を掲載しました。また、１・２章に掲載したミニコラム、２章後半のコラム「シンビジウム改良の歴史」「日本が生んだ近代パフィオの父」も貴重な歴史資料となっています。３章後半の「昭和５年発行『実際園芸』連載記事に学ぶラン科植物の栽培」は昔の記事と対比しながら「現代のランの繁殖法」を紹介しています。

6章は、合田弘之氏が記録して、現在でもなお更新し続けている、大変貴重な資料「ALPHABETICAL ONE-TABLE LIST」（国際園芸編）の中からラン科植物の学名リストを抜き出して掲載したものです。属名から略称を、また、略称から属名を調べる際に活用してください。

本書を「洋ラン図鑑」「洋ランカタログ」として、また「栽培ガイド」として、さらには「アーカイブ」として、多種多様な使い方をしていただけると幸いです。

洋ラン大全編集部

■学名の日本語での読み方について――

学名の日本語読みはラテン語読みや英語読みなどがあり、どれが正しく、どれが誤りというものではありません。本書では、これから国内で入手して栽培を始めようとする方の便宜を考慮して、国内で通用している読み方を採用しました。監修各団体のサイトを検索した際に、日本語での読み方が異なる場合がありますので、ご了承ください。

■花の部位の名称――

ガーデンライフシリーズ　栽培管理＆品種図鑑

洋ラン大全

2章　洋ラン図鑑2　新しいラン、面白いラン

3章 栽培のポイント

4章 洋ランの学名について

5章 日本の洋ラン界と各団体の歴史

6章 ラン科植物学名リスト ALPHABETICAL ONE-TABLE LIST より

1章

洋ラン図鑑 1

プロ・ベテラン愛好家がすすめる
優良花&原種系のラン

世界らん展日本大賞の審査

東京オーキット・ナーセリー・高橋昌美

世界らん展日本大賞の審査は、世界中のランの大会で最も魅力的なコンテストに挙げられます。グランドチャンピオンである日本大賞に選ばれると、賞金200万円に高級外車が副賞で授与されます。大賞受賞の名誉と共に、ここまでの「ご褒美」が用意されているのは、世界らん展だけです。また、洋ラン、東洋ラン、日本のランのすべてが集まってコンテストを開いているランの展示会は、この世界らん展しかありません。諸外国の展示会に足を運んでみると、きらびやかな洋ランは数多くありますが、楚々とした美しさの東洋ランや日本のランは、まず見ることができません。

世界らん展日本大賞の概要

では全体の概要からご説明しましょう。世界らん展のコンテストは、6つの異なる部門があり、それぞれに最優秀賞が設定されています。

部門1：個別部門
部門2：フレグランス部門
部門3：ディスプレイ部門
部門4：フラワーデザイン部門
部門5：アート部門
部門6：ミニチュアディスプレイ部門

これらの中で、部門1：個別部門の最優秀賞が栄えある日本大賞になります。

個別部門とは、1鉢1鉢のランの優劣を競う部門になりますが、もちろん審査日に花が咲いていなければなりません（※一部、葉芸物を除く）し、見栄えをよくしようと寄せ植えに仕立てたものは審査対象外となります。あくまでも、1株（どんなに大きくても）で開花しているものが審査対象になり、段階を経て日本大賞が選出されます。

また、そのときに開花していなければならないため、事前にエントリーを募ることができず、審査日の前日と前々日のみに受付を行います。その際、品種名の確認やワシントン条約に抵触していないランであることを確認の上、エントリーが完了します。

個別部門の審査は、メダル審査とリボン審査の両方が行われますが、日本大賞はリボン審査の中から勝ち上がったランに授与されます。

メダル審査

メダル審査とは、個々の花の絶対評価を行うもので、原種・交配種を問わず、花の色や形、大きさなどを採点し、100点満点中、75～79点のものをブロンズメダル、80～89点をシルバーメダル、90～100点をゴールドメダルに認定します。これら以外にも、明らかに優れた栽培の大株などには、サーティフィケート オブ カルチュラル メリット（CCM）と呼ばれる栽培賞があります。このように1鉢ずつ点数を付けて評価しているならば、その中の最高得点の花が日本大賞になりそうなものですが、そうではなく、日本大賞はリボン審査から選ばれるのです。

リボン審査

では、リボン審査とはどのようなものでしょうか？メダル審査とは異なり、相対評価となりますから、審査日に集まっている花々から決まった数の優秀花が選出されていきます。

まず、ランの仲間は種類によって本当に姿・形・花の見方が異なるため、いきなりすべてのランの中から序列を付けるのは不可能です。また、例年この部門へは800～900作品の出品があるので、限られた時間内にすべてを見て回り、順位付けすることも、ほぼ不可能です。

そこで、個別部門の中を41のカテゴリー（種類）に分け、それぞれのカテゴリーの中でブルーリボン賞

（第１席）、レッドリボン賞（第２席）、ホワイトリボン賞（第３席）が決められます。これが一次審査となり、ブルーリボン賞を獲得した花が次のステージである最終選考へと進めます。

この41のカテゴリーですが、例えばカトレア属の仲間だけでも、原種、交配種、花色や株の大きさによって８つのカテゴリーがあったり、パフィオペディルム属の仲間も系統の違いから７つのカテゴリーに分かれています。一例ですが、パフィオペディルム属の仲間には元々１本の花茎に１輪しか花を着けない性質のものもあれば、逆に多花性種と呼ばれ、１花茎に４〜５輪以上の花を着ける系統があります。これらを最初から同じ土俵で評価するのは極めて困難ですから、なるべく似たような系統のランでカテゴリーを形成し、その中で一次審査を行っています。

また、コンテストとしての公平性を保つために、数年に一度、各カテゴリーの出品数を確認し、１つのカテゴリーの出品数がなるべく同じくらいの出品数になるよう、カテゴリーの見直しを図っています。選挙の時の「１票の格差」に似たものがあり、できる限り不公平性を無くすためには、このようにするしかありません。

次に最終選考の場となるわけですが、41ものカテゴリーからそれぞれ勝ち上がってきた優秀花が一堂に集められます。各々の花はどれも素晴らしく、どれが日本大賞になってもおかしくないほど圧巻です。しかし、コンテストを行っている訳ですから、さらに序列を付けなければなりません。

個別部門の審査員として、国内外から総勢100人を超える方々にご協力いただいていますが、一次選考の際には、チーム分けされた審査員の各グループがそれぞれのカテゴリーの花からブルーリボン賞を選出します。そして、最終選考の際には、全審査員の投票によって審査が行われ、各審査員は自分で第１位〜第10位だと思う番号を順番に記入し、それが点数となって集計され、日本大賞が決定します。したがって、組織票や談合などは一切できず、極めて公平性の高い審査といえます。

では、審査員の方々は、どこを見て優劣を決めているのでしょうか？　はっきり言って、最終選考の場では、それぞれの花を見たときの第一印象で順位付けをされているといっても過言ではありません。もちろん、決していい加減に審査を行っている訳ではありませんし、人が作業しているわけですから、各人の好みに大きく作用されるとは思います。しかし、そこに集まっている花々は、すでに各カテゴリーから予選を勝ち上がってきているので見劣りするような花はありません。では、なぜそのようなことが言えるかといえば、一次選考の際にしっかりとした審査を行っているからです。

最終選考のポイント

まず、自然な状態で開花しているかどうかが１つ目のポイントです。綺麗に見せるために花や花茎に矯正がなされていれば、その時点で審査対象から外れます。

例えば、会場に持ち込むための輸送の支柱などはよいのですが、花の向きを変えるなどのために、１輪１輪にワイヤーがかかっていれば、それは矯正と見なされても仕方ありません。また、故意に花弁が平らに矯正されている場合なども審査対象外です。

支柱やビニタイを使うことが悪いわけではありませんが、これらはあくまでも自然に開花するための補助に過ぎません。また、花を大きく咲かせるために、複数着いているつぼみの一部を故意に摘花している場合も対象外となります。あくまでも自然開花でなければなりません。

次に開花状況です。つぼみや開花途中のものは残念ながら審査から外れます。審査日に綺麗に開いていなければならないということです。通常１花茎から１輪しか咲かない系統のランであれば、それが開花していれば審査対象となりますが、シンビジウム属やオンシジューム属のような、一般的に1本の花茎からたくさんの花を咲かせる系統のものは、半数以上が開花していなければなりません。半数未満の場合には、これも審査対象外となります。また、1鉢から何本もの花茎を伸ばしているものに関しては、すべての花数から半数以上が開花していなければなりません。もちろん、花の鮮度も加味されますので、満開から見頃を過ぎているような場合には、これも落選となります。

さらに、1株のまま長年栽培された大株の出品も世界らん展の見所の1つです。大きな大会だからこそ、出品者の皆さんは力を入れて栽培され、初めて花を咲かせた頃から何年もその株を栽培し続け、年々大きくなった株から一斉に咲かせた株が出品されます。もちろん、この場合でも半数以上の開花が審査時の条件となりますから、ただ大きければよいという訳ではありません。大株になればなるほど、仕立ても大変ですし、一斉に咲かせるのは困難を極めます。この大株に関しては賛否両論あり、時に「大きければよいのか？」という声も耳にしますが、やはり出品者が長年愛情を込めて栽培された力作には目を見張るものがあり、審査員の方々もつい目に入ってしまっているようです。

ランの種類によって、凛とした1輪の美しさを見るものもあれば、大株となった集合体の美しさを放つものがあります。出品されてくるランの花々は、それぞれ栽培者の愛情が感じ取れますが、それらが一堂に集ってコンテストを行っている世界らん展は、文字通り世界最高水準のランの展示会だと思います。

世界らん展の審査にご協力いただいている方々は、皆さん審査員であることに誇りを持って毎年集まってくださっています。審査日の会場内は、インターナショナルなラン展である証拠に日本語と英語が飛び交っており、神聖ながらも活発な議論が繰り広げられています。今後も、公平かつ公正なコンテストを続けていただきますので、読者の皆様も、開花中のランがあれば、ぜひ出品してください。もしかすると、そのランが「日本大賞」になるかもしれません！

開会式直前の会場風景。

設営に奮闘するスタッフたちの様子も紹介しておきたい。エアドームのため、一度に入場できる搬入車は限られる。資材を積み込んだ大型トラックが列を成す中、参加者はランの状態を見ながら、開会に間に合わせるべく、展示物や販売ブースのディスプレイを急ピッチで進めていく。

世界らん展日本大賞「日本大賞」受賞花

写真提供：世界らん展日本大賞事務局

第1回　1991年

⬆カトレア　ロッディゲシー‘ヨランダナカゾネ’
Cattleya loddigesii ‘Yoranda Nakazone’

第2回　1992年

⬆シンビジウム　ラブリーバニー‘オセロ’
Cymbidium Lovely Bunny ‘Othello’

第3回　1993年

⬆パフィオペディルム　ロイヤルウェディング‘ドーガシマ’
Paphiopedilum Royal Wedding ‘Dogashima’

第4回　1994年

⬆パフィオペディルム　カバーストーリー‘コウガ’
Paphiopedilum Cover Story ‘Koga’

第5回　1995年

⬆パフィオペディルム　ナイツチャリス
‘メモリアノブユキハナジマ’
Paphiopedilum Knight’ s Chalice
‘Mem. Nobuyuki Hanajima’

第6回　1996年

⬆ブラソレリオカトレア　チアリン‘シンシン’
Brassolaeliocattleya ChiaLin ‘Shin Shyn’

第7回　1997年

⬆リンコスティリス　ギガンテア‘トーカイ　スポット’
Rhynchostylis gigantea ‘Tokai Spot’

第8回　1998年

⬆ファレノプシス　シグナス‘ルネッサンス’
Phalaenopsis Cygnus ‘Renaissance’

第9回　1999年

⬆リカステ　ショールヘブン‘キョウト’
Lycaste Shoalhaven ‘Kyoto’

第10回 2000年

マスデバリア コクシネア 'マークダニエル'
Masdevallia coccinea 'Mark Daniel'

第11回 2001年

リカステ スキンネリ 'マウントオクイオウ'
Lycaste skinneri 'Mt.Oku iou'

第12回 2002年

ドリティノプシス スイートワイン 'エンプレス'
Doritaenopsis Sweet Wine 'Empress'

第13回 2003年

パフィオペディルム ロルフェイ 'コウベ 2000'
Paphiopedilum Rolfei 'Kobe 2000'

第14回 2004年

ファレノプシス フェイス 'ホワイトナイト'
Phalaenopsis Faith 'White Knight'

第15回 2005年

デンドロビウム カスバートソニー 'ゴールドマウンテン'
Dendrobium cuthbertsonii 'Gold Mountain'

第16回 2006年

マスデバリア ツアカウキャンディー 'ラブリー'
Masdevallia Tuakau Candy 'Lovely'

第17回 2007年

デンドロビウム ゴールドシュミッティアナム 'コイズミ'
Dendrobium goldschmidtianum 'Koizumi'

第18回 2008年

ユーロフィエラ ロエンプレリアナ 'ヨウコY.サイトウ'
Eulophiella roempleriana 'Yoko Y. Saitoh'

第19回　2009年

リカステ　ショールヘブン‘ヨウコズデライト’
Lycaste Shoalhaven 'Yoko' s Delight'

第20回　2010年

デンドロビウム　フィンブリアータム・オクラタム‘ロングウェル’
Dendrobium fimbriatum var. *oculatum* 'Long Well'

第21回　2011年

セロジネ　クリスタータ・ホロレウカ‘ピュアホワイト’
Coelogyne cristata fma. *hololeuca* 'Pure White'

第22回　2012年

デンドロビウム　ノビル　‘ハツエ’
Dendrobium nobile 'Hatsue'

第23回　2013年

フラグミペディウム　コバチイ‘セカンドスマイル’
Phragmipedium Kovachii 'Second Smile'

第24回　2014年

エピデンドラム　アタカゾイカム‘マウントイイズナ’
Epidendrum atacazoicum 'Mt.Iizuna'

第25回　2015年

デンドロビウム　スミリエ‘スピリットオブザマ’
Dendrobium smillieae 'Spirit of Zama'

第26回　2016年

パフィオペディルム　エメラルドフューチャー‘ギャラクシー’
Paphiopedilum Emerald Future 'Galaxy'

第27回　2017年

デンドロビウム　グロメラータム‘ロングウェル’
Dendrobium glomeratum 'long well'

全日本蘭協会（ＡＪＯＳ）の審査について

全日本蘭協会・坂本英昭

はじめに

全日本蘭協会（ＡＪＯＳ）の審査のあゆみについて簡単に紹介します。

ＡＪＯＳは、昭和33（1958）年７月に創設され、翌年の昭和34（1959）年１月から審査活動が開始されました。この時代の賞は、ＦＣＣ、AM、ＢＣ（後のＣＢＭ）、ＣＣ（後のＣＣＭ）の４種類で、ＨＣＣが設定認定されたのは昭和37（1962）年でした。また、専任の記録委員がいなかったため、サイズなどの計測記録が一部を除いて、ほとんど残されておらず、審査員の名前も記録されていませんでした。審査員の名前が記録されるようになったのは、昭和40（1965）年からで、当時の審査員に島津忠重（初代会長）、池田成功、後藤兼吉、合田弘一、大場守一、加藤光治、江尻宗三郎といった、今は故人となられた日本洋蘭界先達の各氏の名前が見られます。花のサイズが安定的に記録されるようになったのは昭和44（1969）年からでした。

過去においては、個々の審査員がそれぞれの知識と経験に基づいて、花全体の得点をスコアシートに記入し、その後、出席した審査員全体の平均得点を最終得点としてきました。審査方法ならびに審査基準は、過去何度か変更されてきましたが、おおむね一貫しています。

優秀花の認定方法は、イギリスのＲＨＳで行われている審査員の賛成多数による方法と、アメリカのＡＯＳで行われている審査員一人ずつの採点を平均して、得点表示する方法の２種類があります。ＡＪＯＳの審査方法は、伝統的に採点方式で行われており、今後もこの方法を継承します。

認定賞の種類と主な入賞花

ランの栽培者及び愛好者であれば、ＡＪＯＳの会員であると否とを問わず、誰でも審査（認定賞）の申し込みができます。申し込みは花付き株または切花いずれでもかまいませんが、切花の場合は花序全体が出品されなければなりません。

❶ First Class Certificate（FCC）

ＡＪＯＳの定める優秀花の基準に従い、採点方式で審査した結果、90点以上の得点を得た個体（Cultivar or Clone）に授与します。

❷ Award of Merit（AM）

❶と同様に、80点以上90点未満の得点を得た個体に授与します。ただし、次のような場合、AMからFCCへの昇格の可能性について検討します。すなわち、投票の平均点が85点以上90点未満のAMで、同時に90点以上の票数が出席審査員の３分の１以上ある場合はFCCの可能性について再検討を行い、再び採点を行います。得点は２度目の点数が正式のものとなります。再検討の議長は審査委員長が当たります。委員長に不都合があるときは副委員長、または委員長の指名を受けた者が当たります。

❸ Highly Commended Certificate（HCC）

❶と同様に、75点以上80点未満の得点を得た個体に授与します。

❹ Certificate of Cultural Merit（CCM）

とくに優れた栽培に対し与えられる賞で、❶と同様に、80点以上得点した花付き株に授与します。ＡＪＯＳの認定賞は通常「花」を対象としますが、このCCM（栽培賞）だけは、出品者個人を対象としています。出品は花付き株に限られ、寄せ植え株および切花は対象としません。また、出品株は少なくとも６か月以上出品者が栽培したものでなければなりません。ランの進歩は優れた花の作出だけでなく、つねに栽培面での努力と進歩が必要であり、このCCMは優秀な栽培に対し、栽培者の努力を認定するものです。したがって、必ずしも優秀花である必要はありません。

❺ Certificate of Botanical Merit（CBM）

原種とその変種（variety）、品種（型 form）および自然交雑種で、今まで見られなかった特長を有し、蘭花の発展、進歩にとくに貢献すると思われる個体にCBMを授与します。審査会に出席した審査員３分の

２以上の賛成を得て決定し、同一固体には１度だけ認定します。

❻ Award of Distinction（AD）

とくに新たな方向を示すと思われる交配（個体またはグループとしての出品）に対して授与します。審査会に出席した審査員３分の２以上の賛同を得て決定されます。AD の授与はその交配について１度だけなされ、出品者と作出者が異なる場合は、両者に与えられます。ラン花の進歩は、新しい方向を示す交配改良によりもたらされ、将来においてもこの面での努力を育種家に大いに期待するものです。その意味で、AD は新しい方向を示す交配種の作出と栽培に対する栄誉として与えられます。

❼ Award of Quality（AQ）

同一種で同時に６個体以上出品された交配種または原種（交配により作出されたもの）で、質的にとくに優れた改良を示す交配に対して授与します。審査会に出席した審査員３分の２以上の賛同を得て、決定されます。対象とする交配種または原種は、必ずしもまったく新しいものとは限りません。以前に作出されたものの再交配であっても、以前のものと比べて明らかに優れたものであればその対象となります。ただし、出品花（６個体以上同時出品）が一様に優れたものであることが必要です。一方、同一出品者が同一種で２年間（24 か月以内）にＡＪＯＳの FCC、AM、HCC を６個体以上受賞した場合、その交配（同一作出者によるもの）に対しても AQ を授与します。いずれの場合も、出品者と作出者が異なる場合は両者に与えられます。認定賞のうち FCC、AM、HCC、CBM の入賞は、すべてその個体の公式入賞記録として、増殖株にも永久に同じ記録が付されます。一方、CCM は出品者個人に与えられる賞であり、また、AD と AQ は交配に対して与えられる賞であるため、その入賞記録を増殖株に付することはできません。AD および AQ の入賞花 は、とくに個体名を命名しなくてもかまいません。

CCM、CBM、AD、AQ 入賞花でＡＪＯＳの定める優秀花の基準に該当する優れた花については、審査員の判断で FCC、AM、または HCC を同時に授与できます。

❽ Award of Feature（AF）特色賞

上記❶～❼の対象の範ちゅう外でありながら特色のある花であり、記録を残しておく価値が認められる花に授与します。審査に出席した審査員の３分の２以上の賛同を得て決定されます。

❼ AQ の事例

Paph. S. Gratrix A.Q.
(*bellatulum* 'Sesame Spots' x *godefroyae* var. *leucochilum* 'Tora')
('Pecco Pecco' /A.M. 'Namiki-1'/H.C.C. 、'Namiki-2' 、'Namiki-3'、'Namiki-4' /H.C.C.、'Soft Touch' /H.C.C.)
交配者本人による同一交配６点同時出品 (A.Q. : Award of Quality)

❽ AF の事例

Paph. Sunday Hobby 'Funny Gem' A.F.
(Bruno x Via Victoria)
N.S. 5.3 x 7.5 D.S. 5.3 x 4.9 V.S. 3.0 x 3.2 P. 4.9 x 4.7 L. 計測不能
全高 16.0、花茎長 6.0、株幅 12.0cm。花付バルブ数 1。１花茎１輪咲き。

年度賞の種類

ＡＪＯＳの各年度において、認定賞を受賞した中から次に定める分野で、最優秀花１点を選定し、年度賞を授与します。年度賞は当該年度の最終審査会が終了した日より 60 日以内に、審査委員長が審査委員会を召集し、選定します。審査委員長は選定結果を直ちに理事会に報告します。年度賞の対象は、ＡＪＯＳの審査会において認定賞を受賞した花付き株または切花で、特別な事情のない限り、その分野の最高得点花に年度賞を授与します。審査委員会での十分な審議を経て決定します。年度賞は分野別に選定するので重複して授与することがあります。

❶島津賞（Tadashige Shimadzu Prize）

FCC、AM、HCCの認定賞を受賞したすべての花付き株または切花の中で最も優れた出品花に授与。本賞はＡＪＯＳの審査で最高の栄誉で、初代会長で日本の洋ラン栽培の創世期に、その普及に多大な貢献をした島津忠重氏の功績を記念して設定されました。

❷米本賞（Masashi Yonemoto Prize）

CCMを受賞した花付き株の中で最も優れた栽培株の出品者に授与。本賞はランの栽培に関する最高の栄誉であり、ＡＪＯＳ第五代会長で本会の隆盛に多大な貢献をした米本正氏の功績を記念して設定されました。

❸後藤賞（Kanekichi Gotoh Prize）

FCC、AM、HCCの認定賞を受賞した国産実生の交配種の中で最も優れた出品花に授与。ＡＪＯＳ第三代会長で、日本の蘭栽培と交配に多大な貢献をした後藤兼吉氏の功績を記念し、交配のより一層の進歩と改良を図ることを目的として設定されました。

❹合田賞（Hirokazu Gauda Prize）

FCC、AM、HCCの認定賞を受賞した中で最良の原種（輸入花及び実生）に授与。合田賞はＡＪＯＳの創設者の１人で、日本のラン界に多大な貢献をした合田弘一氏の功績を記念して設定されました。

❺真鍋賞（Saburo Manabe Prize）

FCC、AM、HCCの認定賞を受賞したすべてのカトレア種（カトレアの原種とその交配種およびその属間交配種）の中で最も優れた出品花に授与。ＡＪＯＳ第四代会長で、とくにカトレアの栽培に貢献した真鍋左武郎氏の功績を記念して設定されました。

❻土屋賞（Fukashi Tsuchiya Prize）

FCC､AM､HCCの認定賞を受賞したパフィオペディルム種（フラグミペディウム、シプリペディウム属を含む）の中で、最も優れた出品花に授与。ＡＪＯＳの元委員でパフィオペディルムの普及に貢献した土屋玄氏の功績を記念して設定されました。

審査の得点配分（一部）

審査の申し込み方法は、ＡＪＯＳに直接お問い合わせください。ここでは、審査の得点配分の一部を掲載しておきます。

2 審査得点配分

（1）優秀花の審査

前項で記述した主要な属についてＡＪＯＳとしての優秀花の基準は、多少の判断の差はあれ、現在世界の蘭界で認められている基本要素である。ＡＪＯＳの優秀花の審査（ＦＣＣ, ＡＭ, ＨＣＣ）は、この優秀花の基準に基づき、花の重要な特徴をそれぞれ得点配分して総合得点を表示するものとする。優秀花の審査における得点配分を次の通りとする。

A カトレア類

カトレアとその属間交配を含む

花形（Form of flower）	30点
花色（Color of flower）	30点
花径（Size of flower）	10点
弁質（Substance and texture）	20点
花数と花茎（Floriferousness & stem）	10点
合計得点（Total Points）	100点

B パフィオペディルム類

フラグミペディウム属とシプリペディウム属を含む

花形（Form of flower）	40点
花色（Color of flower）	40点
花径（Size of flower）	10点
弁質（Substance and texture）	5点
花数と花茎（Floriferousness & stem）	5点
合計得点（Total Points）	100点

（中略）

D その他の属

上記カトレア類及びパフィオペディルム類を除くすべての属を含む

花形（Form of flower）	30点
花色（Color of flower）	30点
花径（Size of flower）	10点
弁質（Substance and texture）	10点
花序と着花状態（Habit and arrangement of inflorescence）	10点
花数と花茎（Floriferousness & stem）	10点
合計得点（Total Points）	100点

（2）優秀栽培の審査

ＡＪＯＳのCertificate of Cultural Merit（CCM）の審査は特別に優れた栽培に対し、下記の基準により得点表示する。

株の状態（Condition of plant）	40点
花数（Floriferousness）	40点
開花状態（Quality of bloom）	20点
合計得点（Total Points）	100点

審査員・準審査員・研修審査員

❶研修審査員

ＡＪＯＳの会員で将来審査員の資格を得たいと思う人は、誰でも応募できます。応募に際しては、下記事項を記載した書面を審査委員長に提出します。

A 氏名
B 住所、電話番号
C 全日本蘭協会に入会した年月
D 蘭栽培の経験年数
E 温室の規模と栽培株数
F 主に栽培する属名
G 得意な分野
H 蘭の栽培、知識吸収、交配に関する将来の抱負

審査委員長は、応募者と面接の上、研修審査員として登用を決定します。応募者は色彩感覚が正常なものに限られます。研修審査員の募集は将来のＡＪＯＳの審査活動が支障なく実現できるよう、つねに一定数を確保するよう行う必要があります。研修審査員の応募は、年間いつでも可能で、そのつど委嘱することができるものとしています。

❷準審査員

研修審査員を２年以上務めた人で、本会の審査員としてふさわしい知識と能力を有すると認められた場合、準審査員として推薦されます。準審査員の推薦に際しては、公認審査員の全員による投票の結果、３分の２以上の賛成が得られなければなりません。また、ＡＪＯＳ以外の団体で現に審査員の資格を有する人で、本会の審査員を希望する場合は、本会の公認審査員の３分の２以上の賛成をもって準審査員に推薦することができます。ただし、ＡＪＯＳの会員資格を有することが前提となります。推薦された候補者を審査委員長が理事会に諮り、準審査員として認定します。準審査員の認定は年１回、新年度開始の最初の理事会で承認されるものとします。

❸公認審査員

準審査員として３年以上務め、ＡＪＯＳの公認審査員として高度で豊かな知識と能力を有すると認められた場合、公認審査員として推薦されます。他団体の審査員で、本会の準審査員の資格を得た場合は準審査員として１年間務め、本会の公認審査員として相応しいと認められた場合、公認審査員に推薦されます。推薦に際しては、その時点での公認審査員全員による投票の結果、３分の２以上の賛成が得られなければなりません。推薦された候補者を審査委員長が理事会に諮り、公認審査員として認定します。公認審査員の認定は年１回、新年度開始の最初の理事会で承認されるものとします。

❹名誉審査員

公認審査員として 10 年以上務め、本会の審査活動に卓越した功績を残した人で種々の理由（年齢、健康状態など）により、別に定める年間の審査会出席必要回数を満たせないような場合、または審査委員長がとくに指名する場合、名誉審査員として認定することができます。審査委員長からの推薦により、理事会で承認します。名誉審査員の認定は年１回、新年度開始の最初の理事会で承認されるものとします。名誉審査員は自己の都合の良いときに認定審査員の資格で審査に参加でき、年間の審査会出席必要回数を満たす義務を負いません。ただし、名誉審査員は審査委員会における決議権を所有しません。名誉審査員は本会の審査員として最高の栄誉であり、本会の会員である限り、永久にその地位を保証されます。

全日本蘭協会(AJOS) 年度賞入賞花

全日本蘭協会（ＡＪＯＳ）が、前述の手順で審査・認定した「年度賞」入賞花を中心に、優秀なランを紹介します。

2016 年度

パフィオペディルム ゴデフロイエ・リューコキラム 'サマードリーム'
Paphiopedilum godefroyae var. *leucochilum* 'Summer Dream'

パピリオナンセ テレス・アルバ 'オーヤマザキ'
Papilionanthe teres fma. *alba* 'Oyamazaki' C.C.M. 93 pts. (species)

パフィオペディルム ゴールデンヒーロー 'AK-PE1'
Paphiopedilum Golden Hero 'AK-PE1'
A.M. 82 pts. (Hellas x Martian Man)

トリコセントルム スプレンディダム・アルバム 'ドリームオブキミ'
Trichocentrum splendidum fma. *album* 'Dream of Kimi'
A.M. 82 pts. (species)

カトレア マザーズライフ 'フジワラ'
Cattleya Mother's Life 'Fujiwara'
A.M. 82 pts. (Mini Blue Star x Kazuko Takamatsu)

パフィオペディルム サブライムシルエット 'M. サワイ'
Paphiopedilum Sublime Silhouette 'M. Sawai'
A.M. 84 pts.(Memoria Heinrich Duerbusch x Junior Exploit)

2015 年度

パフィオペディルム ウスナーフェイバリット 'ヨーコズデライト'
Paphiopedilum Wössner Favourite 'Yoko's Delight'
F.C.C. 93 pts. (*godefroyae* var. *leucochilum* x *hangianum*)

スダマリカステ シンナバリナ 'リバーサイド'
Sudamerlycaste cinnabarina 'Riverside' C.C.M. 94 pts.(species)

パフィオペディルム ピンクパレス 'チェリーバルーン'
Paphiopedilum Pink Palace 'Cherry Balloon'
A.M. 82 pts.(Burpham x Ice Castle)

パフィオペディルム サクハクリー 'フルスロットル'
Paphiopedilum sukhakulii 'Full Throttle'
F.C.C. 90 pts.(species-sib.: 'Mana Island' x 'Kuon')

パフィオペディルム サンデリアナム 'ルビーナイト'
Paphiopedilum sanderianum 'Ruby Knight'
A.M. 83 pts.(species)

カトレア ワルケリアナ・セルレア'ユキズワンダー'
Cattleya walkeriana fma. *coerulea* 'Yuki's Wonder'
A.M. 82 pts.(species-sib.)

2014年度

パフィオペディルム ベラチュラム'トキズデライト'
Paphiopedilum bellatulum 'Toki's Delight'
A.M. 84 pts.(species-sib.: 'Full Moon' x 'Pecco')

デンドロビウム ヴィクトリアエ - レギネ 'ヨーコ'
Dendrobium victoriae-reginae 'Yoko'
C.C.M. 89 pts.(species-sib.)

カトレア イサベラストーン 'ユキウキ'
Cattleya Isabelle Stone 'Yuki Uki'
A.M. 82 pts.(*sincorana* x *coccinea*)

カトレア ワルケリアナ・フラメア 'ルビーエンジェル'
Cattleya walkeriana fma. *flamea* 'Ruby Angel'
A.M. 81 pts.(species-sib.: fma. *perola* 'Sakura Snowball' x fma. *flamea* 'Divina')

パフィオペディルム ヘンリヤナム 'シュウ'
Paphiopedilum henryanum 'Shuu'
A.M. 83 pts. (species-sib.: 'Candor' x 'Tokyo')

パフィオペディルム サクハクリー 'フミ'
Paphiopedilum sukhakulii 'Fumi'
A.M. 81 pts.(species-sib.: 'Akiko' x 'Toki')

2013 年度

カトレア［ソフロニティス］セルヌア・アマレロ 'ユキズヘブン'
Cattleya [Sophronitis] cernua fma. *amarelo* 'Yuki's Heaven'
F.C.C. 92 pts. (species-sib.: fma. *amarelo* x sib.)

ミルトニア モレリアナ 'ポコポコ'
Miltonia moreliana 'Poco Poco'
H.C.C. 79 pts. C.C.M. 91 pts. (species)

パフィオペディルム ベラチュラム'マッシーズデライト'
Paphiopedilum bellatulum 'Mass's Delight'
F.C.C. 90 pts. (species-sib.: 'Pecco' x 'Sumiko')

パフィオペディルム ミクランサム 'ミズキ'
Paphiopedilum micranthum 'Mizuki'
A.M. 83 pts. (species-sib.: '107' x 'Kimika')

カトレア タイニーブルー 'ユキドリーミリー'
Cattleya Tiny Blue 'Yuki Dreamily'
A.M. 84 pts. ((*Lc.*) Mini Blue Star x (*Lc.*) Mini Purple)

パフィオペディルム ベラチュラム'トウキョウムーン'
Paphiopedilum bellatulum 'Tokyo Moon'
A.M. 89 pts. (species)

2012 年度

パフィオペディルム ウスナーフェイバリット 'マッシーズ'
Paphiopedilum Wössner Favourite 'Mass's'
F.C.C. 92 pts. (*godefroyae* var. *leucochilum* x *hangianum*)

パフィオペディルム ティグリナム 'キャンドルプレデター'
Paphiopedilum tigrinum 'Candor Predator'
H.C.C. 78 pts. C.C.M 86 pts. (species)

カトレケア ペコチャンズスマイル 'スプリンググランド'
Cattleychea Pecochan's Smile 'Spring Grand'
A.M. 80 pts. (*Psh. mariae* x *C.* Tydea)

エピデンドラム ラディカンス 'アフターマスミ'
Epidendrum radicans 'After Masumi'
A.M. 83 pts. (species)

カトレア［ソフロニティス］セルヌア'アカギノヤマ'
Cattleya [Sophronitis] cernua 'Akaginoyama'
A.M. 84 pts. (species-sib.)

パフィオペディルム ウィンターコート 'マーシュマロウ'
Paphiopedilum Winter Coat 'Marsh Mallow'
A.M. 81 pts. (*godefroyae* var. *leucochilum* x *wenshanense*)

2011 年度

島津賞

↑パフィオペディルム ロルフェイ 'トキ'
Paphiopedilum Rolfei 'Toki'
A.M. 88 pts. (*rothschildianum* x *bellatulum*)

米本賞

↑パピリオナンセ テレス 'グランディフロラ'
Papilionanthe teres 'Grandiflora'
C.C.M 87 pts. (species)

後藤賞

↑カトレア ワルケリアナ・セルレア 'ラピスラズリ #8'
Cattleya walkeriana fma. *coerulea* 'Lapis Lazuli #8'
A.M. 81 pts. (species-sib.: 'Satox Super' x 'Cinquentenario')

合田賞

↑カトレア アメジストグロッサ 'ミツル'
Cattleya amethystoglossa 'Mitsuru'
A.M. 82 pts. (species-sib.: 'Karen Nair' x 'Star of Riverdene')

真鍋賞

↑カトレア [ソフロニティス] セルヌア 'ミョウギノヤマ'
Cattleya [*Sophronitis*] *cernua* 'Myoginoyama'
A.M. 84 pts. (species)

土屋賞

↑パフィオペディルム ジャイアントストーン 'ピュアユイ'
Paphiopedilum Giantstone 'Pure Yui'
A.M. 83 pts. (Pacific Shamrock x Elfstone)

2010 年度

島津賞

↑パフィオペディルム オトゴゼン 'マッシーズ'
Paphiopedilum Otogozen 'Mass's'
F.C.C. 94pts. (S. Gratrix x *bellatulum*)

米本賞

←バンダ ラメラータ 'ロングウェル'
Vanda lamellata
'Long Well'
C.C.M. 82 pts.
(species)

後藤賞

↑カトレア[ソフロニティス] セルヌア 'ユキズトレジャー'
Cattleya [*Sophronitis*] *cernua* 'Yuki's Treasure'
F.C.C. 93 pts. (species-sib.)

合田賞

↑パフィオペディルム チャーレスウォーシー・アルバム 'ジェネラルフロスト'
Paphiopedilum charlesworthii fma. *album*
'General Frost'
A.M. 84 pts. (species)

土屋賞

→パフィオペディルム ランディーブース 'トキ'
Paphiopedilum
Randy Booth 'Toki'
F.C.C. 90 pts.
(Lady Isabel x *randsii*)

真鍋賞

↑カトレア [ソフロニティス] セルヌア 'ユキドリーミリーパーフェクション'
Cattleya [*Sophronitis*] *cernua*
'Yuki Dreamily Perfection'
F.C.C. 93 pts. (species-sib.)

蘭友会（ＪＡＯＳ）おすすめの花

蘭友会（ＪＡＯＳ）では、審査は行わず、月例会などで、会員が持ち寄った株の「人気投票」を行っています。ここでは、人気の高かったもののうち、原種系を厳選して紹介します。栽培のポイントについては、本章後半の図鑑をご覧ください。

Africa&madagasucal 系

⬆エランギス フスカータ
Aerangis fuscata

⬆エランギス ルテオアルバ・ロードスティクタ
Aerangis luteoalba var. *rhodosticta*

⬆アングレカム エクイタンス
Angraecum equitans

⬆エランセス ラモーサ
Aeranthes ramosa

⬆アングレカム ラモースム
Angraecum ramosum

⬆ポリスタキア ユーリチラ
Polystachya eurychilla

Bulbophyllum 系

⬆バルボフィルム サルタトリウム
Bulbophyllum saltatorium

⬆バルボフィルム アナンダレイ
Bulbophyllum annandarei

⬆バルボフィルム アウラツム
Bulbophyllum auratum

⬆バルボフィルム クラプトネンセ
Bulbophyllum claptonense

⬆バルボフィルム ヨランダエ
Bulbophyllum jorandae

⬆バルボフィルム リンドレヤナム
Bulbophyllum lindleianum

⬆バルボフィルム ロビー
Buibophyllum lobbii

Cattleya 系

カトレア アメジストグロッサ
Cattleya amethystoglossa

カトレア フォーベシー
Cattleya forbesii

カトレア ルデマニアナ
Cattleya lueddemanniana

カトレア ルテオラ
Cattleya luteola

カトレア パープラータ
Cattleya purpurata

グアリアンセ スキンネリ
Guarianthe skinneri

プロステケア［エンシクリア］シトリナ
Prosthechea [*Encyclia*] *citrina*

レプトテス ビカラー
Leptotes bicolor

リンコレリア グラウカ
Rhyncholaelia glauca

Dendrobium

デンドロビウム カリクリ - メンタム
Dendrobium caliculi-mentum

デンドロビウム デヌダンス
Dendorobium denudans

デンドロビウム ディチャエオイデス
Dendrobium dichaeoides

⬆デンドロビウム ポリアンサム［プリムリナム］
Dendrobium polyanthum [*primulinum*]

⬆デンドロビウム パープレウム・アルバム
Dendrobium purpureum fma. *album*

⬆デンドロビウム サンデレー・マヨール
Dendorobium sanderae var. *major*

Phalaenopsis

⬆ファレノプシス コルヌ - セルヴィ
Phalaenopsis cornu-cervi

⬆デンドロビウム スブリフェルム
Dendrobium subuliferum

⬆デンドロビウム トランスパレンス
Dendrobium transparens

⬆ファレノプシス ヒエログリフィカ
Phalaenopsis hieroglyphica

Paphiopedilum 系

⬆フラグミペディウム カウダツム
Phragmipedium caudatum

⬆パフィオペディルム サクハクリー
Paphiopedilum sukhakulii

⬆ファレノプシス パリシー
Phalaenopsis parishii

⬆パフィオペディルム ベナスタム
Paphiopedilum venustum

⬆パフィオペディルム ビローサム
Paphiopedilum villosum

Cool系

ドラキュラ ウバンギナ
Dracula ubangina

ドラキュラ ウールワーディアエ
Dracula woolwardiae

マスデバリア コクシネア
Masdevallia coccinea

Other

エリデス ロゼア
Aerides rosea

ミルトニオプシス ファレノプシス
Miltoniopsis Phalaenopsis

ミルトニオプシス ロエズリー
Miltoniopsis roezrii

ディモルフォルキス ローウィ
Dimorphorchis lowii

キロスキスタ パリシー
Chiloschista parishii

シクノチェス クーペリ
Cycnoches cooperi

シンビジウム トラシアナム
Cymbidium tracyanum

マクロクリニウム シフォフォルス
Macroclinium xiphophorus

レナンセラ インシューティアナ
Renanthera imschootiana

トリコピリア スアビス
Trichopilia suavis

日本洋蘭農業協同組合（ＪＯＧＡ）認定審査の基準

須和田農園・江尻宗一

展示会の出品花で順位を競うリボン審査

丹精込めて栽培し、我ながらよく咲かせたと思う花を洋ランの展示会に出品し、上位賞を狙う。「願わくは最高賞を」というのは、洋ランを栽培している誰もが一度は夢見ることではないでしょうか。洋ラン展や趣味団体の集まりの大小を問わず、出品花を評価し序列をつけ、その中から最高賞を決めるのは非常にある意味、わかりやすい審査です。同じ花であればより多く咲いている作品が上位になるでしょうし、仕立て方が丁寧でさまざまな角度から見ても綺麗に仕上がっている花の方がよい賞を取れることでしょう。

そしてなによりも洋ラン展での序列を決める審査は、その展示会に出品されている花だけで順位を競います。この審査方法は洋ランの審査では「リボン審査」と呼ばれ、多くの洋ラン展で上位賞を決める際に行われる方法です。リボン審査は花そのものの品質、例えば花の大きさや色彩、着花数などの開花状態に加え、丁寧な仕立てなど花を含めた株全体としての美しさの総合的な判断で序列を決めるものとされています。そのため、どんなに花一輪の品質がよいものであっても、全体的な見た目が美しく、審査員にアピールできなければ入賞は難しいでしょう。

「ブルーリボン」の例。

国内で行われているリボン審査は１位が青色のブルーリボン、２位が赤色のレッドリボン、３位が白色のホワイトリボンとなり、株に付いているリボンの色を見るだけで序列がわかるようになっています。

海外ではこの色彩が異なることもあり、１位がレッドリボン、２位がブルーリボン、３位が黄色のイエローリボンというのも見たことがあります。

いずれの場合もこの方式では、展示会に出ていない素晴らしい花が審査員の記憶にあっても比較の対象とはしません。

また、リボン審査の場合は、審査を行う審査員の資格は厳格に決められているわけではありません。プロであれ、アマチュアであれ、経験豊かで洋ランを詳しく知っている方であれば、審査員になれる可能性があります。

ＪＯＧＡメダル認定審査

さて、それではＪＯＧＡで行っているメダル認定審査とはどのように洋ランの花を評価し認定するものかをご紹介しましょう。

ＪＯＧＡメダル認定審査は1973年より日本全国の洋ラン展やＪＯＧＡのイベントで開催しているランの花の評価方法です。もともとはＲＨＳ（英国王立園芸協会）が1841年にイギリスで始めたランの評価方法が後年アメリカに伝わり、ＡＯＳ（アメリカ蘭協会）がポイント制の審査方法に改良をしたものが基本となっています。

ＪＯＧＡメダル認定審査は、これを日本風に少しアレンジをしたランの認定審査です。日本ではランの花の認定に際し、ゴールドメダル、シルバーメダル、ブロンズメダルなどのメダルを授与することになったことから、メダル認定審査として知られています。

ＲＨＳやＡＯＳではメダルの授与は行われず、認定証の発行のみとなっています。そのためＲＨＳやＡＯＳの審査は認定審査と呼び、メダル認定審査（通称：メダル審査）と呼ぶのはＪＯＧＡのみとなります。

ではメダル認定審査はなにを基準に、どのように花を評価するのでしょうか。それを知るにはまずこのメダル認定審査の成り立ちを少し知っていただく必要があります。

展示会のリボン審査で出品物の序列を決められれば、その展示会における順位付けには大きな問題はなく、わざわざメダル認定審査を行う必要はないような気がします。ところが、季節ごとにさまざまな花が咲いてくる洋ランを、リボン審査で一度にまとめて評価することは不可能です。また、展示会という非常に限られた日程と開催会場でのみの序列付けの評価では、日本中にある花の優劣をつけることもまず不可能です。ベテランの記憶だけに頼っていると、本当にどの花が素晴らしい花であるかの序列を決めることはできません。これを可能にする仕組みが、ＪＯＧＡメダル認定審査ということになります。また評価基準を世界の洋ラン先進国であるアメリカやイギリスで行われている認定審査と同等とすることで、世界の優秀花との比較もできるようになります。

ＪＯＧＡメダル認定審査を始めた1973年当時は、まだまだ日本の洋ランの品質レベルは欧米の品種にはかなわず、つねに、新しい優秀花はアメリカ本土やハワイから輸入されたものばかりでした。国内でランの普及を進めるにあたり、国内での新品種育成を奨励するために、国際的に通じるレベルの審査会を開催し、世界に負けない優秀花を作り出そうという目的の下に、ＪＯＧＡメダル認定審査会を行うことになりました。

当時、認定審査の先進国であったアメリカのＡＯＳで行われているポイント制による審査方式を取り入れ、認定メダルの種類を日本的にわかりやすく、ゴールドメダル、シルバーメダル、ブロンズメダルとしたのがＪＯＧＡメダル審査の始まりです。

ＪＯＧＡメダル認定審査の基準とは

メダル認定審査の審査基準は、総合点、花形、花色、花径、弁質、花序と花の着き具合、花数と花茎をそれぞれポイントで評価し、100点満点中何点取得できるかにより認定メダルの種類が決まります。

これらの配点はランのタイプにより異なり、カトレア類、パフィオペディルム類、デンドロビウム・ソフトケインタイプ、スプレイタイプ、その他の一般の属でそれぞれの配点が少しずつ異なります。カトレア類の配点を見てみますと、総合（15点）、花形（25点）、花色（25点）、花径（10点）、弁質（5点）、花序と花の着き具合（10点）、花数と花茎（10点）、合計（100点）となります。この採点基準を元に採点した結果出ました平均点により各メダル認定が決まる仕組みになっています。

以前は3種類のメダル種であった認定は、現在では次の5種類のメダル種の認定に分かれています。

●ゴールドメダル	(GM)	90点以上
●スーペリアシルバーメダル	(SSM)	85点以上
●シルバーメダル	(SM)	80点以上
●スーペリアブロンズメダル	(SBM)	78点以上
●ブロンズメダル	(BM)	75点以上

厳格な審査員の資格と育成

さて、それではそれぞれの点数付けは誰がどのように行うのでしょうか。ＪＯＧＡ審査員は、審査規定で厳格にその資格が定められており、名誉審査員、シニア審査員、正審査員、準審査員、研修審査員の5つのランクに分けられています。

審査会において採点できるのは、正審査員、シニア審査員、名誉審査員のみとなり、準審査員と研修審査員は正審査員になるべく研修中としての扱いとなります。名誉審査員は、審査委員長経験者や学識経験者でＪＯＧＡ理事会の推薦を受けたごく一部の審査員です。シニア審査員は正審査員を25年以上務めたベテラン審査員が得られる資格です。

審査員になるためにはまず、研修審査員を3年以上経験し、審査の基本を勉強します。これには、花の見方、採点方法などに加え、審査会の運営方法などの基本を習得することが目的となります。これらの研修が終了後、準審査員となり、さらに3年以上かけて審査の経験を積みます。

研修審査員は審査会において採点は行いますが、各項目の配点を十分に考慮しながら、十分な時間をかけて採点の練習を行います。

準審査員になってからの採点は、より正審査員に近い採点が求められ、得意な分野であれば直感的な採点を行う審査を、不得意な分野であれば学習を兼ねた詳細な採点を行い、総合力を養っていきます。

３年以上の経験を積み、採点のレベルやランに関する総合的な知識を十分に持ち合わせているとなった準審査員は、ＪＯＧＡ理事会で推薦され正審査員となります。準審査員をなかなか３年で終了できるものは少なく、より長い年月をかけて審査に出品されるランの花をできるだけ多く見て、経験のレベルを上げていくこととなります。

この審査員の育成システムそのものこそが、ランの花を見て評価する経験と力をつけていくことになります。メダル認定審査における基準は、さまざまな種類の花を見ること、より多くの花を見ること、原種や交配種に関わらずその花ができるまでの交配系統などの学習を行うことにより、審査員自身の経験を積むことで形成されます。すなわち、数多く花を見て、交配種であればその交配系統の特徴を知り、原種であれば同じ種の中での花の大きさや色彩の冴えなどの比較を行い、それらの知識を元に審査対象となる花と比較することで、より正確な採点が可能となるわけです。単純な花の形、大きさや花数の数値だけで花の善し悪しを表せるものではなく、長年の経験を元に評価を行っていることになります。

「ＪＯＧＡ入賞花集」「ＪＯＧＡデータベース」

審査の結果は詳細な計測が行われ、そのデータが花の写真と共に毎年発行する「ＪＯＧＡ入賞花集」に掲載されます。また、同時にパソコンで過去の入賞花が簡単に検索できる「ＪＯＧＡデータベース」にもデータが蓄積され、それぞれ一般に販売されます。

この記録集により、現在の花と過去の花の比較が行え、とくにパソコンでの検索が可能となった「ＪＯＧＡデータベース」で過去のデータ一覧の検索が瞬時に行えるようになり、審査会において過去の入賞花を参考としながら審査をすることができるようになっています。

しかしながら、過去の入賞花のデータはあくまでも参考とされ、実際に審査を行う花の雰囲気や迫力により、たとえ過去の入賞花よりもサイズが小さくても上位のメダル認定となる場合もあります。すべては審査員の持つ経験値にゆだねられた審査となるわけです。

ＪＯＧＡメダル認定審査においては、通常のポイントで評価する方法の他に、次のようなメダル認定を行っています。

●優秀栽培賞（CCM）
少しリボン審査に近いものがあるが、優れた栽培と仕立てで出品された優秀花に与えられる賞。

●園芸的価値のある原種賞（CHM）
色彩的に珍しい原種や、開花姿が特別に素晴らしい原種などの園芸上優れた特色を持つものに与えられる賞。

●植物学的に珍しい原種賞（CBR）
植物学的にとくに珍しく、比較対象ができない原種に対し与える賞。

●審査員特別推薦賞（JC）
通常のポイントによるメダル認定審査の基準からは外れるものの、とくに顕著な特徴があり、審査員が記録に留めたいとしたものに与える賞。

●高品質な交配育種賞（AQ）
とくに優れた改良をされた交配に与える賞で、個別の花に与えるものではない。同じ交配（原種・交配種どちらも対象）から24か月以内にメダル認定が6個体以上あったものに与える賞。

「CBR」の例。デンドロビウム・ダクラケンセ
(*Dendrobium daklakense* 'Kohya' CBR/JOGA)

現在では、ＪＯＧＡメダル認定審査の結果はアメリカのＡＯＳのデータベースにも取り入れられ、世界各地で日本の入賞花が参考にされ、評価されるまでになってきました。今後は、より世界レベルでの花の流通が進むと思われるため、ＪＯＧＡメダル認定審査の価値がより高くなるように厳正な審査を続けていくことが求められています。

日本洋蘭農業協同組合（JOGA）おすすめの花

日本洋蘭農業協同組合（JOGA）の組合員が、プロとして皆様におすすめしたいランと、そのおすすめポイントを紹介します。

協力（50音順）
■江尻宗一（須和田農園）
■片桐壮介（片桐農園）
■河村賢治（やまはる農園）
■阪上広和（万花園）
■和中雅人（ワカヤマオーキッド）

カトレア系交配種

⬆ブラソカトレア　カーニバルキッズ‘グリーンジェム’
Brassocattleya Carnival Kids ‘Green Gem’ BM/JOGA, AM/RHS
これまで少なかった緑花弁赤リップの大変目を引くミディカトレアです。バルブと葉が一体化した棒状の株で、秋に花を咲かせます。

➡カトレア　チェリオ‘リンウッド’
Cattleya Cheerio ‘Linwood’ AM/AOS
これぞミニカトレアといった株サイズに、ピンクの小輪花を咲かせます。プクッとしたバルブもかわいらしい品種です。

⬆カトレア　インターグロッサ‘パープルタワー’
Cattleya Interglossa ‘Purple Tower’ BM/JOGA
夏の終わり頃に明るい白地にパープルスポットの入るボール咲きの堂々とした花を咲かせます。やや大型の品種です。

⬆カトレア　ミスティーガール‘オータムシンフォニー’
Cattleya Misty Girl ‘Autumn Symphony’ BM/JOGA
秋も深まる頃にやや渋めのオレンジ色極大輪花を咲かせる交配種です。花並びがよく、大株作りにも向く品種です。

⬆カトレア　ワイルドファイア
Cattleya Wild Fire
丸っこい花を咲かせる小型のカトレア交配種（*C.wittigiana* × *C.coccinea*）。暑さにも強く育てやすい品種です。

⬆カトレア　ワールドバケイション‘ナイロビサンセット’
Cattleya World Vacation ‘Nairobi Sunset’ BM/JOGA
株サイズと花サイズのバランスが大変よいミディカトレアです。生育は旺盛で、きれいな作品に仕立てやすい品種です。

⬆エピカトレア　レーンマルケズ‘フレームスローワー’
Epicattleya Rene Marques ‘Flame Thrower’ HCC/AOS, SBM/JOGA
エピデンドルムとカトレアの交配で、エピデン似の株の頂部からちょっとおどけた雰囲気の花を咲かせます。

⬆エピデンドルム　プラスティックドール
Epidendrum Plastic Doll
原種同士の交配から生まれた品種で、両親（*Epi. ilense* × *Epi.pseudepidendrum*）の特徴がよく出ています。花茎を切らなければ、次から次へと咲き続けます。

⬆グアリシクリア　キョウグチ‘ニシミノ’
Guaricyclia Kyoguchi ‘Nishimino’
グアリアンセとエンシクリアの一代交配種で、大変香りのよい品種です。株もコンパクトで、花も長持ちする見応えのある花です。

レリオカトレア　グッドデイズ‘ナインティーズ’
Laeliocattleya Good Days ‘Ninety's’
SBM/JOGA, AM/RHS
明るいピンク色の中輪花を、ほどよい長さの花茎の頂部に開花させるミディカトレアです。原種の一代交配で、大変丈夫な品種です。

レリオカトレア　サンタバーバラサンセット‘ショータイム’
Laeliocattleya Santa Barbara Sunset ‘Showtime’
HCC/AOS, BM/JOGA
細長く伸びる花茎に、サンセット色をした中輪花を優雅に咲かせる冬咲きの交配種です。コルクに着生させてもよく育ちます。

リンコレリオカトレア　ファーストクラス‘ストロベリーミルク’
Rhyncholaeliocattleya First Class ‘Strawberry Milk’
SM/JOGA
カトレアの理想的な花型とされる真円に近い花型をした大輪交配種です。交配親としても実績を出し始めている冬咲きです。

リンコレリオカトレア　ハマナチップ‘トシコ’
Rhincolaeriocattleya
Hamana Tip ‘Toshiko’ BM/JOGA
白弁赤リップの中大輪整形花。不定期咲きですが、秋に咲くときには、リップの縁取りが非常にきれいに入ります。

リンコレリオカトレア　イズミ ドリーム‘ファシネーション’
Rhyncholaeliocattleya Izumi Dream
‘Fascination’ SM/JOGA
2005年のJOGAらん展において「農林水産大臣賞」を受賞した優秀個体です。その最大の魅力は優れた花型です。

リンコレリオカトレア　ラストドリーム‘ビビアン’
Rhyncholaeliocattleya Last Dream ‘Vivian’
SM/JOGA
濃色でビビットカラーの最新入賞花メリクロンです。冬咲きで花弁が厚いため花持ちがとてもよく、展示会などで注目の的になることでしょう。

リンコレリオカトレア　トゥエンティーファーストセンチュリー‘ニュージェネレーション’
Rhyncholaeliocattleya Twenty First Century
‘New Generation’ SM/JOGA
ラベンダー系極大輪花でフラットに展開よく開花するカトレアです。株姿も素直で生育もよく、花着きも大変よい冬咲きです。

リンコレリオカトレア　ビッキーゴールド‘フォーエバーシックスティーン’
Rhyncholaeliocattleya Vicky Gold
‘Forever Sixteen’ AM/RHS
細身のバルブから色鮮やかな黄色の大輪花を咲かせる交配種です。花弁は厚くしっかりとした花で香りもよい品種です。

カトレア系原種

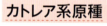

ブラサボラ　ノドサ‘スワダ’
Brassavola nodosa ‘Suwada’
メキシコからベネズエラにかけて自生するブラサボラの原種です。丸い円柱のような、葉とバルブが一体化した株が特徴的です。

カトレア　ドルマニアナ・セルレア‘マジョルカ’
Cattleya dormaniana fma. *coerulea* ‘Majorca’
SBM-CHM/JOGA
世界的に珍しいコレクター待望のセルレア入賞個体です。緑と紫のコラボ色は素晴らしく、咲いたときに歓声が上がることでしょう。

カトレア　マキシマ・セルレア‘ヘクター’
Cattleya maxima fma. *coerulea* ‘Hector’
AM/AOS, SM/JOGA
エクアドル、ペルー原産のカトレア原種で、色彩がセルレア色になった変種です。草丈が高く堂々と開花する花です。

カトレア　マキシマ‘スワダ’
Cattleya maxima ‘Suwada’ AM/AOS
エクアドル、ペルー原産のカトレア原種です。花色がとくに濃色で、また1花茎に14輪ほどの花をボール状に咲かせる個体です。

ディネマ　ポリブルボン
Dinema polybulbon
非常に強健で花着きがよく、初心者向きのミニ洋ランです。甘い香りがあります。冬咲きです。

レリア　アンセプス・リネアタ 'エレノア'
Laelia anceps fma.*lineata* 'Eleanor' CBM/AOS
メキシコ原産のレリアで、細長く伸びる花茎が特徴的です。年末から年明けにかけて星形の花を咲かせます。寒さにも強い原種です。

カトレア ノビリオール・アマリエ・ストリアータ 'マスカラス'
Cattleya nobilior var. *amaliae* fma. *striata* 'Mascaras' SM/JOGA
中輪ながら極良型の花形、深いピンクの花弁に濃いグレーのはっきりとした筋が花全面に入る、特殊な自然種入賞花のメリクロンです。

パフィオペディルム

パフィオペディルム　クリアーナイト 'ギンザ'
Paphiopedilum Clear Night 'Ginza' BM/JOGA
点花整形花の典型的な花ともいえる大輪花です。花の展開がよく、はっきりとした色彩やドーサルの点、艶やかな質感などが美しい花です。

パフィオペディルム　グリッターガルチ 'イエローダイヤモンド'
Paphiopedilum Glitter Gluch 'Yellow Diamond' BM/JOGA
原種マリポエンセと整型交配種との一代交配で、花弁のすみずみまで純黄色な色彩が大変見事な大輪花です。

パフィオペディルム　レディーラック'チェンジアップ'
Paphiopedilum Lady Luck 'Change Up' AM/AOS, SSM/JOGA
中輪ですが見事なまでに整った花はまさにパフィオの理想とする花型です。1980 年代後半に出現した歴史的価値のある花です。

パフィオペディルム　メドースウィート'ピューリティー'
Paphiopedilum Meadow Sweet 'Purity' AM/RHS
1950 年代に英国の名門ラトクリフ社にて交配育種された白花の銘花です。株も花も小型でミニパフィオともいえる花です。

パフィオペディルム　シアライン 'ロンド'
Paphiopedilum Sheerline 'Rondo' SM/JOGA
花型が丸く整ってきたグリーン黄色整型花の第一世代ともいえる 1960 年代の花です。ふっくらとしたリップと大きなドーサルが魅力です。

パフィオペディルム　スポッター 'レパード'
Paphiopedilum Spotter 'Leopard' HCC/AOS
中輪で丈夫なクラシックパフィオの点花です。株立ちに早くなりやすいので、数年で複数本立ちの株を楽しめます。

パフィオペディルム　スワロー 'カリン'
Paphiopedilum Swallow 'Karyn'
ほぼ 100 年前の 1921 年に品種名登録されたクラシックパフィオですが、今なおその魅力は衰えません。花全体に入る点は今でも引きつけられます。

デンドロビウム

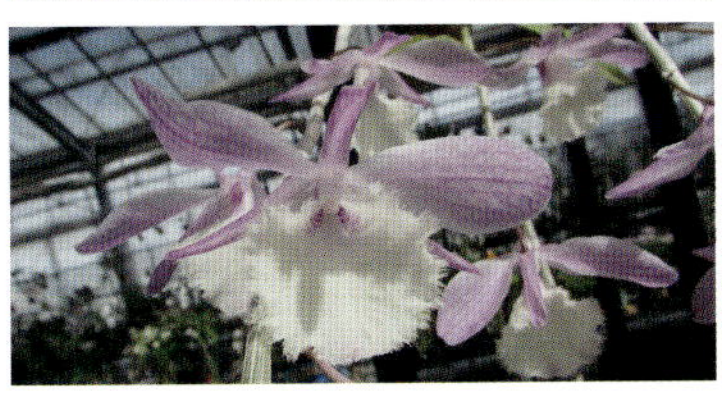

デンドロビウム　アフィルム（ピエラルディー）
Dendrobium aphyllum (*pierardii*)
後述のロディゲッシーによく似ていますがこちらはリップが白く、バルブもロッディゲシーと比べると長く伸びます。

デンドロビウム　ファーメリ
Dendrobium farmeri
ヒマラヤ～マレー半島原産。濃ピンクの花を下垂して咲かせる人気種です。主に春～初夏咲き。

←**デンドロビウム**
ブライアネンセ'スワダ'
Dendrobium braianense 'Suwada'
CBR, CHM/AOS

中国・雲南～インドシナ半島原産の春咲きデンドロです。薄い紙細工のような花弁ですが花持ちもよく、ほのかに香りもある原種です。

↑**デンドロビウム　ハーベヤナム**
Dendrobium harveyanum
リップやペタルに細かいフリルがあり、魅力的な中国・雲南～インドシナ半島原産の中型原種です。

↑**デンドロビウム　キンギアナム**
Dendrobium kingianum
ピンクのかわいらしい花が咲く小型の強健種で、香りがあります。初心者にもおすすめです。

↑**デンドロビウム　キンギアナム・アルバム**
Dendrobium kingianum fma. *album*
左記種の色変わりで、リップの奥まで純白です。

↑**デンドロビウム　キンギアナム・セミアルバム**
Dendrobium kingianum fma. semi-album
シルコッキーに似ていますが、こちらの方が少し大きく花弁全体に薄くピンク色がのります。

↑**デンドロ　キンギアナム'シルコッキー'**
Dendrobium kingianum 'Silcokii'
上記種の色変わり。こちらはリップのみ赤紫色（セミアルバ）になっています。

↑**デンドロビウム　リンドレイ'フロリダサンシャイン'**
Dendrobium lindleyi 'Florida Sunshine'
HCC/AOS, SM/JOGA
中国・雲南～タイ、ミャンマーなどを原産とする種で、鮮やかな黄色の花を半下垂状に開花させます。特に花が密に咲く豪華な個体です。

↑**デンドロビウム　ロッディゲシー**
Dendrobium loddigesii
ピンク地に黄色のリップを持ち、リップの先端の欠刻が美しい種です。丈夫でよく増えますが、高芽が出やすいので要注意。

↑**デンドロビウム　パリシー（ダークタイプ）**
Dendrobium parishii (Dark Type)
濃色個体同士のシブリング（同じ親から出たもの間の交配）で、通常個体より濃色の花が咲いています。

↑**デンドロビウム　セニレ**
Dendrobium senile
バルブ全体と葉に細かい白い毛が生えています。花は黄色で香りがあります。

↑**デンドロビウム　トレアチェリアヌム'ダークスターズ'**
Dendrobium treacherianum 'Dark Stars'
フィリピン・ボルネオなどに自生し、香りのある星形の花を下垂して初夏に十数輪咲かせます。栽培も容易です。

⬆デンドロビウム　キングジップ‘レッドスプラッシュ’
Dendrobium KingZip ‘RedSplash’
赤の縁取りがきれいなタイプで、香りがあります。同種が 2013 年世界らん展トロフィー賞を受賞しています。

⬆デンドロビウム　バレーエンジェル‘チャイナドリームクリスタル’
Dendrobium ValleyAngel ‘ChinaDreamCrystal’
珍しい色の入り方をした覆輪花です。

シンビジウム

⬆シンビジウム　フロリバンダム
Cymbidium floribundum
中国・台湾などに自生します。和名はキンリョウヘン（金陵辺）で、開花時には無数のミツバチがその蜜を求めて集まることで有名です。

ファレノプシス（コチョウラン）

⬆ファレノプシス　ベリーナ
Phalaenopsis bellina (*vioracea* Boruneo Type)
コチョウランの中では一番香りがよい種です。順番に１輪ずつ咲いていくので、花期は長くなります。

⬆ファレノプシス　パリシー
Phalaenopsis parishii
非常に小型の原種で紫のリップが可愛らしい。大株に作り込むと１株で５０輪以上咲きます。

その他

⬆アングレカム　ディスティクム
Angraecum distichum
アフリカ中央部一帯に広く分布する極小型のアングレカム原種です。５㎜程度の極小輪を株いっぱいに咲かせます。

⬆アングレカム　レオニス
Angraecum leonis
マダガスカル島などを原産とする大きめの扇状の葉を持つ原種です。少し透明感のある白緑の中輪花で、夕刻〜夜によい香りを放ちます。

⬆バルボフィルム　アソブロシア‘ヤマハル’
Bulbophyllum amblosia ‘Yamaharu’
クリーム地に茶色の筋が入り、蜂蜜のような甘い香りがあります。１〜３月咲きです。

⬆クロウェシア　ルッセリアナ‘グリーン フィールド’
Clowesia russeriana ‘Green Field’ BM/JOGA
グリーンの下垂性、花弁に入る濃いグリーンの筋が美しい種です。シナモン系の香りもあります。夏咲きです。

⬆クロウェシア　グレース ダン‘ビーバー バレー’
Clowesia Grace Dunn ‘Beaver Valley’ BM/JOGA
ピンクのかわいらしい花が下垂して咲きます。シナモン系の甘い香りがあります。冬に低温多湿にしてしまうと腐りやすいので要注意。

⬆クロウェシア　レベッカノーザン‘ミッカビ’
Clowesia Rebecca Northen ‘Mikkabi’
グレース ダンと比べると色が濃く、柱頭がグリーンになるのも特徴です。冬に低温多湿にしてしまうと腐りやすいので要注意。

⬆フレッドクラークアラ アフターダーグSVO ブラックパール’
Fredclarkeara After Dark ‘SVO Black Pearl’ FCC/AOS, SM/JOGA
カタセタム系の３属間交配でできた大変珍しい光沢のある真っ黒な花です。ジンジャー系の香りもよく、花も２か月ほど楽しめます。冬〜春咲きで、落葉性です。

⬆セロジネ　クリスタータ・ホロレウカ 'ピュアホワイト'
Coelogyne cristata fma. *hololeuca* 'Pure White' CHM, SM/JOGA
リップまで純白になった珍しい変種です。バルブ間が長く伸びますが、この特性を利用すると大きな株に育てられます。

⬆セロジネ　クリスタータ 'スワダ'
Coelogyne cristata 'Suwada' HCC/AOS, CHM/JOGA
インド北東部やネパール付近が原産です。明るく輝くような白色の花弁とリップのオレンジ色のコントラストが美しい花です。

⬆セロジネ　フラクシダ 'ラッキー ボーイ'
Coelogyne flaccida 'Lucky Boy'
褐色の下垂性品種。花は小ぶりですが、非常に花着きがよい種です。花が下垂するので、吊り鉢やロング鉢に植えるとよいでしょう。

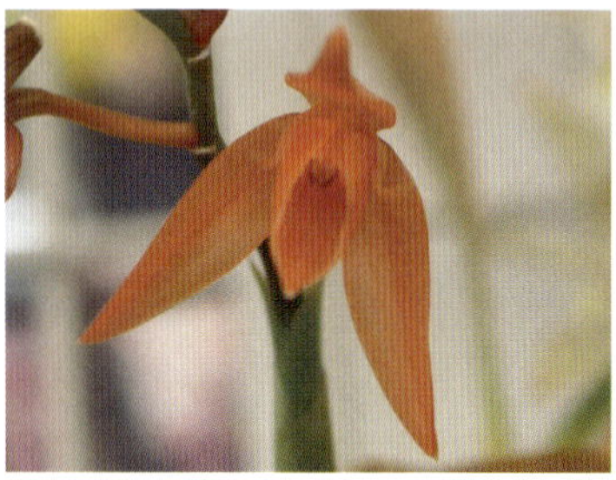

⬆セロジネ　ミニアータ
Coelogyne miniata
本属では珍しいオレンジ色の花、冬咲きの小輪、新芽が出ると同時に花芽が出てくるタイプ

⬆セロジネ　コスモ クリスタ
Coelogyne Cosmo-Crista
以前はシンジュクやシンジュク No.8 の名前で流通していました。白弁にオレンジ色のリップを持つ、丈夫で栽培しやすい品種です。

⬆セロジネ　グリーン ピクシー
Coelogyne Green Pixy
花色は、咲き始めは淡いグリーンイエローで、咲き進むとだんだん白っぽくなります。甘い香りを放ちます。

⬆セロジネ　インターメディア
Coelogyne Intermedia
白弁にレモンイエローのリップを持つ、丈夫で栽培しやすい、初心者向けセロジネの代表選手です。

⬆セロジネ　シンジュク
Coelogyne Shinjuku (*speciosa* × *cumingii*)
新宿御苑で育種された品種です。不定期咲きで花着きがよい強健種です。

⬆マコデス　ペトラ
Macodes petola
葉脈がキラキラしていて、ジュエル（宝石）オーキッドと呼ばれます。

⬆マキシラリア　マルジナータ
Maxillaria marginata
レモンイエローの花弁に褐色の縁取りが入る、強健種です。3～4月咲きです。

⬆マキシラリア　ポルフィロステレ
Maxillaria porphyrostele
マルギナータとよく似ていますが、こちらは縁取りが入らない、強健種です。2～3月咲きです。

⬆マキシラリア　ルフェッセンス 'グレネリー'
Maxillaria rufescens 'Glenyrie' CBM/AOS
黄色地に赤褐色のリップを持ち、甘いバニラ系の強い香りを放ちます。不定期咲きです。

↑マキシラリア　バリアビリス
Maxillaria variabilis
小型で黄褐色の花をつけます。寒さにも暑さにも強く、丈夫で育てやすい種です。1～3月咲きです。

↑マキシラリア　バリアビリス'ブラック ベリー'
Maxillaria variabilis 'Black Berry'
こちらは黒赤色の花が咲きます。かなり不定期咲きで、年中咲いています。

↑マキシラリア　メモリア ベン ベルリナー
Maxillaria Memoria Ben Berliner
テヌイフォリアとバリアビリスを掛け合わせた交配種です。黄弁に赤い点が入り、テヌイフォリアをソフトにしたような香りがあります。

↑メイラシリウム　トリナスタム
Meiracyllium trinasutum
明るい紫赤色の小さな花を3～5輪程度着け、シナモンのような香りがあります。初夏咲きで花着きがよい強健種です。

↑メイラシリウム　トリナスタム・アルバム
Meiracyllium trinasutum fma. *album*
トリナスタムの白花です。

↑オンシジウム　トゥインクル
Oncidium Twinkle
バニラの香りがするオンシジウムで、花色は赤、オレンジ、黄色、クリーム色があります。

↑ポダンギス　ダクティロセラス
Podangis dactyloceras
ウガンダ原産の小型洋ランです。1年中楽しめる扇状の株姿と、夏に開花する透明感のある可愛らしい花が人気です。

↑プテロスティリス　ヌータンス・アルバ
Pterostylis nutans fma. *alba*
オーストラリア原産。半透明のユニークな形の花を咲かせる球根性の地生ランです。夏期は休眠します。

↑ソベニコッフィア　ロブスタ
Sobennikoffia robusta
マダガスカル原産でアングレカム系の原種です。貝殻細工のような緑白の中輪を横に張り出すように伸びる花茎に咲かせます。夕刻よい香りがします。

↑ソブラリア　ザンソレウカ
Sobralia xantholeuca
メキシコ～ホンデュラス原産。目にも鮮やかな黄色花の巨大輪夏咲き、株高1m。笹の葉に似た株姿で強健種。中低温で栽培可能。石植えできます。

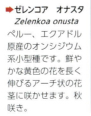

→ゼレンコア　オナスタ
Zelenkoa onusta
ペルー、エクアドル原産のオンシジウム系小型種です。鮮やかな黄色の花を長く伸びるアーチ状の花茎に咲かせます。秋咲き。

↑ジゴペタルム　マキュラータム(マッケイ)
Zygopetalum maculatum(mackayi)
グリーンと紫のコントラストが美しい原種です。とてもよい香りがします。

日本のラン

日本列島でも亜熱帯地域に自生するものは洋ランと同様の管理が必要になるが、それ以外のものは、基本的に日本に自生しているものなので、特別な管理は必要ない。

⬆ブレティラ ストリアータ *Bletilla striata*

シラン（紫蘭）。日本、台湾、中国に分布する地生種。春、葉が開くとともにその中心部から花茎が伸び、数輪の花を着ける。日当たりと風通しのよい場所に置き、夏に葉焼けを起こすようなら半日陰に移す。水やりは、乾いたらたっぷりと。庭植えもでき、環境が合えば自然に殖えていく。

⬆カランセ *Calanthe*

エビネ（海老根）。地下にあるバルブから芽を出し、葉を2～3枚着ける。花茎は新芽の中心部から伸びて、5～15輪の花を着ける。庭植えの場合は、水はけのよい明るい半日陰に。鉢植えの場合は水はけよく植える。春～秋は50%、真夏は70～80%遮光をする。生育期は十分に水をやり、冬は乾いたら与える程度に。寒さに弱い品種は最低5～6℃以上に保つ。

⬆セファランセロプシス オブコルダータ
Cephalantheropsis obcordata

トクサラン（木賊蘭）。琉球列島以南、東南アジアの照葉樹林の湿った林床に地生する。花期は秋～冬。エビネに近縁。

⬆シンビジウム ゴエリンギー
Cymbidium goeringii

シュンラン（春蘭）。日本～中国の、やや乾燥した明るい林床に地生する。主に春、地際から伸びた花茎の先に花を1輪着ける。日当たりと風通しのよい場所に置き、夏は明るい日陰に移す。水やりは乾いたらたっぷりと。冬は控えめに。寒さには強いが、葉の傷みを避けるため、軒下などに置くとよい。

⬆シンビジウム ランシフォリウム
Cymbidium lancifolium

オオナギラン（大梛蘭）。アジアの亜熱帯～熱帯地域に分布し、山地の石灰岩上に自生する大型種。日本では南西諸島に分布する。12～1月頃、バルブの基部から花茎を伸ばし、数輪～10数輪の花を着ける。

⬆デンドロビウム モニリフォルメ
Dendrobium moniliforme

セッコク（石斛）、チョウセイラン（長生蘭）。日本～中国に分布し、樹木や岩に着生する。日当たりと風通しのよい場所に置き、乾かし気味に管理する。寒さには強いが、葉の傷みを避けるため、軒下などに置くとよい。

⬆ガストロキルス トラマヌス
[サッコラビウム トラナヌム]
Gastrochilus toramanus
[*Saccolabium torananum*]

モミラン（樅蘭）。春と秋は20～30%、夏は50～60%の遮光をする。春～秋は十分に水をやり、真夏は空中湿度も保つ。冬は控えめに。ヘゴ付けにしてもよい。

ペクテイリス［ハベナリア］ラディアータ
Habenaria ［*Pecteilis*］ *radiata*

サギソウ（鷺草）。日本、朝鮮半島、台湾の日当たりのよい湿地に自生する。主に夏、直立した花茎の先に数輪の花を着ける。日当たりと風通しのよい場所に置き、葉焼けを起こさないよう夏は明るい半日陰に移す。水やりは、生育期には半乾きになったらたっぷりと。地上部が枯れる休眠期も完全には乾かさない。寒さには強いが、凍らせないのが無難。

ファイウス タンカービレアエ *Phaius tankervilleae*

カクチョウラン（鶴頂蘭）。アジア～オセアニアの亜熱帯～熱帯地域に分布する大型の地生種。日本では種子島以南に自生する。主に初夏、長い花茎を直立させて花径 10㎝ほどの花を多数着ける。年間を通して半日陰で管理する。水やりは、生育期にはたっぷりと。冬も少し湿っている程度に。冬越しには 10℃を保つ。

ファレノプシス［セディレア］ジャポニカ
Phalaenopsis ［*Sedirea*］ *japonica*

ナゴラン（名護蘭）。日本と朝鮮半島の暖地の樹木や岩に着生する。主に春～初夏、葉腋から花茎を伸ばし、香りのよい花を数輪着ける。風通しのよい明るい日陰で管理する。冬～春は日当たりに置いてもよい。水やりは、生育期にはたっぷりと。空中湿度を高めるとよい。冬は控えめに。冬越しには 10℃を保つ。

ポネロルキス グラミニフォリア
Ponerorchis graminifolia

ウチョウラン（羽蝶蘭）。日本、朝鮮半島の低山の多湿な岩場に生える。地下にあるバルブから芽を出し、葉を2～4枚着ける。主に初夏、花茎が株元から伸びて、5～20 輪の花を着ける。開花前まではよく日に当て、開花して地上部が枯れるまでは 40～50％の遮光をする。過湿を嫌う。春と秋は2～3日に1回、夏は毎日水をやる。冬は乾かし気味にし、軒下などに置いて凍結を防ぐ。

スピランテス シネンシス
Spiranthes sinensis

ネジバナ（捩花）。アジア全域～オセアニアに広く分布し、芝生など背の低い草地に生える。日当たりがよく適度に湿った環境を好む。花期は主に夏。冬でも用土の表面が乾いたらたっぷりと水をやる。

トリコグロッティス イオノスマ
Trichoglottis ionosma

イリオモテラン（西表蘭）。ニュウメンラン（入面蘭）。南西諸島～台湾に分布する着生種。主に春～初夏、葉腋から伸びた花茎に多数の花を着ける。日当たりと風通しのよい場所に置き、葉焼けを起こさないよう夏は 20～30％の遮光をする。生育期にはたっぷりと水をやり、冬も完全には乾かさないようにする。寒さを嫌うため、冬も 18℃を保つ。

バンダ［ネオフィネティア］ファルカタ
Vanda ［*Neofinetia*］ *falcata*

フウラン（風蘭）、フウキラン（富貴蘭）。日本～中国に分布。暖かい地域の海岸付近の樹木に着生する。日当たりと風通しのよい場所に置き、夏は明るい日陰に移す。過湿に弱いので、乾かし気味に管理する。冬越しには5℃以上を保つ。主に夏、香りのよい花が咲く。

原種の洋ラン

アガニシア［アカカリス属］
Aganisia［*Acacallis*］

ベネズエラ、コロンビア、ペルー、ブラジルの低地の樹林に自生する着生種。20～30℃の高温、多湿を好む。

⬅アガニシア［アカカリス］シアネア
Aganisia［*Acacallis*］*cyanea*
バルブは短い匍匐茎の先にできる。葉はバルブから1枚頂生する。花茎はバルブの基部から30～40㎝ほど伸び、薄紫色の花を数輪着ける。

エランギス属
Aerangis

マダガスカル島～熱帯アフリカに分布し、山林内の樹木や岩に着生する。10～30℃の中温を好む。花茎を株元から伸ばす。アングレカムと近縁。

➡エランギス シトラータ
Aerangis citrata
マダガスカル島に分布する小型種。花は乳白色で、香りがよい。

⬅エランギス フスカータ
Aerangis fuscata
マダガスカル島の北東部から北部の海抜1400 mの雲霧林帯に生育する。草丈は30～40㎝になり、葉腋から20～40㎝の花茎を下垂させ、白く距の長い花を10～15輪着ける。尾羽の長い鳥が飛ぶように見える。

⬆エランギス ルテオアルバ・ロードスティクタ *Aerangis luteoalba* var. *rhodosticta*
コンゴからウガンダにかけての海抜2000m以上の山岳低木林に分布する。植物体は小さく3㎝ぐらいの草丈に2～8枚の葉を着ける。株は小さくとも花をたくさん着けるのが特徴で、1株に5～25輪付ける。高地産タイプのvar. *rhodosticta*は花の中心に赤いポッチが入るが、低地産の普通種は全体が乳白色である。

エランセス属
Aeranthes

マダガスカル島～熱帯アフリカに分布する着生種。短い茎に葉を左右に2列扇状に着ける。中高温性（15～30℃）。

⬅エランセス ラモーサ
Aeranthes ramose
マダガスカル島東岸地域の海抜1200 mぐらいの雲霧林に生育。株の上部から伸びた細い花茎の先に半透明のグリーンの花を着ける。そのままにすると株の下方に花が垂れて見映えがしないので、つぼみができたら写真のように花茎丸く束ねておくとよい。花は次々と咲くので、花期が終わるまで花茎は切らない。

エリデス属
Aerides

東南アジアに分布し、樹木に着生する。バンダ属に近縁で単茎性。葉は左右に2列並ぶ。葉腋から花茎を下向きに伸ばす。中高温性。

⬅エリデス ロゼア
Aerides rosea
インド北部～ベトナム北部～中国南部にかけて自生する。株の生長にもよるが、30㎝ほどの花茎を伸ばして多数の花を着けるる 花期は初夏から夏にかけて。栽培は比較的容易で、夏場は風通しをよくするとよい。

アンシストロキルス属
Ancistrochilus

ギニア、ナイジェリア、コンゴ、ウガンダの樹林に着生する。中高温、多湿を好む。落葉性。

⬆アンシストロキルス ロスチャイルディアヌス
Ancistrochilus rothschildianus
ギニア～ウガンダの多湿な樹林に分布する。葉はバルブから1～2枚頂生する。花茎はバルブの基部から20㎝ほど伸びて、2～3輪の花を着ける。

アングレカム属
Angraecum

マダガスカル島〜熱帯アフリカ。着生種と地生種がある。葉は2列交互に並ぶ。大きさは種類により大小さまざま。中高温性。

アングレカム ディスティクム
Angraecum distichum
熱帯アフリカに分布する小型種。肉厚の小さな葉が2列交互に並んで着く。

アングレカム エクィタンス
Angraecum equitans
マダガスカル島の北部、海抜2000mぐらいの蘚苔林に分布する。草丈は8〜10㎝で、まれに30㎝以上になる個体もある。距が10㎝以上になる花を1〜3輪着け、夜間に香りを放つ。

アングレカム ジャーミニアヌム
Angraecum germinyanum
レユニオン島、コモロ諸島の海抜1000m以上の雲霧林内に着生する。

アングレカム ラモースム
Angraecum ramosum
花は一般のランの花とは上下が逆転していてリップが上にある。基本的には全体が乳白色か淡いグリーンの個体が多い。

アングレカム セスキペダーレ
Angraecum sesquipedale
「ダーウィンのラン」として有名。マダガスカル島に分布する着生種で、15㎝の花径に対して距が30〜40㎝にもなる。この長い距の底にたまる蜜を吸う未知の昆虫がいることをダーウィンは予言した。

アングレカム レオニス
Angraecum leonis
マダガスカル島とコモロ諸島の低地にある樹林内に着生する。

アングロア属
Anguloa

アンデス山脈の海抜1500m以上に分布する大型のラン。崖や急斜面に生えるか、コケが生えた樹木に着生する。バルブの基部から新芽と花茎を同時に伸ばす。夏は風通しがよく、涼しい半日陰に、春と秋は日当たりのよい場所に置く。水やりは、生育期にはたっぷりと、冬は控えめに。寒さに弱く、最低10℃以上を保つ。リカステ属と近縁。

アングロア ユニフローラ
Anguloa uniflora
アンデスの高地に分布。花の特異な形状から「揺りかごラン」とも呼ばれる。

アルンディナ属
Arundina

亜熱帯〜熱帯アジアの明るい傾斜地などに分布する地生種。草姿はアシに似ており、草丈は1mを超える。日本の西表島にはナリヤラン（成屋蘭）が自生する。栽培は容易。日当たりと風通しのよい場所に置き、生育期は水を切らさない。10℃以上あれば冬越しできるが、13℃以上を保ちたい。

アルンディナ グラミニフォリア・カエスピトサ
Arundina graminifolia subsp. *caespitosa*
亜熱帯〜熱帯アジアに分布する。

ブラサボラ属
Brassavola

熱帯アメリカで樹木に着生。中高温性で、日光を好むので春と秋は日当たりと風通しのよい場所に置き、夏は葉焼けを起こすので30%遮光する。水やりは、生育期はたっぷりと、冬は控えめに。寒さに弱く、10℃あれば冬越しできるが、15℃以上を保ちたい。香りがよい。カトレアと近縁。

⬆ブラサボラ ノドサ *Brassavola nodosa*
メキシコ～ベネズエラの海抜500m以下の低地の熱帯雨林に分布する。

ランは代表的な虫媒花　宇田川芳雄

ランは単子葉植物綱ラン目の一員であり、ユリの花のように6枚の花被片は外側の3枚の萼片、内側に3枚の萼片となるが、ユリと違って内花被の1枚が切れ込みや突起など複雑な構造になった唇片は変化している。
ランを特徴づけるのは、雌雄芯が一体となったずい柱という器官で、ユリのようにおしべ・めしべが分かれてあるのではなく、ずい柱の後部に柱頭（めしべ）があり、おしべの葯は先端部に葯帽を被ってついている。
この葯帽は花に寄ってきた虫に触れて落ち、中の葯が屈し虫の胴部や背中につく仕組みになっている。ランは代表的な虫媒花であり、虫を誘う仕組みは多岐多様である。
虫を誘う面白い仕組みを持つコリアンテス（バケツラン）は着生ランだが、地生ランに特徴があるものが多い。南欧州一帯に自生しているオフリス属（*Ophrys*）はハチやハエの雌に似た斑紋で擬態して雄を誘うことでよく知られているし、マダガスカルのアングレカム セスキペダーレ（*Angraecum sesquipedale*）は進化論で有名なダーウィンが、この花の長い距を見て、距の先にある蜜を吸うための長い吸管を持ったガの存在を予言し、その後、長い吸管を持った大型のガが確認されたことで知られている。
アングレカムの花はすべて白色で匂いがあり、夜間に活動する昆虫を相手にしている。種によって距の長さはさまざまであり、それぞれが異なる種の昆虫を待っているらしい。なお、ダーウィンは幼少のころから自邸の周辺に自生する地生ランの観察に励んでおり、昆虫によるランの受精という書が1862年に出版されている。

⬆ブラサボラ ペリニー *Brassavola perrinii*
ボリビア～アルゼンチン北東部の低地の熱帯雨林に分布する。

⬆ブラサボラ スブリフォリア *Brassavola subulifolia*
ジャマイカの低地の熱帯雨林に分布する。

ブラッシア属
Brassia

熱帯アメリカに広く分布。多くは着生種だが、地生種もある。春と秋は30%、夏は60%の遮光をし、風通しのよい場所に置く。最低5℃で冬越しできるが、10～15℃以上を保ちたい。水やりは乾いたらたっぷりと。冬は1週間に1～2回程度でよい。オンシジウム属と近縁。

⬆ブラッシア *Brassia* Hibiya Star
花型からスパイダーオーキッドとも呼ばれる。写真は交配種のヒビヤスター（Hibiya Star）。

バルボフィルム属
Bulbophyllum

アジア、オセアニア、南米、アフリカと広く分布する。匍匐茎で岩や樹木に着生し、拡がる。1000 種類を超える大属で、中高温性が多いが、低温性の種類もある。花期は種類によってまちまち。ミズゴケ植えやヘゴ付けにし、半日陰で管理する。夏は戸外で育てるが 70%遮光が必要。13 ～ 15℃以上を保つ。日本にはマメヅタランやムギランなどが自生する。

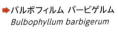

バルボフィルム クラプトネンセ
Bulbophyllum claptonense

ボルネオ島に生育する。独立した種として扱うこともあるが、専門文献にはこの後に紹介するロッビー種のバリエーションとして扱うように書かれている。

バルボフィルム アンブロシア
Bulbophyllum ambrosia

中国南部～ミャンマーの海抜 1300m ほどの高地に自生する。

バルボフィルム コモスム
Bulbophillum comosum

タイ・ミャンマー・ベトナムの海抜 1850 ～ 2000m の高地に自生する。

バルボフィルム アナンダレイ
Bulbophyllum annandalei

タイ南部～マレー半島の海抜 1000m 以上の高地に自生し、耐寒性がある。年に 2 回ほど、4 ～ 7 輪ほどの花を着ける。色は写真のようなオレンジ色ではなく、淡い黄色やクリーム色に細い茶色のストライプが入る。

バルボフィルム エキノラビウム
Bulbophyllum echinolabium

スラウェシ島の海抜 600 ～ 1200m の樹林内に分布する。

バルボフィルム アウラツム
Bulbophyllum auratum

東南アジアの低地に広く分布する。マングローブに着生しており、低照度、高温、高湿度の環境を好むが通風に気を配る必要がある。この写真では、セパルが白で大変美しいが、多くの個体は濃ピンクの地に赤紫色の斑点を散りばめた色をしている。生育環境によってセパルや花房の形状・色のバリエーションがある。

バルボフィルム グルティノスム
Bulbophyllum glutinosum

ブラジルの海抜 1300 ～ 1600m の溶岩帯に分布する。

バルボフィルム バービゲルム
Bulbophyllum barbigerum

西アフリカの熱帯地域に分布する。唇弁の先端は羽毛状で、わずかな風でも揺れ動く。

バルボフィルム ヘレナエ
Bulbophyllum helenae

ヒマラヤ～ネパール～ミャンマーに分布する。

バルボフィルム ヨランダエ
Bulbophyllum jolandae

ボルネオ島北部の山間部、海抜1500mほどにある多湿の森林内に生育する。バルブの際から立ち上がった細くて長い花茎の先に、まばらに幅2㎝ほどの花を3～5輪着ける。花色は目立たない淡いグリーンだが、楕円形・淡黄色の7㎜ほどのリップを取り囲むように繊細で長い毛が生えており、サルタトリウム種と同じような動きをする。

バルボフィルム リンドレヤナム
Bulbophyllum lindleyanum

インド・タイ・ミャンマー国境付近の山間部に分布。密生する小さなバルブの根際から伸びた20㎝ほどの花茎に、淡いグリーン地に茶のストライプが入った、綿毛の生えた花をたくさん着ける。5㎜ほどの花をよく見ると、リップの周囲にも毛が生えていて、風でよく動くようにできている。

バルボフィルム ロビー
Bulbophyllum lobbii

1846年にジャワ島で発見された。タイ、マレーシア、フィリピン、ボルネオ島などに分布する低湿熱帯雨林や低山型蘚苔林に分布する（海抜400～1400m）。形や色のバリエーションが豊富で、栽培の歴史も長い。バルボフィルムの中では花が大きく、標準的なサイズでもセパルの幅が8㎝、ドーサルの高さが5㎝になる。開花したところはあぐらをかいた恵比寿様のように見える。

バルボフィルム マスターシアナム
Bulbophyllum mastersianum

ボルネオ島の海抜500mにある樹林に自生する。

バルボフィルム パープレオラチス
Bulbophyllum purpureorhachis

リベリア、コートジボアール、カメルーン付近の低地の森林に自生。ヘビのような見た目からコブラオーキッドとも呼ばれる。

バルボフィルム ロスチャイルディアナム
Bulbophyllum rothschildianum

インド北部ダージリン、温帯地域の雲霧林に自生する。

バルボフィルム サルタトリウム *Bulbophyllum saltatorium*

アフリカ内陸のマラウィ、タンザニア、ザンビアの海抜1200～1800mの高地多雨林に生育。直立した花茎に幅2㎝ほどの花を20輪ほど着ける。リップの周囲を囲むように細い毛が生えており、わずかな空気の動きでリップの付け根にある関節のような部分から先がフワフワと手招きするように動く。

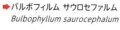

バルボフィルム サウロセファルム
Bulbophyllum saurocephalum

フィリピンに分布する。バルブの基部から肉質の花茎が出て下垂し、そこに花が着く。

バルボフィルム トリコルノイデス
Bulbophyllum tricornoides

タイの標高1200～1300mの高地に分布し、耐寒性がある。直径1㎝ほどの花を穂状につける。

カランセ属
Calanthe

温帯～熱帯アジアを中心に、アフリカ東部、南米にも分布。エビネもこの仲間。多くは地生種だが着生種もある。常緑性と落葉性に分かれる。

↑**カランセ ルーベンス**
Calanthe rubens

インドシナ半島～マレー半島、ボルネオ島北部ならびにフィリピンに分布する。落葉後、バルブの基部から花茎が伸びて、多数の花を着ける。

↑**カランセ ベスティタ**
Calanthe vestita

東南アジアに広く分布する。落葉後、バルブの基部から花茎が伸びて、多数の花を着ける。

カタセタム属
Catasetum

中南米の熱帯地域に広く分布する着生種。花茎はバルブ上部の節から出る。花には雌雄があり、性により花型や色が大きく異なる。状態よく育った大株には雌花が、小さい株には雄花が着きやすい。自生地には乾季と雨季があり、乾季には葉を落として休眠するので、その間の水やりは控えめに。生長期にはたっぷりと水をやる。葉焼けしやすいので、直射日光は避ける。生育適温は 15 ～ 25℃。10℃以下になるとバルブが傷みやすい。

↑**カタセタム ピレアーツム**　*Catasetum pileatum*

コロンビア～ベネズエラ～ブラジルに分布する。雌花か雄花どちらかが咲き、同時に咲くことはまれ。

カトレア属
Cattleya

原種は南米の樹木や岩に着生。日光と通風を好む。花期は種類によって異なる。育て方は「3 章　栽培のポイント」を参照。

←**カトレア アメジストグロッサ**
Cattleya amethystglossa

ブラジルのバイア州・ミナスジェライス州に分布する。樹木に着生し、バルブの頂部に 5 ～ 10 数輪の花をボール状に着ける。日本での花期は冬から春にかけて。

→**カトレア［ソフロニティス］コクシネア**
Cattreya ［*Sophronitis*］ *coccinea*

ブラジル東部、海抜 1000m 付近の雲霧林に自生する。夏の暑さは苦手。

↑**カトレア［ソフロニティス］セルヌア**
Cattleya ［*Sophronitis*］ *cernua*

ブラジル、ボリビア、パラグアイの熱帯雨林に自生する。

↑**カトレア［ソフロニティス］セルヌア・アマレロ**
Cattleya ［*Sophronitis*］ *cernua* fma. *amarelo*

←**カトレア ドルマニアナ・セルレア**
Cattleya dormaniana fma. *coerulea*

ブラジルに分布する。

➡カトレア フォーベシー
Cattleya forbesii

ブラジル東南部、リオデジャネイロ州からサンタカタリナ州に分布し、樹木に着生する。日本での花期は夏から秋にかけて。花色の変化は比較的少なく、複数の花を着ける。

⬅カトレア ガスケリアナ
Cattleya gaskelliana

ベネズエラ、コロンビアに分布する。香りがよい。

➡カトレア ロッディゲシー
Cattleya loddigesii

ブラジル南東部に分布する。

⬅カトレア ルデマニアナ
Cattleya lueddemanniana

ベネズエラを代表するカトレア。花色は豊富。日本での花期は冬の終わりから春頃まで 栽培は比較的容易。

⬅カトレア［レリア］ルンディー
Cattleya [*Laelia*] *lundii*

ボリビア～アルゼンチン、ブラジル東部に分布する小型種。

⬆カトレア ルテオラ *Cattleya luteola*

ブラジル、ペルー、エクアドル、ボリビアなどに分布する小型種。自生地によって温暖から高地性の冷涼を好むものまでさまざま。3～4㎝ほどの黄色から黄緑色の小さな花を1つの花茎に5～6輪着ける。

⬆カトレア マキシマ *Cattleya maxima*

南米大陸の太平洋側、エクアドル、ペルーに分布する。乾燥した樹林からジャングルまで幅広く適応している。

⬆カトレア ノビリオール
Cattleya nobilior

ブラジル～ボリビアに分布する。

⬆カトレア ノビリオール・アマリエ
Cattleya nobilior var. *amaliae*

ノビリオールのアマリエタイプ。

⬅カトレア［レリア］ペリニー・セミアルバ
Cattleya [*Laelia*] *perrinii* fma.*semi-alba*

ブラジルに分布する。

⬅カトレア［レリア］プラエスタンス
Cattleya [*Laelia*] *praestans*

ブラジル南東部ミナスジョライス州～エスピレットサント州の標高600～1000m付近に分布する。

←カトレア［レリア］パープラータ カーネア
Cattleya [*Laelia*] *purpurata* var. *carnea*
ブラジル南東部海岸、サンタカタリナ州〜リオグランデドスル州に沿った湿潤な密林の樹木や岩に着生する。大型で色彩のバラエティーはきわめて豊富。日本での花期は晩春から初夏にかけて。

→カトレア シレリアナ
Cattleya schilleriana
ブラジル東南部の山地に分布する。

←カトレア シュロデレー
Cattleya schroederae
コロンビアに分布する。

↑カトレア ワルケリアナ
Cattleya walkeriana
ブラジル中央部の灌木林内で樹木や岩に着生する。

←カトレア［ソフロニティス］ウィッティギアナ
Cattleya [*Sophronitis*] *wittigiana*
ブラジルの海抜 1000 〜 1400 m 付近に分布する。

キロスキスタ属
Chiloschista

熱帯アジアに分布する着生種。ほとんどの種に葉がなく、根で光合成を行う。バンダ属と同様に育てられる。春〜秋は明るい半日陰に吊るし、10℃を下回る前に取り込む。水やりはたっぷりと。

↑キロスキスタ パリシー
Chiloschista parishii
熱帯アジアの海抜 700m ほどの森林に自生する。無葉蘭とも呼ばれ、根で光合成をするように進化した不思議なランである。株の成熟度にもよるが、下垂する花茎に 10 輪ほどの花を着ける。

クレイソセントロン属
Cleisocentron

東南アジア、ボルネオ島・キナバル山の高地に分布する着生ラン。棒状で革質の葉が左右交互に並んで着く。生長が非常に遅い。４種が知られるが、いずれも希少種。バンダ属と近縁。

↑クレイソセントロン メリリアヌム
Cleisocentron merrillianum
ボルネオ島・キナバル山の高地に自生する。

クロウェシア属
Clowesia

メキシコ～ブラジルに分布する着生ラン。カタセタムとは近縁で、カタセタム属に編入され、再び独立した経緯がある。カタセタム属と異なり、花茎は下垂し、両性花が咲く。落葉性。育て方はカタセタムに準じる。

◀クロウェシア ロゼア
Clowesia rosea
メキシコ南西部に分布する。

▲クロウェシア ルッセリアナ
Clowesia russeriana
メキシコ～ベネズエラ、コロンビアに分布する。

セロジネ属
Coelogyne

亜熱帯～熱帯アジアの樹木や岩に着生する。葉は革質でバルブから1～数枚頂生。育てやすいものが多い。寒さに強く暑さにやや弱い低温性（5℃以上で冬越しでき、夏場は生長が止まる）と、暑さに強く寒さにやや弱い中高温性（夏場に生長し、冬越しには10～15℃程度必要）に分かれる。春と秋は50％、夏は70％遮光する。水やりは年間を通して乾かさないこと。花茎がバルブの基部から生じるものと頂部から生じるものがある。

▲セロジネ クリスタータ・ホロレウカ *Coelogyne cristata* fma. *hololeuca*
ヒマラヤの海抜1500m付近の冷涼な雲霧林に自生する。低温性。香りがよい。基本種はリップの奥がオレンジ色。

◀セロジネ フィンブリアータ
Coelogyne fimbriata
中国南部～東南アジア～インド北部の海抜1500m以下の樹林に分布する小型種。低～中温性。

▶セロジネ フラクシダ
Coelogyne flaccida
中国南部～東南アジア～ヒマラヤの海抜1000～1800m付近に分布する。低～中温性。

◀セロジネ インクラサータ
Coelogyne incrassata
ボルネオ島、スマトラ島、ジャワ島に分布する。

▶セロジネ ミニアータ
Coelogyne miniata
インドネシアの海抜1000～2400mの高地に分布する。

◀セロジネ ムーレアナ
Coelogyne mooreana
ベトナムの海抜1300メートル付近に分布する。中～高温性。

セロジネ オヴァリス
Coelogyne ovalis
中国南部～インド東部の海抜600～2000mに分布する。中温性。

セロジネ トリネルヴィス
Coelogyne trinervis
東南アジアの海抜100～1600mに分布する。

セロジネ ズロウェッツィー
Coelogyne zurowetzii
ボルネオ島に分布する。

クレピディウム属
Crepidium

亜熱帯～熱帯アジアに分布する地生ラン。沖縄に自生するカンダヒメランやイリオモテヒメランを含むマラクシス属の多くがこの属に分類変更された。

クレピディウム ホイ
Crepidium hoi
マレー半島に分布する。弱光を好む。

シクノチェス属
Cycnoches

中南米に分布する着生種。カタセタム属と近縁で、カタセタムと同じく花には雌雄の性がある。花が雌雄同形のシクノチェス節と雌雄異形のヘテランタ節に分かれる。花茎は秋、バルブ上部の葉腋から生じ、冬～春に香りのよい花が咲く。葉焼けを起こすので、春と秋は30%、夏は50%の遮光をする。水やりは、生育期はたっぷりと、落葉期は控えめに。

シクノチェス クーペリ
Cycnoches cooperi
ペルー、ブラジルに分布。海抜400～800mの比較的低山の湿潤な環境に自生する。花色の変化は少なく、冬季には落葉する。栽培は容易。

シクノチェス ワーセウィッチー
Cycnoches warscewiczii
ニカラグア、コスタリカ、パナマに分布する。

シンビジウム属
Cymbidium

アジア～オーストラリアに広く分布。着生種と地生種がある。育て方は「3章　栽培のポイント」を参照。

シンビジウム フロリバンダム
Cymbidium floribundum
中国南部～ベトナム北部並びに台湾に分布する。

シンビジウム シチュアニクム
Cymbidium sichuanicum
中国・四川省付近に分布する。

⬆シンビジウム トラシアナム *Cymbidium tracyanum*

ミャンマー、タイ、中国南部の海抜1200～1900mに自生し、樹木や岩に着生する。花茎は1m以上伸び、花の大きさは10cm以上となり、シンビジウム属としてもっとも大きくなる。冬から春にかけて開花することが多い。

シノルキス属
Cynorkis

マダガスカル島～アフリカに分布する地生ランで、球根を持つ。落葉性。

➡シノルキス ローウィアナ
Cynorkis lowiana

マダガスカル島に分布する。

デンドロビウム属
Dendrobium

アジア～オセアニア～アフリカに広く分布し1000種を超える大属。形や大きさはさまざま。育て方は「3章 栽培のポイント」を参照。

➡デンドロビウム アンテナータム
Dendrobium antennatum

マルク諸島からソロモン島にかけて分布する。

⬆デンドロビウム アフィルム（ピエラルディー）
Dendrobium aphyllum (pierardii)

ネパールから中国南部、マレー半島にかけて分布する。

➡デンドロビウム ビフルカータム
Dendrobium bifurcatum

ベトナムに分布する。

⬅デンドロビウム ブラクテオサム
Dendrobium bracteosum

マルク諸島からビスマルク列島にかけて分布する。

⬆デンドロビウム ブライアネンセ
Dendrobium braianense

中国・雲南からインドシナ半島にかけて分布する。

⬅デンドロビウム カルカリフェルム
Dendrobium calcariferum

ボルネオ島に分布する。

⬅デンドロビウム カリクリ-メンタム
Dendrobium caliculi-mentum

ニューギニア島、スラウェシ島、ソロモン諸島の海抜800～2500mの雲霧林に自生する。下垂するバルブの先端に5～6輪の花が房状に着く。

➡デンドロビウム クルエンタム
Dendrobium cruentum
ミャンマー、マレー半島、タイに分布する。

⬅デンドロビウム カスバートソニー
Dendrobium cuthbertsonii
ニューギニア島に分布する。

⬅デンドロビウム デヌダンス
Dendrobium denudans
ヒマラヤ～インドのアッサム州～ブータン～ネパール～タイと、広い地域の海抜800～2200mの高原に自生する。花弁が細く、色彩も地味だが、下垂する花茎に咲く風情は賑やか。

➡デンドロビウム ディチャエオイデス
Dendrobium dichaeoides
ニューギニア島の海抜1500～2500mの高地に自生する。10㎝に満たないバルブの先端に、房状に花を着ける。

⬅デンドロビウム ファーメリ
Dendrobium farmeri
ヒマラヤからマレー半島にかけて分布する。

⬆デンドロビウム フィンブリアータム
Dendrobium fimbriatum
ヒマラヤから中国南部、インドシナ半島にかけて分布する。

⬅デンドロビウム フォーモーサム
Dendrobium formosum
ヒマラヤからインドシナ半島にかけて分布する。

➡デンドロビウム グロメラータム
Dendrobium glomeratum
スウェラシ島からマルク諸島にかけて分布する。

⬅デンドロビウム ゴールドシュミッティアナム
Dendrobium goldschmidtianum
台湾からフィリピンにかけて分布する。

⬅デンドロビウム ハンコッキー
Dendrobium hancockii
中国・雲南～ベトナムに分布する。

⬆デンドロビウム ハーベヤナム
Dendrobium harveyanum
中国・雲南南部～インドシナ（ミャンマー、タイ、ベトナム）に分布する。

↑**デンドロビウム インファンディブルム**
Dendrobium cf. *infundibulum*
インド・アッサム～中国・雲南南部、インドシナ（ラオス、ミャンマー、タイ、ベトナム）に分布する。

←**デンドロビウム イオノプス**
Dendrobium ionopus
フィリピンに分布する。

↓**デンドロビウム キンギアナム** *Dendrobium kingianum*
オーストラリア東部に分布する。

デンドロビウム キンギアナム
Dendrobium kingianum

デンドロビウム キンギアナム・アルバム
Dendrobium kingianum fma. *album*

デンドロビウム キンギアナム・セミアルバム
Dendrobium kingianum fma. *semi-album*

デンドロビウム キンギアナム 'シルコッキー'
Dendrobium kingianum 'Silcokii'

↑**デンドロビウム ラエヴィフォリウム** *Dendrobium laevifolium*
ニューギニア島、ソロモン諸島、サンタクルーズ島に分布する。

←**デンドロビウム リューコキアナム**
Dendrobium leucocyanum
パプアニューギニアに分布する。

→**デンドロビウム リンドレイ（アグレガタム）**
Dendrobium lindleyi (aggregatum)
中国・雲南～東南アジアに分布する。

←**デンドロビウム ロッディゲシー**
Dendrobium loddigesii
中国南部からヒマラヤ、インドシナ半島にかけて分布する。

↓**デンドロビウム ノビル**
Dendrobium nobile
ネパールから中国南部並びにインドシナ半島にかけて分布する。

←**デンドロビウム パピリオ**
Dendrobium papilio
フィリピンに分布する。

→**デンドロビウム パリシー**
Dendrobium parishii
インドアッサム～中国南部、インドシナ（ラオス、ミャンマー、タイ、ベトナム）に分布する。

デンドロビウム ポリアンサム（プリムリナム）
Dendrobium polyanthum (*primulinum*)

ヒマラヤ西部・東部～インド・アッサム～ネパール～ミャンマーなどの海抜 700 ～ 1800m の森林帯に自生する。花はリップが丸く大きく、その中心部が黄色のタイプと筋状の模様が入るタイプがある。

デンドロビウム シライシー
Dendrobium shiraishii

ニューギニア島西部に分布する。

デンドロビウム スミリエ
Dendrobium smillieae

マレーシア～クイーンズランド北部に分布する。

デンドロビウム パープレウム・アルバム
Dendrobium purpureum fma. *album*

インドネシアからニューギニア島、モルッカ諸島の沿岸低地から海抜 1150 mの森林地帯まで広く分布。肥培すると 2 m以上に生長し、花径 1 ㎝に満たない小花が短い花茎にボール状に着く。

デンドロビウム スペシオサム
Dendrobium speciosum

オーストラリア東部に分布する。

デンドロビウム サンデレー
Dendrobium sanderae

フィリピン中部ルソン島の海抜 1000 ～ 1650m の山中にのみ自生する。花は 10㎝以上にもなり、白が基調だがボリューム感がある。

デンドロビウム ストラティオテス
Dendrobium stratiotes

マルク諸島～ニューギニア島に分布する。

デンドロビウム ストロンギランサム
Dendrobium strongylanthum

中国・雲南～インドシナ半島、海南島に分布する。

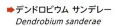

デンドロビウム セニレ
Dendrobium senile

ラオス、ミャンマー、タイ、ベトナムに分布する。

デンドロビウム スブリフェルム
Dendrobium subuliferum

ニューギニア島の海抜 300 ～ 2000m の地域に自生する。葉は硬質で、花は澄んだ白色。花弁の先端が尖っているのが特徴。

⬅デンドロビウム トランスパレンス
Dendrobium transparens
ヒマラヤ西部・東部～ネパール～ブータン～ミャンマーなど、広い地域の海抜500～2100mの雲霧林に自生する。育て方はノビル系に準じる。

⬆デンドロビウム トレアチェリアヌム［エピオゲネイウム ライオニー］
Dendrobium treacherianum [*Epigeneium lyonii*]
ボルネオ島からフィリピンにかけて分布する。

⬆デンドロビウム ベロスティージー［カデティア コリナ］
Dendrobium versteegii [*Cadetia collina*]
ニューギニアに分布する。

⬅デンドロビウム ヴィクトリアエ - レギネ
Dendrobium victoriae-reginae
フィリピンにかけて分布する。

デンドロキラム属
Dendrochilum

東南アジアに分布し、多くは樹木や岩に着生するが、地生種もある。葉はバルブから1枚頂生。香りのよい小花を穂状に着ける。春と秋は30%、夏は50～60%の遮光をする。暑さにも寒さにも強く、最低5℃程度までは耐える。生長期はたっぷりと水をやる。秋に新芽が伸び始め、その新芽から花茎が出る。冬の水やりは控えめにするが、花茎が伸びている間は乾かさないこと。

⬆デンドロキラム アラクニテス
Dendrochilum arachnites
フィリピンに分布する。

⬆デンドロキラム コンヴァラリーフォルメ
Dendrochilum convallariiforme
フィリピンに分布する。

⬆デンドロキラム コーテシー
Dendrochilum cootesii
フィリピンに分布する。

⬆デンドロキラム アンカーツム
Dendrochilum uncatum
台湾からフィリピンにかけて分布する。

⬅デンドロキラム デンポエンセ
Dendrochilum dempoense
スマトラ島に分布する。

ディモルフォルキス属
Dimorphorchis

ボルネオ島からニューギニア付近に分布する着生ラン。バンダ属に近縁で、大株に育つ。

➡ディモルフォルキス ローウィ
Dimorphorchis lowii

ボルネオ島のサラワク州（インドネシア）とサバ州（マレーシア）にまたがって分布しており、海抜1000m以下の熱帯林の高湿度な環境に生育している。花茎は3m以上になり、花茎の付け根に近いところに花径6cmぐらいの黄色の花が1～3輪、その下の方に赤い花が20～30輪着く。

ディネマ属
Dinema

中米に分布する極小型の着生ラン。エピデンドラム属からポリブルボン種だけで独立。高温多湿を好む。強健で栽培は容易。

⬆ディネマ ポリブルボン *Dinema polybulbon*

メキシコから中米、カリブ海諸国に分布する。

ドラキュラ属
Dracula

主にアンデス山脈に分布。海抜1500～2500mの冷涼な雲霧林内の樹木や岩に着生する。マスデバリア属から独立。栽培には保冷設備が必要。

⬆ドラキュラ ベラ
Dracula bella

コロンビアに分布する。

⬆ドラキュラ フェリックス
Dracula ferix

分布域調査中。コロンビア南西部からエクアドルにかけて分布する。

⬅ドラキュラ ロエズリイー
Dracula roezlii

コロンビアに分布する。

➡ドラキュラ ソディロイ
Dracula sodiroi

エクアドルに分布する。

⬅ドラキュラ ウバンギナ
Dracula ubangina

エクアドルの海抜1800mの雲霧林の樹木に着生する。冷涼な気候を好み、栽培には夜間の温度を18℃以下にして、湿度の高い環境が必要となる。

➡ドラキュラ ヴァンパイア
Dracula vampira

エクアドルに分布する。

⬅ドラキュラ ウールワーディアエ
Dracula woolwardiae

エクアドルのアンデス山脈の海抜1200～1850mにある密林の西側斜面に自生する。栽培には、夜間の最低温度を、年間を通して20℃以下にする必要がある。

エンシクリア属
Encyclia

中南米の熱帯地域に広く分布する着生ラン。カトレアに近縁。

➡エンシクリア コーディゲラ
Encyclia cordigere
メキシコ～南米北部に分布する。

中南米のラン　宇田川芳雄

中南米はもっともランの種類が豊富なところで、着生、地生、未だ発見されていない種もたくさんあるようだ。一般によく知られたカトレア、レリア、エピデンドラムなどの着生ランが多いが、とくにプレウロタリス類――プロウレタリス属（*Pleurothallis*）、マスデバリア属（*Masdevallia*）、これらのランの権威であるリエア氏（C.A.Luer）がマスデバリア属から分離したドラキュラ属（*Dracula*）、レストレピア属（*Restrepia*）など――は全体的に地味ながら多種多様で、魑魅魍魎の世界とも思われる。その中で園芸的に魅力があるのはマスデバリアとその相棒のドラキュラだが、なぜかこの2つは棲み分けて生きているような感じで、かつて私は「美女と野獣」になぞらえてみたものだ。
レパンテス属（*Lepanthes*）やステリス属（*Stelis*）などは、花は小さいものの、その構造は精緻だ。ステリスの花はそのときの温度の高低によって閉じたり開いたりする。レパンテスは花片や唇片とともにずい柱にもさまざまな変化が見られ、コスタリカ産のある種の花は、昆虫の雌に擬態するのではなく、雌の性器に擬態して雄を呼ぶそうである。また、レパンテス エロス（*Lepanthes eros*）のようにずい柱が直立したものもあり、これらの花を虫眼鏡で観察すると興味は尽きない。
どうも全体的に見て、ランの花はその構造の巧みさから、虫を騙して受精の仕事をさせてしまうようである。普通の草花は受精の見返りに蜜や花粉を虫に与えるのだが、ランの花は与えるものはほとんどなく、ただ、虫の性行動を利用してうまくやっているように思える。

エピデンドラム属
Epidendrum

中南米の低地から高地まで広く分布する大属。花型や草姿、性質はさまざま。春～秋は風通しのよい明るい日陰に、13℃以下になったら室内の明るい場所に置く。水やりは、生育期はたっぷりと、冬は控えめに。ただし、長茎種は冬も霧吹きで葉水を与えるとよい。

⬆エピデンドラム アタカゾイカム　*Epidendrum atacazoicum*
エクアドルに分布する。

⬅エピデンドラム アヴィキュラ
［ラニウム アヴィキュラ・ロンギフォリア］
Epidendrum avicula
［*Lanium avicula* var. *longifolia*］
エクアドル～ブラジルに分布する。

➡エピデンドラム シリアレ
Epidendrum ciliare
メキシコから熱帯アメリカに分布する。

⬅エピデンドラム ウゴメディナエ
Epidendrum hugomedinae
エクアドルに分布する。

⬅エピデンドラム イレンセ *Epidendrum ilense*

エクアドルに分布する。

➡エピデンドラム ポーパックス *Epidendrum porpax*

メキシコ〜ベネズエラに分布する。

⬅エピデンドラム ラディカンス *Epidendrum radicans*

メキシコ〜コロンビアに分布する。

ユーロフィア属 *Eulophia*

アジア・オセアニア・アメリカ・アフリカの亜熱帯〜熱帯地域に広く分布。主に地生種だが着生種もある。春と秋は30%、真夏は50〜60%の遮光をする。生育期は乾きすぎないように水をやり。冬は休眠するので控えめに。

➡ユーロフィア ギネンシス *Eulophia guineensis*

熱帯アフリカからボツワナ、アラビア半島にかけて分布する。

ユーロフィエラ属 *Eulophiella*

マダガスカル島に5種が自生する着生ランで大株に育つ。「マダガスカルの女王」と呼ばれるロエンプレリアナ種はタコノキ属の枝にしか着生しない独特な習性をもつ。

⬆ユーロフィエラ ロエンプレリアナ *Eulophiella roempleriana*

マダガスカル島に分布する。

ガストロキルス属 *Gastrochilus*

東アジア〜マレー半島に分布する着生ラン。日本にはモミランなど数種が自生する。

⬅ガストロキルス ベリヌス *Gastrochilus bellinus*

中国・雲南〜インドシナ（ラオス、ミャンマー、タイ、ベトナム）に分布する。

ゴメザ属 *Gomesa*

ブラジル〜アルゼンチン北部に分布する着生種。オンシジウム属から多数の種が本属に変更された。

⬆ゴメザ ブラジリエンシス（バーブネニー） *Gomesa brasiliensis (verboonenii)*

葉はバルブから2枚頂生する。バルブの基部から花茎を伸ばし、淡緑色の小花を多数着ける。

ゴンゴラ属
Gongora

メキシコ～ボリビアの海抜 1000m 以下の樹林に生育する着生種。中高温、多湿を好む。花型が鳥の飛ぶ姿に似ている。素焼き鉢にミズゴケ植えか木枠バスケットを用いる。春と秋は 30%、夏は 50 ～ 60%遮光をする。生育期は十分に水をやり、冬はやや乾かし気味にする。冬越しには 10 ～ 13℃を保つ。

⬅ゴンゴラ キンケナービス
Gongora quinquenervis
コロンビア～ペルー、ブラジルに分布する。

グアリアンセ属
Guarianthe

中南米原産の着生種。カトレア属から二葉性の種が本属として独立。

⬆グアリアンセ オーランティアカ *Guarianthe aurantiaca*
メキシコから中米にかけて分布する。

⬆グアリアンセ スキンネリ *Guarianthe skinneri*
中米グアテマラからパナマにかけて分布する着生種 。花色は個体による変化がある 栽培は比較的容易で成長すると株高 50cm ほどになり多くの花をつける。

ハベナリア属
Habenaria

砂漠や南・北極を除く世界中に分布。日本のサギソウはこの仲間。主に地生種だが、一部着生種もある。落葉性で、花後に地上部が枯れて、新しいバルブで休眠する。春と秋は 40%、夏は 50 ～ 60%の遮光をする。生育期はたっぷりと水をやり、休眠期はわずかに湿る程度に。冬越しには 10 ～ 13℃を保つ。

➡ハベナリア カーネア
Habenaria carnea
タイ～マレー半島に分布する。

ホルコグロッサム属
Holcoglossum

中国南部～インド、台湾で樹木や岩に着生。葉は棒状または線状で肉厚。バンダ属と近縁。

⬆ホルコグロッサム キンバリアヌム
Holcoglossum kimballianum
中国・雲南～インドシナ（ラオス、ミャンマー、タイ、ベトナム）に分布する。

⬆ホルコグロッサム ワンギー
Holcoglossum wangii
中国・雲南～ベトナムに分布する。

⬅ホルコグロッサム リングラタム
Holcoglossum lingulatum
中国・雲南～ベトナムに分布する。

イオノプシス属
Ionopsis

アメリカ大陸の亜熱帯～熱帯地域に広く分布する。花茎は長く伸びてアーチ状になり、多数の小花を着ける。過湿を嫌う。

⬅イオノプシス ウトリキュラリオイデス
Ionopsis utricularioides
フロリダ～中南米に分布する。過湿を嫌う。

イサベリア属
Isabelia

ブラジルのやや涼しく湿度の高い山地に自生する、極小型の着生種。日光を好む。

⬆イサベリア プルチェラ
Isabelia pulchella
ブラジル南部に分布する。。強い日光を好む。

⬅イサベリア ヴィオラセア
Isabelia violacea
ブラジルに分布する。

ジュメレア属
Jumellea

マダガスカル島、コモロ諸島、アフリカ東部などに分布。葉は革質で2列交互に並ぶ。

⬅ジュメレア アラクナンサ
Jumellea arachnantha
マダガスカル島、コモロ諸島に分布する。

レリア属
Laelia

中南米に分布し、樹木や岩に着生する。カトレア属とは極近縁で、ブラジル産のレリア属はカトレア属に変更された。

➡レリア アンセプス・リネアタ
Laelia anceps fma. *lineata*
メキシコに分布する。

レプトテス属
Leptotes

ブラジル・パラグアイ・アルゼンチンに分布。短いバルブから棒状の葉を1枚頂生する。夏は30～40%の遮光をする。生育期はたっぷりと水をやり、冬はやや乾かし気味に。冬越しには10～13℃を保つ。ヘゴ板付けでもよい。カトレア属と近縁。

⬆レプトテス ユニカラー
Leptotes unicolor
ブラジルからアルゼンチン北東部にかけて分布。

⬆レプトテス ビカラー *Leptotes bicolor*
ブラジル、パラグアイにかけて分布。細いバルブに比較して大きな花を付ける。*bicolor* の名前が示すように、白と赤との2色のコントラストがよく目立つ。

リパリス属
Liparis

世界各地の温帯～亜熱帯地域に分布する。地生種と半着生種がある。日本にはスズムシソウなど10種が自生する。

⬅リパリス ディスタンス
Liparis distans
中国南部～インド東部、インドシナ、フィリピンに分布する。

➡リパリス グロッサ
Liparis grossa
台湾、ミャンマー、フィリピンに分布する。

⬅リパリス ジャバニカ
Liparis javanica
ジャワ島に分布する。休眠中は落葉する。

リカステ属
Lycaste

中南米に分布する着生種。低地性と高地性があり、高地性は暑さが苦手。バルブから大きく薄い葉を2～3枚頂生する。葉焼けしやすいので直射日光は避ける。生長期は充分に水をやり、落葉期は控えめに。

◀リカステ クルエンタ
Lycaste cruenta
メキシコ～ホンデュラスに分布する。

➡リカステ バージナリス（スキンネリ）
Lycaste virginalis (*skinneri*)
メキシコ、エルサルバドル、グアテマラ、ホンデュラスに分布する。

マコデス属
Macodes

沖縄～東南アジア、ニューギニアに分布。ビロードのような緑葉に模様が現れる葉を観賞する。ジュエルオーキッドと呼ばれるものの1つ。林床に生える地生種なので、半日陰で湿度の高い状態を保つ。夏の暑さには強いが、冬は15℃以上で管理する。

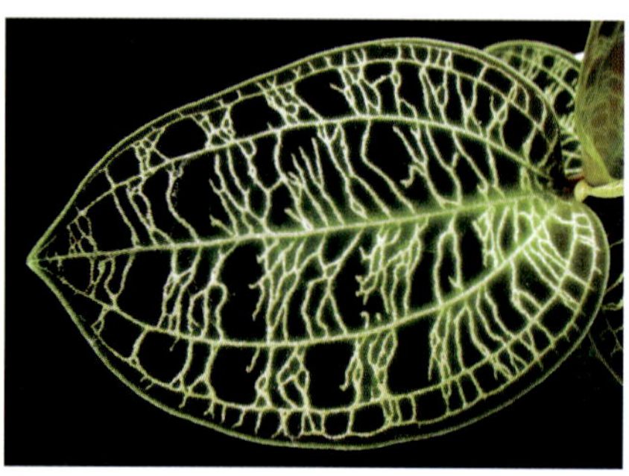

⬆マコデス ペトラ *Macodes petola*
ビロードのような質感の葉に金線の模様が入り、非常に美しいが、花は地味。強い日差し・乾燥・低温を嫌う。南西諸島、タイ、マレーシアに分布する。

マクロクリニウム属
Macroclinium

メキシコ～ペルー・ボリビアに分布する着生種。冷涼な環境を好む。

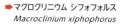

➡マクロクリニウム シフォフォルス
Macroclinium xiphophorus
コロンビア、ペルー、エクアドルに分布。海抜1000～1800mに自生する小型の着生種。花は、線香花火のように展開する。栽培はやや難しいが、コルクやヘゴに付けるとよくできる。

マスデバリア属
Masdevallia

中南米の高山の雲霧林内で樹木や岩に着生する。栽培には保冷設備が必要（なければクーラーの効く部屋に）。年間を通して半日陰、高湿度、気温22～23℃を保てば生長し続け、花も次々と着ける。夏も日中25℃以下、夜間20℃以下に保ちたい。バルブを形成しないので、根を乾かさないこと。

◀マスデバリア カルラ
Masdevallia calura
コスタリカに分布する。湿度を好む。

➡マスデバリア コクシネア
Masdevallia coccinea
コロンビアの海抜2400～3000mの高所に分布。花色の変化が多く、大変美しいが、高山性のため栽培が難しく、夜間の温度を15℃以下にする必要がある。

マスデバリア ヒルツイー
Masdevallia hirtzii
エクアドルに分布する。湿度を好む。

マスデバリア イグネア
Masdevallia ignea
コロンビアに分布する。

マスデバリア メサエ
Masdevallia mezae
ペルーに分布する。

マスデバリア ポリスティクタ
Masdevallia polysticta
エクアドル、ペルーに分布する。

マキシラリア属
Maxillaria

フロリダ南部～ブラジル・アルゼンチンで樹木や岩に着生する。葉はバルブから1～2枚頂生。高地性のものは冷涼な環境を好む。

マキシラリア　リネオラータ［モルモリカ・リンゲンス］
Maxillaria lineolata [*Mormolyca ringens*]
メキシコ南部～中米に分布する。

マキシラリア ルテオアルバ
Maxillaria luteo-alba
コロンビア、ベネズエラに分布する。

マキシラリア マルジナータ
Maxillaria marginata
ブラジルに分布する。

マキシラリア ポルフィロステレ
Maxillaria porphyrostele
ブラジルに分布する。

マキシラリア ルフェッセンス
Maxillaria rufescens
熱帯アメリカに広く分布する。

マキシラリア シュンケアナ
Maxillaria schunkeana
ブラジルに分布する。

➡マキシラリア ソフロニティス
Maxillaria sophronitis
コロンビア、ベネズエラに分布する。

⬅マキシラリア テヌイフォリア
Maxillaria tenuifolia
メキシコ～中米に分布する。

⬆マキシラリア ヴァリアビリス *Maxillaria variabilis*
メキシコ～中米～ベネズエラに分布する。

メディオカルカー属
Mediocalcar

ニューギニア島や周辺の島に分布する着生種。夏の暑さが苦手な種もある。

⬆メディオカルカー デコラータム *Mediocalcar decoratum*
ニューギニアに分布する。

➡メディオカルカー ベルスティーギー
Mediocalcar versteegii
マルク諸島～バヌアツに分布する。

メイラシリウム属
Meiracyllium

メキシコ・グアテマラに分布する小型の着生種。匍匐茎から短い茎が出て肉厚な葉を１枚着ける。

⬅メイラシリウム トリナスタム
Meiracyllium trinasutum
メキシコ～ホンデュラスに分布する。

⬅メイラシリウム トリナスタム・アルバム
Meiracyllium trinasutum fma. *album*
トリナスタムの白花。

メサデネラ属
Mesadenella

中南米の湿った樹林内に地生する。花茎はネジバナのように螺旋を描いて直立する。

➡メサデネラ クスピダータ
Mesadenella cuspidata
ベネズエラ～アルゼンチンに分布する。

ミルトニア属
Miltonia

中南米に分布する着生種。夏は70%遮光し、新芽が生長する秋〜冬にはよく日に当ててバルブを充実させる。冬も13〜15℃程度に保つ。冬も乾かさないように水をやる。

⬆ミルトニア モレリアナ
Miltonia moreliana
ブラジルに分布する。

ミルトニオプシス属
Miltoniopsis

中南米の海抜1200〜1500mの雲霧林内で樹木に着生。冷涼な環境を好む。ミルトニア属から独立。

⬅ミルトニオプシス ファレノプシス
Miltoniopsis phalaenopsis
コロンビアの海抜1200〜1500mの雲霧林の樹木に着生する。日照が弱く湿度の高い環境を好む。通常、リップに赤い模様が入るが、写真のものは色素が入らないアルバ個体。

⬆ミルトニオプシス ロエズリー
Miltoniopsis roezlii
中南米の熱帯林の海抜200〜1000m、湿度の高い所に広く分布。夏季は涼しい場所で栽培する。香りがある。パナマ〜エクアドルに分布する。

⬆ミルトニオプシス ワーセウィッチー
Miltoniopsis warszewiczii
コスタリカ、グアテマラ、ニカラグア、パナマに分布する。

オンシジウム属
Oncidium

フロリダ〜南米の亜熱帯〜熱帯地域に広く分布。低地性と高地性があり、性質はさまざま。多くは着生種だが地生種もある。春と秋は30%、夏は60%の遮光をし、風通しのよい場所に置く。最低5℃で冬越しできるが、10〜15℃以上を保ちたい。水やりは乾いたらたっぷりと。冬は1週間に1〜2回程度でよい。

⬅オンシジウム マキュラータム
Oncidium maculatum
メキシコ〜中米に分布する。

⬅オンシジウム ポベダナム
Oncidium povedanum
コロンビアに分布する。

オフリス属
Ophrys

ヨーロッパ・地中海沿岸・アフリカに分布。開けた草原に地生する。花型とフェロモン様の香りで雄蜂に受粉を媒介させるという。落葉性。

⬅オフリス
Ophrys

オーニソセファルス属
Ornithocephalus

熱帯アメリカに広く分布する小型の着生種。葉は2列並び、扇状に広がる。

⬅オーニソセファルス ビコルニス
Ornithocephalus bicornis

メキシコ南部〜熱帯アメリカに分布する。

奇妙な地生ランたち　宇田川芳雄

ヨーロッパに自生するランはオフリス属（*Ophrys*）をはじめ、アセラス属（*Aceras*）、アツモリソウ属（*Cypripedium*）、カキラン属（*Epipactis*）、リパリス属（*Liparis*）、ツレサギソウ属（*Platanthera*）、ネジバナ属（*Spiranthes*）、セラピアス属（*Serapias*）などすべて地生ランである。オフリス属などは交雑が多いため、種と種の間が不鮮明になっているものもある。地生ランは熱帯や寒帯に広く分布し、とくにオーストラリアには奇妙な種がたくさんある。中でも、ドラカエア属（*Drakaea*）のハンマー・オーキッドといわれるランの花の構造は不可思議で、コリアンテス（バケツラン）などとともに、テレビでも取り上げられている。
オーストラリアに広くみられるプテロスティリス属（*Pterostylis*）は、一見サトイモ科のテンナンショウに似た花型の地味な花だが、筒状の内部に隠れた唇片がシーソーのような役割を果たし、中に入ってきた虫の出口を一瞬で塞ぎ、花粉を背負わなければ外に出られない仕組みになっている。ほかにも、花被片をクモの手足のように広げたカラデニア属（*Caradenia*）やディウリス属（*Diuris*）など面白いランがいっぱいある。コリバス属（*Corybas*）はごく小型のランだが、座葉に丸い妖精のような花をつける。忘れてはいけないのがリザンテラ属（*Rhizanthella*）だ。地中で生育し、花も地中で咲く。

パフィオペディルム属
Paphiopedilum

東南アジアを中心に、中国南部〜インドなどに広く分布。育て方は「3章　栽培のポイント」を参照。

⬅パフィオペディルム ベラチュラム
Paphiopedilum bellatulum

ミャンマー〜タイの山地の石灰岩質の斜面に自生する。花期は主に春〜初夏。交配親として重要な種である。写真の個体名は 'Black Emperor'。

⬅パフィオペディルム カローサム
Paphiopedilum callosum

タイ〜ベトナム、マレー半島に分布する。花期は主に夏。

⬅パフィオペディルム チャーレスウォーシー・アルバム
Paphiopedilum charlesworthii fma. *album*

ミャンマー〜インドの石灰岩質の高地に自生する。花期は主に秋。普通種は上萼片に赤紫色の脈が密に入り、唇弁は褐色。

➡パフィオペディルム コンカラー
Paphiopedilum concolor

中国南部〜インドシナに分布する。分布域が広いため、変異が大きい。花色は淡い黄色。花期は主に春〜夏。

⬅パフィオペディルム デレナティー・ビニカラー
Paphiopedilum delenatii var. *vinicolor*

中国南部〜ベトナムに分布する。写真は vinicolor（ワインカラー）だが、普通種は白地に淡い紅色を帯びる。花期は主に冬〜春。

➡パフィオペディルム エマーソニイー
Paphiopedilum emersonii

中国南部〜ベトナム北部に分布する。花期は主に初夏。

⬅パフィオペディルム エクザル
Paphiopedilum exul

タイの低地に自生する。花期は主に冬〜春。

⬅パフィオペディルム リューコキラム（ゴデフロイエ・リューコキラム）
Paphiopedilum leucochilum (*godefroyae* fma. *leucochilum*)

タイに分布する。花期は主に春。

➡パフィオペディルム ヘンリヤナム
Paphiopedilum henryanum

中国南部〜ベトナムに分布する。花期は主に冬。

➡パフィオペディルム マリポエンセ
Paphiopedilum malipoense

中国南部〜ベトナム北部の高地に分布する。花期は主に春。

⬅パフィオペディルム ミクランサム
Paphiopedilum micranthum

中国南部〜ベトナム北部の高地に分布する。花期は主に春。

⬅**パフィオペディルム ロスチャイルディアナム**
Paphiopedilum rothschildianum
ボルネオ島に分布する。生育が遅い。花期は主に夏。

⬅**パフィオペディルム トンサム**
Paphiopedilum tonsum
スマトラ島に分布する。花期は主に冬〜春。

➡**パフィオペディルム ベナスタム**
Paphiopedilum venustum
インド・アッサム、バングラデシュ、ネパールなどの比較的暖かい谷間に自生する。写真のような色素の入らないアルバの系統は、実生で殖やされたもの。花期は主に冬。

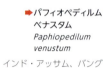

⬆**パフィオペディルム サンデリアナム**
Paphiopedilum sanderianum
ボルネオ島に分布する。花弁が長く伸び、40〜50㎝に達する。花期は主に夏。

⬆**パフィオペディルム ビローサム** *Paphiopedilum villosum*
ミャンマー、タイ、インド・アッサム、中国雲南の山間部で、コケを含む腐葉土の中や樹木の股に着生する。現在ある多くの交配種のもととなった重要な種。花期は主に冬〜春。

⬅**パフィオペディルム サクハクリー**
Paphiopedilum sukhakulii
タイ北東部に分布。個体差は大きいが、花弁が水平に開張する形質は強く遺伝するため、そのような目的の交配親として用いられる。花期は主に冬〜春。

➡**パフィオペディルム ティグリナム（マーキアナム）**
Paphiopedilum tigrinum(markianum)
中国南部〜ミャンマーの高地に分布する。花期は主に春〜初夏。

⬆**パフィオペディルム ワーディー** *Paphiopedilum wardii*
中国南部〜ミャンマーに分布する。花期は主に冬。

パピリオナンセ属
Papilionanthe

中国南部・東南アジア・インドに広く分布。大株になる着生種。茎や葉は棒状。日光を好む。

⬆パピリオナンセ テレス *Papilionanthe teres*
ネパール〜中国南部〜インドシナに分布する。

ファレノプシス（コチョウラン）属
Phalaenopsis

東南アジアを中心に、中国南部・インド・オーストラリア北部に広く分布。日本に自生するナゴランはこの仲間。育て方は「3章　栽培のポイント」を参照。

⬅ファレノプシス ベリーナ
Phalaenopsis bellina
(*vioracea* Boruneo Type)
ボルネオ島に分布する。

⬆ファレノプシス コルヌ - セルヴィ *Phalaenopsis cornu-cervi*
インドからフィリピンまで、広い地域に分布。低地の湿地帯や河川周辺で濃霧が発生する場所の樹木に着生する。花は春から秋まで花茎を伸ばして次々と咲き続け、翌年、同じ花茎に咲き続けるという特徴がある。

⬅ファレノプシス エクェストリス
Phalaenopsis equestris
フィリピンに分布する。花径3.5cmほどの花を多数着ける。花色は濃紅〜白と株によりさまざま。

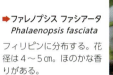

➡ファレノプシス ファシアータ
Phalaenopsis fasciata
フィリピンに分布する。花径は4〜5cm。ほのかな香りがある。

⬅ファレノプシス ギガンテア
Phalaenopsis gigantea
ボルネオ島に分布する大型種。葉は長さ50〜60cmに達する。花茎は長さ40cm、10〜30輪の花を密に着ける。

➡ファレノプシス ヒエログリフィカ
Phalaenopsis hieroglyphica
フィリピンのポリロ島、パラワン島などの低地に自生。空中湿度を好む。花弁に古代エジプトの神聖文字（ヒエログリフ）のような模様が入るのが特徴。

⬅ファレノプシス パリシー
Phalaenopsis parishii
インド・アッサム〜ヒマラヤ東部〜ミャンマー〜タイ〜ベトナムの暖かい低地の森林帯の樹木に着生する。10cm前後の花茎に、花径2cmに満たない小花を4、5輪着ける。

フラグミペディウム属
Phragmipedium

パフィオによく似るが、本属は中南米の高地に分布。着生種と地生種がある。多湿を好むが病気にかかりやすいので、雨には当てないこと。弱光を好むので、春と秋は50%、夏は70%の遮光をする。夏の暑さは苦手なので、風通しがよく涼しい場所に置く。冬は13℃以上を保つ。

⬅フラグミペディウム ベッセアエ
Phragmipedium besseae
エクアドルとペルー北部の海抜1000～1500mの高地に分布する。長さ20～40㎝の花茎に1～数輪の蕾が着き、1輪ずつ咲く。

➡フラグミペディウム カウダツム
Phragmipedium caudatum
ペルー～ボリビアの海抜800～2000mに広く分布し、花弁は30～70㎝に長く垂れ下がるが、個体差が大きい。この写真の個体（80's Glory）はアメリカで選抜された巨大花で、花弁は80㎝にもなる。

⬅フラグミペディウム シリミー
Phragmipedium schlimii
コロンビアの海抜1500～1800mの高地に分布する。長さ25～40㎝の花茎に数輪の蕾が着き、1～2輪ずつ咲く。

ピナリア［エリア］属
Pinalia［*Eria*］

東アジア～オーストラリアに分布するエリア属（日本にはオサランが自生）があり、そこから本属が独立。

➡ピナリア オベサ
Pinalia obesa
インド・アッサム～ネパール～ミャンマー～タイに分布する。

プレウロタリス属
Pleurothallis

フロリダ南部～南米に分布する、1000種を超える大属。低地性と高地性があり、高地性は夏の暑さが苦手。春と秋は半日陰、夏は60～70%の遮光をし、風通しのよい、涼しい場所に置く。生育期はたっぷりと水をやる。乾燥を嫌う。冬越しには10℃以上を保つ。

⬅プロウレタリス ディレマ
Pleurothallis dilemma
エクアドルの高地に分布する。

➡プレウロタリス インペリアリス
Pleurothallis imperialis
エクアドルの高地に分布する。

⬅プレウロタリス マルサエ
Pleurothallis marthae
コロンビアの高地に分布する。

⬆プレウロタリス パリオラータ *Pleurothallis palliolata*
コスタリカ～パナマの高地に分布する。

⬅アシアンセラ ペクティナータ
[プレウロタリス ペクティナータ]
Acianthera pectinata
[*Pleurothallis pectinata*]

ブラジルの熱帯雨林に分布する。葉柄から櫛の歯のような花序を出す。

➡プレウロタリス テアグエイ
Pleurothallis teaguei

エクアドルの高地に分布する。

⬅プレウロタリス
ヴィデュアータ
Pleurothallis viduata

エクアドルの高地に分布する。

ポダンギス属
Podangis

西アフリカに分布する小型の着生種。アングレカム属と近縁。

⬆ポダンギス ダクティロセラス *Podangis dactyloceras*

熱帯アフリカ西部からアンゴラ、タンザニア、ウガンダの海抜 750 ～ 1950 mに分布する。葉は長さ 5 ～ 15㎝ほどで扇状に広がる。半透明の白い花が多数着く。

ポリスタキア属
Polystachya

熱帯アフリカを中心に、マダガスカル島、東南アジア、中南米に広く分布する着生種。

⬅ポリスタキア ユーリチラ
Polystachya eurychila

ケニア西部・エチオピア・ウガンダの海抜 1800 ～ 2000m に分布する。川沿いの樹林内で着生または地生する。目立たない細いバルブから伸びた花茎（25 ～ 40㎝）の先に花を密に着ける。

➡ポリスタキア パニキュラータ
Polystachya paniculata

アフリカ中部の海抜 900 ～ 1900 mに分布する。円筒形のバルブから長さ 20 ～ 30㎝の花茎を垂直に伸ばし、花径 4 ㎜ほどの小花を円錐花序に着ける。

プロステケア［エンシクリア］属
Prosthechea［*Encyclia*］

中南米の高地に分布する着生種。エンシクリア属から一部が本属に変更された。カトレア属と近縁。

⬅プロステケア カラマリア
Prosthechea calamaria

コロンビア、ベネズエラ、ブラジルに分布する。花茎は新しく出たバルブから頂生し、淡緑色の花を 4 ～ 5 輪着ける。

➡プロステケア シトリナ
Prosthechea citrina

メキシコ南部の海抜 1300 ～ 2600m の高地に生育する着生種。灰色がかった緑色の葉とバルブ。濃い黄色の花を下垂させて咲く個性的な花容が特徴。自生地の標高からわかるように、冷涼な気候を好み、日本での栽培はやや難しい。

プロステケア コクレアータ
Prosthechea cochleata
フロリダ～中米～コロンビア、ベネズエラと広く分布する。葉はバルブの頂部から2枚生じ、その間から花茎を伸ばす。香りのよい花が花茎の先に1～数輪着く。

プテロスティリス オブツーサ
Pterostylis obtusa
オーストラリアに分布する。

プロステケア プリズマトカーパ［エピデンドラム プリスマトカーパム］
Prosthechea prismatocarpa
［*Epidendrum prismatocarpum*］
コスタリカ～パナマに分布する。

プテロスティリス オフィオグロッサ
Pterostylis ophioglossa
オーストラリアに分布する。球根を持つ。

プロステケア ビテリナ
Prosthechea vitellina
メキシコ、グアテマラの海抜1500～2600 mの高地に分布する。冷涼な気候を好む。

プテロスティリス属
Pterostylis

オーストラリア・ニュージーランド・ニューギニア島などに分布。明るい林床などに生える地生種で、球根を作る。夏に落葉し休眠する。

プテロスティリス テヌイカウダ
Pterostylis tenuicauda
ニューカレドニア島、オーストラリアの低地の草原などに分布する。

プテロスティリス ヌータンス・アルバ
Pterostylis nutans fma. *alba*
オーストラリアに分布する。写真は萼片や唇弁が白いアルバだが、普通種は緑色。

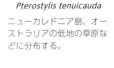

プテロスティリス サンギネア［ウロキルス サンギネウス］
Pterostylis sanguinea
［*Urochilus sanguineus*］
オーストラリアの砂質土壌に地生する。30～40㎝になる茎の上部に数輪～10数輪の花を着ける。

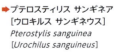

レナンセラ属
Renanthera

中国南部～東南アジアに分布する、単軸性の着生種。高温多湿、日光を好む。夏でも遮光しなくてよいが、水やりは頻繁に。冬も与える。根が空気を好むので、植え込み材を使わない。冬越しには 13 ～ 18℃を保つ。

⬇レナンセラ マツティナ（アングスティフォリア）
Renanthera matutina (angustifolia)
スマトラ島、ジャワ島、ボルネオ島、マレーシアなどの海抜 100 ～ 600 m の樹木に着生する。

➡レナンセラ インシューティアナ
Renanthera imschootiana
インド北部、ミャンマー、ラオス、ベトナムなどの海抜 500 ～ 1500m の樹木に着生する。株に対して花茎を横に伸ばし、花径６㎝ほどの花を多数着ける。花期は晩春から初夏にかけて。

レストレピア属
Restrepia

中南米の山地に分布する着生種。冷涼な雲霧林に自生する種、温暖で乾燥した樹林に自生する種がある。プロウレタリス属と近縁。

⬅レストレピア モーリー
Restrepia mohrii
ペルーの高地に分布し、冷涼な環境を好む。

リンコレリア属
Rhyncholaelia

中米に分布する、着生種。ブラサボラ属の一部が本属に変更された。カトレア属と近縁。

➡リンコレリア グラウカ
Rhyncholaelia glauca
メキシコからホンデュラスにかけて分布。海抜 700 ～ 1600m の開けた森林の樹木に着生する。やや細いバルブと灰色がかった緑色の厚い葉が特徴的で、１つのバルブに１輪の花を着ける。

リンコスティリス属
Rhynchostylis

東南アジア～インド・ヒマラヤに分布する着生種。バンダ属と近縁。空中湿度が高い環境を好むが、日当たりと風通しもよくする。葉焼けを起こすので、夏は遮光する。寒さに弱く、冬越しには 15℃以上を保つ。

⬆リンコスティリス ギガンテア *Rhynchostylis gigantea*
中国南部～ミャンマー～フィリピン～マレー半島に分布する。花径３㎝ほどの小花だが花茎に密に着いて大きな花穂となり、ボリュームがある。

ロビケッティア属
Robiquetia

東南アジア～オセアニアに分布する、単軸性の着生種。葉は長く伸びた茎に２列並ぶ。花茎は葉腋から出て下垂し、パイナップルの果実のような花穂を着ける。

➡ロビケッティア セリーナ
Robiquetia cerina
フィリピンに分布する。赤花が咲くタイプと黄花が咲くタイプがある。

ロドリゲッチア属
Rodriguezia

中南米の熱帯アメリカに分布し、樹木や岩に着生する。根は乾燥に弱いものの空気を好むので、風通しのよい場所で管理する。ヘゴ板付けか木枠バスケットを用いてもよい。バルブの基部から花茎を伸ばし、１～数十輪の花を着ける。春と秋は 30％、夏は 50％の遮光をする。生育期はたっぷりと水をやり、冬は控えめに。冬越しには 10℃以上を保つ。オンシジウム属と近縁。

⬅ロドリゲッチア ベナスタ
Rodriguezia venusta
ブラジル～エクアドルに分布する。花径３㎝ほどの純白な花を着け、香りがよい。

スカフォセパルム属
Scaphosepalum

メキシコ～ペルー・ボリビアの高地の雲霧林に分布。樹木や岩に着生、または地生する。長く伸びた花茎に独特な形状の花を着ける。マスデバリア属と近縁。

➡スカフォセパルム ギベローサム
Scaphosepalum gibberosum
コロンビア北西部、アンデス山脈の海抜 1600 ～ 2000 mの冷涼な雲霧林に自生する。

スカフィグロッティス［ヘキセア］属
Scaphyglottis [Hexisea]

メキシコ～ブラジル北部の海抜 1500m までの湿った樹林に着生する。バルブの頂部から新芽が生じる。中温性で低温には弱い。

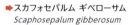

➡スカフィグロッティス ビデンタータ
Scaphyglottis bidentata
メキシコ～ブラジルに分布する。花径 3 ㎝ほどのオレンジ～朱色の花を多数着ける。

ショエノルキス属
Schoenorchis

ヒマラヤ～ニューギニア・オーストラリアに分布する、単軸性の着生種。茎は直立または下垂する。葉は棒状で肉厚、先が尖る。ヘゴ板付けにしてもよい。

⬅ショエノルキス ブッドレイフロラ
Schoenorchis buddleiflora
スマトラ島、ボルネオ島などに分布する。

➡ショエノルキス ミクランサ
Schoenorchis micrantha
東南アジア～メラネシアに分布する。花径は数㎜程度と非常に小さい。

ソベニコッフィア属
Sobennikoffia

マダガスカル島の固有種。単軸性で、着生または地生する。葉は 2 列並び、花茎は葉腋から伸びて多数の花を着ける。アングレカム属と近縁。

⬅ソベニコッフィア ロブスタ
Sobennikoffia robusta
マダガスカル島に分布する。花茎は長さ 30 ～ 50 ㎝ほどで、横に張り出すように伸びる。花は緑白色で、夕方に香る。

ソブラリア属
Sobralia

メキシコ～ブラジル・ボリビアに分布し、地生または着生する。茎頂にカトレアに似た花を複数着けて 1 花ずつ咲くが、1 花は 1 ～ 2 日で萎む。春と秋はよく日に当て、夏は 30％遮光をする。移植を嫌うので要注意。生育期は十分に水をやり、冬は乾かさない冬越しには 10℃以上を保つ。

➡ソブラリア ザンソレウカ
Sobralia xantholeuca
メキシコ～グアテマラ、ホンデュラスに分布する。草丈は 2 mにもなる。花径も 15 ～ 22㎝と大型。

スパソグロティス属
Spathoglottis

アジア～オセアニアの亜熱帯～熱帯地域で、日当たりのよい草地に分布する地生種。日本でもコウトウシラン（紅頭紫蘭）が八重山諸島に自生する。バルブから 2 ～ 5 枚の葉を着ける。花茎はバルブの基部から長く直立する。春と秋は 30％、夏は 50％の遮光をする。生育期は十分に水と肥料をやる。冬越しには 10℃以上を保つ。

⬅スパソグロティス アフィニス
Spathoglottis affinis
インドシナ半島～ジャワ島の低地林や草原に分布する。花径 4 ㎝ほどの黄色い花を数輪着ける。

⬅スパソグロティス ポルツス - フィンシー *Spathoglottis portus-finschii*

ニューギニアに分布する。花茎を長く伸ばして花径 5 ㎝ほどの紅色の花を数輪着ける。

ステリス属
Stelis

メキシコ～ブラジル・ボリビアに分布し、樹木や岩に着生する。500 種以上が知られ、多くは冷涼な雲霧林に自生する。プレウロタリス属と近縁。

⬅ステリス ダプシリス *Stelis dapsilis*

コロンビア、エクアドルに分布する。

➡ステリス ゲリダ *Stelis gelida*

熱帯アメリカに広く分布する。

ステノリンコス属
Stenorrhynchos

メキシコ～ペルーに分布する地生種。ネジバナを含むスピランテス属と近縁。

⬅ステノリンコス スペシオサム *Stenorrhynchos speciosum*

カリブ海、メキシコからペルーのやや高地に分布する。花径はらせん状に長く立ち上がる。

スダマリカステ属
Sudamerlycaste

リカステ属の一部が本属に名称変更された。

⬆スダマリカステ シンナバリナ *Sudamerlycaste cinnabarina*

コロンビアからペルーの高地に分布する。

➡スダマリカステ フィンブリアータ *Sudamerlycaste fimbriata*

コロンビアからペルーの高地に分布する。唇弁の縁に細かい切れ込みがある。

トリコセントルム属
Trichocentrum

メキシコ～ブラジルの低地～高地に分布する着生種。棒状・肉厚の葉を持つオンシジウムが本属に分離された。春と秋は 30%、夏は 50 ～ 60%の遮光をする。生育期はたっぷりと水をやり、冬は控えめに。冬越しには 10℃以上を保つ。かつては棒状葉（厚葉）系オンシジウムに分類されていた。

⬆トリコセントルム スプレンディダム *Trichocentrum splendidum*

グアテマラ、ホンデュラス、ニカラグアに分布する。花径は 5 ㎝ほど。

⬆トリコセントルム セボレータ *Trichocentrum cebolleta*

コロンビアとベネズエラの低地から高地まで広く適応している。葉は棒状で肉厚。大型で草丈は 80㎝程度になる。

トリコグロティス属
Trichoglottis

東南アジア～ポリネシアに広く分布する着生種。日本に自生するイリオモテラン（西表蘭）などはこの仲間。単軸性で葉は左右交互に2列並ぶ。日当たりを好むが夏は20～30％の遮光をする。水やりはたっぷりと。低温に弱いので、冬も15～18℃を保つ。

➡トリコグロティス オルキデア
Trichoglottis orchidea
インドシナからマレー半島、ジャワ島に分布する。

トリコピリア属
Trichopilia

メキシコ～ボリビアに分布し、樹木や岩に着生する。バルブの基部から花茎を下垂させ、1～数輪の花を着ける。オンシジウム属と近縁。春と秋は20%、夏は60％の遮光をする。生育期はたっぷりと水をやり、冬は乾いたら与える程度。冬越しには10℃以上を保つ。

⬅トリコピリア ロストラタ
Trichopilia rostrata
コロンビア、エクアドルに分布する。

⬆トリコピリア スアビス *Trichopilia suavis*
コスタリカ、パナマ、コロンビアの海抜1000～1300mに自生する。花は、リップに入るスポットに濃淡などの特徴がある。栽培は少し難しく、適度な風の流れが必要。生長期には水を多めにやるとよい。

バンダ属
Vanda

アジア～オセアニアに分布する、単茎性の着生種。花期は種類によるが2～4月と8～10月が多い。年に3回ほど咲くものもある。根腐れを起こしやすいので、植え込み材料は使わないのが基本。日光を好むので、初夏～秋は明るい戸外（30～50％遮光）で管理する。生育期間中は1日2～3回霧吹きで水をやる。寒さに弱いので、15℃以上を保つとよい。日本のフウラン（風蘭）はこの仲間。また、アスコセントラム属も本属に移行した。

➡バンダ オウランティアカ
Vanda aurantiaca
フィリピン～スラウェシ島に分布する。標高1200m前後の高地に自生し、耐寒性がある。

⬅バンダ クリステンソニアナ
Vanda christensoniana
ベトナムに分布する。淡紅色の小花が房状に着く。

➡バンダ セルレア
Vanda coerulea
インド北部、ミャンマー、タイ、中国南部に分布する。標高1000m前後の高地に自生し、耐寒性がある。

⬅バンダ セルレッセンス
Vanda coerulescens

中国南部、ミャンマー、タイに分布する。花茎は30㎝ほどに伸び、花径3㎝ほどの淡紫色の花を10～15輪着ける。

バニラ属
Vanilla

世界中の熱帯地域に分布する。主に着生するが、地生するもの、腐生植物もある。

➡バニラ プラニフォリア
Vanilla planifolia

中米原産で、現在は世界中の熱帯地域で栽培される。本種の果実を加工して、バニラ香料を抽出する。

ワーセウィッゼラ属
Warczewiczella

中南米の海抜700～1800mに分布する着生種。丈夫で、夏の暑さにも冬の寒さにも強い。

⬅ワーセウィッゼラ アマゾニカ
Warczewiczella amazonica

コロンビア、エクアドル、ペルー、ブラジルに分布する。花径は10㎝ほどになる。

➡バンダ ラメラータ
Vanda lamellata

尖閣諸島、台湾、フィリピン、ボルネオ島に分布する。花茎は30～40㎝ほどに伸び、花径4㎝ほどの花を多数着ける。

⬅バンダ ミニアタ
Vanda miniata

タイ、マレーシアに分布する。オレンジ色の小花が房状に着く。

過酷なランの境遇　宇田川芳雄

ランの自生地は、普通の植物が勢力争いをしているような生存条件の恵まれた場所ではなく、いくつかの制約があるようなところを棲みかとし、また、生長する力や早さも他の植物に劣る。種子から一人前の植物になるのに3～10年、通常は5年前後の時間を要するものである。種子は非常に微細で、ひとつのサヤに数万～数十万粒入っている。軽いため風で遠くに飛んでゆくが、自然界で育ち、一人前にまでなるのはごくわずかと思われる。ランの種子は胚乳がなく、自力で発芽することができない。バクテリア（ラン菌）の助けを借りて発芽するのだが、菌の力が強すぎてもダメで、自然界でうまく発芽できるもの自体、わずかなものと思われる。
地生ランの一部には叢生するものもあるにはあるが、大体のランは孤立して生きているものである。

キシロビウム属
Xylobium

メキシコ～ペルー・ブラジルに分布する。主に着生するが、地生するものもある。革質の葉はバルブから1～3枚頂生。花茎はバルブの基部から伸びて多数の小花を着ける。春～冬は30%、真夏は40～50%遮光をする。春～秋は十分に水をやり、冬は控えめに。冬越しには10℃以上を保つ。

➡キシロビウム スカレンス
Xylobium squalens
コスタリカからボリビア、ブラジルに分布する。

ゼレンコア属
Zelenkoa

パナマ～ペルーの海抜250～1200mに分布。比較的丈夫で暑さ寒さに強い。オンシジウム属から独立。

⬅ゼレンコア オナスタ
Zelenkoa onusta
パナマ～ペルー、主にペルー、エクアドルに分布する小型種。

ジゴペタルム属
Zygopetalum

ブラジルを中心とする南米の熱帯地域に分布。樹木や湿った岩に着生、または地生する。葉は革質で、バルブから2～3枚生じる。香りのよい花を咲かせるものが多い。栽培法はシンビジウムを参考に。暑さにも寒さにも強く、10℃以上を保てば生育を続けるので、その場合は水を切らさないこと。弱光を好むので、春と秋は30%、夏は60%の遮光をする。

⬆ジゴペタルム　マキュラータム（マッケイ）
Zygopetalum mackayi (*mackayi*)
ペルー、ブラジルに分布する。大型で、花茎は90㎝ほどに伸び、花径8㎝ほどの香りがよい花を5～10輪着ける。

欧州に紹介され始めた当時の熱帯のラン
宇田川芳雄

18世紀後半には、薬草など有用植物ばかりではなく、観賞用に珍しい植物も熱帯の植民地から宗主国へ送られてくるようになった。熱帯のランの最初は、1731年に西インド諸島からイギリスに送られたブレチア・ベレクンダ（*Bletia verecunda*）であったようで、香料として早々に知られていたと思われるバニラ（*Vanilla*）でも、1739年にイギリスへ入ってきたとされている。
18世紀前半から入ってきた熱帯のランはすべて着生ランで、当時、自然分類法を確立して分類学の始祖といわれるリンネの著作『スペシーズ・プランタルム』（1753年）にはラン科植物が8属69種掲載されているが、そのうちの7属はヨーロッパおよびその周辺に自生する、いわば地元のランで、残り1属14種は渡来した熱帯性のエピデンドラム（*Epidendrum*）で、10年後に刊行された第2版（改訂版）には、30数種が追加された。このころから熱帯地調査や探検がしばしば行われ、熱帯の産物とともにランが続々とヨーロッパに入ってきたようである。また、数が増えるとともに、それぞれに特徴を持ったグループが新属として登場するようになった。
ちなみに、*Epidendrum*は「樹上に着く」の意味で、地生ばかりのヨーロッパのランに対し、そのころ入っていた熱帯のランはすべて着生だったことによるものである。

2章

洋ラン図鑑2

新しいラン、面白いラン

●カトレア系

栽培は比較的容易。春～秋は屋外の風通しがよい場所に置き、50～60％の遮光をする。水やりは、生育期には乾いたらたっぷりと。冬は控えめに。冬越しには12度以上を保つとよい。

カトレア属 *Cattleya*

➡カトレア イサベラストーン
Cattleya Isabelle Stone
元は二属間交配のソフロレリア属とされていたが、変更によりカトレア属に改められた。
個体名‘ユキウキ（Yuki Uki）’

⬅カトレア マザーズライフ
Cattleya Mother’s Life
青系のミディカトレア交配種で（Mini Blue Star × Kazuko Takamatsu）。
個体名‘フジワラ（Fujiwara）’

➡カトレア タイニーブルー
Cattleya Tiny Blue
青系のミニカトレア交配種で（Mini Blue Star × Mini Purple）。
個体名‘ユキドリーミリー（Yuki Dreamily）’

カトレケア属 *Cattleychea*

プロステケア属（*Prosthechea*）とカトレア属の2属間交配による人工属。

➡カトレケア ネトラシリファイングリーン
Cattleychea Netrasiri Fine-Green

⬅カトレケア ペコチャンズスマイル
Cattleychea Pecochan’s Smile
個体名‘スプリンググランド（Spring Grand）’

エピカトレア属 *Epicattleya*

エピデンドルム属とカトレア属の2属間交配による人工属。

➡エピカトレア レーンマルケス
Epicattleya Rene Marques
個体名‘フレームスローワー（Flame Thrower）’

グアリシクリア属 *Guaricyclia*

グアリアンセ属とエンシクリア属の2属間交配による人工属。

➡グアリシクリア キョウグチ
Guaricyclia Kyoguchi
Guarianthe aurantiaca と *Encyclia incumbens* の交配種。
個体名‘ニシミノ（Nishimino）’

種苗業者たちの活躍 宇田川芳雄

19世紀に入ってからは植民地との船舶輸送がイギリスを中心に活発になり、また、ガラス工業の進展で、熱帯植物の栽培に必要な温室設備が充実して、当時の貴族や富裕階級の間で異国の植物、とくにランに対する関心が高まり、それらを取引する種苗業者も台頭してきた。中でも、ヴィーチ（Veitch）やサンダー（Sander）の活躍が目立つ。それぞれ、多くのプラントハンターを世界各地に派遣し、価値ある植物の蒐集に力を入れ、大きな成果を挙げた。プラントハンターの中には、ランにその名を残している人たちもいるが、多くのハンターは現地で病死したり、殺害されたり、あるいは盗賊に遭ったりとさんざん苦労を重ね、成功する人はごくわずかだったようだ。その中で、サンダー商会に所属していたベネディクト・レーツル（Benedict Roezl）は発見した植物が800種にも及び、サンダー商会に多大な貢献をして、生涯を全うした。

リンコレリオカトレア属
Rhyncholaeliocattleya

リンコレリア属とカトレア属の２属間交配による人工属。

リンコレリオカトレア
アラジン
Rhyncholaeliocattleya
Aladdin

リンコレリオカトレア
グリーンウォース
Rhyncholaeliocattleya
Greenworth
個体名‘スプリンググランド
(Spring Grand)’

リンコレリオカトレア シェリーズスピリッツ
Rhynchosophrocattleya Shellie’ s Spirits
個体名‘アーリースプリング (Early Spring)’

ブラソレリオカトレア属は、カトレア属とブラサボラ属とレリア属の３属間交配により人工属。

リンコレリオカトレア［ブラソレリオカトレア］パステルクイーン
Rhyncholaeliocattleya [*Brassolaeliocattleya*] Pastel Queen
個体名‘ピーチメルバ (Peach Melba)’

●カタセタム系

葉焼けしやすいので、直射日光は避ける。水やりは、生長期にはたっぷりと。休眠期には控えめに。生育適温は 15 ～ 25℃。10℃以下になると、バルブが傷みやすい。

クロウェシア属
Clowesia

クロウェシア［カタセタム］
グレース ダン
Clowesia [*Catasetum*] Grace Dunn
花茎はバルブの基部から伸びて下垂する。花径は２cmほど。香りがよい。原種どうしの交配で (*warscewiczii* × *rosea*)。
個体名‘ビーバー バレー
(Beaver Valley)’

クロウェシア［カタセタム］
レベッカノーザン
Clowesia [*Catasetum*] Rebecca Northen
個体名‘ミッカビ (Mikkabi)’
花径は 2.5cmほど。香りがよい。交配は (Grace Dunn × *rosea*)。

クロウェシア　ジョーベッツ
Clowesia Joe Betts
原種どうしの交配で (*warczewitzii* × *russelliana*)。
個体名‘ティンマン (Tin Man)’

シクノデス属
Cycnodes

シクノチェス属とモルモディア属の２属間交配による人工属。花茎はバルブの上部から出る。

シクノデス
タイワンオレンジ
Cycnodes
Taiwan Orange

シクノデス
タイワンゴールド
Cycnodes
Taiwan Gold

フレッドクラークアラ属
Fredclarkeara

カタセタム属とクロウェシア属とモルモディア属の３属間交配による人工属。

⬅フレッドクラークアラ　アフターダーク
Fredclarkeara After Dark
個体名‘サンセット バレーオーキッズ（Sunset Valley Orchids）’

➡フレッドクラークアラ　アフターダーク
Fredclarkeara After Dark
個体名‘SVO ブラックパール（SVO Black Pearl）’

モンニエララ属
Monnierara

カタセタム属とシクノチェス属とモルモデス属の３属間交配による人工属。

➡モンニエララ　ミレニアムマジック
Monnierara Millennium Magic
個体名‘ウィッチクラフト（Witch Craft）’

モルモディア属
Mormodia

クロウェシア属とモルモデス属の２属間交配による人工属。モルモデスは中南米に分布する着生種。カタセタム属と近縁だが、本属は両性花を持つ。バルブが完成すると落葉する。バルブの中ほどの節から花茎が伸びる。

➡モルモディア　ライムタイガー
Mormodia Lime Tiger

●セロジネ

弱光を好むので、春と秋は50％、夏は70％遮光する。水やりは年間を通して乾かさないこと。

⬆セロジネ　グリーン ピクシー
Coelogyne Green Pixy
交配は（*mooreana* × *fuscescens*）。

⬆セロジネ　コスモ クリスタ
Coelogyne Cosmo-Crista
交配は（*cristata* × Intermedia）。

後世に残るランの名著　宇田川芳雄

ジョン・リンドレイ(John Lindley)は、1980種を収めた、『Genera and Species of Orchidaceous Plants』（蘭科植物の属と種　1830～1840）を出し、のちに父ウィリアム・ジャクソン・フッカー（William Jackson Hooker）の後を継いでキューガーデンの園長になったジョセフ・ダルトン・フッカー（Joseph Dalton Hooker）は1847年から3年間、ヒマラヤを旅し、『A Century of Indian Orchids』などを出している。ジョセフ・ダルトン・フッカーが40年間も編集長を務めた雑誌『Curtis' s Botanical Magazine』は、貴重な資料として、今でも意義がある。
W.フッカーがキューガーデンの園長になったのが1841年。そのころのキューガーデンは外地からたくさんの植物が送り込まれて活況を呈し、若手の学者が多く研究に携わっていた。「洋ランの始祖」ともいわれたリンドレイは、植物学とともに園芸にも力点を置き、とくにランについて研鑽しており、現在も栽培されている多くのランが、後に続いたJ.フッカーやライヘンバッハ（Heinrich Gustav Reichenbach）などとともに、彼らによって記載・命名されている。リンドレイの後に活躍したライヘンバッハが残した全3巻の大著『Xenia orchidacea』や、トーマス・ムーア（Thomas moore）の『The Orchid Album』（全11巻）などは現在、復刻版が出ている。19世紀後半､1896年には､特定の属だけを扱ったフローレンス・ウールウォード（Florence Helen Woolward）の『The Genus Masdevallia』などが出版されるようになった。また、『the orchid review』を1893年に創刊したロバート・ロルフ（Robert Allen Rolfe)、熱帯のほとんどを踏破し、ラン科全体を俯瞰した最初で最後の人、ルドルフ・シュレヒター（F.R.R.Schlechter）が登場する。現在も､彼の後継者によって刊行された雑誌『Die Orchideen』が続いている。

➡セロジネ　インターメディア
Coelogyne Intermedia
交配は（cristata × tomentosa（massangeana））。

⬅セロジネ　シンジュク
Coelogyne Shinjuku
交配は（*speciosa* × *cumingii*）。

●デンドロビウム

育て方は「3章　栽培のポイント」を参照。

⬅デンドロビウム　キングジップ
Dendrobium King Zip
キンギアナム系で栽培しやすい。華やかな花色で香りもよい。交配は（Kathking × Zip）。個体名‘レッドスプラッシュ（RedSplash）’

➡デンドロビウム　バレー エンジェル
Dendrobium Valley Angel
個体名‘チャイナ・ドリーム・クリスタル（China Dream Crystal）’

●リカステ

葉焼けしやすいので直射日光は避ける。生長期は充分に水をやり、落葉期は控えめに。

⬅リカステ　チェリッシュ
Lycaste Cherish
交配は（Shoalhaven × Chita Melody）。

➡リカステ　ショールヘブン
Lycaste Shoalhaven
交配は（virginalis（skinneri） × Koolena）。個体名‘ショーナンクリスタル（Shonan Crystal）’

●オンシジウム系

春と秋は30％、夏は60％の遮光をし、風通しのよい場所に置く。最低5℃で冬越しできるが、10～15℃以上を保ちたい。水やりは乾いたらたっぷりと。冬は1週間に1～2回程度でよい。

➡オンシジウム トゥインクル
Oncidium Twinkle
バニラのような甘い香りのする小花を多数着ける。

オンシデサ属
Oncidesa

オンシジウム属とゴメザ属の2属間交配による人工属。

⬅オンシデサ　スイートシュガー
Oncidesa Sweet Sugar

交配の始まりとサンダースリスト

宇田川芳雄

園芸面では、ヴィーチ商会が不動の地位を勝ち得た人工交配。その立役者ジョン・ドミニー（John dominy）は、栽培主任として商会に尽くした人である。1852年に医師ジョン・ハリス（John harris）の示唆を得て、カランセ属（*Calanthe*）を使って初の交配を試み、1856年に交配品種第1号となる*Calanthe* × *dominii*（*C. furcata* × *masuca*）を誕生させ、続いてカトレアやパフィオペディルムなど代表的なランの新品種を次々と作出し、ラン育種の道を開いた。
当時から交配は記録され、それらの集録はいくつか淘汰され、「サンダースリスト」が権威を得て後世に受け継がれた。現在まで膨大な品種が収録されて、育種の道しるべになっている。
20世紀に入ると栽培面でも瞠目される技術が誕生する。1921年、ベルギーのバイオンによって無菌培養法が発明され、その後、アメリカのルイス・ナドソン（Lewis Knudson）の優れた培地によって効果が定着して急速に普及し、日本でも昭和6年、日本園芸が手がけて実用化に成功している。それまでのランの育種法はラン菌を植えた布の上か、親鉢に播く方法でわずかな実生を得ていたが、フラスコの培地には実生苗がごっそりと生じ、格段に飛躍した。
また、1958年、フランスのモレル（G.M.Morel）がタバコのウイルスフリーを目的に始めた組織培養を、フランスのラン園ヴァシュロー&ルクフル（Vacherot & Lecoufle）がいち早くランに取り入れて実用化し、洋ランの育成に大きな変革をもたらした。

●パフィオペディルム

育て方は「3章　栽培のポイント」を参照。

◀パフィオペディルム
エメラルド・フューチャー
Paphiopedilum
Emerald Future
個体名 'グリーンアイ
(Green Eye)'

▶パフィオペディルム　ロルフェイ
Paphiopedilum Rolfei
交配は
(*bellatulum* × *rothschildianum*)。
個体名 'トキ (Toki)'

▶パフィオペディルム
ジャイアントストーン
Paphiopedilum Giantstone
交配は (Pacific Shamrock
× Elfstone)。
個体名 'ピュアユイ
(Pure Yui)'

◀パフィオペディルム
シエラミスト
Paphiopedilum Sierra Mist
交配は
(Psyche × Sierra Lace)。
個体名 'オモテヤマ
(Omoteyama)'

◀パフィオペディルム
ゴールデンヒーロー
Paphiopedilum Golden Hero
交配は
(Hellas × Martian Man)。
個体名 'AK-PE1'

▶パフィオペディルム
サブライムシルエット
Paphiopedilum
Sublime Silhouette
交配は
(Memoria Heinrich Duerbusch
× Junior Exploit)。
個体名 'M. サワイ
(M. Sawai)'

▶パフィオペディルム
ピンクパレス
Paphiopedilum Pink Palace
交配は
(Burpham × Ice Castle)。
個体名 'チェリーバルーン
(Cherry Balloon)'

◀パフィオペディルム
ウィンターコート
Paphiopedilum Winter Coat
交配は
(*godefroyae* × *wenshanense*)。
個体名 'マーシュマロウ
(Marsh Mallow)'

◀パフィオペディルム
ランディーブース
Paphiopedilum Randy Booth
交配は
(Lady Isabel × *randsii*)。
個体名 'トキ (Toki)'

▶パフィオペディルム
ウスナーフェイバリット
Paphiopedilum
Wössner Favourite
交配は
(*godefroyae* × *hangianum*)。
個体名 'マッシーズ (Mass' s)'

●ファレノプシス

育て方は「3章　栽培のポイント」を参照。

⬅ファレノプシス　シグナス
Phalaenopsis Cygnus

大輪系の代表種。写真は第8回世界らん展日本大賞受賞花。個体名‘ルネッサンス(Renaissance)’

シンビジウム属
Cymbidium

➡シンビジウム　アレクサンデリ
Cymbidium Alexanderi

シンビジウム改良の歴史については P.90 参照。本種の交配は(Eburneo-lowianum × *insigne*)。

●その他

バルボフィルム属
Bulbophyllum

➡バルボフィルム　エリザベスアン
Bulbophyllum Elizabeth Ann

交配は（*longissimum* × *rothschildianum*）。個体名‘バックルベリー’(Buckleberry)’

ジゴパブスティア属
Zygopabstia

ジゴペタルム属とパブスティア属の2属間交配による人工属。

⬅ジゴパブスティア　マリーアン
Zygopabstia Marry Ann

本種の交配は(*Zygopabstia* Judith Phillips × *Zygopetalum* Redvale)。

コリアンテス属
Coryanthes

⬅コリアンテス　ビッグバケット
Coryanthes Big Bucket

花の形からバケツランと呼ばれる。雌の匂いに似た香りに誘われた雄蜂が足を滑らせて「バケツ」に落ちると、たまった分泌液で羽が濡れて飛べなくなる。ただし、脱出経路が1本だけあり、そこを抜け出る際に花粉を背中に付けられるという、複雑かつ巧妙な受粉システムを持つ。本種は（*bruchmuelleri* × *speciosa*）の交配種。

洋ラン界の中心はアメリカへ　宇田川芳雄

ヨーロッパの国々は第一次、第二次と2つの世界大戦によってかなり国力が疲弊し、ラン界も同様にかなりの量の貴重なランがアメリカに移動したらしい。戦後、洋ラン界の中心地はアメリカとなり、イギリスの歴史ある雑誌『Orchid Review』は衰退が見られ、代わって台頭してきたアメリカの有力な組織であるアメリカ蘭協会（AOS　American Orchid Society　1920年設立）の会報は、世界に頒布されている。
1954年、アメリカ・ミズーリ州セントルイスで世界ラン会議の第1回大会が開催された。これは3年ごとに開かれるラン科植物全体の研究発表の場で、日本でも第12回大会が1987年に催されており、現在も続いている。併せて行われる展示が主要で、洋ラン（熱帯ラン）が中心だが、日本で古くから栽培されている東洋蘭（*Cymbidium* 属など）や、ヨーロッパの地生ランなども包含されている。ここでいう「洋ラン」は、熱帯産のランがヨーロッパの風土に育まれたもので、東洋で育まれた東洋ランとは、ランを見る目や美のとらえ方が感覚的に異なり、同じラン科植物であっても園芸的にはまったく異なるジャンルにあるもの、といえるだろう。

COLUMN

耐暑性
ミルトニオプシスの育成

向山蘭園・向山武彦

深紅に代表されるミルトニオプシス（*Miltoniopsis*）またはミルトニア（*Miltonia*）は、華やかな色と艶やかな色気を持つ個性の強いランです。とくに、モザイク模様に赤や濃紫色が乗ったコントラストは、極彩色の鳥を思わせます。従来のミルトニア属は自生する標高によって低標高、高温性、高標高、低温性に分かれ、前者は主に中南米に自生、オンシディニー亜連（syn. オンシジウム属）に分類されます。後者はエクアドル、コロンビア、ペルーに連なる北部アンデス山脈の標高1400～3000mに自生しミルトニオプシス属に含まれます。

本稿の耐暑性改良の話は、ミルトニオプシスの原種、ヴェキシラリア（*vexillaria*）、ロエズリー（*roezlii*）、ファレノプシス（*phalaenopsis*）などの交雑育種で作出された整形花を日本の夏季高温下で栽培可能にしたことです。自生地では、夏の最高気温25℃、冬の最低気温5℃くらいの素晴らしい環境に生育しています。この最適環境下に自生する原種から優良品種を作出するのは、ふつう、美的観賞価値を高める目的です。ミルトの量産経営を行うオランダでも、展示用品種の中からより強健な品種を選抜、栽培していました。

ミルトニオプシス エンザン（Enzan 2000年）は小型で黄色、白、赤のコントラストが可愛い、耐暑性のある量産種です。以来、エンザン フェザー（Enzan Feather）、エンザン ライダー（Enzan Rider）、エンザン フロス（Enzan Floss）、エンザン パラダイス（Enzan Paradise）などが発表され、夏季33℃の環境下でも生育、販売されています。耐暑性品種育成には交配親の個体の温度感受性分析から交配親の可否を決め、高温環境下での実生栽培と強者選抜を繰り返し、何代かかけて作出します。

ミルトの改良種は、自生地のような環境では1年中咲きます。新芽が生長し、そのバルブが8割ほど完成すると発蕾、開花、新芽伸長という生長サイクルがあります。ただし、日本の夏季高温下では生長が止まり新芽も出ません。秋になり一斉に生長再開、翌2～3月発蕾、4～6月一斉開花というサイクルになります。

ミルトは初夏のランというイメージがありますが日本での量産栽培では基本的にこの時期しか咲かないのです。強烈な個性を発揮するミルトですが、栽培環境には繊細で気難しいところがあります。人間はそのようなものに魅かれます。趣味で栽培される方も、栽培環境を工夫することができます。最近は、白を基調とした清楚なミルトが生産されています。初夏に清涼感を与える白系は心爽やかな安らぎを与えてくれます。主要5属に比べれば知名度の低いミルトですが、楽しむランのレパートリーを広げようではありませんか。

➡ *Miltoniopsis* Enzan 'Lovely Patty'

⬅ *Miltoniopsis* Enzan Rider

⬆ *Miltoniopsis* Enzan Fross 'Enzan Sunset'

COLUMN

シンビジウム

アレクサンデリ'ピューリティー'と'インペリアル プリンス'そして'ファイン'

向山蘭園・向山武彦

「アレクサンデリ'ピューリティー'(*Cymbidium* Alexanderi 'Purity')は昭和天皇が皇太子裕仁親王の頃、訪英時に英国政府から贈られたものではないか、今回、'Purity' がAD/CCM/AOS 2013を受賞したがこの受賞個体は向山がアメリカ人に贈った個体であることはわかった。そこで向山がこの個体を入手した経緯を知りたい」との問い合わせがワシントンDCの英国大使館園庭主任ジョン・ジェイソン・ソニエル氏よりありました。

裕仁親王が1921年5月より欧州訪問された際に、英国政府からアレクサンデリ'インペリアル プリンス'('Imperial Prince')を贈られたことはわかりましたが、私が在米のアンドリュー・ウィリアム・イーストン氏に贈ったのは'ファイン'(Fine)でした。写真で見ると受賞株'ピューリティー'と'ファイン'は確かによく似ていますが、'ピューリティー'が'ファイン'と同個体であるか否か、今は判断できません。さらに、裕仁親王が贈られたという'インペリアル プリンス'の写真はなく、この個体が'ファイン'であるか否かもわかりません。

第二次世界大戦の混乱期、貴重植物の保存が難しい時代を経て個体名が変わり、栽培され続けたことは十分予想されます。とくに、戦後日本のラン復興期に優良個体をファインと命名する時期があり、名前が変わったのかもしれません。'ファイン'は淡い上品なピンクで花茎と葉の調和がとれた優良個体です。切花、鉢花に使われる人気品種でした。しかし1960年代、大型シンビ、とくに三倍体品種の豪華さに圧倒され、いつか消えていきました。私が'ファイン'を入手したのは1967年、茨城の藤村市郎治氏からで、古屋進向山蘭園取締役はこの個体を使った交配から優良個体を多く作出しています。現在でも営利的に栽培されているニュー センチュリー(New Century)はとくに優良交配です。100年近く前の出来事と現状の結び付きを調べ、一個体流転の歴史を解明しようとする英国人に敬意を表さざるを得ません。

大正時代はランの優良個体が輸入され、貴族、豪族により栽培管理された日本におけるラン業成長初期だったと思います。 とくに1924年、1929年に英国遊学した島津忠重侯爵は英国滞在時にRHS審査委員として当時一級のランを見て栽培、交配方法などを日本に伝え、帰国時多くのランを持ち帰り、それらが昭和に入り、戦前の最盛期を形作ったと思います。先駆者の熱い思いが今日、世界で最も進んだ日本の商業用シンビ育種の基を作ったといえます。

↑ *Cymbidium* Alexanderi 'Purity'

← *Cymbidium* Alexanderi 'Fine'

→ *Cymbidium* New Century 'Ice Dance'

参考文献

- American Orchid society Bulletin, January 1977
- American Orchid society Bulletin, July 1981
- Australian Orchid Review August/September 2002
- Anthony Seldon and Daniel Collings,
- The Architecture of Diplomacy, Flammarion 2014

COLUMN

東洋ラン系原種を使った交配

向山蘭園・古屋進

東洋ランとシンビジウム改良種との交配は、欧米では比較的に少なかったのですが、その中で主に使われたのはシンビ原種、フロリバンダム（*floribundum*）とエンシフォリユーム（*ensifolium*）でした。

大型の4倍体品種と東洋ランとの交配では3倍体になったり、2倍体どうしであってもこれらの一代交配では稔性が落ちたりするため、あまり育種が進みませんでした。さらに、東洋ラン系は概して花が小さいことや東洋ラン系の分類が不明確だったことも育種の妨げになりました。

1 フロリバンダム（*floribundum*）

フロリバンダム（金稜辺）は15～40輪を着ける多花性で小型の原種で、中小型品種改良の中心です。比較的に、交配に使われた歴史は浅く、最も古い登録は1942年、インシグネ（*insigne*）との交配から作出されたミヌエット（Minuet）です。

日本園芸の池田成功は、第二次世界大戦前から小型シンビの交配に力を入れ、戦後は米国へ輸出し、米国で評価されて逆輸入されています。1950年代から小型種のオオイソ、サザナミ、ショウケイなどが登録されました。海外の交配でスイートハート（Sweetheart）、ミミ（Mimi）、オリミルム（Olimilum）、サラ ジーン（Sarah Jean）、ルビーアイズ（Ruby Eyes）などが登録され、これらを中心に、後代の育種が進められています。

2 エンシフォリユーム（*ensifolium*）

エンシフォリユーム（駿河蘭）は6～10月に開花する原種で、花茎は直立し、花に香りがあるため、早咲きの中小型品種の改良で活躍しました。

一代交配で最も重要なのはピーター パン（Peter Pan 1957年登録）とゴールデン エルフ（Golden Elf 1978年登録）で、これらを中心に、後代の育種が進められています。

3 ゴエリンギー（*goeringii*）

ゴエリンギー（春蘭）は東洋ランの世界ではあまりに有名ですが、洋ランの改良にはあまり使用されていません。最も古くは、1964年に永野芳雄によって登録されたナガレックス（Nagalex）があります。これは片親に有名なアレクサンデリ‘ウェストンバート’（Alexanderi‘Westonbirt’4倍体）を使用したため3倍体であり、その後の育種が進みませんでした。

向山蘭園が2倍体のアレクサンデリ‘ファイン’（Alexanderi‘Fine’）とゴエリンギーを交配したナガレックス‘初音’は、2倍体で稔性もあります。イースタン ビーナス（Eastern Venus）‘春一番’はゴエリンギーの血が50%入った白花です。しかも4倍体のため花が大きく、花持ちも著しく改善されています。

エンザン ニュー リーブス（Enzan New Leaves）‘草薙’は、ゴエリンギーの血が75%で、花弁は淡いグリーンでピンク色のリップが可愛らしい品種です。4倍体のため花持ちがよく、寒さに強く強健で栽培容易、しかも小型なので、スペースの少ない家庭での栽培に適しています。

4 ニシウチアナム（*nishiuchianum*）

ニシウチアナム（春寒蘭）は、寒蘭（*kanran*）とゴエリンギーの自然交雑種で、ほとんど交配に使用されていなかったのですが、交配に使用してみると、非常にポテンシャルが高いことがわかりました。茶褐色の花で株も小型で目立たないのですが、寒さに強く、栽培が容易です。

この茶褐色のニシウチアナムとインシグネ・アルバ（白花）を交配して作出されたのが、イースタン メロディー（Eastern Melody）です。開花した実生のすべてがピンクから赤色でした。中でも‘春霞’はとくに花弁の赤色の濃い個体です。

ニシウチアナムと黄色の大型品種を交配して、黄色の小型種を作出しました。イースタン パッション（Eastern Passion）、エンザン ブッシュ ワーブラー（Enzan Bush Warbler）‘高砂’、エンザン ローミング（Enzan Roaming）‘天の川’などです。これらは耐寒性があり、葉姿は非常にコンパクトです。

5 トルティセパラム（*tortisepalum*）‘Da Xue Su’

雲南省原産のトルティパセルム‘Da Xue Su’（大雪素）は、交配にまったく使用されていませんでした。向山蘭園でインシグネ・アルバと交配してイースタン メッセージ（Eastern Message）‘大和撫子’を作出しました。白花どうしを交配して開花した実生がすべてピンク色だったのには驚きを禁じえませんでした。花は暑さに弱く、花飛びする欠点はあるものの、栽培しやすい長所があります。

余談になりますが、大雪素は蓮弁蘭の一変種のため、RHS（英国王立園芸協会）にリアンパン（*lianpan*）で登録しようとしたところ、春蘭（ゴエリンギー）で登録するように指示された経緯があります。現在はトルティセパラムで登録できるようなので登録し直す必要があると考えています。アレクサンデリ‘ファイン’との交配からできたピンク色の個体‘雛祭り’は2009年に世界らん展フラグランス部門で最優秀賞を受賞しました。

6 シネンセ（*sinense*）

シネンセ（報才蘭）を使用した交配では、香りがよく花茎が直立性になり、葉に光沢があるのが特徴です。

古くはスイート スプリング（Sweet Spring1970年登録）、ピーター パイパー（Peter Piper1973年登録）が有名です。

イースタン ビューティー（Eastern Beauty）'冬月'は花の形、サイズが改善され、またシネンセの香りを良く残し、花茎はほぼ直立し、葉姿もコンパクトになっています。ゴールデン エルフとの交配からできたオキナワ（Okinawa）'雨月'は2013年に世界らん展フラグランス部門で最優秀賞を受賞しています。

また、新品種のイースタン ティア（Eastern Tear）'花鳥風月'はシネンセの香りと花茎の直立性を受け継いだ乳白色の花です。この品種にトルティセパラム'大雪素'の血が25％入っているのも興味深いところです。

7 東洋ランを複数使用して作出した品種の例

イースタン クラウド（Eastern Cloud）'冬時雨'はゴエリンギー25％、シネンセ25％、エンシフォリユーム6％の血を引き、葉はコンパクトでよい香りがあります。エンザン オーブ フーサイラム（Enzan Orb Hoosailum）はゴエリンギー25％、シネンセ12.5％、フロリバンダム12.5％で、ゴエリンギーのコンパクトさ、シネンセの花茎直立性、フロリバンダムの栽培容易性を兼ね備えた新品種です。

あまり使われることのなかった東洋ランを交配に用いることで、育種の新たな可能性が見えてきました。ゴエリンギーやニシウチアナムなどを使用することで耐寒性のある栽培しやすい小型のシンビの開発が可能になり、シネンセを使用することで香り、花茎直立性、葉の光沢が付加されました。

まだ使用されていない東洋ランは多く、耐寒性、香り、コンパクトさなどをさらに導入できると期待しています。とくに、香りに関しては交配を重ねると香りが薄くなる傾向はありますが、一代交配では香りをブレンドする楽しみがあります。当時、世界らん展フラグランス部門審査員長の中村祥二氏も山梨の向山蘭園まで来社され、そのことに興味をもたれていたことを思い出します。香りに着目した育種はまだ始まったばかりです。

⬆ *Cymbidium floribundum*

⬆ *Cymbidium* Nagalex '初音'

⬆ *Cymbidium* Enzan New Leaves '草薙'

⬆ *Cymbidium* Eastern Melody '春霞'

⬆ *Cymbidium* Eastern Message '大和撫子'

⬆ *Cymbidium sinense* alba '桃源'

⬆ *Cymbidium* Eastern Tear '花鳥風月'

⬆ *Cymbidium* Enzan Orb Hoosailum

COLUMN

ちょっと変わった原種を使用した交配

向山蘭園・古屋進

シンビジウムの交配種は、主に9～10種くらいの原種の貢献によって100年以上をかけて改良されてきました。品種改良の上で最も重要な原種は、インシグネ（*insigne*）、エバーニューム（*eburneum*）、ロウィアナム（*lowianum*）、エリスロスタイラム（*erythrostylum*）、トラシアナム（*tracyanum*）などの5種です。また、フーケリアナム（*hookerianum*）、サンデレー（*sanderae*）、ロウィアナム・アイアンソニー（*lowianum* var. *iansonii*）などもわずかながら貢献しています。

上記以外に小型種の改良、早咲き品種の改良ではフロリバンダム（*floribundum* キンリョウヘン）やエンシフォリユーム（*ensifolium* スルガラン）が貢献しています。ここでは、これら以外の原種を使用したちょっと変わった交配の一部をご紹介したいと思います。

1 デヴォニアナム（*devonianum*）

デヴォニアナムは中国南部、タイ、ベトナム、ネパール、インドに分布する下垂性の花茎に緑褐色の小輪花を着ける原種です。比較的早くから交配に使用され、数々の成功を収めました。

ドロシー ストックスティル（Dorothy Stockstill）は原種デヴォニアナム31％、マディダム（*madidum*）25％、フロリバンダム（*floribundum*）25％で構成された独特な下垂品種です。デヴォン オディッセイ（Devon Odyssey）は、デヴォニアナムの交配で、その血を50％受け継いでいて、下垂する花茎に濁りのないピンク色の花弁と赤色リップの可愛らしい中型品種の作出に成功しました。エンザン デヴォン（Enzan Devon）‘ピノ ノワール’はアーチ状の花茎にピンク色の花弁と赤色のリップの花をつけ、花の形もよく完成度の高い中型品種です。

2 ティグリナム（*tigrinum*）

ティグリナムは中国雲南省、ビルマ、インドにかけての地域が原産の小型種で、茶褐色の花を4～5月にかけて3～5輪着けます。これを用いることでフロリバンダムに頼ってきた小型種の改良が一気に進む可能性があります。

代表的な交配はタイガー テイル‘カナリー’（Tiger Tail ‘Canary’）ですが、恐らくアレクサンデリ‘ウェストンバート’（Alexanderi‘Westonbirt’）を使用したため、3倍体で稔性がありません。向山蘭園は、2倍体のアレクサンデリ‘ファイン’（Alexanderi‘Fine’）を使用して2倍体のタイガー テイルをリメイクしています。

ティグリナム交配の後代は、赤や黄、緑、ピンク、白色などカラフルです。タイガー ファイア（Tiger Fire）‘わくわく’、タイガー ファイア‘ぽかぽか’、グッド デライト（Good Delight）‘そよそよ’、ティグリス サーカス（Tigri's Circus）‘キラキラ’など株は小型で、比較的花の大きな品種です。オベロン タイガー（Oberon Tiger）‘雪苺’は淡いピンク色の小型種ですが、ティグリナム25％、デヴォニアナム、フロリバンダムなど数パーセントずつ影響を受け、小型で、花つき容易、花茎直立性、強健、栽培容易など原種の性質をよく残しています。

3 マスターシー（*mastersii*）

マスターシーは、中国南部、ビルマ、タイ、ベトナム、インドに分布し、アーチ状の花茎に乳白色の中輪の花を5～6輪着けます。

エンザン オリオン（Enzan Orion）は、淡いグリーンの中輪の早咲き品種ですが、マスターシーが25％で、早咲き性、1バルブ当たり3～4花茎生じる花つきのよい性質などを受け継いでいます。

4 マディダム（*madidum*）

マディダムはオーストラリア東部原産で比較的高温を好み、下垂する花茎に直径3㎝くらいの花を50～60輪着けます。この原種を使った成功例では、古いものですがサンシャイン フォールズ‘バター ボール’（Sunshine Falls‘Butter Ball’）が挙げられます。コンパクトな株に形の整った黄色の花を多数着けます。

5 スアーブ（*suave*）

スアーブはオーストラリア東部原産で直径2㎝くらいの小花が咲く下垂性の品種です。花は甘い香りがあります。ヴァル ペック（Val Peck）はスアーブ50％、デヴォニアナム25％、マディダム12.5％で、珍しい原種を多く使用した品種です。花は鮮やかな緑色の小輪を多数アーチ状につけます。比較的高温を好み、栽培しやすく強健な品種です。

これらのあまり使われることのなかった原種を交配に用いることで、育種の新たな可能性が見えてきます。ティグリナムを使用することで比較的花が大きく小型株のシンビジウムの開発が可能になり、デヴォニアナムなどにより下垂性のバリエーションが増え、マディダムの使用により強健性、耐暑性、遅咲き性が増し、マスターシーの使用により早咲き性や1バルブ当たりの花茎の数が増し、スアーブからは遅咲き性や良い香りを受け継ぎました。これらの原種にはほかにも隠されたよい性質が多くあります。まだ使用されていないシンビジウムの原種は多くあり、これからの交配に使用することで今までになかったシンビジウムの世界を切り開くことが可能になるのではないかと期待しています。

ちょっと変わった原種

⬆ *Cymbidium devonianum*

⬆ *Cymbidium tigrinum*

⬆ *Cymbidium suave*

使用した交配種

⬆ *Cymbidium* Enzan Devon 'Pinot Noir'

⬆ *Cymbidium* Val Peck 'Mint Fresh'

⬆ *Cymbidium* Oberon Tiger '雪苺'

⬆ *Cymbidium* Tiger Fire 'わくわく'

⬆ *Cymbidium* Tigri's Circus 'きらきら'

COLUMN

シンビジウム改良の歴史——インシグネからアレクサンデリ、そしてCymbinomix Diversity

向山蘭園・向山武彦

1 原種からアレクサンデリ、そして白、ピンク系

シンビジウム改良の歴史で黎明期から際立って貢献したのがアレクサンデリ（Alexanderi = Eburneo-lowianum × *insigne*）で、110 年後の今日でも育種の重要な位置にあります。ヴィーチ商会のジョン・ヴィーチがエバーネオ - ロウィアナム（Eburneo-lowianum = *eburneum* × *lowianum*）を最初に登録したのが 1889 年。この一代交配種をもとに 40 以上の交配、登録がなされました。片方のエバーニューム（*eburneum*）は白花系交配親の重要な原種で、ロウィアナム（*lowianum*）にはグリーンコンカラー（単色）が存在し、澄んだ色の作出に貢献しています。この二原種に加えてインシグネ（*insigne*）を三大重要原種と考えています。

サー・ジョージ・ホルフォードが 1911 年に登録したアレクサンデリは、彼の園庭頭ハーバート・ジョージ・アレキサンダーの名前から付けられ、その画期的な優良個体群は高い評価を得ています。 白からピンクに至る選抜個体は 1958 年までに 26 個体入賞しており、とくにウェストンバート（var. Westonbirt）は RHS/1922、AOS/1934 に FCC に入っています。武田長兵衛も 1958 年に AM/JOS を受賞しており、1958 年以降再受賞している個体もあります。当然、優良個体は交配親に使われ、エバーニュームとロウィアナムの原種交配から三代目で一世を風靡する優良花が作出されています。エバーネオ - ロウィアナムの緑や淡い茶色がかった黄緑花からきれいなピンク花を導いたのがインシグネで、そのものが営利栽培可能な個体もあり、戦後の日本で鉢花としても使われました。古屋進・向山蘭園取締役はエバーネオ - ロウィアナムの再交配、インシグネのシブリング（同種交配）を行い、それらの実生選抜個体を交配親として使いました。その結果、原種そのもののインシグネもシブリングからの選抜個体も強い遺伝形質を持っており、顕性遺伝しています。20 世紀初頭の入賞記録がないのでインシグネのどのような個体が交配親に使われたかわからないのですが、淡いピンクで整形のサンデレー‘アトロサンギニア’(var. Sanderae‘Atrosanguinea‘)が多く使われた可能性が高いと思われます。コンパクトな草姿でバランスが取れたこの個体は、1960 年代に交配親として実績を残しています。また、最近出回っている濃いピンクやアルバ（*alba*）やアルバム（*album*）はセルフィングかシブリングからの個体と思っています（例：var. *album*AM/AOS 1977）。

⬆ *Cymbidium* Alexanderi ‘Westonbirt’

⬆ *Cymbidium* Eburneo-lowianum ‘MOL’

⬆ *Cymbidium eburneum* ‘Coburg’

⬆ *Cymbidium lowianum* var. *i’ ansonii*

⬆ *Cymbidium insigne* 'Alba'

⬆ *Cymbidium* Pauwelsii 'Conte de Hamptine'

アレクサンデリは絶妙な組み合わせの交配から生まれたのですが、19世紀後半にこれらの3原種を収集し、いち早く交配に使った先見性に感嘆せずにはいられません。その稔性の良さ、良個体作出率の高さからアレクサンデリを親とする410以上の交配、登録がなされ、その選抜実生98個体、23%以上の高確率で入賞個体があります。シンビジウムの交配は必ずしも早くなく1901年の販売価格リストSANDER'S ORCHID GUIDE and ADDENDAでは3品種しかありません。エバーネオ-ロウィアナム（Eburneo-lowianum）、ロウィオ-エバーニューム（Lowio-eburneum）、ウィニアナム（Winnianum）ですが、前2種は逆交配なので、事実上2品種ということになります（パフィオの交配は300以上ある。しかも、最初の登録種Selenipedium calurum Brownii 1809年に比べて100年近く遅い）。ちなみにエバーネオ-ロウィアナムは当時147ポンドとかなりの高額でした。

アレクサンデリの特徴は2倍体と4倍体があり、どちらも改良に役立っています。初期の改良には4倍体が多く使われていますが、入賞花には2倍体も見られ、スターシェープの花型も高い評価を受けていたことがわかります。

アレクサンデリと双璧をなすパウエルシー（Pauwelsii = *insigne* × *lowianum* 1911年）はピンク系シンビの改良の基礎を作った優良品種です。とくに'コンテ・デ・ハンプティン'（var.'Comte de Hemptinne'）はピンク系親として貢献しました。パウエルシーからの初期ピンク系良花はエリカ サンダー（Erica Sander 1921年）、ジョイ サンダー（Joy sander 1924年）などです。

2 アレクサンデリの後代（大型系）

1927年にG. アレキサンダーが登録したロザンナ（Alexanderi × Kittiwake）はアレクサンデリに似た整形花で、花弁の幅を広くしたいわゆるラウンドシェープに近くなっています。日本で人気が高かったロザンナ'ピンキー'（'Pinky'）など、アレクサンデリの血を強く受け継いだロザンナは多くの優良個体を作出しました。いくつか挙げると、バルキス（Balkis = ×Alexanderi）、アン グリーン（Ann Green = ×Babylon）、メリー アン（× Pearl-Easter = Mary Ann）、ナム カーン（Nam Khan = ×Pauwelsii）などが有名ですが、とくにバルキス（L. デ・ロスチャイルド1934年）はアレクサンデリの血が75%入っており 、原種ではインシグネの血は50%入っています。

エバーネオ-ロウィアナム、アレクサンデリ、バルキスと交配が進み、アレクサンデリとバルキスを親に使った大型シンビは3倍体全盛期に入ります。1960年代に展示会を彩った豪華な3倍体品種は数多く受賞しましたが、交配は途切れてしまいました。サンフランシスコ（San Francisco）、リリアン スチュワート（Lillian Stewart）などはその最たるものです。

4倍体のバルキス同様、アレクサンデリを使った4倍体の実生は着実に実績を上げてきました。 ジョアン オブ アーク（Joan of Arc 1943年）、ユング フラウ（Jungfrau 1933年）、ルイス サンダー（Louis Sander 1924年）、パール（Pearl 1918年）、スワロー（Swallow 1916年）、スタンレイ フォーレイカー（Stanley Fouraker 1958年）などは、1960～70年代の大型シンビのスター達でした。

3 アレクサンデリの後代（中型系、小型系）

中、小型種ではスイートハート（Sweetheart）、ショウガール（Showgirl）、スイート スプリング（Sweet Spring）ナガレックス（Nagalex）、そして耐暑性のあるアヤコ タナカ（Ayako Tanaka）などです。

アレクサンデリの数ある優秀個体の中で小型種作出によい結果を残したのがコンパクトな草姿で2倍体の‘ファイン’（var.‘Fine’）です。ニューセンチュリー（New Century）やエンザン スカイ（Enzan Sky）などは代表的品種で、ティグリナム（*tigrinum*）×アレクサンデリの再交配種タイガー テイル（Tiger Tail）は2倍体であるため、その後の改良が大きく進みました。

向山蘭園の古屋は‘ファイン’の価値をいち早く見出しタイガー テイルから30もの良品種を作り出しました。

哲学者でランの研究家でもある永野芳夫氏が登録したナガレックスは3倍体でした。稔性がなかったため再交配して2倍体を作出し、以後の改良に役立てました。アレクサンデリの選抜個体の多くは、大型シンビの4倍体や3倍体品種へ向かいましたが、中型、小型の3倍体品種は行き詰って改良が進まなかったのを‘ファイン’や‘アルバム’は2倍体品種を多く作出し、その後の改良に貢献しています。このように、アレクサンデリの選抜個体が改良に果たした役割は1910年代後半ら100年にわたっており、その偉大さがわかります。

4 シンビジウム大量生産への道

1970年代に入ると茎頂培養（メリクロン：以下MC）技術が高まり、銘花のMC苗がスチュアート社から販売され始めました。これらは展示会用品種で、営利栽培には向かなかったことと変異株が多かったのが特徴です。日本では三浦二郎がMC苗生産を開始、筆者も購入し始めましたが希望する品種は入手困難でした。そこで三浦と筆者は米国から多くの実生苗を購入し、それらから日本のシンビ産業に合う選抜個体をMC苗にして普及しようと考えました。そして、三浦の農場で選抜されたのがメロディー フェア‘マリリン モンロー’（Melody Fair‘Marilyn Monroe’）やグレートワルツ‘マイ フェア レディー’（Great waltz‘My Fair Lady’）です。

筆者は、1973年にカリフォルニアのラン園を訪問してシンビの品種開発、栽培、培養を見学し、日本での品種開発は不可能ではないと感じました。

カリフォルニア州、中南部サンタバーバラ市とその近郊にあるサンタバーバラ・オーキッドエステイト社やスチュアート社、ギャラップ&ストリブリングス社、ドスペブロス社が扱っていたのは超大型シンビが主流で、日本人の好む「大型だがコンパクト」という品種の開発は少なかったのです。サンフランシスコ郊外のロド・マクレラン社を見学した際は、大規模で日本型生産の参考にはならないと思いましたが、栽培や苗培養は競争できると考え、G・モレルが『AOS Bullitin（アメリカ蘭協会会報）』に寄稿した「producing Virus-Free Cymbidi ums」とその関連文献を参考にして、培養率が高く変異が少ない培養技術開発に没頭しました。

1978年、前出のメロディー フェア‘マリリン モンロー’を始めとするハリウッド人気女優の名前を付けた数個体は爆発的に売れ、他の属を含めたランの仕事を「産業」と呼べる地位に押し上げました。これらは、ラン産業の基礎を作った功労品種といえるでしょう。

筆者はこれをきっかけに、より多くの花色、草姿の大小シンビの育種を進めることと、MC（茎頂培養、メリクロン）苗増殖を可能にする必要を感じ、西欧のラン産業事情、品種開発とランのMC技術の現状を視察しました。1980年に英国、蘭国、独国、仏国を訪問（とくに英国・トワイフォード研究所の世界最高の植物組織培養研究は、その後のランのMC研究に大きな影響を与えています）。

ラン園ではマックビーンズ社、ラトクリフ社、ワイルドコート社、マンセル&ハッチャー社を訪問し、五大属ばかりでなくいろいろな属が栽培されている状態に、スケールの大きさを思い知らされました。ただし、シンビに関しては際立った品種開発は行われておらず（リカステやパフィオ、オンシ類の品種改良は進んでいましたが）、むしろマックビーン社にマイコン制御自動肥料供給装置がすでに稼働していたことに感嘆しました。また、オランダのコチョウラン開花株自動大量生産システムは非常に合理化されており、大いに参考になりました。しかし、ここでもシンビの

⬆ *Cymbidium* Melody Fair ‘Marilyn Monroe’

量産システムは確立されておらず、日本における品種改良とシステム開発の急務を感じました。この経験が、その後の日本発・商業的営利品種の国際市場への発信につながります。

1982年に、山梨県の山中湖畔で開催された「第5回国際植物組織培養会議」もシンビMCの発展に関係する基礎研究発表がいくつかありました。赤花並びに東洋ラン系シンビの難培養品種の増殖について発表された基礎研究が筆者の研究と合致し、「和蘭」の培養成功につながったのです。

このように、品種改良についてよりよい成果を出すのに、周辺技術の向上が貢献しています。L．ナドソンがラン種子の無菌発芽技術を1922年に発表し、G．モレル＆C．マーティンが植物の茎頂組織からのバイラス（ウイルス）フリー植物の育成を1955年に発表してから、シンビ品種改良、クローン苗育成は急速に進みました。

5「和蘭」の開発

ボタンズ＆ボーズ（Buttons & Bows）‘夢千代’が1987年に発表され、これが「和蘭」の第1号となりました。和蘭‘夢千代’は、東洋ランの雰囲気と香りを残し、和室の床の間に飾ることができる、日本の美を表現したランです。しかし「大きいことが良いことだ」とされていた当時は、評価されませんでした。

1978年のボタンズ＆ボーズの交配から25年、イースタン ビーナス（Eastern Benus）‘春一番’（*goeringii* × Sleeping Beauty）でSM/JGP、イースタン エルフ（Eastern Elf）‘一葉’（*sinense* × Oriental Elf）AD/JGPなど、香りや和風のシンビで評価を得ることができました。

「和蘭」とは、東洋のシンビ原種である春蘭（*goeringii*）、報才蘭（*sinese*）、駿河蘭（*ensifolium*）、寒蘭（*kanran*）いずれかの遺伝子が25%以上入っていることを基本とします。

6 現代シンビジウム育種の功労者 アンディー・イーストン

整形花で独自の領域を築いていたニュージーランド出身の育種家アンディー・イーストンは、グリーンストーン（Greenstone = Wyanga × Sussex Dawn）を1975年に登録して以来、シンビの可能性を追求し、銘花を多く作出しています。キウイ マジック（Kiwi Magic = Sue × Coraki）、ジェームズ トヤ（James Toya = Yowie Flame × Red Beauty）、カービー（Kirby = Lesh × Red Beauty）、ゴールデン タイガー（Golden Tiger = Golden Cascade × *tigrinum*）、ヤマナシ ファイアー（Yamanashi Fire = Lady Spring × Sensational Vintage）、グリーン サンタ（Green Santa = Hazel Tyers × Peter Pan）など、原種の持つ潜在的な可能性を引き出し、これを高いレベルの改良種へ受け継がせて銘花を作出した交配は、新しい育種の先駆けとなり、商業的生産品種の育種にも貢献しました。

⬆ *Cymbidium* Buttons & Bows‘夢千代’

⬆ *Cymbidium* Atrantic Crossing‘Sunset’

⬆ *Cymbidium* Gladys Whitesell‘The Charmer’

7 シンビ倍数体人工的作出で育種の可能性を広げたドン ウインバー博士

ドン・ウィンバー（ドナルド・E・ウィンバー）博士は、シンビ細胞のコルヒチン処理で多くの倍数体を育成し、品種改良を加速する道を開いた人物です。彼の研究記録『Orchid Chromosome Counts（ランの染色体数）1980-1995』には、シンビだけではなくパフィオ、フラグミ、ミルト、リカステ、オドントグロッサム他10数属、千数百品種の染色体数が記載されており、この地道な分析と染色体倍数化手法で品種改良の一手法を確立しました。その最も成功した例は、シンビジウム・パリシー‘エマ メニンジャー’（*Cym.* Parishii‘Emma Menninger’）です。

⬆ *Cymbidium* Parisii 'Emma Menninger' 4N HCC/AOS

8 赤系シンビの改良

ベネット-ポーイ（Bennett-Poei = *iridioides* × *tracyanum*）はイリディオイデス（*iridioides*）とトラシアナム（*tracyanum*）のオレンジ色を引き継ぎ、花型、とくにペタルの反り返りが改良されている一代交配種ですが、この交配以来しばらくは目に見えた改良はされませんでした。トラシアナムは、中国で「虎頭蘭」と呼ばれ、大型シンビを表す「大花慧蘭」の代用的原種で非常に個性が強く、褐色系橙色と反り返るペタルは強い遺伝形質で当原種そのものからの初期改良は進まなかったのです。最近では､改良種との交配で一気に大型橙系交配が進んでいます。

ラブリー オレンジエイド（Lovely Orangeade = *tracyanum* × Wallacia）はトラシアナムの良い遺伝子をオレンジ系大型シンビ改良に残しつつ、草姿はコンパクトになっています。

ドリス（Doris = *tracyanum* × *insigne*）× エリスロスタイラム（*erythrostylum*）＝オリオン（Orion）からは、きれいなピンクが作出されているところを見ると、インシグネやエリスロスタイラムの遺伝力が強いのか、トラシアナムは交配相手により花色遺伝子はマスキングされる潜性遺伝子があるのか分析が必要です。

⬆ *Cymbidium* erythrostylum

赤系大型シンビの育種には、トラシアナム、ロウィアナム・アイアンソニー（var.*i'ansonii*）（syn. アイアンソニー *iansonii*）、イリディオイデス（syn. ギガンテウム *giganteum*）、フーケリアナム（*hookerianum*）、シュロエデリ（*schroederi*）、インシグネなどの遺伝子が相乗効果を上げながら良色花を作り上げています。ロウィアナム・アイアンソニーは白花ですが、ピンクの実生を多く作出することから見て、濃いピンク色まで幅広く発現する遺伝子を持っています。

セレス（Ceres = *lowianum* var. *i'ansonii* × *insigne*）は稔性が良く、多くの実生を残していることから、赤系シンビ改良の貢献種といえます。

セレス × タペストリー（Tapestry）＝ギブソン ガール（Gibson Girl）は、濃赤色のペタルと赤いリップのコントラストが美しい銘花です。

セレス × アレクサンデリ＝ルイス サンダー（Louis Sander）は淡い茶褐色がかった赤系花ですがブラッシュピンクに近く、ルイス サンダーにバルキスの交配は白からライトピンクまであります。つまり、濃赤色系花が固定するには､何代か赤系交配を繰り返すことが必要なのです。

ジョイ サンダー（Joy Sander = Ceres × Pauwelsii）の実生は、ブラッシュピンクが多い。チェリーピンクは外国人には必ずしも好まれず、日本人が好む日本独自の改良ですが､その基礎となった品種はロザンナ（1927 年）､ドーチェスター（Dorchester 1932 年）、ユングフラウ（1933 年）、バルキス（1934 年）、ボドミン ムーア（Bodmin Moor 1936 年）などです。これらがアレクサンデリの良い面を引き継いでいることでも､その偉大さがわかります。

9 黄色系の改良

黄色系大型シンビは黄色い花弁で、リップに赤を縁取るタイプとコンカラー(単色)に分かれます｡通称｢黄弁赤リップ」は原種の持つコントラストを残していく育種で、コンカラーは赤や茶の色素を消す育種になります。

黄色の最初の登録カリガ（Cariga = Carlos × Riga）の原種分析ではロウィアナム、インシグネ、フーケリアナム、エバーニュームほかで占められ、黄色花が出る交配とは思えないのですが、原種一代交配から六代目で安定した黄色赤リップが出ています。ラブリームーン（Lovely Moon）は黄色の花弁､朱色に近い赤のVリップを持つ代表花です。とくに'クレッセント'（var.'Crescent'）は通算2千万鉢を超す生産がなされた、世界で最も人気があるシンビです。黄色系のカリガ × 白系のサセックス ドーン（Sussex Dawn）からヘーゼル タイアーズ（Hazel Tyers）が作成されキラキラ輝くようなピンク花が出ていることを考えると、交配相手によって茶褐色からピンクまで発現します。このように、どのような因子が黄色交配育種を引っ張るのか解明が楽しみです。

黄色一色のブリリアントカラーは、黄色系シンビの大きな魅力の1つです。ラブリー バニー'オセロ'(Lovely Bunny'Othello' GPR/JGP92 = Sleeping Beauty × Yamba)は代表的コンカラーです。スリーピング ビューティー(Sleeping Beauty)の両親(Sussex Dawn × ダーハム キャッスル Durham Castle)いずれかの個体からの実生に黄色コンカラーが高確率で生まれるようになり、よりアントシアンが少ない選抜個体の交配で現在では濁り気のない美しい黄色コンカラーが作出されています。

Cymbidium Lovely Moon 'Crescent'

シンビジウムの花型いろいろ

10 まとめ

シンビは多くの個性を持った品種群の属です。豊富な花色、大型、中型、小型そして超ミニの株姿、直立、アーチ、下垂の花茎型など基本的な組み合わせだけでも60タイプを超します。目的とする花型、花色、葉姿、花茎の理想形をイメージして交配し、長い年月を待つ——じつに面白い園芸ですが、芸術と商業的領域の重なりに苦慮するときもあります。昨今は展示会向き品種と量産型品種で別れつつありますが、シンビ本来の姿は失いたくないものです。

大陸移動説の1つの証明となるほど、長い期間かかって進化したランの原種を、大切にしなければならないと同時に、その原種の持つ個性を引出し、良い面をより良くしていく育種は、これも重要な仕事だと思います。

中国でランの文化は紀元前千年さかのぼることができます。当時の書『詩経』の中に陳(国名)の風情を描写する詩「防有鵲巣」にラン科植物の名称が初めて現れます。唐の時代に書かれた『植蘭説』にはシンビの栽培まで記載され、内容は現在の実情に近いとされます。西暦10世紀以降、ランに関する本はいくつか出版され、春蘭の絵画も残されています。長い年月愛されてきた慧蘭(中国でのシンビの総称)は、神の伝道師が運んだ自然からの贈り物かもしれません。であれば、私たちが身近で観賞することは神と話をしていることになります。自然に存在するシンビのありのままを観賞し、思いを馳せる東洋的審美と、新品種作出により美を究めようとする西洋的審美、どちらも人間の飽くなき深層追求に他なりません。

東西交流による共通の審美眼は、シンビジウムの高度な美的感覚に昇華することと思います。

参考文献

- SANDER' S ORCHID GUIDE and ADDENDA F.SANDER & CO., 1901
- Lewis Knudson, Nonsymbiotec Germination of Orchid Seeds, BOTANICAL GAZETTE, January, 1922
- George M. Morel, Producing Virus-Free Cymbidium, A.O.S. Bulletin, July 1960
- SANDER' S Complete List of ORCHID HYBRIDS, SANDERS(St. Albans) Ltd. 1946
- David Du Puy & Phillip Cribb The Genus Cymbidium, Timber Press 1988
- 日本蘭協会 洋ラン—品種 栽培 育種 誠文堂新光社 1972
- Greig Russell, A Westonbirt Mystery, The McAllen International Orchid Society Journal, February 2006
- Mukoyama Orchids Business Catalog, Vol. 5, 1989
- Chen Singchi, Tsi Zhanhuo, Zheng Yuanfang, The Orchids of China, 第二版、中国林業出版社、1998

日本が生んだ近代パフィオの父 木村資生

小澤蘭園・小澤知良

パフィオペディルム（以下パフィオ）は数ある洋ランの中で最も趣味性の強い属です。メリクロンによる繁殖が極めて難しいため、殖やす方法は種子から育てる実生か株分けによる方法しかありません。

このランほどコレクターや趣味家の欲求を満たすための条件をすべて備えているランはなく、ほかの洋ランには見られない最大の特徴です。さらに、ほかの洋ランにはあまり見られない特異な点として、交配育種を手掛ける趣味家の多いことが挙げられます。これは自分の感性の趣くままに交配し、見果てぬ夢を追い求めオンリーワンの花を作り出す醍醐味があるからです。

パフィオには整型花（コンプレックスハイブリッド）というグループ分けがあります。このグループは一部の原種を除き、あらゆる原種を交雑して作られた交雑種を源祖とし、交雑を繰り返して作り出されたもので、最初の登録は1869年（ハリシアヌム＝バーバタム × ヴィローサム）であり、1950年代に英国で整型花の基礎となる品種が作出されています。だれがいつごろコンプレクスハイブリッドを整型花と日本語に置き換えたのか定かではありませんが、云い得て妙であるといえます。

日本が生んだ最大の生物学者・木村博士の生い立ち

木村資生博士は1924（大正13）年、愛知県岡崎市菅生町に生まれ、昭和22年に京都大学理学部を卒業後、昭和24年に静岡県三島市国立遺伝学研究所に着任。分子集団遺伝学の分野を創設、昭和43年に発表した「分子進化の中立説」は集団遺伝学（「進化遺伝学」）の新説としてこの分野をリードしました。

● 主な栄誉歴

文化勲章、文化功労章、英国王立協会、ダーウィン、メダル（この賞は進化論の分野で最高の栄誉とされ、2年に1度日本人初の受賞）、学士委員賞、国家功績勲章騎士号（フランス）
叙位：従三位、叙勲：勲一等瑞宝章

このような輝かしい経歴とは別に、無類の花好きであり、パフィオの整型花の改良を生き甲斐にし、「英国、アメリカに追いつけ追い越せ」と研究の傍らで品種改良に情熱を燃やしましたが、それにしてもなぜパフィオの品種改良に生涯をかけ続けたのか、残された資料から筆者の独断と偏見で推察してみました。

少年少女に「植物と動物どちらが好き？」と尋ねれば動物好きが多いでしょうが、男の子の中にもまれに植物が好きと云う少年もいます。そんな植物好きの一人が木村少年でした。学校の休みの日には「胴乱」を下げて隣の須淵町にある須淵山へ植物採集に出かけ、標本にしていました。中学では、友人3人と額多の山へ植物採集に行き、戻って生物の鳥沢貫一先生に指導を受けるのをつねとしていました。鳥沢先生は「不明なものは木村に聞け」と言い、木村少年は即座に「これは○○科の○○、詳しくは牧野植物図鑑の○ページに載っている」と明快に答えたと同級生の神谷宏氏が述懐しています。また、「僕の夢は将来遺伝学で外国の雑誌に一行でもよいから自分の名が載ることだ」と将来の夢を明快に答えたそうです。京大を選んだきっかけは木原均博士のコムギの遺伝学に魅せられたことで、大学では細胞遺伝学を学びましたが、卒業する頃には集団遺伝学に深い興味を抱くようになりました。

京大卒業後は静岡県三島市の創立間もない「国立遺伝学研究所」の研究員となります。1953年にアイオワ州大学へ留学し、ウィンスコンシン大学には2度の留学をすることになります。

草花、洋ランとの関わり

以下の話は、木村博士と筆者との会話や、夫人との会話・手紙などからまとめたものです。

国立遺伝学研究所へ就職すると同時に、三島市に新居を構え、庭ではさまざまな草花や果樹を育てていました。洋ランの栽培は1957～58（昭和32～33）年に戸越農園よりカトレア2株、パフィオ2株を購入し始めたのが最初だそうです。

そのパフィオを生涯の趣味としたのは1958年、当時東京都世田谷区用賀にあった三井戸越農園に34歳の博士が夫人を伴い、園長の清水基夫氏（当時我が国におけるユリの研究の第一人者）を訪ねたのがきっかけでした。

温室にはさまざまな洋ランが咲いていて、その折に清水氏からプレゼントされた1輪のパフィオが博士のパフィオ愛好家への誘いとなりました。この三井戸越農園訪問が生涯忘れえぬ思い出となったことを夫人は述懐されています。

凝り性でやり出したらとことんやる性格の博士が、のちにパフィオの品種改良の分野で「世界の木村」と称されるようになった運命の1輪でした。夫人より伺ったお話から後日調べたところ、このパフィオはChloe（クロエ）またはHassalii（ハッサリー）であったらしいことがわかりました。博士は自宅に帰りプレゼントされた濃紫赤色のパフィオをしみじみ眺め、この花が持つ深遠でしかもほかの花にはない上品さに魅了され大きな感銘を受けたそうです。この時期カトレヤにもかなり凝っていて、先述の三井戸越農園や静岡県大磯にあった日本園芸などから購入していました。ただし、その時点ではパフィオにも強い興味を持ったものの特別のこだわりはなく、後年新品種の作出に情熱を注ぐとは夢想だにしませんでした。博士は球根植物、一年草、宿根草、果樹などさまざまな植物を育てており、かなりの栽培経験と知識はありましたが、洋ランについては初心者で、三井戸越農園の堀井氏や日本園芸の五島氏などから、栽培などについて基本を学びました。

博士の日誌によれば、1958（昭和33）年5月にパフィオ カローサム1500円、パフィオ シリアナム・カトレヤ、ミルトニアを購入したのが最初で、以後は6月にパフィオ カーティシー、パフィオ アトランティス‘ザ カーディナル’を購入、いよいよ木村博士の凝り性が始まります。洋ランが持つ魔力に魅せられた人は例外なく、より多くの種類や品種を少しでも早く集めたい焦燥に駆られます。見るもの聞くもの何でも欲しくなるもので、博士も同じ道を歩んでいます。

日誌に「パフィオ カローサムに花芽が葉の間から出初める。8月に開花した」とあり、おそらくこの1輪は博士自身が丹精して咲かせた最初の花であろうと思われ、その感激は想像に難くありません。

交配を始める

「父親譲りの凝り性だった私は」と自伝書『わが青春』（静岡新聞社）に書いているように、自他ともに認める凝り性の博士は、当時高級品種の収集にまい進しています。

● 1960～‘61年の主な整型花のコレクション

・イゾルデ　・サン・ゴタール
・ボルトニー　・シャーメーイン
・ガートルード ウェスト‘ザ クィーン’
・カンチェンジュンガ AM/RHS
・クリソストム‘アワーキング’
・レディディロン‘マグニフィカム’
・カーディナルマーシャー AM/RHS
・スラムス‘ハスキー’

これらはその頃の名花の一部ですが、現在残っているのは1～2品種でしょう。このような当時のトップクラスの品種を使い第1期の交配が始まりました。次ページに、博士が記録した交配表を掲載します。

この頃の交配親に原種のベラチュラムを使っているのは特筆されることです。原種ベラチュラムと整型花の交配は現在でも試みられており、当時としてはかなり斬新な組み合わせであったのです。

当時、パフィオのみならずカトレアなどの実生苗は極めて貴重なものでした。パフィオの実生苗は現在のように無菌播種ではなく、‘鉢播き’という方法を用いていました。これは生育のよいパフィオの株元に直接種子を播くもので、発芽率が悪く生育も芳しくはありませんでした。したがって、販売される実生苗は皆無に近く、苗は自分で作るしか方法がなかったのです。鉢播き法については、日本園芸の五島左衛門氏や浜島孝氏らに指導を受けました。ですが、得られた種子はほとんど発芽せず、発芽した苗も育たなかったそうです。

しかし、博士は「私は三島にいながら世界だけを相手にしてきた」（『わが青春』より）という自負心から、パフィオの新花作出について将来アメリカやイギリスに劣らぬレベルの優秀花を自分の手で作り出す、この事をつねに考えていました。

	交配番号	母体	花粉	系統
1960／1／17～5／15 第一期交配表	1	Sharmain	Worsleyi	点花
	2	Anak	Chrysostom 'Our King'	点花
	3	Chrysostom 'Our King'	Lady Dillon 'Magnificum'	点花
	4	Lady Dillon 'Magnificum'	Chrysostom 'Our King'	点花
	5	Lady Dillon 'Magnificum'	Nena 'Hora'	点花
	6	Cardinal Mercier AM/RHS	Gertrude West 'The Queen'	点花
	7	Thrums 'Hasky'	Chardmoore 'Mrs Cowburn'	赤～点花
	8	Gertrude West 'The Queen'	Chardmoore 'Mrs Cowburn'	赤～点花
	9	Thurums 'Hasky' AM/AOS	Gertrude West 'The Queen'	点花
	10	Olivia	Selligerum	?
1961／1／1～4／30 第二期交配表	11	Belgica	*callosum*	赤スジ花
	12	*callosum* 'B'	Belgica	赤スジ花
	13	Nara 'Giganteum'	Etta	点花
	14	Thuramus Hasky	*callosum*	天～赤スジ
	15	Prag Sedenii	*callosum*	桃色系
	16	Etta	Robert Patterson 'good var'	点花
	17	Satsuma 'Shroyama'	Robert Patterson 'good var'	点花
	18	Cardinal Mercier	Robert Patterson 'good var'	赤～点
	19	Goultenianum alba	Alma Gevaert	グリーンスジ
	20	Alma Gevaert	Goultenianum alba	グリーンスジ
	21	Cappamagna 'Cristmas Cheer'	Aureum 'Viginal`	赤花
	22	Cappamagna 'Cristmas Cheer'	Labaudyanum	赤茶花
	23	Gertrude West 'The Queen'	*bellatulum*	点花
	24	*bellatulum*	Gertrude West 'The Queen'	点花
	25	Gertrude West 'The Queen'	*bellatulum*	点花
	26	Nara Ⅱ 'Mag'	Goultenianum var Coloratum	赤スジ
	27	Albion FCC ／ RHS	*callosum*	桃色系
第三期交配 1970～1995				2078
＊記録不明				27
総交配数				2105
登録数				83

当時、パフィオのみならずカトレアなどの実生苗は極めて貴重なものでした。パフィオの実生苗は現在のように無菌播種ではなく、'鉢播き'という方法を用いていました。これは生育のよいパフィオの株元に直接種子を播くもので、発芽率が悪く生育も芳しくはありませんでした。したがって、販売される実生苗は皆無に近く、苗は自分で作るしか方法がなかったのです。鉢播き法については、日本園芸の五島左衛門氏や浜島孝氏らに指導を受けました。だが、得られた苗はほとんど発芽せず、発芽した苗も育たなかったそうです。しかし、「私は三島にいながら世界だけを相手にしてきた」(『わが青春』より)という自負心から、パフィオの新花作出について将来アメリカやイギリスに劣らぬレベルの優秀花を自分の手で作り出す、このことをつねに考えていました。

親株と鉢播きした種子からの発芽のようす。

外国の優良パフィオ見学

1961（昭和36）年から1963（昭和38）年までアメリカのウィスコンシン大学へ２度目の留学をし、ヨーロッパ経由で帰国しました。すでにパフィオの交配を始めていた博士は初めて、アメリカのスチュワート社、イギリスのラトクリフ、同ブラック アンド フローリー社、フランスのルクフール社というパフィオの先進ラン園を見学し、見聞を広めます。先進ラン園の最新の花を目のあたりにして、今まで日本で見ていたパフィオとはレベルが違う、色彩や花型、花径に愕然とし、ただただ驚嘆しました。ブラック アンド フローリー社のピーター・ブラック氏からは「品種改良は交配親の選定がいかに重要か」そのほか、多岐にわたって説明を受けて氏に薫陶し、師と仰ぎました。

その折に、氏が「良い交配親になるから」とすすめたのが、キャルバリー‘オーキッドハースト’でした。このキャルバリー‘オーキッドハースト’は博士の品種改良の基幹品種となりましたが、1975年には日本洋蘭農業協同組合（ＪＯＧＡ）の審査会においてブロンズメダル（以下、BM/JOGA）を受賞しています。とくに花型の改良に遺伝的優勢を示し、幾多の優秀花を輩出、門外不出としました。

しかし、種子が採れても鉢播き法では不発芽であったり、苗が育たなかったりするなど、問題が多くありました。当時の日本では、鉢播き式育成で充分なパフィオ苗が得られず、無菌播種技術も未確立でしたが、欧米のラン園ではすでに無菌播種技術を用いて多量の苗を得ていました。

1961（昭和36）年に見学したラトクリフでは多量の苗が育てられていて、博士は「これが成功の原因と思われる」と書き残しています。苗の生育にも優れ、日本のそれとは格段の相違があったそうです。そこで、旧知のスチュワート社のヘザリントン氏と交渉し、博士の交配した種子をスチュワート社で播くよう依頼をしました。その結果、苗数は格段に増えました。アメリカ、イギリス、フランスでの品種改良は飛躍的に進歩を遂げていて、日本の品種改良がいかに遅れているか痛感し、あせりを感じていたのではないでしょうか。博士の一連の行動は「日本から世界最高のパフィオを作り出す」と云うナショナリズム（愛国心）が後押しをしていたと思います。

交配親を収集する

博士は1963（昭和38）年に帰国し、自宅の南側にパフィオの栽培と育種専用の５坪（16.5㎡）の木造ガラス張りのハウスを建てます。また1961年以後、交配に用いるための親木の収集に一段と力を入れました。

しかし、1962年から３年間は交配の記録がありません。研究のために交配を中止していたのです。ですがこの時期、密かにイギリス、アメリカから親木を導入しています。

●交配に多用した品種の一部

・キャルバリー‘オーキッドハースト’茶褐色
・Ｆ．Ｃ．パッドル FCC/RHS 白色
・ジョン ドバン‘アリソン’赤紫色
・ペオニー‘リーゼンシー’赤褐色
・チャドモーアー‘ミセス コーバーン’淡茶褐色
・ヘラス‘ウェストンバート’FCC/RHS マホガニー
・デンハースト‘サープライズ‘黄色
・グリーンステッド FCC/RHS 黄褐色点花
・ウィンストン チャーチル
・‘リダウタブル’茶褐色
・‘インドミタブル’点花
・ワラー‘グリーン ジャケット’黄花
・ラ ホンダ‘サクラメント’黄花
・メイフェアー‘ドナルド、アイレス’点花
・レモン ハート AM/RHS 緑黄色

なお、この時期の交配からは、優良花は咲きませんでした。

世界的な新花を続々作出

第３期は1970（昭和45）年から1992（昭和50）年まで。この期間に博士が登録したパフィオ新花は世界的に見て一流のもので、我が国最高のブリーダーの地位をゆるぎないものとしました。成功の秘密は、先進地からの実績のあった交配親木の導入でした。交配の記念すべき最初の品種登録は1974年のツリー オ

ブ イケガワ（「イケガワ」は博士の友人）で整型花独特の点花でした。この時代には1992年まで83の登録が見られ、主な作出花には下記のものがあります。

・フランク ピアース 赤茶色、
・ジェイムス クロー 濃褐色、
・モトオ キムラ 赤褐色、点花、
・スプリング ツリー 大輪緑黄褐色、
・ツリー オブ アマンダ 大輪赤紫褐色、
・パシフィック フライト 大輪点花、
・ツリー オブ スプリングヒル 大輪点花

博士の作出花は、我が国のパフィオの改良評価を一変させました。ここに挙げたのはその中のほんの一部です。この頃には、国内はもとよりアメリカにおいてもパフィオ品種改良家モトオ・キムラの名声は揺るぎないものとなっていました。最初の交配からじつに32年の歳月が流れていました。

最後に

木村博士の成功のポイントはどこにあったのか――それはいくつかあります。「パフィオ好きが基本にあったのはもちろんですが、アマチュアイズムを生涯崩貫いた」こと、「日本とは比較にならない、欧米先進地の優良花をいち早く見た」こと、さらには「名花を漁ることをせず、良い交配の基になった親木を求めた」この3点にあります。遺伝的に優れた個体の系統を重要視したことに対し、人々は「遺伝学者ならば当然」と口にして納得できる点もありますが、実利的判断も持っていました。それは、交配の片親にはすでに交配親として実績があったものを、必ず使ったことです。

博士の作出花は、品種名や個体名に特徴があります。自身が付けた「ツリー」「ヴィレジ」関連名は数々ありますが、それと同時に関係者も命名時に「木」と「村」を使って博士の業績を伝えています。また、恩師や外国の友人の名に因む品種名が多いのも特徴です。たとえば、カンイチ トリザワ(Kan-Ichi Torizawa 鳥沢貫一、中学の恩師)、ジェイムス．F．クロウ(J.F. Crow ウインスコン大 学教授)。

代表的な品種に、モトオ キムラがあります。博士は37回もの再交配を繰り返しました。第1回目の実生から個体名‘ニュー イヤー’が選抜され、この個体を使って多数の名花が作出されました。この個体の系統からも幾多の名花が生まれています。

良い交配親作りから始めた博士の仕事は、まさに高遠の理想を心に掲げて歩んだ道だったといえるでしょう。

終わりに、博士の人柄とパフィオに対する情熱に共鳴し、採算無視で惜しみない協力をした人々（浜島園芸・浜島孝、須和田農園・江尻光一、向山蘭園・向山武彦、タイハナジマ・花島信敬称略、順不同）がいたことを記憶にとどめたいと思います。

※参考資料:木村資生博士追悼記念誌　ニューオーキッド（新企画出版局）
※協力：向山武彦（向山蘭園・会長）

木村資生（もとお）博士プロフィール

（木村資生博士追悼記念誌より抜粋）

大正13年（1924年）11月13日生れ（岡崎市菅生町）
平成6年（1994年）11月13日逝去（三島市清住町）

学 歴

昭和22年 京都大学理学部植物学科を卒業
昭和31年 米国ウィスコンシン大学にて博士号を取得
昭和31年 大阪大学において理学博士を取得

職 歴

昭和22年 京都大学農学部助手
昭和24年 国立遺伝学研究所研究員
昭和39年 国立遺伝学研究所集団遺伝部長
昭和59年 国立遺伝学研究所集団遺伝研究系教授および研究主幹
昭和63年 国立遺伝学研究所名誉教授および客員教授
米国ウインスコンシン大学客員研究員（昭和36～38年）
イタリア・パビア大学客員教授（昭和40年）
米国ウインスコンシン大学客員教授（昭和41年）
米国プリンストン大学客員教授（昭和44年）
米国スタンフォード大学客員教授

栄誉歴

昭和40年 英国オックスフォード大学よりウェルドン賞を受ける（生物統計学における世界最高の賞、3年に一度）
昭和43年 日本学士院より学士院賞を受ける（集団遺伝学の理論の研究）
昭和51年 文化勲章を受賞 （分子進化の中立説）同時に文化功労章受章
昭和57年 日本学士院会員に選ばれる
昭和61年 フランス政府より国家功績勲章騎士号を受ける
平成 4年 英国王立協会よりダーウィン、メダルを受ける（進化論のダーウィンを記念して設立された百年の歴史を誇る由緒ある賞、2年に一度）
平成 5年 英国王立協会の外国会員に選ばれる
平成 6年 叙勲 従三位
叙勲 勲一等端宝賞

ありし日の木村資生博士

●木村資生博士のパフィオ交配関連資料

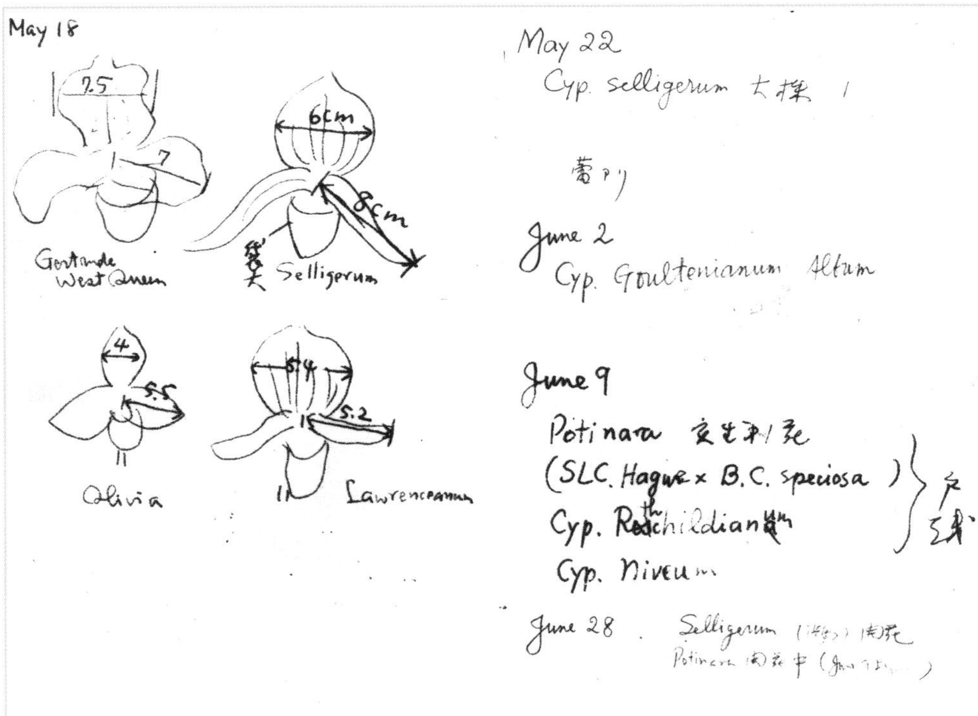

育種を志す方のために、木村博士が記録したパフィオ交配の資料を掲載する。

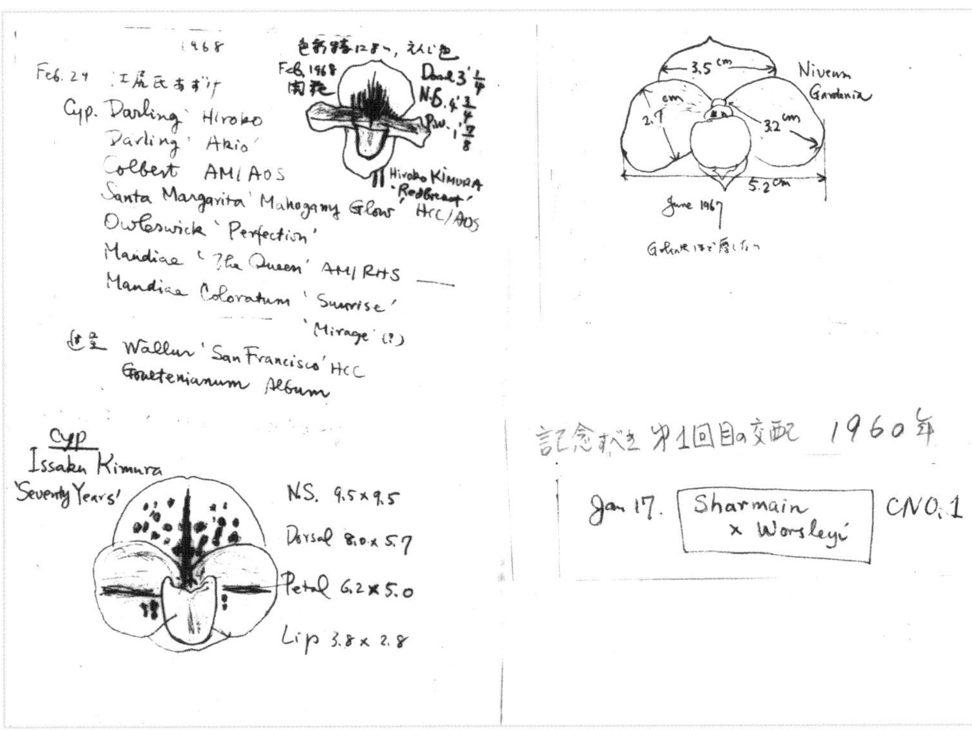

パフィオの花の詳細なスケッチとサイズの記録（1960年）

●木村資生博士交配録

時期	交配数	年齢
第一期 1960 ～	10	36 歳
第二期 1961 ～	17	37 歳
第三期 1970 ～ 1994	2104	46 ～ 70 歳
総　数		2132
登録数		78

●主な交配親

Amanda `Joyance` AM/RHS	赤花
Blendia	点花
Burpham `Penn Valley` AM/AOS	赤花
Calverley `Orchidhurst` BM/JOGA	赤花
Paeony `Regency` AM/RHS	赤花
Sonoma `Laten Beauty` AM/AOS	赤花
Winston Churchill `Valcan`	赤花
`Redoubtable` FCC/AOS	赤花
`Indmitable` FCC/AOS	点花
W,N,Evans `Rose Queen` AM/RHS	赤花
Flight Path `Tree Village`	点花
`Constellation` SM/JOGA	点花
Mayfair `Donald Ayres`	点花
Pacific Ocean `Anne`AM/AOS	点花　大輪
Sparsholt `Jaguar`AM/RHS	点花
Challow `Chilton` AM/RHS	黄 スプラッシュ
Denehurst `Surprise` AM/RHS	黄色
Farnmoore `Polka Dot`	茶色点
Finetta AM/JOS	黄緑
Grove `Monarch`	アンバー スプラッシュ
Greenstede FCC/AOS	黄褐色点花
Hellas `Westonbirt` FCC/RHS	アンバー
La Honda `Sacrament` HCC/AOS	黄色
Malibu `Penn Valley`AM/AOS	黄色
Sheerline `Rondo` AM/RHS	黄色
Wollur `Green Jacket`HCC/AOS	黄色
`San Francisco` HCC/AOS	黄色

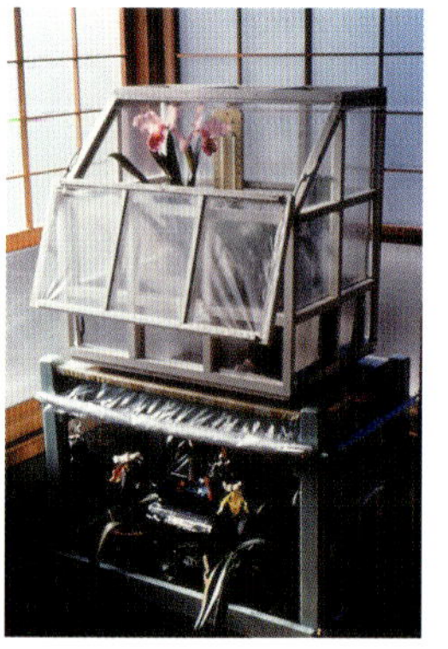
木村博士手製の室内フレーム

使用した交配親の例

⬆ Blendia

⬆ Flight Path 'Tree Village'

⬆ Flight Path 'Constellation'

⬆ Mayfair 'Donald Ayras'

⬆ Pacific Ocean 'Ann'

⬆ Sparsholt 'jagur'

⬆ Winston Churchill 'Indmitable'

⬆ Prry Grip 'Santa Barbara' AM/AOS

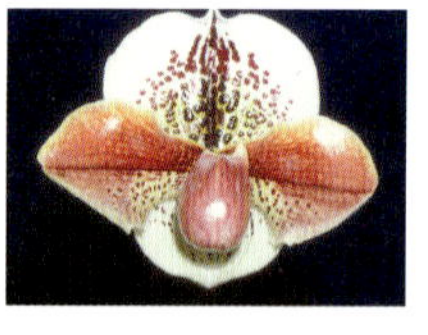
⬆ Thunder Bay 'Flash' BM/JOGA

⬆ Great Pacific 'Penn Vallery' FCC/AOS

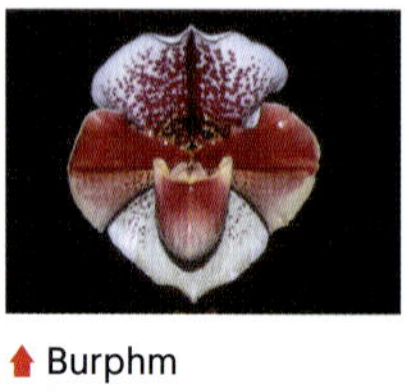
⬆ Burphm 'Pen Valley' AM/AOS

⬆ Amanda 'Joyance' AM/RHS

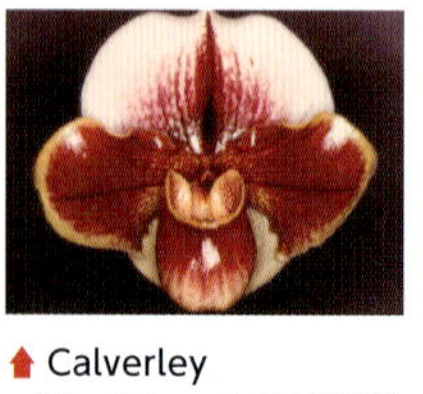
⬆ Calverley 'Orchidhurst' BM/JOGA

⬆ Winston Churchill 'Vulcan'

⬆ Winston Churchill 'Redoubtable'

⬆ Grove 'Chilton'

⬆ Olympic Forest 'Penn Valley'

⬆ Farnmoore 'Polka Dot'

⬆ Chardmoore 'Mrs Coubourn'

⬆ Paeony 'Regency' AM/RHS

●木村資生博士作出花

0001	Manfred Eigen `Eminent` SM/JOGA(Amanda x Tree of Komazawa)
0002	Tree of Dragon(Amanda x Burpham)
0003	William Provine `T,V`(Amanda x Frank Pearce)
0004	Red Jaket Tree`T,V`(Paeony x Burpham)
0005	Tree of Amanda`Magnificum`(Motoo Kimura x Amanda)1980
0006	Frank Parce `T,V`(W,C x Paeony)
0007	Frank and Nigel `Peace`(Frank Pearce x Nigel Calder) 向山—木村
0008	Tomoko Ohta`Plnm Beauty`(Paeony x Calverley)
0009	Totally Awesome `T,V`SM/JOGA(Koiso x W,C,`I`)
0010	Treevill Ruby`T,V` (John Dovan x Veritilario
0011	Motoo Kimura `Heisei`BM/JOGA(W,C x Calverley)
0012	〃 `New Book`
0013	〃 `Mahogany Stone
0014	〃 `Asprition`
0015	〃 `New Year` BM/JOGA
0016	〃 `Portrait`
0017	Tree of Beauty`Red Mask`(W,C x Redvale)
0018	Tree of Suwada`Spring Beauty`SM/JOGA(W,C x Tree of Goshima`)
0019	Cavalli-sfoza `Summer Tree`(Amberstar x W,C)
0020	James Crow `Perfect Man` BM/JOGA(Grove x W,C)
0021	Nigel Calder`New Year`(Challow x W,C `Statesman`)
0022	Owl`s Tree`Suwada`BM/JOGA (Gove x W,C,`I`)

T,V は Tree Village の、W,C は Winston Churchill の略

0023	Tree of Galaxy `Star of Febuary` BM/JOGA(Mayfair x Blendia)
0024	Tree of Galaxy `Swada`s Swallow`
0025	Tree of Springhill(Blendia x Greenstede)`Treevillage` SM/JOGA
0026	Tree of Springhill
0027	Pacific Flight `T,V` SM/JOGA (Pacific Ocean x Flight Path)
0028	Kimura`s Dream`Venus` SM/JOGA(Flight Path x Pacific Path)
0029	Treevill Flight ‘New Year` (Issaku kimura'Seenty Year`s x Flight Path)
0030	Kimura Wood `Seventy Year`s (Tree of Greatwood x Treevill Festival) 向山—木村
0031	Treevill Greatwood`TV` { James Crow x Tree of Glory} X Treevill Festval {Flight Path x Burpham})
0032	Tree of Rootstone`Spring Beauty` (Pacific Beauty x Treevill Festivall)
0033	Issak Kimura (Amber Star x Giant Simon)
0034	Treevill Crowfest (James Crow x Tree of Galaxy)
0035	Tree of Goshima `T,V`(Zushi x Buhburn)
0036	Kimura Wind`Great Bear` SM/JOGA(Tree of Wendover x Nigel Calder)
0037	Spring Tree `Giant Moon` SM/JOGA(La Honda x Hellas)
0038	Yellow Tree `Tree Village`BM/JOGA(Sheelin x Malibu`)
0039	Po Tree`Green Stone`SM/JOGA(Yellow Tree x *malipoense*)
0040	Kimura Mali (Small World x *malipoense*)

作出花

⬆ Treevill Flight 'New Year' SM/JOGA

⬆ Kimura Wood 'Perfection'

⬆ Issaku Kimura 'Seventy Years'

⬆ Kimura Wood 'Dramatic'

⬆ Owl`s Tree 'Suwada`s Owl' BM/JOGA

⬆ Totally Awesome 'Tree Village' SM/JOGA

⬆ Tree of Galaxy 'Suwada's Swallow'

⬆ Tree of Glaxy 'Star of February' BM/JOGA

⬆ Tree of Rootstone 'Spring'

⬆ Tree of Springhill 'Ozawa'

⬆ Tree of Springhill 'Tree Village' SM/JOGA

⬆ Tree of Springhill

⬆ Treevill Crowfest

⬆ Pacific Flight 'Tree Village' BM/JOGA

⬆ Kimura's Dream 'Venus' SM/JOGA

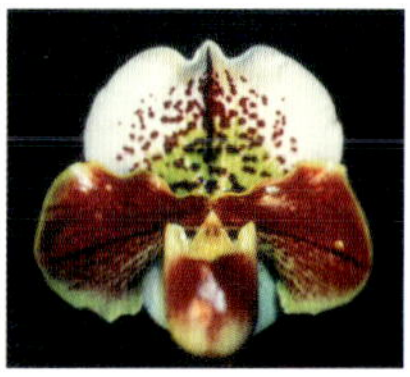

⬆ Motoo Kimura
'Heisei' BM/JOGA

⬆ Motoo Kimura
'New Book'

⬆ Motoo Kimura
'Mahogany Stone'

⬆ Motoo Kimura
'Asprition'

⬆ Motoo Kimura
'New Year' BM/JOGA

⬆ Motoo Kimura
'Portrait'

⬆ Frank and Nigel
'Peace'

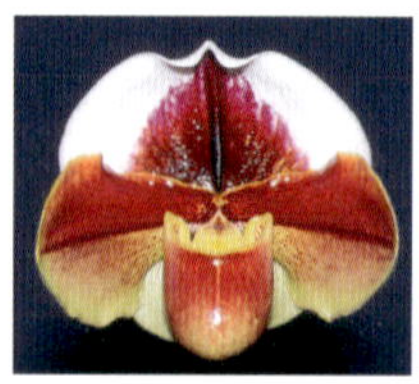

⬆ James Crow
'Perfect Man' BM/JOGA

⬆ Manfred Eigen
'Eminent' SM/JOGA

⬆ Kimura Wind
'Great Bear' SM/JOGA

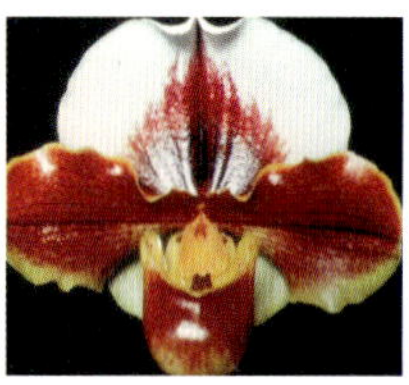

⬆ Nigel Calder
'New Year' BM/JOGA

⬆ Red Jacket Tree
'Tree Village'

⬆ Tree of Beauty
'Red Mask'

⬆ Treevill Ruby
'TreeVillage' BM/JOGA

⬆ Tree of Dragon
'Sarval' BM/JOGA

⬆ Tree of Suwada
'Spring Beauty 'SM/JOGA

⬆ Willam Provine
'Tree Village Beauty '
BM/JOGA

⬆ Frank Pearce
'Tree Village' SM/JOGA

⬆ Tomoko Ohta
'Plum Beauty'

⬆ Tree of Motoo
'Magnificent'

⬆ Cavalli-sforza
'Summer Tree'

⬆ Spring Tree
'Giant Moon`' SM/JOGA

⬆ Yellow Tree
'Tree Village' BM/JOGA

⬆ Po Tree
'Green Stone' SM/JOGA

⬆ Kimura Mali
(SmallWorld× *malipoense*)

⬆ Tree of Goshima
'Tree Village'

木村博士の温室

3章

栽培のポイント

ランの世界（栽培概論）

谷亀高広

「洋ラン」とは？

ホームセンターや花屋に行けば、「洋ラン」といわれる植物を数多く見ることができます。ファレノプシス（コチョウラン）、カトレア、シンビジウム、デンドロビウム、パフィオペディルム……。一度は聞いたことがある名前ではないでしょうか。このような植物を愛好する文化は明治時代に西洋から入ってきました。そのため、私たちはこのようなランを「洋ラン」と総称しています。洋ランの原産地はいわゆる「欧米」「西洋」と言われるヨーロッパ各国やアメリカ合衆国ではありません。カトレア、オンシジウムは中南米大陸の熱帯域が主な原産地で、シンビジウムやデンドロビウム、ファレノプシスなどは元々熱帯アジア原産の植物です。

「洋ラン」という名称は、日本の園芸界に独特のものです。というのも、日本でランの栽培を楽しむ人たちは「東洋ラン」「野生ラン」そして「洋ラン」という３つの分野になんとなく分かれるのです。「東洋ラン」は主に温帯性のシンビジウムの仲間を愛好する園芸分野で、シュンラン（春蘭）やカンラン（寒蘭）などがその鑑賞対象となります。日本に産する種はもちろん、中国大陸・朝鮮半島より産する種も含まれ、中には「汪字」や「宋梅（正式名：宋錦旋梅）」のように発見から200年以上が経過している長命な個体もあります。

また「野生ラン」はエビネやウチョウランなどのラン科植物を愛好する分野です。この「野生ラン」の愛好者は日本に自生するランばかりでなく、海外から産するランの仲間もすべてを鑑賞対象とします。オーストラリア大陸の砂漠地帯に生育し、青紫色の花を咲かせることで知られるテリミトラ（*Thelymitora*）や北米大陸の湿地に自生するカロポゴン（*Calopogon*）、ムレチドリと称されるステノグロッティス（*Stenoglottis*）なども含め、さまざまなランを鑑賞対象とします。低温環境で栽培する種から高温を好むもの、夏季の高温に弱いものなど、その栽培環境は種類によって大きな差があります。

「東洋ラン」「野生ラン」「洋ラン」の境界はあいまいです。たとえば、オーストラリアに自生する大型の着生ランであるデンドロビウム スペシオサム（*Dendrobium speciosum*）は通常、洋ラン愛好家が栽培することが多い植物ですが、葉に斑が入った個体はその美しさから東洋ラン愛好家が栽培することもあります。また、セッコク（石斛）やフウラン（風蘭）はその園芸名をそれぞれ「長生蘭」「富貴蘭」と称し、江戸時代から愛好されている園芸植物として知られています。「長生蘭」「富貴蘭」ともに葉に斑の入った個体が鑑賞対象で、伝統園芸植物とも呼ばれ東洋ラン的な扱いを受けます。一方で、セッコクもフウランも共に現在でも日本の山野に自生しており、斑入り葉でない個体は「野生ラン」としての扱いを受けます。

また、先述のステノグロッティスは、洋ランの愛好家の間でもしばしば栽培されます。以上のような理由から、「東洋ラン」「野生ラン」「洋ラン」それぞれの分野に含まれる植物を明確に定義することはできません。

ランの生態

ラン科植物はいつ頃、この地球上に登場したのでしょう。近年面白い研究が科学雑誌『Nature』に投稿されました。論文よれば、西インド諸島のドミニカ共和国で発見された琥珀から、ランの起源を知るための貴重な証拠が発見された、とのこと。琥珀とは、樹液に含まれるテルペンが化学変化を起こして石になったもので、しばしば中に昆虫など、その当時の生き物が閉じ込められた状態で見つかります。論文の著者であるラミレス博士らは、2000万～1500万年前の第三紀中新世の琥珀に閉じこめられていた、ハリナシバチの一種に花粉が付着していることに気がつきます。その花粉化石を調べたところ，その形態的特徴からこれがラン科植物の花粉塊であることを突き止めたのです。そして、その花粉塊は、現在のシュスラン亜連Goodyerinae）の植物であることが確認されました。同じ分類群のＤＮＡデータをもとに、分岐年代推定と呼ばれる解析手法を用い、ラン科植物がいつ頃成立したかを推定する解析を行った結果、ラン科は恐竜時代全盛の頃の白亜紀後期（7600 ～ 8400 万年前）に成立したことが明らかになったのです。私たちが鑑賞しているランの祖先は恐竜がまだ地上を闊歩していた頃に地球上に現れたことになります。その後の地球環境の激変を乗り切り、ラン科植物はやがて約 780 属20000 種もの種を含む、単子葉植物の中で最も大きなグループになってゆきます。ラン科植物が地球上に現れた頃、すでにさまざまな植物が地上を覆っていました。ランはそういった環境を生き抜く中で、樹上や、日の当たらない暗い林床、極端な例では地下にまでその分布を広げていったのです。

着生ランと地生ラン

ランの仲間は便宜上、地上で生育する地生ランと、樹上や岩上に生育する着生ランに分けられます。単に‘着生’‘地生’といっても、その状況はじつにさまざまです。着生の中でも、木の股に積もった落ち葉や枯れ枝などの腐植質の中に根を伸ばすような種もあれば、カンカン照りの岩に、根を縛り付けるかのように生育するような種もあります。また、渓流沿いの樹上に着生する種では細い横枝に根のみを絡み付け、植物本体は川面に向かってぶらさがるように育つ例すらあります。一方、‘地生’も多種多様です。大地に太く長い根を張って生きるもの、林床の落ち葉の間に申し訳程度に細く短い根を伸ばすもの、塊根と呼ばれる根を形成するもの、塊茎と呼ばれるイモのような茎を地中に発達させるもの、地中から地上浅くにかけて偽球茎を形成するもの、そもそも根を形成せず、茎のみ発達させるものなど、生育する際の植物体の様子は多種多様です。

また、種類によっては、着生ランなのか地生ランなのか、その区別すらつかない種類も存在します。たとえば、日本国内では九州南部から南西諸島にかけて自生するチケイラン（竹蕙蘭）というランは、通常着生ランとして本に紹介されますが、筆者は同じ自生地で樹上と地面両方に生育しているようすを観察しています。また、洋ランの中の五大属の１つ、デンドロビウムは、ギリシア語の「デンドロ（木）」と「ビウム（生ずる）」を語源とし、主に着生種によって構成される属です。しかし、パプアニューギニアの高地などに自生する種は同一種が地面に生える様子も、樹上に着生する様子も両方見ることができます。つまり同一種が‘着生’していたり‘地生’していたりするのです。こういったランについて、「地生」なのか「着生」なのか明確に定義することは難しいでしょう。

共生する菌根菌

ランは、カビやキノコの仲間（菌根菌）と共生し、生育することをご存じでしょうか。ランの仲間は種子がとても小さく、１㎜程度のサイズがあればそれは大きい部類です。筆者が以前研究していたタシロラン（田代蘭）というランは、種子の直径がわずか 250 µm 程度しかない種類もありました。1000µm= １㎜ですから、単純にいえば、種子が１㎜の４分の１ほどのサイズしかないことになります。このようなホコリのような小さな種子でも発芽能力があるのです。

多くの植物の種子には胚乳と呼ばれる部位があります。この部分には発芽に必要な養分が貯蔵されており、幼植物はその養分を糧に発芽するのです。胚乳は、親植物が種子に渡す‘餞別’のようなものと考えてよいでしょう。ところが、ランの種子には胚乳がほとんどありません。それでは種子はどのように発芽するのでしょうか。じつは、ランの種子は舞い降りた場所にいるカビやキノコの仲間から養分を得て発芽しているのです。カビやキノコにとって、ランと共生すること

着生ランの例
（デンドロビウム）

地生ランの例
（パフィオペディルム）

で得られるメリットは何なのか？それは単にランがカビやキノコから養分を収奪しているだけで、菌側のメリットはまったくないといわれています。近年、菌もランから恩恵を受けている可能性を示す事例も紹介されていますが、共生の際、菌側が得られるメリットについては十分な証拠が示されてはいません。カビやキノコの仲間は地中や樹上、あらゆる場所に育ち、広く菌糸を広げて生育しています。ランはその菌糸ネットワークに寄生し、発芽してくるのです。

ただし、ランとカビやキノコの共生が起きているのは自生地でのことで、鉢栽培を行う上で共生する菌のことを基本的に考える必要はありません。さらに、園芸品種のランは無菌培養と呼ばれる特殊な方法で発芽・育成させており、カビやキノコの仲間から養分を得て発芽させているわけではありません。

植物の形態

ランは単茎性種、複茎性種、そして地下に塊茎や根茎を形成する種という、3タイプに分けることができます。

単茎性種として知られているのは、バンダやファレノプシス（コチョウラン）などが挙げられるでしょう。これらは植物体の中心部分に芽が形成され、葉が伸長してきます。側芽が伸長するものもあり、そういった種類は株立ちになるわけですが、中には側芽をほとんど伸長させない種類もあります。園芸品種のコチョウランは側芽をほとんど出さないため、株の中心部分にある新芽が腐ると株自体が枯れてしまいます。コチョウランを長年栽培していると株の中心部分から花芽が伸び、花が咲いてしまうこともあります。そういった場合、そのまま株が枯れてしまうこともありますが、側芽を伸ばして再び生育し始めることもあるようです。知り合いのラン栽培愛好家によれば、園芸品種のコチョウランを30年程度栽培すると、株の中心部分から花芽を伸ばすことがあるとのことです。基本的に単茎性種は縦方向に生長しますが、横方向に生長することはないのです。

単茎性種の例
(バンダ)

複茎性種の例
(カトレア)

複茎性種は古い偽球茎の基部に次の新芽ができ、その部分が生長します。この複茎性種の中には寿命そのものが存在しないのではないか？と思えるほど長命な個体が知られています。カトレアの古い交配種に、カトレア ポルシア‘カニザロ’（*Cattleya* Porcia‘Cannizaro’ = *C.* Armstrongiae × *bowringiana*）という個体があります。ポルシアという品種が登録されたのは1927（昭和2年）のことです。この頃選抜された‘カニザロ’という個体は長年栽培され続け、今日でも晩秋に開催されるランの展示会では人気の品種となっています。御年90歳でいまだ現役のラン……。1株の植物がそこまで長く栽培され続けているわけです。さらに長生きの洋ランもあります。パフィオペディルム ブルノ‘モデル’（*Paphiopedilum* Bruno‘Model’）は、品種登録されたのが1896（明治29）年であり、現存する株は120年程度生育していると思われます。我が家でも育成していますが、衰える様子はなく大株になって生育しています。こういった品種は大事に栽培すれば、子々孫々まで栽培を楽しめるでしょう。そんなランもあるのです。

ヨーロッパの地中海地域に生育するオルキス（*Orchis*）というランは、地下に太い根や茎を発達させ、生育します。たとえば、冬季の雨の多い時期に地中にある塊茎から葉を伸ばし、春に花を咲かせてのち、夏季の高温・乾燥する季節に地下の塊茎のみとなり休眠します。塊茎は極度の乾燥にさらされるため、休眠期はほとんど水分を必要としません。そのため、休眠期に塊茎を湿らせて管理すると、腐ってしまいます。このオルキスは英語のラン（オーキッド Orchid）の語源となった属で、新旧1個ずつ塊茎が地中に存在し、その上に葉や茎が立ち上がる草姿をしています。オルキスは、ギリシア語のὄρχιςという言語に由来し、これは「睾丸」という意味です。いにしえの命名者は植物体全体の姿から、そのような名前を思いついたのでしょう。ランというと私たちは美しい花を想像しますが、その語源にはそういった意味があるのです。地下に塊茎を形成するランは毎年、その塊茎が新しいものに交代してゆきます。根と貯蔵組織の役割が合体した塊茎を形成する種で代表的なものには、ネジバナが挙げられるでしょうか。ネジバナも新芽を伸ばすたびに、地下の塊根が新しいものに交代してゆきます。

生育環境❶ 日照

ランはその種類によって、好む光の強さが大きく異なります。林床などの日陰で育つ種類は弱光を、日当たりのよい梢の上で育つ種類は強い光を好みます。また、園芸に供されることのない種類を含めると、日陰どころか、一生を地中で過ごす種類すら知られています。種類によって好む日照の程度が違う…、当たり前すぎる話ですが、理屈ではわからない奥深さがあるのです。たとえば、梢の高い場所に着生するランだからといって、真夏に直射日光に当てて育てると、葉焼けを起こし枯れてしまうこともあります。樹上の高い場所に生育していても、日中何度も霧が出るような場所ならば、その植物が直射日光に強いはずがありません。強光線下で生育する植物であっても標高の高い場所や霧がよく出るような場所に生育する種は、管理の際に適宜遮光を行う必要があります。また、風通しも大切です。高温・強光下で健全に生育する種であっても、風が十分に通っていない場所に置くと、短時間で簡単に葉焼けを起こしてしまします。締め切った温室の中で強い光にさらされれば、ほんの30分程度で植物体は致命的な打撃を受けます。また、台風が通過した直後の異様な猛暑の際は、風が通っていても気温が高く葉焼けが起こるリスクが高まります。園芸に供される植物は、植物体にストレスがかかるギリギリまで強い光を当てることが、好成績となる秘訣といえます。弱光線下では花が着きにくくなったり、徒長して株姿が悪くなったりします。園芸植物を栽培する目的は鑑賞です。花を見るだけでなく植物体全体の姿もよくなければ、部屋に飾っても見栄えが悪いものです。植物体のようすを観察しながら、日照を調節するようにします。また、弱光線下で育てた植物体をいきなり強光線下に持って行けば、葉焼けを起こしてしまいます。少しずつ時間をかけて光量を調節するようにします。

近年、ＬＥＤを用いた植物栽培が広く行われるようになっています。植物の光合成に必要な青い光（波長400～500 nm）をＬＥＤでも出すことができるようになった上、低消費電力でもそれなりに強い光が出せることから、大変使い勝手がよいのです。

ＬＥＤはコンパクトでメタルハライドランプや蛍光灯と比べ、照明器具全体から放出される熱量が少なく、周囲の温度環境に影響を与えないのも照明器具としての長所と言えます。近年、基盤に赤・青２色のＬＥＤが埋め込まれたものが「植物育成用」として市販されるようになりました。ただし、この製品は赤紫色の光が放たれ、光量も少なく正直見栄えもよいようには思えません。

水草などを育成する目的で作られた白のＬＥＤが埋め込まれた照明器具と併用することで、光の量も質も向上するようです。筆者自身、ＬＥＤ照明で草原の陽光地に生育する地生ランであるオキナワチドリを水草育成用のランプで数年栽培していますが、問題なく生育しています。棚は幅奥行45㎝、横幅90 ㎝で、そこに12Wと18WのＬＥＤ照明を１本ずつ入れています。ＬＥＤ照明を用いたラン栽培はまだまだ知見が充分ではありませんが、取り組む価値はと大変大きいと考えられます。小型で高温に弱いランを栽培するときや、薄暗い部屋で陽光地のランを栽培するときなど、大変有用な照明器具になり得ると考えられます。

生育環境❷ 通風

筆者が所属しているランの愛好会の長老はかつて、「ランは風が育てるものだよ」と教えてくださいました。この方はカトレアの栽培がとても上手で、例会のたびに立派な株をお持ちになっていました。植物体の良好な生育を保つため多くの種について、風通しを充分に図ることが大切です。別の愛好家は自宅の屋根の上に足場パイプを使って櫓を組み、その上にカトレアの仲間でも特に強光と風通しを好むカトレア ワルケリアナ（*Cattleya walkeriana*）を吊るして栽培していました。その栽培棚を見に行きましたが、足元の金網から真下が丸見えで下数十mは何もなく、もし落下したら間違いなく大けがするような場所でした。なんとも恐ろしい栽培棚でしたが、ランはご機嫌でした。棚にはつねに風が吹き付け、吊るされた鉢はわずかに揺れ続けていました。ランは光合成をする際、大気中の二酸化炭素を取り入れます。そのため、空気のよどんだ環境や、周囲に植物がたくさん押し込まれた環境では、光合成に必要な二酸化炭素を潤沢に取り込めず、十分に生育できなくなります。株と株の間に十分な距離を取り、風がつねに止まらない環境を作ることが大切なようです。これは軟腐病などの予防にもつながります。

ランが好む風の強さは、その種ごとに大きく異なります。たとえば、先ほど紹介した屋根の上に組んだ櫓にコチョウランの苗を吊るすと風が強すぎ、葉からの水分蒸散が過度になりすぎることで植物体が脱水症状を起こしてしまいます。同じ着生ランでもコチョウランはもっと通風が緩やかな環境に生育しているのです。林床の湿った環境に生育する植物種はさらに緩やかな通風を好みます。植物を育てる前に、それぞれの植物種がどのような環境に生育するのか、調べてから栽培するようにしましょう。今日、インターネットで画像検索をすると、さまざまな植物種の自生地の画像を見つけることができます。植物名を入力し、habitat（自生地）という文字を入れて調べると、それぞれの植物の生育するようすを撮影した画像が簡単にヒットしてきます。交配種の場合は、親となっている原種の自生地のようすを参照するとよいでしょう。緩やかな通風を好む種類については遮光ネットなどで適宜覆いをすることで、風の強さを調節します。また、これは植物全般にいえることですが、一定の方向から決まった強さの風が当たることを嫌います。扇風機などを使って風を起こす際は、一度温室の壁などに風を当て間接的に植物体に風が当たるよう工夫するとよいようです。栽培する場所に立ったとき、四方から風が不規則に流れてくるような環境を作るよう、心がけましょう。

生育環境❸ 温度・湿度

年間を通じて1日の平均気温が15℃程度、湿度が70〜90％あり、つねに緩やかな風が流れ続けている……という日本では考えられないような場所に生育する植物もあります。こういった植物は、温度・湿度も年間を通じてつねに調節しなければ枯れてしまいます。こういった地域は夜に「冬」が来て、日中は「夏」になるのです。とはいえ、日本のように極端に寒い「冬」ではなく、日中も極端に暑い「夏」ではありません。「夜8℃、日中25℃以下」というような環境です。つまり、1年中日本でいう「春」のような気候なのです。小型ながらも特徴的で美しい花を咲かせるレパンテス（*Lepanthes*）の仲間には、こういった環境でしか育たない種類もあります。このような環境に生育するようなランを育成する際は、夏はクーラー、冬は暖房を使う必要があります。日本に生育する種でも、林床の薄暗い場所に生育する種類は、極端な高温や低温に弱い種が多く見られます。例えば、エビネの仲間（*Calanthe*）はほとんどの種類が、年間を通じて安定した温度・湿度環境を好みます。夏場・冬場も種ごとに最適な温度・湿度を保つ必要があります。余談ですが、レパンテスの中には信じられないような高温環境で元気に育つ種類があります。レパンテス カロディクティオン（*Lepanthes calodictyon*）という種は、個体にもよりますが、日陰にさえ置いておけば、密閉状態のビンの中で40℃もの高温下でも元気に生育します。この種はコロンビア西部やエクアドルの標高450〜1500mの範囲に生育し、おそらく低山帯で採集された系統は高温に強いと思われます。もちろん直射光を当てれば枯れてしまいますが、明るい窓辺で育てれば元気によく育ちます。とはいえこれは特殊な例なのですが…。ランを栽培する上で好適な温度・湿度環境を把握するには、最低でも5年栽培し、植物体の生育の様子を丁寧に観察する必要があります。

「ランは熱帯に生えている」「だから低温に弱い」「だから温度を高く保っていれば枯れることはないだろう」という感覚が、なんとなく洋ラン愛好家にあるように筆者は思えるのです。逆に、無加温栽培で植物を栽培することが多い野生ラン愛好家は「できるだけ暖房・冷房を入れないで育てるのが、腕の見せ所」などと考えている方もおられるようです。どのランにも栽培適温があり、それはそれぞれの植物が生育する場所の気象データを調べる必要があります。カトレアの交配種の重要な親に、カトレア［ソフロニティス］コクシネア（*Cattleya*［*Sophronitis*］*coccinea*）という

南米の高地、低温の環境下で咲くカトレア。
上段の写真提供：和中雅人氏

アンデス山脈の雲霧林内部（コロンビア・パスト）。マスデバリアが咲いている。

アンデス山脈（ペルー）。冷涼湿潤な雲霧林に多種類のランが自生する。

下段の写真提供：宇田川芳雄氏

種があります。この種はブラジルのサンパウロとサントスの海岸近くの高地（標高1000 m以上）に生育する樹木の枝に着生し、生育しています。カトレアというと、最低温度15℃程度の高温で栽培するものと思われがちですが、この種の自生地は冬場、0℃近くにまで気温が落ちます。時にみぞれ混じりの雨が降ることもあるそうです。そのような植物を高温で栽培し続けると、どうなるか。呼吸による糖の消費が光合成によって作り出される糖の量と釣り合いが取れなくなり、最悪の場合、枯れてしまうことも考えられます。つまり「冬場の温室で植物が暑がってしまう」という奇妙な現象が起きる可能性があります。このような例はほかのランでもあります。生育地の温度をきちんと把握し、管理温度を決める必要があるのです。

ランの中には一定の低温期間がないと花芽が分化しないものがあります。たとえばコチョウランの仲間であるファレノプシス アマビリス（*Phalaenopsis amabilis*）や、それをもとに作られた交配品種は最低気温が18℃の条件を2週間程度当てないと、花芽ができないことが知られています。逆にいえば、株さえ成熟していれば低温処理するだけでいつでも花芽を形成させることができる、人によって都合のよい植物でもあるのです。コチョウランの鉢花は「リレー生産」と呼ばれる手法で生産されます。台湾などで大量増殖された苗はインドネシアの低地で育てられます。苗が成熟すると、出荷分に応じて一部は標高の高いエリアに移動させます。すると気温が低くなるため、花芽ができるのです。その苗が日本に輸入され、真夏ならばクーラー、真冬ならば暖房によって完全に温度が制御された環境下で仕立てられ、鉢植えにされて出荷されてゆくのです。コチョウランの鉢植えが1年中花屋から消えないのは、そういうカラクリがあるのです。温度と花芽形成にはこのように深い関係があり、冬季気温が下がり、植物の生長が一時止まることが、植物体を健全に育て、花を咲かせる重要なポイントになります。それぞれの植物の生育環境を考え、自分がどのように植物を育てたいのか、頭で描きつつ栽培場所の温度を調整するようにしましょう。

水やり

皆さんはCAM植物と呼ばれる植物をご存じでしょうか。CAMとはベンケイソウ型有機酸代謝のことでCrassulacean Acid Metabolism の頭字語を並べて表記したものです。梢の高い場所や、カンカン照りの岩場などに生育するランに、このCAM代謝を持った植物種が見出されています。CAM植物は日中、葉からの水分の蒸散が起こりません。葉の裏にある気孔と呼ばれる穴が閉じているためです。気孔が閉じているので、日中葉からの水分蒸散が起こらず、植物体は極度の乾燥や低二酸化炭素状態に耐えることができます。こういった植物は夜になると気孔を開き、二酸化炭素を取り入れることで、昼間途中まで進んでいた光合成の代謝を進めるのです。その際、植物体から水分が蒸発するため、夜間に充分な水分を吸収する必要があるのです。そのため、こういった植物を栽培するのには夜に水やりを行うと効果的です。「着生ランは夜間に水やりをするとよい」と一般的な栽培書に書かれていますが、それはこういった理由なのです。CAM植物に日中水を与えることは無意味です。自分が栽培しているランがCAM代謝か否か……ということは植物体の代謝産物を調べなければわかりませんが、なんとなくCAM代謝ではないか？ということを知ることができます。強光線にさらされ、日中カラカラに乾くような環境に生育する植物種にCAM代謝を持っているものが多く見られます。たとえば、日本の野生ランとして知られるセッコクはCAM代謝を持つ植物です。CAMか否かについては、それぞれの植物が自生する環境がそのヒントとなります。自生地に実際に行くことはできませんが、どのような環境に生えているかは、先述したように簡単に調べることができます。是非植物体の生育している状況を画像・文字情報両方から探ることをおすすめします。

もちろん、ラン科植物すべてがCAM代謝の植物というわけではありません。そういった植物は日中に水を与えてもよいでしょう。とはいえ、夏場の日中に水を与えるとその水が原因で株が蒸れ、腐敗の原因になることがあります。栽培棚に風をよく通し、葉の上に長期間水が残らないよう工夫するようにします。もちろん、ランによっては四六時中高い湿度環境に生育するような種類もありますので、そのあたりも自生環境から植物体の好む水分環境を想像し、水やりを行うようにします。

ランを育てる際は鉢底に皿を敷き、そこに水を貯めて栽培することもあります。水がしみ出す岩壁などに自生するフラグミペディウムなどに有効な方法ではありますが、注意も必要です。同じ水が長期間滞留する状態は避ける必要があります。ため水は基本的に、毎日入れ替わるようにします。また、複数の鉢を同じトレーに入れ、まとめて管理することは避けた方が無難です。1鉢に病害が発生すると、すべての鉢に広がる危険性があるためです。鉢底から出てくる水は、植物が根から放出する老廃物を含むと考えられ、ほかの植物に触れないように処理します。

よく「ランは冬場・低温期に水を切る」ということが栽培書に書かれていますが、これもランの種類によって大きく異なります。ランの中には、低温期に水を求め、高温期に乾燥を好む種類もあるのです。「植物の形態」で触れたオルキスの仲間などはその典型例です。この植物は秋口に新芽を伸ばし始め冬場に旺盛に生育し、夏は葉を落とし休眠します。オルキスなどが生育するヨーロッパの地中海地域は冬場に主に雨が降り、夏場は高温・乾燥条件となるため、夏の休眠期に不必要に水やりをすると、塊茎が腐って枯れてしまうのです。今日、それぞれのランが生育する場所の月別降水量や平均気温の情報が簡単に入手できるようになりました。赤道直下以外の地域は夏と冬、乾季と雨季があり、低温期に降水量が多い地域、高温期に降水量が多い地域など、当然ながらそれぞれ水環境に違いがあるのです。栽培について詳しい方に意見を聞くとともに、自分でも調べてみるとよいでしょう。そういった情報を調べていると、ちょっとした旅行に行ったような、楽しさも味わえます。

上記に関連することですが、ランの中には塊茎やバルブ（偽球茎）を残し、葉を落として休眠する種類があります。こういった状態の植物を見た際、あなたは水やりをしますか？しませんか？じつはこれもそれぞれの植物種が生育する環境に合わせた水やりが必要なのです。たとえばオキナワチドリというランは、秋口に芽を出し、冬季に生育して初夏に葉を落とします。夏場は塊茎のみが地下に残り、沖縄の夏を地中で耐え抜くのです。さて夏場、沖縄は雨が降らないでしょうか？　沖縄本島が夏場、台風がたくさんやってくることは、日本にお住まいの方ならどなたでもご存じかと思います。つまり、オキナワチドリは休眠していても水やりが必要なのです。一方、同じように冬季に生長し、塊茎の状態で休眠するオルキスはどうでしょうか。上記にある通り、水やりをすると腐ってしまいます。栽培で失敗したときに立ち返る原点は「自生地の環境」です。まず、枯れた原因を1つひとつ検証する中で、その植物がどのような環境に自生しているかを丁寧に調べることをおすすめいたします。

水やりを行う際の水ですが、人によっては一度フィルターを通し、不純物を取り除いてから使用することを実施しています。よく、一般家庭の水道水が通過する部分に大型のフィルターを取り付ける例がありますが、そういった環境で育てると肥料の効きがよくなったという話を聞きます。比較実験をしているわけではありませんから何ともいえませんが、とくに根が細く繊細な種類、たとえば南米のレパンテスやマスデバリア（*Masdevallia*）などは、水道水に含まれるカルキに弱いのでは？　という話を数人の栽培家から聞いたことがあります。そういった方々は「雨水や水道水をフィルターでろ過して使用し生育がよくなった」と話していました。根が突然腐ってしまうなどの障害が発生した際は、与える水質について注意することも大切かと思われます。

水やりはその技術を体得するのに数年はかかります。いえ、数年ではなくつねに植物と対話しながら日々磨く技術なのかもしれません。出かける際は自動灌水システムに頼るのもよいですが、植物を育てる方は、水やりの際にいろいろ観察し、植物との対話を試みるべきでしょう。

施肥

とくに着生ランは、地上の肥沃な土壌に生育する植物とは異なり、養分など得ようもない場所に生育しています。そのため、「施肥は必要ない」と考える方も多いかと思いますが、それは間違いです。肥料を与えなくてもある程度育てることは可能ですが、より観賞価値を高め、健全に長期間栽培するためには、適度な施肥は必須です。施肥の程度は植物種によって大きく異なります。たとえば、贈答に用いられる大型のシンビジウムは施肥しないと、花が咲かず葉ばかり茂ります。シンビジウムの場合、月1回の割合で置き肥を施した上で、液体肥料を与えるのがふつうです。真夏の高温期に植物体の生長が緩慢になった際は一時的に施肥を抑えることも考えられますが、筆者の経験では、真夏に施肥を続けていてもとくに問題はないように思えます。真夏は高温のため、水分の蒸発量が多い時期です。そのため、仮に1000倍に薄めた液肥が短期間で濃縮してしまうことがあります。この肥料濃縮によって根にダメージが起きることがあります。そういった面で真夏の施肥は注意が必要ですが、施肥を止める理由にはなりません。

施肥のタイミングは何を見て判断すべきでしょうか。それは新芽が伸び出し、葉が2枚ほど伸び始めた頃から開始し、葉や根の生長が止まる頃に施肥を止める、ということです。よく栽培書に「○月から▽月まで施肥」などと書かれていますが、あくまでも目安です。植物の顔色を見ながら施肥のタイミングを図ることが重要です。真冬でも真夏でも、新芽が伸び、根が伸びていれば施肥する必要があるのです。逆に春や秋など施肥の効果が出やすい時期であっても、花芽形成の時期に重ならない場合は植物には施肥はしません。植物体が必要としていないときに施肥をしても無意味だからです。

施肥は「薄い肥料を数多く」が原則です。代表的なハイポネックスの場合なら、通常1000倍程度で施しますが、6000倍程度に薄めて、水やり時に毎回与えるのが理想的です。一度水を大型のタンクに貯め、そこに液肥を入れて希釈し、与えるのが効率的ですが、一般家庭では大きめのジョウロや肥料混入器などを使うとやりやすいでしょう。シンビジウムのように施肥をより好むものは、鉢の表土の上に緩効性の置き肥をばらまいた上でさらに液肥を与えるようにします。置き肥はじわじわと肥料成分が溶け出す、緩効性肥料が使いやすく、効果が長期間持続します。台所用のネットに肥料を入れ、肥料成分が溶け出さなくなくなったタイミングで除去します。

施肥にも適量があります。私たちが肥料として与える要素は、主にＮ：Ｐ：Ｋの３要素です。窒素（Ｎ）は植物体の葉の生育を促します。そのため、植物体を大きく育てるのに効果があります。ただし、窒素分を与えすぎると根腐れの原因となったり、葉がだらしなく伸びて草姿が乱れたりします。ときとして窒素分が多すぎると葉ばかり伸びて株が大きいにも関わらず一向に花が咲かない、ということも起こります。リン（Ｐ）は花肥とも呼ばれ、とくに花芽形成の時期に多めに施すようにします。カリ（Ｋ）は根の伸長に関わるとされており、根張りに施肥が関係していきます。Ｎはともかく ＰやＫは、やや多めに施肥しても植物の生育に悪い影響は出にくいように思われます。Ｋは植物体を固く丈夫にする効果があるので、葉の生育がひと段落した際に施すと、植物体がしっかりします。もちろん花を咲かせたいからと、Ｐばかり与えていては、植物体が充実しません。ＮＰＫのバランスが大切なのです。

肥料には家畜の糞や米ぬか、葉など自然由来の物を原料とした有機質肥料と、化学的に合成した無機質肥料がありますが、着生ランの場合は無機質肥料が扱いやすいように思えます。ただし、地生ランのように地表に生育する種の中には、ＮＰＫ以外の微量要素が生育に必須と思われる種も見られます。そういった種には用土の中に有機質の肥料成分を混ぜ込む場合もあります。近年では堆肥を完熟させて熱処理を施したあと、ペレット状に加工したものが土壌改良資材として販売されています。そのようなものを少量用土に混ぜ込み肥料成分として使用するとよいでしょう。植物の根張りが格段によくなります。

植木鉢

植物体の性質に合わせ、鉢も使い分けます。一般的に、根の乾湿の繰り返しが必要な着生ランの仲間は素焼き鉢に植えつけます。素焼き鉢は比較的低温で焼かれた鉢でもろく、多孔質です。よく似た鉢に駄温鉢と呼ばれるやや高温で焼かれた鉢がありますが、こちらは素焼き鉢ほど乾きがよくなく、着生ランの栽培には用いにくいものです。素焼き鉢の表面には、使用していると藻類が付着してきます。その様子を見ると、着生ランの好む水加減になっているか否かがわかります。鉢表面にヌルヌルした藻類が付着しているのは過湿すぎます。鉢を風通しのよい場所に置けば適度に乾き、素焼き鉢の機能性が十分に発揮されます。素焼き鉢の中にはサイズは形の違い、側面に穴が開けられたものなど、さまざまな種類があります。根の乾湿に強いメリハリを付ける際は、穴の開いた鉢を用います。

また、地生ランなど根があまり乾かない条件を好むものにはプラスチック製の鉢を用います。プラスチック製の鉢は軽い上、落としても割れないので、ランの種類によってはよく用いられます。パフィオペディルムの仲間を植え付けるのに使用するのは、基本的にプラスチック製の鉢です。また、意外ですが岩生の着生ランの仲間は、プラスチック鉢にバーク・軽石などを混ぜたコンポストで植え付けると成績がよい場合があります。岩生の着生ランは雨季、根が水に浸かるほど多湿になることがあります。プラスチック鉢にバーク・軽石の組み合わせは、根が経験する水分・通気条件をほどよく再現できるようです。

また、鉢ではありませんが、ヘゴ板やコルク板も植え付け材として使います。根がとくに空気に触れている状態を好むようなものや、葉が形成されず、根で光合成を行うキロスキスタ（*Chiloschista*）などのランを栽培する際に用いられます。ヘゴ板は原材料となる木性シダのヘゴが乱獲により数が少なくなっているため、近年では入手しにくくなってきました。一方のコルク板は、コルク栓の生産用にコルクガシが栽培されているため安定して入荷するので、容易に手に入ります。コルク板は水分をほとんど吸い込まないので、ヘゴよりも根が乾燥を好む種類の植え付けに適しています。根を軽く針金などで固定し、しばらく栽培していると、新しい根が伸び板に張り付いてゆきます。ヘゴやコルク板にランを着生させる際、保水を考えミズゴケなどと一緒に付ける場合もありますが、そのような工夫をするより水やりの頻度を上げたほうが、ランの根がきちんと活着するようです。

コンポスト（植え込み材料）

洋ランの栽培に使用する用土として、第一にミズゴケが挙げられます。ニュージーランドやチリなどからの輸入品がほとんどで、色が白くより長いものが良質とされています。良質なミズゴケは海藻のような匂いがします。ミズゴケは乾燥し圧縮された状態で販売されています。洋ラン栽培に用いるにはランクが３Ａクラス程度のものを用いるとよいようです。よりランクの高い５Ａクラスを用いてもよいのですが、必要以上に経費がかかってしまいます。また、買い貯めをし、数年使わないとミズゴケの質が低下するので、あまりまとめ買いをしないようにする方が無難です。ミズゴケは使用時、水で戻しよく絞って使います。水で戻す際は冷水ではなく、熱湯で戻すとよいようです。ミズゴケの中に混入している雑草の種子を殺すためです。質の悪いミズゴケほど、たくさんの雑草の種子が混入しているものです。まずは熱湯で雑草を駆除します。

ミズゴケを使って苗を植え付けるのには、練習が必要です。コツは株がぐらつかないように植え付けることです。固すぎず、やわらかすぎないように植え付けます。目安として、与えた水がゆっくり鉢底から抜けてゆく程度がちょうどよいようです。

用土には山野草を植え付ける鹿沼土、赤玉土、桐生砂、軽石なども使うことができます。これらの用土をふるって、ミジン（微塵）を取り除きます。ミジンを取り除かないと鉢の中の水が滞留し、根腐れの原因となります。土をふるったあと、鹿沼土５：赤玉土３：桐生砂２程度の配合で植物を植え付けます。鹿沼土は水はけのよい用土ですが、水持ちがやや悪いのが欠点です。赤玉土など水持ちのよい用土でその水持ちの悪さを補います。また、鹿沼土・赤玉土ともにやや崩れやすいところがありますが、桐生砂は固く水はけをよく保つには優れた用土です。それぞれの用土の長所を生かせるよう、用土を配合します。

ハベナリア（*Habenaria*）やシノルキス（*Cynorkis*）などの地生ランを植え付けるのは、ミズゴケを単独で用いるより、このような用土の方が、水管理がしやすいです。また、湿地性の種類や、水持ちのよりよい状況を好むようなタイリントキソウの仲間（プレイオネ属植物：*Pleione*）を植え付ける際は、上記の配合用土にミズゴケを１cm程度の長さに刻んだものを混ぜ、水持ちをよくして使用すると好成績なようです。

鹿沼土：赤玉土：桐生砂の配合土を使う際は、素焼き鉢では乾きすぎるので、プラスチック鉢を用いるようにします。鉢底には直径１cm程度の軽石を底砂として敷きます。軽石は、植物の種によっては根の生長を阻害する場合があるので、鉢底砂として使用する程度にとどめるのが無難です。また、鹿沼土：赤玉土：桐生砂の混合土は、凍結によって団粒構造が崩れ、極端に水はけが悪くなります。用土をストックする際、強く凍結しない場所で保管することが大切です。また、用土は必ず「選別済」のものを購入しましょう。大粒からミジンまで含まれた未選別品を購入してしまうと、その後用土の大きさごとにふるい分けるのが面倒な上、使用に耐えないミジンも数多く出てしまいます。多少価格は高くなりますが、粒の大きさを選別した用土を購入しましょう。

また、スギの樹皮を用土に用いる植え付け方もあります。パフィオペディルムなどの植え付けに用い、好成績が得られています。ただ、この用土は一度乾かしてしまうとなかなか水を吸いません。使用する際はミズゴケと混ぜると、より扱いやすくなるようです。

葉がなく、根で光合成を行うキロスキスタ。このようなランは、コルク板などに活着させて栽培することができる。

病害

洋ラン栽培において起きる病害はさまざまなものがあります。まず、植物に起こる病害の約７割はカビの仲間によって引き起こされます。次いで細菌（バクテリア）、ウィルスと続きます。まず、どのような症状かをよく観察し、インターネットなどで検索することで、似たような病徴のものが見つかります。それに合わせて農薬を使用し、病原体を駆除します。病気の多くは栽培環境が悪いことで起こります。風通しの確保や水やりの頻度など栽培環境を再度見直します。また、害虫により運ばれる病害もあります。ウィルス病がその典型で、ランにはシンビジウムモザイクウィルス、オドントグロッサムリングスポット、キュウリモザイクなどさまざまなウィルスが感染し、病害を引き起こします。ウィルスが植物体に感染すると、葉に色むらが現れ、劇症化すると花に壊疽斑と呼ばれる黒いシミが出てしまいます。こうなると観賞価値が著しく低下します。その上、この病害で植物体が枯死することはなく、ハサミなどの使い回しで感染が拡大してゆきます。ウィルス病は一度感染すると治癒させることができません。アブラムシなどで感染するので。薬剤散布を十分に行い、感染が起こらないよう十分に注意します。またハサミも使いまわす際は毎回よく火で炙り、ウィルスを失活させるようにします。

害虫

ランを栽培していると、しばしば害虫が発生します。その主なものについて触れたいと思います。かつて、有用な薬剤散布の方法に「ローテーション散布」と呼ばれる手法が提唱されていました。複数の系統の薬剤、たとえば有機リン系→カーバメート系→合成ピレスロイド系といった形で使用薬剤を変えることで、農薬の効かない害虫の発生を防ぐという考え方です。近年、この手法は農薬耐性害虫の発生にさほど影響がないことがわかっています。薬剤が効かない場合、選択肢を設けるという意味で、複数系統の薬剤を準備することが大切ではありますが、単にさまざまな種類の薬剤をローテーションでまけばよい、というわけではありません。それではどのように害虫を防除するのか？じつは、高濃度の散布が有用で、発生した害虫を一撃で全滅させることが大切なことがわかっています。薬害を十分に考慮した上で、少し濃度の濃い薬剤を散布し、害虫を一度に殲滅するのです。害虫が増殖する前に駆除するか、発生しないよう薬剤を散布し予防することが大切で、大量に増殖してしまった害虫を駆除するのは難しいようです。害虫駆除はまず「予防」が大切であることを認識いただければと思います。

●害虫① アブラムシ

アブラムシは植物体の汁を吸うばかりでなく、ウィルスなどの病原体を媒介することでも知られています。とくに洋ランの場合では、花茎の先端部分など組織がやわらかい部分に発生します。発生直後に見つけて駆除すればよいのですが、株数を多く管理するようになると、気が付かずにそのままアブラムシが繁殖していることが多々あります。防除法として有効なのが、植物体に吸収され、薬効が出るタイプの「浸透移行性殺虫剤」です。オルトランやベストガード、ダントツといった薬剤で、薬剤を株の根本にまくだけで、アブラムシを防除する効果があります。農薬の原液を希釈する手間も必要なく、農薬を飛散させないというメリットもありとても手軽です。浸透移行性殺虫剤は効果が長く持続するので、長期間にわたって害虫発生を防ぐことができ、大変使いやすいものです。

●害虫② カイガラムシ

植物体の固い組織もお構いなしに吸汁し、これも短時間に繁殖します。このカイガラムシは植物体の根本や、葉がかぶさった間などに潜んでいるため、発見しにくいものです。また、体色が地味で植物体に同化しやすく、発見しにくいものもあります。とにかく日々植物体を観察し、茶～白色の塊が植物体に付着していないか観察することが大切です。カイガラムシもオルトランなど浸透移行性の薬剤を散布しておくとかなり発生を防げますが、アブラムシと異なり完全には防ぎにくいように思えます。発生した場合は１匹も残さず、徹底的に駆除します。殺虫に有効な薬剤はスプラサイドという有機リン系の薬剤です。強い悪臭がある上、人体にも有毒なので使用の際は注意が必要です。カイガラムシを防除する場合、スプラサイドの原液を 1000 倍に薄めて使用します。ところが近年、この程度の濃度では効かないカイガラムシが出てきているのも事実です。そもそもカイガラムシは体の外側が水をはじく仕組みになっており、薬剤が浸透しにくいのです。カイガラムシの発生を確認した場合。私は100倍程度に薄めたスプラサイドを使い古しのハブラシに付け、付着したカイガラムシをこそぎ落とすという方法で駆除しています。もし、葉の隙間などに入っている場合は綿棒を使用してもよいようです。やわらかい葉の場合は葉が傷つかないように薬剤を塗布します。この方法だと不必要に薬剤を飛散させることもないので、広範囲に薬剤をまき散らさずに済みます。またかなりの高濃度での使用なので、カイガラムシを壊滅させることが可能です。大事なことは「全滅させる」ことです。1匹でも生き残らせると、薬剤耐性を持った害虫が大量に増えてしまいます。カイガラムシは駆除しても再び発生してきます。つねに植物体を観察し、カイガラムシの発生がないかチェックする必要があります。高濃度での薬剤使用は、植物体に薬害が発生する弊害も起きやすくなります。真夏の高温時や、やわらかい新芽などへの使用の際は注意が必要です。薬剤散布は基本的に夜間に行うようにします。私の経験では、寒蘭については100倍希釈（通常の使用濃度の10倍）のスプラサイドを綿棒に塗り付け、カイガラムシを駆除しました。その後2年間、一度もカイガラムシの発生を確認していません。カイガラムシ駆除に有用な方法ではないかと考えています。

●害虫③ ハダニ

真夏にしばしば発生し、目視が比較的容易なもの、小さくて見えにくいものなど複数の種類があります。葉が薄く乾燥に弱い種類が主に被害を受けます。南米のシクノチェス（*Cycnoches*）やエビネの仲間などは被害を受けやすいようです。ハダニがしばしば発生する棚は、まず湿度・水やり条件を見直す必要があります。乾燥し高温した環境をハダニは好むためです。水やりの頻度を上げるなど､栽培管理自体を見直します。ハダニの駆除には「ダニ太郎」や「バロック」といったハダニ専用の薬剤を使用します。これはほかの薬剤に比べ高価です。ハダニは薬剤耐性が付きやすく、さらに薬剤開発に多大な経費がかかるためです。ハダニを退治する際は「全滅」の原則を守るようにします。小さい植物体ならば、薬剤散布後、ビニールに入れ一晩置くようにします。もちろんビニールに入れたまま日当たりのよい場所に置くと植物体が枯れてしまいますので、夜間に薬剤散布を行います。希釈倍率は仕様書に書かれている程度でよいのですが、水分を蒸発させないことで、時間を長くするよう工夫するのです。薬剤を使用する際は展着剤も使いましょう。

●害虫④ アザミウマ

アブラムシのように組織がやわらかい花芽や葉などに被害を及ぼします。アザミウマが厄介なのは、体が小さい上に動きが早いため、その存在を認識しにくいことです。インターネットなどを見れば、食害のようすが紹介されているので参照するとよいでしょう。まず植物体が白っぽく脱色し、その周囲に黒い糞があります。被害がひどくなると、白い部分が茶褐色に変色してきます。昆虫の実物が確認されなくても、糞があることでほぼアザミウマの被害であることがわかります。アザミウマはかつて駆除が難しい昆虫でしたが、近年では駆除効果のある農薬が市販されるようになりました。ハダニと同様の手法で駆除を行えばよいでしょう。また、アブラムシと同様に発生前に浸透移行性の農薬を散布しておけば発生を防ぐことが可能です。私の作業場でも、かつてアザミウマの被害を出したことがありましたが、浸透移行性農薬を予防散布することで近年では発生自体を観察していません。

多くの害虫は発生前の農薬散布でかなり防ぐことが可能です｡カイガラムシやハダニの予防は困難ですが、浸透移行性農薬を使うことで、かなりの害虫の予防が可能です。便利なツールなので、試してみるとよいでしょう。

洋ランの病害虫の防除に用いられる薬剤の一例。

ランの繁殖法

●無菌培養

洋ランを殖やす方法は、種子繁殖と栄養繁殖の２つに分けられます。種子から繁殖させる場合は、一般的に無菌培養法によります。ランは種子に胚乳がほとんどないため、特殊な条件下でなければ発芽しません。自生地では「菌根菌」と総称されるカビやキノコ仲間から種子が養分を収奪することで発芽します。しかし、人工環境下でその共生系を作り出すのは不可能ではないにせよ、かなり厄介です。そこで菌から供給される養分の代わりに糖やミネラルを含んだ栄養タップリの「培地」と呼ばれるものを作成し、そこに種子を播き、苗を育成するのです。培地には養分がタップリ含まれていますから、きちんと殺菌しなければ雑菌が培地上で大量に増殖してしまいます。培地は使用する前、高温高圧条件にさらし、雑菌を殺してから、培養に使用います。もちろん、種子も表面殺菌して播きます。この「無菌播種法」は20世紀初頭に開発され、ランを大量に増殖する技術の基本となっています。

無菌播種法が開発されたあと、種子を播くだけでなく、新芽や花芽などで盛んに分裂している細胞を摘出し、そこから苗を増殖する手法が開発されます。「組織培養」や「クローン増殖」などと呼ばれる技術です。この技術は無菌播種法と異なり、同一の個体を大量に増殖することが可能です。今日、私たちがホームセンターなどでまったく同じ花色・花型のコチョウランを大量に見ることができるのは、この技術のおかげです。植物体にある頂端分裂組織（茎の先は花芽の先に形成）を摘出し、無菌培地上で培養し、細胞の塊を形成させます。その後その細胞塊を切り分けることで、そこから植物体を形成させ苗を得るのです。この手法によって、理屈上は無限に植物体を増やすことができます。今日の花卉生産を根底から支える大変重要な技術です。

鉢栽培下におけるランの増殖

無菌培養の施設を持たないラン愛好家の殖やし方としては株分け、高芽取り、種子の鉢播きなどがあります。株分けは複茎性の種類で可能で、シンビジウム、カトレア、パフィオペディルムなど多くのランで行われています。高芽採りはコチョウラン属の一部の種、デンドロビウム、エピデンドラムなどで可能です。茎は花芽の先端に芽が形成されるので、それをミズゴケで植えつけ、苗を育成すればよいだけです。デンドロビウムやツニアなどでは茎自体をミズゴケなどで巻いて植えつけておくだけで苗ができます。デンドロビウムの園芸品種などはその方法でかなりの量を一度に増殖させることが可能です。また、シンビジウムなどでは葉が付いていない、通称バックバルブと呼ばれるバルブを植え替えの時切り分け、それを植え付けておき増殖する、という方法もあります。かつてランはこのような方法により増殖されており、大量に同じ株を増殖することができなかったため大変高価だったのです。

種子については鉢播き法という方法で発芽させることも可能です。状態よく生育している親株の根本に種子を播き、苗を得る方法です。発芽率はよくありませんが苗を得ることは可能です。近年ではダンボール播種法と呼ばれる方法が愛好家の間で用いられています。ダンボールを、ミズゴケなどを混ぜ込んだ山野草用土に混ぜ込み、そこにランの種子を播種する方法です。どういった理由で種子が発芽するのか、その仕組みはよくわかっていませんが、複数のラン科植物の種子がこの手法によって発芽するようです。試してみると面白いでしょう。種子から増殖させる場合、親株と同じ花が咲くとは限りません。それが種子からの増殖の面白い面でもありますが、苗の品質を均一にするという面では手法としての欠点があります。種子からの増殖は主に品種改良や、変異形質を後代に遺伝させるのに有用な手法となっています。

	鉢栽培				無菌	
	株分け	高芽取り	バルブ挿し／バルブ吹き	鉢播き	組織培養	無菌播種
カトレア類	○	△1	○	×	○	○
デンドロビウム	○	△1	○	×	○	○
ファレノプシス	×	△2	×	×	○	○
パフィオペディルム	○	×	×	△3	×	○
オンシジウム	○	×	○	×	○	○
シンビジウム	○	×	○	×	○	○
エランギス	○	×	×	×	○	○
アングレカム	○	×	×	×	○	○
アングロア	○	×	△3	×	○	○
ブレティラ	○	×	○	△3	○	○
バルボフィルム	○	×	○	×	○	○
カランセ	○	△1	○	△3	○	○
カタセタム・クロウェシア	○	△1	○	×	○	○
セロジネ	○	×	○	×	○	○
シクノチェス	○	△1	△3	×	○	○
デンドロキラム	○	×	○	×	○	○
ドラキュラ	○	×	×	×	△3	○
ゴンゴラ	○	×	○	×	○	○
ハベナリア	○	×	×	×	△3	○
ホルコグロッサム	○	×	×	×	○	○
イオノプシス	○	○	○	×	○	○
イサベリア	○	×	△3	×	○	○
ジュメレア	○	×	×	×	○	○
リパリス	○	×	種によって異なる	×	○	○
リカステ	○	×	△3	×	○	○
マスデバリア	○	×	×	×	△3	○
マキシラリア	○	×	○	×	○	○
メディオカルカー	○	×	○	×	○	○
ミルトニア・ミルトニオプシス	○	×	△3	×	○	○
オフリス	△3	×	×	×	×	△3
パピリオナンセ	○	×	○	×	○	○
フラグミペディウム	○	×	×	×	×	○
プレウロタリス	○	○	×	×	○	○
プテロスティリス	○	×	×	×	○	○
レナンテラ	△3	×	×	×	○	○
リンコスティリス	△3	×	×	×	○	○
ロビケッティア	○	×	×	×	○	○
ロドリゲッチア	○	○	×	×	○	○
ソベニコッフィア	△3	×	×	×	○	○
ステリス	○	○	×	×	○	○
ステノリンコス	○	×	○（塊根）	×	△3	○
バンダ	○	×	×	×	○	○
キシロビウム	○	×	○	×	○	○
ジゴペタルム	○	×	○	×	○	○

△1：高芽ができる種もある。　△2：花茎上に高芽ができる種もある。　△3：発芽率は低い。

カトレアの育て方~原種系カトレア~

ワカヤマオーキッド・和中雅人

どんな植物か

カトレアの原種は中南米におよそ50種あり、近年はソフロニティスとレリアの一部も加わり、約120種となっています。大きさや形状、開花時期、栽培条件はさまざまで、種類をうまく組み合わせると1年中花を楽しむことができます。希少種や特異な色彩の固体を中心に、世界的にコレクターが増えています。ほとんどの種類がよい香りを持っているのも人気の秘密でしょう。

置き場所

春~秋（最低気温15℃以上）には屋外栽培が好ましく、風がよく通る場所が適しています。梅雨の雨には当てるとよく育ちますが、秋の雨は当てないほうがよいでしょう。ほとんどの種類は最低12℃、最高32℃の間で栽培できますが、最低気温18℃くらいのほうが良く育つ品種もあります。冬の間も、温室内は攪拌扇などで空気を回すようにしてください。

夏場の屋外栽培。

日照条件

例外的な種類もありますが、カトレアは洋ランの中でも日光を好みます。春~秋は、できれば1日中太陽が降り注ぐ場所で30~50%の遮光が適当です。冬、屋内で管理する場合も、葉焼けしない程度（30%ぐらいの遮光）で光をよく当てるようにしましょう。

原種ワルケリアナの自生の様子（ブラジル）。

水やり

基本は、しっかり乾かしてたっぷりと与えること。水をやらないときには、葉に霧吹きで与えます。冬に屋内で管理する場合、通常の水やりに加え、晴れの日には屋外に出して葉にも水をかけるとよいでしょう。ただし、鉢受けなどに水を溜めないこと。部屋でエアコン栽培の場合は、葉水を頻繁に与えます。

施肥

自生地では肥料分のほとんどない環境で生育していますが、少し与えることにより、よりよい結果が得られます。ただし、与えすぎないこと。原種の場合、生長時期に大きな違いがあるため、春夏生長のグループ、秋冬生長のグループをよく知り、生長の適期に与えます。油かすを主体とした固形肥料は5~6月に2回程度与えます。液体肥料をバランスよく与える場合は、1500~2000倍で月に2回程度与えるのが適量です。

病害虫

害虫で最も多くてやっかいなものがカイガラムシです。見つけたら、専用の殺虫剤で駆除しましょう。

とくに、高価な原種は、度重なる株分けなどによって弱り、病気になることも少なくありません。軟腐病などは秋の雨（低温多湿時）に長く当てたりしていると発病するので注意が必要です。

もう1つ、怖いのはバイラス病（ウイルス病、モザイク病）です。この病気にかかると完全治癒は望めません。予防と毎日の注意が必要で、ハサミやピンセットは1鉢ずつ処理する前に第三燐酸ソーダに浸けておいたものを使うか、ライターでよくあぶって消毒します。支柱や鉢などの使い回しは行わないでください。まずは、しっかりと根を作って健全な株を育てることが重要です。

栽培のポイント

カトレアの原種には1枚葉系品種と2枚葉系品種があり、生長する時期が異なるものもあります。系統別に置き場所を変えるなど工夫すれば、水やりの調整もしやすくなります。また、とくに植え替え時期には十分注意してください。原種は、休眠時期に植え替えをして失敗するケースも少なくありません。休眠期がわからない場合は、専門家に相談しましょう

植え替えについて

植え替えは慣れない方にとって、毎回緊張を伴う作業です。しかし、いったん慣れてしまえば意外と簡単に済ませることもできます。今回は、原種カトレア系の簡単な植え替え方法をご紹介しますが、これまでとは少し違った観点で考えていきましょう。

近頃、私は原種カトレア系の植え替え時期について、従来の「新芽が動き出す時期に行う」ということが、必ずしもすべての原種に当てはまるわけではないと感じるようになりました。そして日々の観察の結果、生長パターンの違いで大きく2つのグループに分けられることがわかってきました。これはあくまで私個人の観察結果ですので、栽培する地域や温室内の温度などでも植え替えの時期には差が出ます。従って、これまでの方法で成功されている方は何も変更する必要はありません。

さて、気になるグループ分けは次の通りです。あくまでも「いつ植え替えるか？」という観点でのグルーピングです。

●**【グループA】（写真①）**
新芽が出るのと同時期に新根が動き出す種類。
ラビアタ・トリアネ・ガスケリアナ・シュロデレー・クアドリカラー・メンデリーなど

●**【グループB】（写真②）**
シースができ上がる頃、または花が終わると、そのバルブの下で新根が動き出す種類（ほとんどの2枚葉タイプ）。ルデマニアナ・ワーセウィッチー・レックス・ドーウィアナ・マキシマ・ワーネリー・モシェ・ワルケリアナ・ノビリオール・ジョンゲアナ・アラオリーなど

写真①　グループA

写真②　グループB

グループAの原種は、従来通り新芽が動き出す時期の植え替えで大丈夫です。注意したいのはグループBの原種です。Bのグループを「新芽が動き出す時期」に植え替えると、

①新芽は出るが花が付かない。

②さほど作上がりがしない。

③毎年植え替えると株の調子が悪くなるので、植え替えは2年に1度になる。すると2年目はよくできるが、次年度も同じように新芽が出たタイミングで植え替えると調子が悪くなる。

などといったことが起こります。理由は簡単で、「新芽を出す→バルブを作る→花を咲かせる」といった過程を根が動かない状態で行っているわけですから、パワーの源はすべてバックバルブ群（新芽より前のバルブ）であることがわかります。新芽が動き出す時期に植え替えると、そのパワーの源であるバックバルブの根に多少なりともダメージを与えてしまいその結果、鉢の内縁に張った根と蘭菌との関係が崩れて、十分な栄養がもらえないことになります。

そのため、前述した①～③のような現象が起こるというわけです。

私はこのことを、まずルデマニアナから知り、次いで2枚葉系、そしてワーセウィッチー、ドーウィアナで経験し、確信するに至りました。よってグループBの原種は新芽ではなく、根が動く時期を見極めて植え替えることが重要であると判断しました。根の動き出しであれば植え替え後の根張りも早く、株のダメージを最小限に抑えられ、花もしっかり咲いてくれます。

日本では、ほぼ1年中何かしらのカトレア原種が開花していますので、植え替える時期もさまざまです。例えば、シースが付いていても植え替えることは可能です。

アメジストグロッサを例に挙げてみましょう。これは、私の観察結果ではグループBに入ります。花が終わった後の3月中旬頃から肥料を与え始めると、6月中旬から新芽が伸び始め、夏が終わるころにはシースを持ちます。しかし、根が動き出すのは10月中旬なので、そのときに植え替えるようにします（2年に1度）。ちなみに、私の場合は素焼き鉢を用い、植え込み材（コンポスト）はバークです。

またグループBは、肥料を与える時期も大事になってきます。新芽が動き出す前(根が活動しているとき)までに肥料を与えておき、リードバルブに十分な栄養を貯蓄させるようにします。うまくいけば、最初から立派な新芽が動き出します。

次に、根についての注意点です。

ランの根は外に飛び出たり（写真③）、鉢の縁に張り付いたりします（写真④）。いったん何かに張り付いた根は、そこから剥がすと、いくら綺麗に剥がしても二度とくっつきません。ランの根は、張り付いた所からラン菌と栄養の受け渡しをしていますから、できる限りその状態を維持してあげられるように、鉢の外などに根が張り付いてしまわないように手入れをしていきましょう。

また長く伸びた根は、植え替え時にどんなに気を付けて植え込んだとしても、折れてしまいがちです。そして折れた根は腐ります。このことから、最近私は、伸びている根はほふく茎から3〜4㎝ですべてカットしてから植え込むようにしています。きれいにカットした根は、ゆくゆくは分岐して新しい根が出るからです。

このようにカットする部分は思い切って切りますが、根玉は大事にキープして植え替えます。よほど腐っている場合には、根玉からコンポストを外しますが、私は毎年少しずつ植え替えているので、元の根玉はほとんど崩しません。この方法は初心者の方にも適していると思います。ただしコンポストが腐っていないことが前提なので、ミズゴケは一番良質のものを使用します（良いミズゴケだと2〜3年は腐りません）。

また、株分けは目的がない限りはしません。株分けをして4号鉢で2株よりも、6号鉢で1株の方が株自体にパワーがあってよく咲きますし、場所もとりません。これは愛好家の方にとっては大事なことですね。「まったく同じものを2つ持たない！」ことをお勧めします。

では、最後に、植え替え方法をご紹介します。これまでお話ししてきたことを踏まえ、是非、今年1年はしっかりと各原種カトレアの根の動き出し（年に1回のものや2回のものがある）を観察しましょう。そして時期を見極め、植え替えを実践していただきたいと思います。植え替えは楽しいものですし、植え替えた後の株を見ていると、すごく気持ちのよいものです。初心者でもできる簡単な方法ですし、カトレア以外にも適用できますのでご安心を。下の図でイメージをして、次の植え替え時に役立ててみましょう。

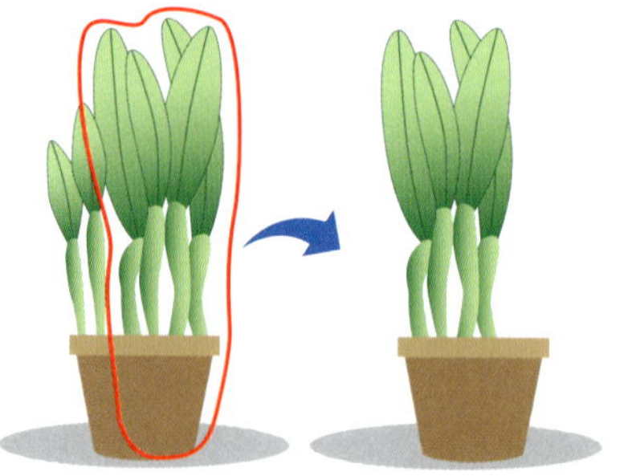

写真③
根が飛び出している状態。

写真④
根が鉢の縁に張り付いている状態。

植え替え前の株。

1 支柱やラベルを抜く。

2 鉢を割る（使用済みの素焼き鉢は病原菌などが潜んでいることが多く、消毒し直さない限り使用できないので廃棄する）。

3 株の状態を見て、植え替え後のレイアウトを考える。今回は十字に置いた支柱の右側半分ぐらいをカットする。

4 不要なバルブは「お疲れさま」という気持ちを込めながら、切り取って処分する。

5 底から2〜3cmと、伸びていた根も上から3cm程度を残してカットする。

6 新芽が出る方を空けて、植え込む位置をイメージする（10 参照）。

7 鉢底に防虫網と発泡スチロールを入れる。

8 ミズゴケは新芽が出る方（リードバルブ側）にしっかりつける。あまり底には付けず円盤のように巻く。

9 固く植えるため、ミズゴケは上から追加して抑えるのではなく、ナイフなどを使ってリード側にスペースを空け、縦にミズゴケを加える。

10 ほふく茎をミズゴケから1cmほど高く植えるとベスト！

＊植え替えの際に注意したいこと

- ハサミは必ず焼いて消毒するか、リン酸三ナトリウム溶液（第三リン酸ナトリウム溶液）で消毒したものを使う。
- 使っていた支柱は、他の株には使わない。
- 新しい素焼き鉢を使用する。
- ミズゴケの固さは上部は固く、下部は柔らかくが理想。
- 植え替えた株は4〜5日待って、植え込み材が乾いてから水やりをする。

支柱とラベルを立てて植え替えが完成した株。

シンビジウムの育て方

向山蘭園・向山武彦

シンビジウムはこんなラン

日本、韓国、中国そして東南アジアに自生するシンビジウム（以後シンビ）は、東アジア3国で最も愛されたラン科植物の一属です。日本では春蘭、寒蘭の自生地が今でも見られ、愛好家は熱心に管理しています。東アジアに自生するシンビは東洋ランと呼ばれ、遣唐使のようすが伝えられた7世紀くらいから文献に多く表れます。

現在、商業的に生産されている大型シンビは、ベトナム、タイ、ミャンマー、インド、マレーシア、インドネシア、中国南部などの高原に自生する原種である、インシグネ、ロウィアナム、エバーニューム、トラシアナムなどをもとに改良を重ねて美しい色、感じの良い豪華な姿になっています。中国雲南省の高地に自生する金綾辺（キンリョウヘン）は中型、小型シンビ作出に最も貢献した原種です。東洋ランの中で春蘭、報才蘭、駿河蘭、寒蘭は「和蘭」作出のもとになり、日本の花文化、美意識を世界に発信しています。

シンビ原種の多くは、暖かい南アジア、東南アジア、東アジアの高地に自生しており、疎林の木漏れ日が当たる地面、岩の間、ある種は大木の樹上に見ることができます。原種の開花期は初冬から初夏で、雨季に生長、乾季に開花という周期特性があります。改良種は開花調節で、秋から初夏まで見られます。

観賞する場所

シンビは丈夫なランなので、とくに場所を選びませんが、直射日光の当る所へ置くのは避けましょう。開花株のつぼみに強い光線が当たると花粉が死に、つぼみが黄変して落ちてしまいます。これがつぼみの落ちる最大の原因です。シンビのような常緑植物は、置かれる場所の温度により生長したり休止したりします。冬季、外温は低くても室内の置き場所が暖かいと生長します。とくに、数本の花茎があると水分が必要です。

サンルームやガラス障子越しでは25～30℃になることがあり、シンビ開花株のつぼみが落ちたり、花の寿命も短くなったりします。カーテン越しの散光線で風通しの良い所へ置きましょう。目安は50～60％の遮光です。開花中のシンビは弱い光線下でも問題はありません。冬季でも10～25℃の温度が維持されている室内は初夏か晩秋（関東）の陽気と同じで、植物体は生長しているので水やりに気を使ってください。最近は住宅事情の変化により「冬の管理」としてひとくくりにはできなくなりました。たとえば、高層住宅では厳冬期でも朝20℃以上の室温があります。

花が終わったら

■その1 室内での管理

屋外の最低温度が5℃以上になったら屋外で管理が可能ですが、寒いうちは室内で過ごすことになります。カーテン越しの日光が4～5時間当たる場所で充分です。室内温度は5～20℃くらいで管理しましょう。

また、シンビは空気がよどむことを嫌います。蒸れた状態では葉が間延びしたり、害虫が付きやすくなったりします。微風がある爽やかな状態では、新芽が伸び始めます。

水やりは室温により異なります。昼間充分な光線と温度が上がる部屋では2～3日に1回鉢底から水が出るくらいの量を与えます。寒い部屋に置いている場合や曇りの日、雨の日は先延ばしにしてよいでしょう。

春、新芽が伸び始める4月頃よりシンビ用の緩効性肥料を年1回与えます。正確には「肥効調節型肥料」で6か月以上温度変化に対応して栄養分が放出されます。温度が上昇してシンビの生長が活発になると、コーティングされた肥料の粒から栄養が多く放出され、気温が下がると放出も緩慢になり、過剰な栄養分を鉢内に放出しません。

■その2 屋外での管理春から秋

霜の心配がなくなったら屋外で管理することをおす

すめします。雨に当てることで水を充分吸い、元気な芽が生長します。自生地の雨季と同じ環境が植物をよみがえらせます。とくに、夕立は暑気から解放し葉の色も違ってきます。打ち水と同じ効果です。庭木の下で木漏れ日が当たる環境は最高です。地面に直接置かず、30㎝くらいの台の上で管理します。ナメクジやマイマイ（小さなカタツムリ）が寄生するのを防ぎます。

真夏日になったら毎日水やりをしてもよいでしょう。猛暑日には朝、夕1日2回でも多すぎません。しかし梅雨時や連日の雨天では1〜2日水やりを休み、鉢が乾き気味のときに水をやります。

シンビの新芽は8月頃までが生長期で、9月頃から充実期に入ります。生長が盛んなときの水は多めでも問題はありませんが、秋以降の充実期は少なめにします。多くの水を必要としないからです。9月中旬の秋雨は好ましい環境とはいえませんが、シンビはまだ外に置いてあるので雨に当たります。雨の合間は水やりをせず、3〜4日空けて乾かし気味にします。

施肥は室内での方法と同じ要領ですが、すでに室内で与えてある場合は、来年まで与える必要はありません。

素晴らしい花を見るために芽掻きを

たくさんの綺麗な花を咲かせるには、バルブを大きく育てる「芽掻き」という技術を使います。小さなバルブがたくさんあっても花は見られないので1〜2個のバルブを大きく育てる芽掻きします。シンビのバルブは開花に足りる大きさにならないと花芽は上がって来ません。たとえば10の大きさのバルブから1本の花芽が出るとすると、12の大きさだと2本出ます。しかし8の大きさだと花芽は上がらないかもしれません。12のサイズのバルブが2個あると4本咲くかもしれません。8のサイズのバルブが4〜5個あっても葉ばかりで「株は元気ですがね〜」と言うことになります。株は放って置くと新芽が次々と出ます。

そこで、大型シンビは2芽くらい、中型と小型シンビは3芽くらい残して、出てくる芽を掻きます。残した新芽を少数精鋭で大きく育てます。品種、鉢サイズにより残す芽は一定ではありませんが、基本技術を参考にして品種本来の性質を導き出す管理をすると素晴らしい花を見ることができます。

害虫退治

シンビに付く害虫はハダニ、アブラムシ、カイガラムシ、ナメクジ、マイマイ（小さなカタツムリ）などです。ハダニは乾燥高温下で多く発生しますが、風通しのよい環境ではあまり出ません。葉裏が白っぽくなった葉を2本の指で挟んでこすると指先に白い粉のように付くのがハダニです。株全体の葉裏が白くなっていると農薬散布する必要がありますが、数枚の葉であればガーゼのような柔らかい布を湿らせて葉をこするとかなり取れます。木酢液を薄めて布に浸し、同様にこすっても再発を少し防げます。シンビ以外の植物、たとえば観葉植物や草花などと同居させているとハダニは全体に付きやすくなります。このような場合は農薬散布を行ってください。ダニ剤には卵まで退治する薬と成虫のみ殺害する薬があります。販売店で目的に合ったダニ剤を確認しましょう。

アブラムシは開花中の花の蜜に寄ってくることが多く、花が散ったあとは葉に寄生することがあります。ラン以外の花も蜜を出すものが多く、開花期に注意深く見て布で拭き取るとよいでしょう。ハダニより大きく、動き回るのが見えます。アブラムシ退治もハダニと基本的に同じですが、用いる農薬は異なります。

カイガラムシは多くの観賞植物に付きますが、ランに付くのは主にコナカイガラムシです。コナカイガラムシにも何種かありますがいずれもランに付きます。特徴は葉や葉と葉の重なった間、花茎先端のつぼみとさやの間など、やっかいな部位に寄生します。布で拭き取れる範囲だとこの方法がよいのですがバルブの付け根のような場所はやっかいです。鉢が入るバケツに標準希釈量のカイガラムシ防除液を水に溶かし、鉢ごと3〜5分浸します。そのまま通常管理をしますが農薬に浸した直後は株に臭いが残るので一時的に戸外へ置きましょう。

ハダニ、アブラムシ、カイガラムシは繁殖力が旺盛なのでいつも注意する必要があり、定期的な駆除が必要です。アブラムシとカイガラムシは羽を持った成虫が飛ぶので、戸外から室内に取り込む前に農薬散布を行って繁殖を予防します。害虫が寄生している株を発見したら、その周辺数株にも寄生していると考え、周りをチェックしましょう。

ナメクジとマイマイの形は大きく異なりますが、性質は似ています。これらが一番好むのは根の先端にある、淡い緑色で瑞々しく柔らかい部分です。夜行性で深夜移動し、根や新芽、花茎の先端など柔らかい組織を食害し、バイラス（ウイルス）を伝染することがあります。楽しみにしていた花芽を食害されるのは残念です。鉢を地面に直接置かないことが重要です。室内へ取り込む頃、夜中に鉢周りを見ることで虫を発見できます。ナメクジ駆除剤を撒くのが最も簡単ですが飲み残しの日本酒を平らの皿に入れ、鉢のそばに置くのも有効です。ナメクジはお酒が好きです。

病気対策

シンビがかかる病気はいくつかありますが、カビやバクテリアは趣味で栽培する範囲であれば重要な問題ではありません。罹病を防ぐ基本は風通しです。風通しがよいと葉も丈夫になり、鉢内も乾燥します。高温多湿が多くの病気の発生原因なので、蒸れることを防いで元気な株を育てましょう。

唯一、環境で防げないのがバイラスです。多くのバイラスは汁液伝染をします。バイラス株をかじったハダニ、アブラムシ、アザミウマなどが飛来して健全株に寄生、食害時に伝染します。ナメクジ、マイマイも同様です。虫が発生しないように気を付けることでバイラスは防げます。私たちが伝染の手伝いをしてしまうのが株分け時です。バイラス保有株の根やバルブを切ったハサミや包丁で健全株の株分けをする行為が、伝染につながります。株分けに使うハサミやナイフなどをステンレス角形トレーで10分くらい煮沸すると、バイラスは不活性化して伝染しません。さらに、１鉢株分けするごとに手を洗いましょう。

健全株どうしで刃物を使い回しても理論的には伝染しませんが、健全株かバイラス罹病株かがわからないことがあります。適切な管理と良い環境下では、バイラス罹病の症状が出ないことがあります。これはマスキングと呼ばれ、綺麗に生長しているとつい気を許しがちです。「今移植、株分けが終わった株はバイラスに罹っている」「次に株分けする株は健全である」と思い、作業することで罹病株を増やさないようにしましょう。

植え替え

満足な花を咲かせるには、品種特性に合ったサイズの鉢で管理することが大事です。「根詰まり」「鉢負け」という言葉があります。大型シンビは６号（18cm）鉢、小型原種では４号（12cm）鉢が目安です。鉢が大きすぎても小さすぎても、素直な生長をしません。シンビは根が鉢内に十分張らないと地上部のバルブや葉が大きくなりません。早く根を張らせるには、地上部の大きさや根の量によって鉢を選びましょう。適正な鉢サイズで管理すると鉢内の水分も平均的になります。植え替え時期は花を見終わった後、春先が最適ですが、初夏までは可能です。

植え込み材料はバーク（樹皮）が適当です。ニュージーランド産松材の樹皮から作られた植え込み材料は品質が安定しているので管理が楽です。水やりが好きな人は、バークに中粒軽石を30％くらい混ぜると鉢内湿度が安定します。一般的には他材を混ぜる必要はありませんが、鉢のサイズにより小粒、中粒、大粒を使い分ける必要があります。小さい鉢ほど乾きやすく、大きい鉢ほど乾きにくいからです。大きい鉢は鉢底により大きい粒子のバークや軽石を敷くか１～２cm径の発泡スチロール塊を敷くと排水がよくなります。

株分けも、分けた株の大きさにより鉢サイズ、植え込み材料を使い分けます。考え方は鉢増しと同じです。株分け時の注意はバイラスの項を参照してください。

ラン類の植え込み材料には、確定した材料はありません。バーク、軽石、ミズゴケ、ヤシガラ繊維、さらには盆栽用植え込み材料でも生育します。中には空中へぶら下げておくだけで育てる属もあります。これらは管理方法に合うとふつうに生長します。根の周囲の水分、空気など、いわゆる鉢内環境が一定であればどのような植え込み材料でも生長します。毎日水をやりたい人では、軽石のような水分を多く含まない材料が合うと思います。水やりが適宜できないときは、バークのみがよいでしょう。またはミズゴケでもよいでしょう。管理方法とシンビの性質を考えて、植え込み材料を選びます。

ランは非常に環境適応力が高い植物です。自分の生活スタイルに合わせてシンビを楽しむことができます。

まとめ

■太陽光線と遮光

シンビはラン類の中では強い光線を好みますが、一般植物に比べると弱い光線を好みます。夏季屋外では50%の遮光、冬季室内ではカーテン越しの光線かその後ろの散光線で充分です。直射光線下ではしばしば、葉焼けを起こします。

■水やり

「人が水を飲みたいときにはシンビにも水をやる」これが基本です。猛暑日には、朝夕2回与えてもよいでしょう。春先や秋口の曇天続きでは、3〜4日に一度くらいに水やりを控えます。

■栄養

シンビは肥料食いといわれるくらいに肥料を吸収しますが、実を付ける植物に比べると遥かに少量です。花だけ咲かせる常緑観賞植物は、温度に比例して吸収するので、春先の新芽が伸び始める頃からシンビ用に開発された緩効性肥料を年1回与えます。必要とする肥料が被覆されており6か月から10か月ゆっくり栄養素を放出し、植物体はそれを吸収して生長します。花が終わったら、室内管理の項を参照してください。

■開花のポイント

めりはりのある管理が良い花を咲かせます。四季を通じ、人が快適と感じる環境がシンビにとっても最適です。夏は戸外で充分水を与え、室内では過度に高温にしないようにしましょう。芽掻き、適度の施肥で、初冬から春までシンビが楽しめます。

■葉芽と花芽

10月頃から翌3月頃にかけて花芽が出ます。とくに春先は、花芽と葉芽が同時に出ることがしばしばあります。楽しみにしていた花芽を芽掻きの考えで取り去るのは残念です。「花芽か葉芽か」判断がつかないときは10cmくらい伸びたところで判断します。花芽はボールペンのように先が少し丸く、根もとにかけて同じ太さで伸びています。葉芽は芽の先が平たく鋭角に尖っていて、根もとにかけて段々太くなっています。新芽の先を軽く指で揉むようになでると芽先に何か入っているように感じるのが花芽です。年末にたくさんのシンビ開花鉢を見るのは、需要期に合わせてプロが開花調節をしているからで、シンビの多くは2〜3月に開花するのが自然です。

■シンビは日本人の美的感覚を表している

盆栽に代表される植物、日本庭園や坪庭に日本的な美意識を感じてきました。生け花、山野草などどれもが繊細で、日本人はそれぞれの持つ意味を思い巡らしてしまいます。バランスのとれた葉と花茎、花と花の間隔そして柔らかい中間色のシンビを居間に置くとき、そこに存在する自分との一体感を感じることができます。シンビは奥が深いランです。貴方の美的感覚と融合するかもしれません。

シンビジウムの鉢増し。この写真は根が鉢いっぱいになり、根痛みを起こし始めたところ。新しい根が伸びているのでこのまま大きい鉢へ植え替える。これ以上根痛みが多くなったら腐った根は切り取る。

鉢底に排水をよくする鉢底用軽石を置き、順次上に向かって中粒から小粒のミックスコンポスト（バーク＋軽石）を入れるようにする。

デンドロビウムの育て方

やまはる園芸・河村賢治

デンドロビウムはこんなラン

デンドロビウムは、アジアに広く分布する着生ランで、1000種を超える原種が確認されています。

非常に広範囲に分布していることと、種が豊富なため、花の色や形はもちろん、葉や株の姿も非常にバラエティーに富んでいます。

大きく分けると、デンドロビウムと言われてすぐに思い浮かべるノビル系、1つの花茎からたくさんの花を咲かせるデンファレ系、夏のギフトとしても人気の高いフォーモサム系、香りがよく寒さにも強いキンギアナム系が市場によく出回っています。

このほかにも、デンファレ系に近いけれども大型になるスパチュラータ系、花茎が下垂するカリスタ系、花もちのよいラトゥーリア系なども人気があります。

日本に自生するセッコク（石斛）もこの仲間で、花や葉の柄を選抜したものをチョウセイラン（長生蘭）と呼び、古くから園芸種として親しまれています。

置き場所

春から秋までは、外で管理した方がよいものです。

風通しがよく、日当たりのよいところを選んで置きましょう。樹の下に吊るしてもよいのですが、よく茂った樹の下では光が足りなくなりますので、木漏れ日がさす樹を選びましょう。

地面に直接置くと蒸れたり病害虫の原因になったりするので、台の上に置くようにしましょう。また、鉢を単体で置くと、風で倒れたりするので、トレーを活用してください。

ベランダで栽培する場合は、照り返しを防ぐために、すのこや人工芝などを下に敷くとよいでしょう。

外に出す時期は、セッコク系やキンギアナム系は霜が降りなくなったら、ノビル系は最低温度が10℃前後になったら、デンファレ系はもう少し後になります。いずれも、冬は屋内に取り込みます。

転倒防止になるので、トレーを活用することをおすすめする。同じような日当たりを好むものどうしなら、光が当たる側に小さいもの、奥に大きなものを配置する。また、トレーにすべて詰めるのでなく、1つおきにした方が通気性がよくなるので、スペースに余裕があるなら、できるだけ隣り合わないようにする。

軒下に置く場合は、写真のように少し浮かせよう。コンテナやブロックなどで30～50㎝ほど上げるとよい。下に敷くものは、網やすのこなど、隙間があるものの方が通気性がよく、おすすめ。

アイディア次第で、こういう置き方もできる。日除けのパラソルでは、日当たりが有るか無いかの極端になる場合もあるので、実際に置いてみて判断する。パラソルの代わりに遮光ネットをかけるのもよい。

置く台は、メタルラックを活用すると加工が楽。メタルラックにパイプを追加して、屋根部分に遮光ネットをかければＯＫ。日の当たる向きに合わせて屋根を少し伸ばすのがコツ。写真の台は、東向きの壁に設置してあるので、東と南に屋根を伸ばしている。また、転倒防止に、一番下の段に重しを置くか、丈夫な柱にしっかりと縛るとよい。

セッコク系やキンギアナム系は、凍らない地方では軒下で冬越しさせられます。ノビル系も割と平気ですが、念のため、屋内に取り込んだ方がいいでしょう。

デンファレ系は、少し温度が必要なので、10℃以上保てる場所が望ましいです。

取り込む時期は、デンファレ系は12℃以下くらいになったら、ノビル系は８～５℃くらいになったら、セッコク系やキンギアナム系は凍らない程度まで出していてもかまいません。寒さに強いタイプは、なるべくギリギリまで寒さに当てた方が花つきがよくなります。

屋内でも、窓際に置く場合には、レースのカーテンを引くようにしましょう。出窓に置く場合は、デンファレ系など、温度を必要とするタイプは避けた方が無難です。出窓は、外気と接する面積が広く、また、カーテンの外側になることが多いので、関東以北では凍ってしまうことがあります。ただし、出窓でも、雨戸やカーテンがつけられるタイプなら、置いても大丈夫です。

一般的に出回っているデンドロビウムは、基本的に温度をそれほど必要としないものが多いので、冬に花が咲いているものは、エアコンの効いた室内に置かない方が、花もちがよくなります。

日当たり

光が好きなので、年中強めでかまいません。一日中日が当たる場所でも、30％程度の遮光で大丈夫です。あまり暗くしすぎると、葉やバルブが濃い緑色になって、一見元気そうに見えますが、日照不足で咲かなくなることがあるので注意しましょう。

「置き場所」でも述べましたが、冬の屋内でも、窓際に置く場合は、日除けをしないと葉焼けを起こしたり、つぼみがダメになってしまったりするので、注意してください。

葉焼けを起こす原因は、当たっている光の量に対して与えている水の量が少ないためです。葉焼けを起こした場合は、水やりを増やすか、日除けを強くするかしましょう。

水やり

水やりは、年間通して乾いたら与えるというのが基本です。

花が咲いているからといって、冬に毎日霧吹きをするようなことは、してはいけません。

また、夏は葉しかないからといって、あまり面倒を見ない人がいますが、夏こそ生長期なので、水をやらないとしっかりとした株ができず、結果として花が咲かないという状況になってしまいます。

雨が当たることを気にする人がいますが、夏の雨は当ててかまいません。ただし、秋の長雨に当ててしまうと、新芽が腐る品種があるので、秋の長雨には注意しましょう。

冬、屋内に入れてあるときに、鉢ではなく葉に霧吹きをするという話をよく聞きますが、エアコンの効いた部屋にしか置き場所がないのでなければ、乾いてから鉢に水やりをすれば、霧吹きは必要ありません。霧吹きをする場合も、鉢にしっかり水を与えた上で、補助的に与えるようにしてください。

水が多いと根腐れを起こすのではないか、と気にされている人も多いもですが、夏はやりすぎて根腐れを起こすということはほぼありませんし、冬でも乾いたら与えるようにすれば、平気です。

水やりの目安は、夏は少なくとも２～３日に１回、冬は一番寒いときで月に1～2回程度で大丈夫です。夏の水やりは、夕方涼しくなってから、冬は暖かい午前中に、というのが基本です。

夏は、ハダニが付くのを防ぐためにも、葉の裏にもしっかりとかけてあげましょう。冬に与える水は、ぬるま湯や汲み置きの水を使う必要はありません。

施肥

肥料は、置き肥であれば、年1回、外に出すタイミングで与えればよいでしょう。小粒のものならひとつまみ、大きいものなら1個で十分です。

液肥の場合は、2000～3000倍に薄めたものを4月から7月まで、月に1回程度でよいです。

また、液肥と置き肥の併用は止めましょう。

肥料を与えすぎると高芽が出てしまい、花が咲かなくなるので注意してください。

肥料の適量は、使っている肥料の種類と、育てている植物の種類によって変わるので、どれだけ与えたらよいか迷ったら、とりあえず少なめにしましょう。肥料が少なすぎて咲かないということはあまりないのですが、肥料が多すぎると株ばかり出来て、花が咲きません。

少なめの肥料で咲くようになったら、徐々に肥料を増やして、立派な株を育てながらしっかりと花も咲かせられるようになっていきます。まずは花を咲かせることを最優先に考えましょう。

病害虫の防除

デンドロビウムにつきやすい害虫は、カイガラムシ、アブラムシ、ハダニ、ナメクジ、スリップス（アザミウマ）などです。それぞれに対応する薬剤を散布するのですが、同じ薬品を連続して使い続けると、薬品への耐性がついてしまって、効かなくなるので、2～3種類の薬品を順番に使うようにしましょう。

病気は、黒点病や軟腐病が多くみられます。軟腐病は、かかってしまったら切り落とすしかありませんが、黒点病はダコニール1000倍液を月1回予防で散布しておくとよいでしょう。

植え替え

鉢が根でいっぱいになったら、植え替えのサインです。ここで注意しておきたいのは「根が出たら植え替え」ではないということです。

根が鉢の外に出ていても、鉢の中に新芽が伸びるスペースがある場合は、植え替える必要はありません。ただし、植え込み材料が傷んでいたり、購入したものが自分の植え方と違う場合などは、植え替えてかまいません。

植え込み材料は、ミズゴケやヤシガラ、杉皮、バーク、軽石など、さまざまありますが、自分の環境に合った植え込み材料を使うようにしましょう。

高芽が出てしまったら、根が植えられる長さにまで伸びるのを待ってから、親株と切り離して、小さい鉢で植えてください。鉢が大きすぎると、根の張りが悪くなり、花が咲きにくくなるので注意してください。

鉢から根が出たら植え替えたくなるものだが、右の鉢は、新芽が出るスペースが、鉢の中にまだ残っているので、この状態では植え替えない。

植え替えにはハサミ、ピンセット、洋食用のナイフなどを使う。消毒をしないまま使用すると、病気の原因になるので、面倒でも1回ごとに消毒すること。ライターやガスバーナーで焼くか、消毒液にしばらくつけておく方法が一般的。

鉢を抜くときに、ナイフを鉢の縁に刺して、てこの原理で抜くと簡単に抜ける。

向かって右上の新根が動いているあたりのコケが黒く痛んでいる。これをピンセット等を使って取り除いていく。

きれいになったら、新しいミズゴケを使い、新しい鉢に植え替える。ミズゴケをつける目安は、新しく植え込む鉢より気持ち大きく。詰め込みすぎても、緩すぎてもよくない。ミズゴケは全体的に均等につけるのではなく、新芽が出ていく方向に多くつけること。バックバルブ側は鉢の縁に添わせるくらいでよい。

ミズゴケをある程度つけたら、バックバルブ側から鉢に入れていく。このときに緩いと感じたら、上からミズゴケを押し込むのではなく、一度抜いて追加すること。逆にきついと感じた場合も、やはり一度抜いて減らすこと。

鉢の上部に1～2㎝程度の水のたまるスペース（ウオータースペース）を作るように、ミズゴケを押し込む。

バルブがぐらついたままでは根の張りが悪く、転びやすいので支柱を立てる。

新しい、まだこれから伸びたり太ったりするバルブは、しっかりと締め付けるのではなく、余裕をもって隙間ができるように留めておく。

きれいに咲かせるためのコツ

デンドロビウムの花の咲き方は、春に出た新芽が生長して、翌年に咲くもの、1年前のバルブに咲くもの、花芽が残っていればいつか咲くが、どこにどれだけ咲くかわからないもの、の3タイプに分けられます。

新芽に咲くものとしては、セッコク系の交配種やロッディゲシーやアフィラムなどが挙げられます。

ノビル系の交配種は、1年経ったバルブに咲かせることが多いものです。

キンギアナム系や下垂性のものは、花芽が残っていればいつか咲いてくれます。

それぞれタイプは違いますが、きれいな花を咲かせるために共通しているのは「やりすぎはよくない」ということです。

ラン展などで、栽培についての質問を受けることがよくありますが、デンドロビウムが咲かない原因の8割が肥料過多です。

本に書いてあったり、生産者が話している内容を見たり聞いたりして、「プロがこれだけやっているのなら、私はもっとやらなければ咲かないのではないか？」と思って肥料を与えすぎる人が多く見受けられます。

むしろ逆で、プロは知識と経験をもとに多めの肥料で早く生育させる技術を身に着けていますので、まったく同じことをしようとしてもできないのは当たり前です。

水やりも、花があるときに水をしっかりあげる、ではなく、「生長期にたっぷりと」です。

立派な花を咲かせるというのは最終目標です。まずは枯らさないように育て、とりあえず花を咲かせるということを目標にしてください。

そして、購入するときに、栽培方法についてしっかりと聞く、困ったら近くのラン園に相談するということを記憶にとどめておいてください。

私は、皆さんの素敵な花を咲かせられるお手伝いができればいいなと思っております。

パフィオペディルムの育て方

望月蘭園・望月信和

パフィオペディルムはこんなラン

袋状に発達した唇弁（リップ）が印象的なパフィオペディルムは、数ある洋ランの中でも際立って特色ある属（グループ）です。我が国にもあるクマガイソウやアツモリソウ、また中南米に分布するフラグミペディウムなどと近縁で、こうした仲間を一般に「スリッパー・オーキッド」と呼びます。

パフィオペディルムはとても広い範囲で見ることができ、北はヒマラヤの麓から南はニューギニアまで、西はインドのデカン高原から東はソロモン諸島のブーゲンビル島にまで、その範囲は（赤道を中心に）実に2200万平方kmにも及びます。

これだけの広さに散らばっている仲間なので、どれも同じということはありません。株や花の大きさから花色、着花数（着花性）に至るまでじつにさまざま、中にはシプリペディウムやフラグミペディウムから分化したと思われるものもあり、とてもひと口に語ることはできません。

こうした広がりは太古の昔から続く時間の流れの中で、自然環境に適応するべく身に着けた高度な進化の結果だといえます。その独特の変異がマニアの探求心を刺激し、古くは19世紀から栽培や改良が行われてきました。今日までに作り出された交配種の数は、カトレアやシンビジウム、ファレノプシスなど、他の洋ラングループと比べても決して劣りません。原石と呼べる素材もまだたくさん控えており、これからもパフィオペディルムの改良は続けられて行くと思われます。つねに興味の尽きないランです。

置き場所

洋ランに限らず、園芸植物栽培の大基本は「自生地を再現すること」にあります。どういった自然条件で育まれてきたものか、正確な情報を得、それに近づけることは成功への第一歩に違いありません。

パフィオペディルムの場合、その故郷について調べると要件はさまざま、どれを目安にしていいか迷ってしまいます。しかし、どれも樹木の枝葉で光の遮られた、湿度が高く、水はけのよい場所、という点で共通しています。それが「パフィオペディルムは暗い所に置くとよい」という誤解を生み、長くそう信じられてきました。棚下などを選ぶ人も目立つようです。

たしかに夏場、屋外の強光線下で管理するよりはリスクが低いといえますが、年間を通しては、花着きを極端に悪くするので注意が必要です。

棚下に置くと、棚上のものから不規則に水をもらいやすく、葉の付け根がウィルス系の病気に侵されることもあります。また管理の目が届きにくくなるため、鉢が脱水しているのに気づかず、枯らしてしまうこともよくあります。

やはり、安易に棚下や木陰に置くことは避け、十分な日照の確保できる、よく目の届く場所を選んで置くようにするべきでしょう。その上で、季節ごとに遮光ネットを交換するなどして光を調節する、というのが良株作りの出発点になります。

もう1つ忘れてならないのは「昼夜の温度差」です。多くの人は洋ランの栽培と聞くと、つねに高温の環境下に置かなくては、と思いがちですが「自生地の再現」を第一に考えると、気温に昼夜の差があるのは当然のこととわかります。

太陽が昇って高温になっても、夕方には涼しい風が吹き、明け方には霧で葉がしっとりと濡れる。これはランに限らず多くの園芸植物にとって自然なことです。しかし、人工的建造物に囲まれた都心や、その周辺になるとそうはいきません。とくに真夏になると、夜間でも気温が下がらず、蒸し暑さに人間までがさいなまれることになります。いわゆる「熱帯夜」です。

これを避けるには、風通しのよい場所を選ぶだけでなく、鉢と鉢の間隔を空け、夕方の打ち水など「ちょっとした工夫」で環境を作るようにします。小型扇風機などを取り付けてもかまいません。それで過乾燥になってしまうのであれば、水やりの頻度を上げるだけです。夏場に限っては、通す水の量の多少よりも、回数の方を重視します。少しだけでも、決まった時間に鉢の中を通る水がある方が株にはよいのです。

しかし、多くのビギナーにとって最も不安なのは「冬越し」に違いないでしょう。「温室がなければ洋蘭を楽しむことはできない」と、信じて疑わない人は変わらずたくさんいます。しかし、ごく一部の高温タイプを除いて、パフィオペディルムは中低温を好むランなのです。

この場合の「中低温」とは10～15℃と考えてください。8℃くらいで花をつけるタイプも多くあります。これらの系統であることを前提に冬の置き場所を考えれば、それは玄関や廊下、ましてやバスルームなどでは到底ありません。冬の置き場所として適しているのは「つねに人に近い所」です。

冬は生長期ではないので、日照や通風よりも避寒を優先し、暖房による過乾燥に気を付けながら、大きなストレスを与えないことを心がけるようにしてください。寒さだけで枯れるものは、じつはあまり多くありません。

水やり

パフィオペディルムは「とにかく水が好きなラン」だといわれています。それは否定しませんが、じつは同じくらい乾燥も好きで、なおかつ植え替え好きということも付け加えておきます。

それは、地生ラン（Terrestrial Orchids）であることに理由があります。つねに湿っているような材料はむしろダメで、水はけと水もち、その両方を考慮した植え込みを工夫しなければなりません。そして思い切った通水作業ができるよう、環境を整えます。鉢にたっぷりと水を通した後は、適度な日光と風に当て、早く乾かすことも忘れずに行います。この繰り返しがパフィオペディルム（やその仲間）の水管理の基本になります。

私はパフィオペディルムの栽培上手になるには「根っ子フェチ」になることが一番だと考えています。鉢から株を抜いたとき、先端が白く、勢いのある根がたくさん伸びているのが理想ですが、これを見ることに喜びを見出せるようになれば、必ず成功できると思うからです。

勢いのある
パフィオの根。

よく「週に何度の水やりがベストなのか」というようなポイントを教わりたがる人が見られますが、これは「トイレに行く回数を人に決めてもらう」くらいナンセンスな質問だと考えています。植物管理のうちでも、水やりについては、植え込み材とその質、置き場所によって相当な違いがあるからです。また、株の順応具合と生育の勢いもあるでしょう。季節でも変わってきます。それが的確に教えられる人はまずいません。また、教われたとしても、目安程度と受け止め、かたくなに守ることは御法度です。環境に最も適した水やりのペースは本来自分で見つけ、決めるべきものなのです。

水をやるときは底から流れ出るまでたっぷりと。

施肥

また、水やりと同時にことさら肥料に頼る人が多く見受けられます。温度や光不足から来る生育の遅れを、それらで補おうとするからです。

肥料は自然で与えられることはまずないので「自生地を再現する」という原則に当てはまりませんが、せっかく人手で管理するわけですし、的確に与えれば効果もあります。上級を目ざす人には必須のものといえますが、よいことにしろ、悪いことにしろ、肥料から植物に何かする、ということは多くありません。

環境に順応し、自分の力だけで生育できるようになった植物が、その過程で一時的に利用するのが肥料なのです。あくまで大切なのは、株本体に力があって「上向き加減」であるのを確かめ、適期（主に春～初夏）に適量を与えるようにすることです。肥料自体の成分や質はその次の問題。死にそうになった株を、たちどころに蘇生させてくれるような「特効薬」はないと考えましょう。

ミズゴケ

杉皮

ミズゴケと
杉皮のミックス

植え替え（とくに植え込み材について）

パフィオペディルムほど、植え込み材に何を用いるかで意見の分かれるランは他にありません。愛好家が数人集まると、「ミズゴケの質がどう」とか「ミックスコンポストに何を混ぜる」など喧々諤々しているさまがよく見られます。

まず、一般的に使われている主な材料を挙げてみましょう。

●ミズゴケ

日本では古くから普及していて、ランの植え込みでは代表格と言っていい材料。入手は容易だが品質差が顕著で、一定以上のものを求めると高額になる。初心者でも扱いやすく、植え込んだ際の美観がよいので好んで使う方が多くいる。保水性が高く、頻繁に水やりができない人には適している。小苗や、根の傷んだ株の回復目的でも使われる。

●杉皮

クリプトモスと呼ばれることもある。20年くらい前から使われ出して、あっという間に普及した。植物が植物を育てるということを実感できる材料。材質はバークに近いが、繊維状になっているため、ミズゴケの要領で扱うことができる。保水性がよくないので、植え込んでしばらくは水やりできることが条件。そのため、ミズゴケと混ぜ合わせるのが一般的な使われ方となっている。根はよく伸びるが、長持ちしないのが欠点。取り扱う店も多くないが、熱烈な信奉者はたくさんいる。

●バーク／礫

ミックスコンポストとも呼ばれ、世界的には圧倒的にこちらが主流。植え込みが容易で、材料の粒の大小を変えることで保水性が調節できることが長所。すでにミックスされた状態で販売されていることもあるが、各材料を買い揃え、自分で混ぜ合わせるのが一般的。そのため、少量用いる場合にはコスト的に割高になるので注意。通水性が高く、頻繁に水やりができる人に適している。

小粒のミックス
コンポスト

大粒のミックス
コンポスト

鹿沼土（バーク
とのミックス）

●鹿沼土

東洋ランでは一般的な植え込み材料だが、洋ランではあまり使われていない。しかし通水性が高い反面、粒に水分が残りやすく、それがパフィオペディルムの一部（中国産小型種など）と絶妙に相性がよいことが発見されるや、広く見直された。単用ではなく、粒の大きさが釣り合うバークと混ぜ合わせるのがポイント。この植え込みをした場合、過湿に注意しなければならない。また、あまり長持ちもしないようなので、年に最低一度は交換する必要がある。

結論から述べると、これらの植え込み材のどれがベストというのはありません。どんな材料でも基本を守りさえすれば、まずまず結果を出すことができます。しかし、同じ材料を同じように使っても、環境やその人の技術と相性があります。使いやすさも人それぞれですし、どういう場所で、どれくらいの頻度で水を与えられるかでもおのずと差はついてしまいます。

長年パフィオペディルムを栽培していると、植え替えはむしろ「材替え」と呼ぶべきで、すべての植え込みというのは、次に交換するまでの仮の状態のようなものと思えてきます。先にも申しましたが、パフィオペディルムはそもそも地生ランです。新芽はつねに新しい土壌環境を求め、移動する習性を持って伸びています。株が生きている限り、完結した植え込みというのは本来ありません。この奥深さがさらに興味を掻き立てるのです。

花を作る楽しみ（台頭が待たれる若手育種家）

「ランの品種改良」と聞けば、多くの人は、自分とはまったく無縁の高度な世界と敬遠しがちです。確かにランは種子植物ではあっても、一般の草花のように花壇に種を播けば、ひとりでに発芽してくるものではありません。人工授粉（交配）によって実らせた子房（シードポッド）を播種し、立派な苗にするには専用の設備と特殊技術が求められます。

しかし、交配の技術だけを考えれば、パフィオペディルムは初心者向きで、基礎を学ぶ好材料と呼べるランの1つです。まずは過去に行われ、結果の出た花と、その両親を見比べてみてください。どこが親の色彩や形質を受け継ぎ、どこまで交配者の目的を達成しているのか、何となくわかるはずです。そこから興味が持てるようであれば、即、実践です。特別優れた親を使う必要はありません。「この花とこの花をかけ合わせたらどんな花が咲くだろう」という好奇心だけで十分なのです。もちろん、結果を見るには5年前後の時間がかかりますが、自らの手による交配が開花を迎えたときの感動は何にも例えようがありません。

パフィオペディルムの歴史、それはすなわち交配と改良の歩みです。Harrisianum（ハリシアヌム。記録上、最古の交配とされる）が誕生したのが1869年ですから、我々人類は間もなく「パフィオ改良150年」という大きな節目を迎えることになります。これから21世紀を担う若い世代には、ぜひとも新品種作出の喜びを体感し、ゆくゆく歴史の継承者となって欲しい、そう願わずにはいられません（興味のある人は、パフィオの交配に情熱を傾けた「近代パフィオの父」木村資生博士の伝記もお読みください）。

ファレノプシス（コチョウラン）の育て方

万花園・阪上広和

ファレノプシスはこんなラン

東南アジアを中心に、北部オーストラリアまでの広い範囲に自生するラン科植物です。自生する環境は、風通しのよい、柔らかい日光が長時間当たる樹上で、木の幹や枝に根を張りめぐらせて生活をしています。

現在では、ギフトなど幅広く需要があるため、温度管理をして、年間を通して花付き株を見ることができますが、本来の花期は、冬から春になります。

置き場所

花が咲いている間は、室内のお好きな場所に飾って花を存分に楽しみましょう。ただし冬場は、玄関などの冷たい外気が直接吹き込む場所での鑑賞は避けてください。花が終わり、株だけになったら基本的には窓辺で栽培をしますが、注意する点があります。冬場の窓辺周辺は非常に温度が下がり、ファレノプシスにとっては寒すぎます。面倒ですが、夕方から朝までは窓辺から遠ざけて、できるだけ暖かい部屋に置いてあげましょう。また、発泡スチロールの箱に入れて蓋をすることで保温効果があります。

ギフト用に需要の高いファレノプシス。

夏〜秋に咲く原種のベリーナ。

ミディ系のキティフェイス。

ミディ系のメイリー。

ファレノプシス レオパード・プリンセス。

春からは日差しがどんどん強くなりますので、葉焼けに注意が必要です。葉が少し黄色く変色してくるようであれば、少し日差しの弱い場所に移動するか、遮光ネットなどを用いて日差しを遮ります。

一年中室内での栽培でも問題はありませんが、晩春から初秋の生長期は風通しのよい屋外での栽培をお勧めします。その場合は雨が直接当たらない軒下などで栽培することにより、病気が発生するリスクを軽減することができます。

日当たり

木漏れ日のような柔らかい日光に少しでも長い時間当てることでよく生長し、開花へと近づくことになります。夏場など温度の高い時期に直射日光や強い日光に当ててしまうと、あっという間に葉が黄色に変色してきます。その環境が続くと葉の表面が黒くなり、葉焼け（やけど）の状態になって株の状態も見た目もよくありませんので、こまめに注意して観察をします。

逆に、日光がまったく当たらない場所で栽培すると、光合成ができず健全に株が生長しません。その結果、開花しないことになりますので適切な日光量の下で栽培をしましょう。遮光率の目安は、４月上旬から９月上旬頃は70%遮光。９月中旬から３月下旬は50%遮光です。また、扇風機や葉水などで葉表面の温度を下げることで、目安の遮光率より明るい環境で栽培をしても葉焼けが起こりにくくなります。

水やり

ほとんどのランに共通することですので、しっかりと覚えておきましょう。水やりの基本は「植え込み材料がしっかり乾いたらたっぷり水やりをする」です。

水やりは、多くても少なくても株に重大なダメージを与えてしまいます。どちらかの状態が長く続いてしまうと根腐れまたは水切れを起こし、やがて枯れてしまいます。同じ環境で栽培をしていても植え込み材料と鉢の組み合わせ・株の状態によって１鉢１鉢の乾き具合が異なるので、植え込み材料の表面を指先で軽く触り、乾き具合を確認してから行うとよいでしょう。

夏場などの温度が高い時期は「植え込み材料の表面を触って、乾いていたら鉢底から流れ出るくらいたっぷりと水やりを行う」、秋から春までの温度の低い時期は「植え込み材料の表面を触って、乾いていたら３～５日後に水やりを行う」ようにします。

多くの方が失敗するのは、水の与えすぎによる根腐れです。しっかりと乾き具合を確認してから、水やりを行うようにしましょう。

● 植え込み材料と鉢の組み合わせ（乾きやすい順）

①バーク＋素焼き鉢＝乾きやすい
②バーク＋プラスチック鉢＝やや乾きやすい
③ミズゴケ＋素焼き鉢＝やや乾きにくい
④ミズゴケ＋プラスチック鉢＝乾きにくい

施肥

生長期である春から秋までは、液体肥料を規定倍率に薄め、１週間から10日に１度の頻度で水やり代わりに液体肥料を施します。８月は温度が高く、肥料が効きすぎることによって根を痛める可能性があるので、規定倍率より少し多めに薄めて施すと安全です。

また、生長期ではない寒い冬場に肥料を施すことは株や根自体に重大なダメージを与えることになるので絶対に避けてください。開花中・開花後（お礼肥）にも肥料を施さないでください。ファレノプシスには、固形肥料は施しません。

病害虫の防除

置き場所の説明で、晩春から初秋の生長期は風通しのよい屋外での栽培をお勧めしましたが、屋外栽培の場合は、ナメクジの食害には十分に注意してください。とくに、ジメジメした梅雨の季節は、ナメクジが活発に活動します。春から順調に生長を続けている大切な柔らかい新葉を食べられてしまうと、これまで栽培してきた苦労が無駄になってしまいます。そこで、ナメクジ駆除剤を使用します。粒剤や液剤がありますが、一般的に粒剤は水がかかると効果が薄れてしまうので屋根つきの容器の中に粒剤を置くタイプのものをお勧めします。また、軟腐病にも注意が必要です。この病気は高温多湿の環境で発生しやすく、葉が腐ったようにブヨブヨになり、独特な嫌な臭いがします。その場合は十分に消毒したハサミで切り取り、乾燥した場所に移動します。症状が葉全体に広がっている場合などは、ほかの株に伝染しないうちに、隔離または残念ですが処分することをおすすめします。

植え替え

水やりの説明で植え込み材料と鉢の組み合わせによる乾き具合の解説をしましたが、ここでは鉢内の乾き具合が指先で確認しやすい、私のおすすめの「素焼き鉢＋ミズゴケ植え」の植え替えをご紹介します。

植え替えには、次の２種類の方法があります。

● 鉢増しでの植え替え

植え込み材料がさほど傷んでない場合に根鉢を崩さずに植え替える方法（鉢を抜いてミズゴケが薄茶色のような色の場合）

鉢を抜き、そのまま根鉢（写真①）を崩さずにその周りに新しいミズゴケを巻き（写真②）、これまでの鉢よりひと回り大きな素焼き鉢に親指を使い、株が鉢の中心にくるように丁寧に植え込んでいきます。（写真③、④）。株を持ってぶら下げても、鉢が抜けなければ完成です（写真⑤）。

● 植え込み材料をすべて外す植え替え方法

植え込み材料がかなり傷んでいる場合、植え込み材料をすべて取り替える方法（鉢を抜いてミズゴケが黒くなって腐っている又は粉状になっている場合）

鉢を抜き、指先で優しく根を傷めないようにミズゴケをすべて取り除きます。消毒したハサミでブヨブヨになって傷んでしまった不要な根をすべて切って掃除します（写真⑥）。次に、ミズゴケを拳ほどのボール状にして、それを根に抱きかかえさせ（写真⑦）、根の周りにもミズゴケを巻いて根全体が隠れるようにします。また、一番下の葉の付け根までしっかりとミズゴケを巻きます（写真②）。これまでよりひと回り大きな素焼き鉢に親指を使い、株が鉢の中心にくるように丁寧に植え込んでいきます（写真⑧）。株を持ってぶら下げても鉢が抜けなければ完成です（写真⑤）。

植え替え時期は八重桜の咲く頃が適しており、植え替えたあと、２週間ほど水やりを控えると、水を求めて新しい根が動き出します。このとき、施肥は一切必要ありません。

写真①

写真②

写真③

写真④

写真⑤

写真⑥

写真⑦

写真⑧

きれいに咲かせるために

花芽は、太陽の方向に向かって２～３か月かけてゆっくりと花茎を伸ばしていきます。そのときに鉢の向きを変えたりすると、開花したときの花の向きがバラバラになってしまいますので、あまり鉢の向きを変えないようにします。また、ファレノプシスの花茎は長く伸び折れやすいので、支柱とビニールタイを使って保護、誘導してやります。まだ花芽が伸びている途中は、ビニールタイはしっかりと締めず、ゆるめに優しく留めるようにします。

年間の管理

置き場所		６月から９月は雨の当たらない屋外 10月から５月は温かい室内。
日当たり		４月上旬から９月上旬頃は 70％遮光。 ９月中旬から３月下旬は 50％遮光。
施　肥		５月から９月頃に規定倍率に薄めた液肥 10 日から１週間に一度与える（８月は薄めにする）。
水やり	夏場	植え込み材料の表面が乾いていたらたっぷりと水やりを行う。
	秋から春	植え込み材料の表面が乾いていたら３日から５日後に水やりを行う。

上記の管理を参考にして株を充実させると、10月から１月頃には葉と葉の間から花芽が伸び始め、２月から５月頃には立派な花を咲かせます。ファレノプシスは１輪１輪の花寿命が長く、１花茎すべての花が枯れるまでに３か月ほどかかる場合があります。それを最後まで楽しむと株が疲れてしまい、翌年の生長に影響が出る場合があるので、１花茎の半分くらいの花が枯れてきたら花茎の元から切り、花瓶に差して楽しみましょう（写真⑨、⑩）。

ふやし方

ランは株の姿から大きく単茎性種と複茎性種の２つに分けることができます。ファレノプシスは単茎性種（写真⑪）で、１本の茎が次々と上に葉を増やす性質があり、めったに親株の腋から芽が出ないため、基本的には株分けで増やすことができません。現在、流通しているファレノプシスのほとんどはクローン技術を使って増殖させたものです（バンダ、アンクレアムなど）。

複茎性種（写真⑫）は毎年、新芽が株元から出て株が増えていくので、増えたバルブ（茎）を数本ずつに切り離し、株分けをすることで増やすことができます（カトレア、オンシジウム、シンビジウムなど）。

写真⑨

写真⑩

写真⑪
（単茎性種。
写真はバンダ）

写真⑫
（複茎性種。
写真はデンドロビウム）

昭和５年発行『実際園芸』連載記事に学ぶラン科植物の栽培

昭和が幕を開けた頃、ランはどのように栽培されていたのでしょうか。当時発行された園芸雑誌では、時の園芸人の情熱と、すぐれた栽培技術の一片を伺い知ることができます。

戦前に発行された園芸雑誌、『実際園芸』（小社刊）を見た人は、その内容に衝撃を受けるでしょう。関東大震災からわずか7年後に発行された充実の誌面には、豊かな園芸文化がぎっしりと詰まっています。

熱く支持された園芸雑誌『実際園芸』

明治から大正にかけて、日本では数多くの園芸雑誌が出版されました。中でも大正15年（1926年、昭和元年）創刊、編集者・石井勇義氏による『実際園芸』は、その充実さで熱く支持されました。

この雑誌について遊川知久氏は、次のように記しています（※1）。「まったくのところ、この雑誌が日本の園芸界に与えた影響は、空前絶後といってもよいほどのものでした。いまは大家となった先輩たちも、青年の日に親しんだ『実際園芸』を懐かしい級友のことのように語られます。石井のねらいは、「実際」の2文字が示すように、役に立つ情報、記録すべき事柄を、正確に、そして迅速に伝えることでした。（中略）なぜ卓越していたかは、石井のずばぬけた情熱とともに、情報源を見出すセンスによるところが多いように思われます」。

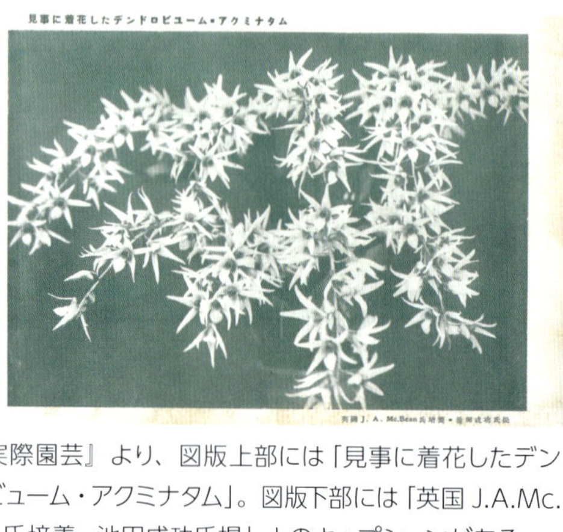

『実際園芸』より、図版上部には「見事に着花したデンドロビューム・アクミナタム」。図版下部には「英国 J.A.Mc.Bean 氏培養・池田成功氏提」とのキャプションがある。

連載企画「蘭科植物の栽培」

石井氏は、当時、ごく限られた人しか耳にしたこともなかったランという植物にいち早く注目し、連載企画「蘭科植物の栽培」を立ち上げました。このとき、執筆者に依頼されたのが、新宿御苑に勤めていた岡見義男氏です。

新宿御苑には明治27（1894）年に新温室ができ、ランが育てられていましたが、「パフィオ、シンビジュームのなかで、ごくありふれたものが栽培されていたのである。なにしろ竹をフレームの下に並べて熱湯を通したり、フレームの下に湯タンポをいれたり、それこそ大変な苦労」があったと、当時を知る後藤兼吉氏は後に語っています（※2）。

ランの栽培はまだ確立しておらず、手軽に読める参考書もありません。1つずつ、手探りで模索していった時代でした。

岡見義男氏は、明治40（1907）年に芝政則中学校を卒業後、新宿御苑に勤め、明治43（1910）年に英国へ園芸視察し、明治45（1912）年には英国キューガーデンに研修生として入学します。大正2（1913）年に日本へ戻り、再び新宿御苑に勤めています。

英国で最先端の園芸に触れた岡見が執筆する蘭科植物の栽培」の連載記事は当時、ランを育てる多くの人に強く支持されました。

ランの栽培についてていねいに説き、ランの魅力を熱心に伝える文章の瑞々しさは、今の時代にあっても決して色あせるものではありません。本書では、あえてそのままの誌面を紹介し、現代の読者にも、その熱を感じていただければと考えます。また、とくに興味深い箇所についての解説を、谷亀高広氏にお願いしました。

引用
※1 遊川知久『園芸通信』（1996年9月号）
※2 小田善一郎編「あけぼの」（1982年）

⬅昭和5年発行『実際園芸』。表紙は色鮮やかなカラー。昭和5年7月1日発行。総102ページ。定価80銭、送料1銭5厘。

➡図版上部のキャプションは「三井農園に咲いた蘭科ファアリノプシス二種」。

⬇シペリピデューム・メィジー（Cyperipedium maisie）と紹介されているパフィオペディルム。パフィオペディルム属がシペリペディウム（アツモリソウ）属から独立するのは1970年代のこと。

⬆同年8月号の口絵ページ。キャプションは「神奈川県大磯に於ける池田農園温室の一部　＝池田成功氏経営＝」。当時隆盛を誇った池田農園（＝日本園芸）の様子で、敷地中央には煙突が見える。

連載講座

蘭科植物の栽培（六）

新宿御苑 岡見義男

1

蘭の繁殖法

蘭に限らず凡ての植物でも同樣であるが貴重な植物や珍奇な種類は學術的にも娯樂方面からしても種族の保存上繁殖の必要があり品種改良や優良新種の作出には是非共實生に依るもので殊に營利的栽培者に於ては繁殖法の技能如何に依つて莫大な利益を得らるゝ事にもなるのであるから栽培と同時に繁殖法の一般も是非研究せられたいのである、蘭の繁殖法を大別して見ると大體左の三法となるのである。

2

一、株分 二、伏木 三、播種

株分法

總ての蘭が大株になれば必要に應じて分殖する事が出來得る樣になるのであるが事實上は愛蘭家の立場からすると大株を所有する事が一つの誇りであり裝飾室内に大株ものの點々として配列されたのは最も立派なものであり年を增す毎に益々貴重な價値あるものとなるのであるから栽培上室の都合や營利を目的とするものは分離增殖を行ふ事は止むを得ないとして然らざる場合の外は餘り分殖する事は望ましくないのである。然しながら種類に依つては大株にする事は施水に注意を要するし開花の率が少なくなる事があるので斯樣な種類は小鉢仕立とすべきである、株分法は種類や性質に依つて其の方法や時期も異るのであつて例へばパフィオペヂラムの如く年々多數の新芽を發生して繁殖するものは希望に依つては何程でも分殖する事が出來得るし、幹を有し各節より氣根を發生する氣生種例へばバンダテレス、レナンセラ、等は其の根の下部より切放てば一本の株より多きは數本に分離增殖せしめる事が出來得るのであつてバンダトリコラーやバンタプシスロウキーの如きは年數を經て相當の高さに達すると幹の中下部の節より新芽を發生し兩三年にして新芽の下部より根を生ずる樣になるので初めて親株と切離して增殖するのである、此處に注意されたいのは分殖の時期

3

4

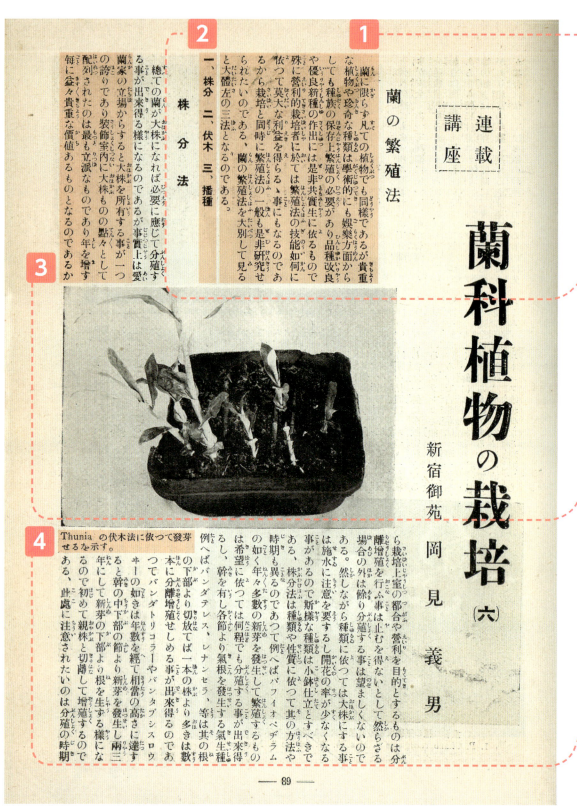

Thunia の伏木法に依つて發芽せるを示す。

— 89 —

※赤い地色は今回わかりやすくするために敷いたもので、原本にはない。

1

岡見氏の記事より

実生でどんどん増やすべし
増やすほどに莫大な利益を得らるる

蘭に限らず、すべての貴重な植物や珍奇な種は、学術的にも娯楽的にも、保存をするために繁殖が必要。品種改良や優良品種の作出も、ぜひ実生で！特に営利的栽培者は、繁殖法の技能いかんによって莫大な利益を得られることにもなるのだから、栽培と同時に繁殖法の一般もぜひ研究していただきたい。

谷亀氏の所見

この時代、洋ランの株数は大変少なく、栽培する人もごく限られた人たちでした。温室も現在のような自動で温度調節が可能な石油ストーブなどではなく、人が燃料をくべて温めるストーブによって加温していましたから、温室の維持自体に多大な経費と手間がかかりました。当然、今とは比較にならないほどランが希少で、高価だったのです。ランが組織培養によって大量増殖されるようになるのは1960（昭和 35）年以降で、その頃までラン科植物を短期間に大量増殖することはできなかったのです。好事家が貴重なランを大切に栽培・増殖させようと奮闘している様子が伺えます。

2

MEMO

ランの繁殖法を大別すると、この時代では次の３つ。
1．株分け　2．伏木　3．播種
伏木は挿し木、バルブ伏せ、高芽挿しなど
日本園芸が無菌培養で生産を開始したのは、この記事の翌年（昭和６年）のこと。

谷亀氏の所見

「伏木」は、今日でいう‘挿し芽’や‘高芽取り’を指すものと考えられます。無菌播種法は、アメリカのコーネル大学教授、ルイス・ナドソンによって 1922（大正 11）年に開発されています。ラン科植物の無菌播種による苗の生産が日本国内において開始されたのは、この記事が書かれた翌年、昭和６年からになります。

3

岡見氏の記事より

愛蘭家の立場からすると
大株を所有することがひとつの誇り

装飾した室内に、大株の蘭が点々として並べられている様子は大変立派。年を増すごとに、ますます貴重なものである。

谷亀氏の所見

ランを大株で栽培することは、今日でも容易ではありません。大株になると、苗の内側の通気が悪くなり、病害虫が発生しやすくなります。また、花を一斉に咲かせるために、新芽を出す時期を調節する必要があるなど、大株ならではの手間がかかります。もちろん、大株を置く充分なスペースも必要です。今日、これだけラン科植物が市場に氾濫していても、大株仕立てにし、栽培管理できる愛好家はほんの一握りです。今日でも「大株を所有する」ことは、ラン愛好家の誇りといってよいでしょう。アメリカ蘭協会などでは、状態よく栽培されている苗に対し、CCM（Certificate of Cultural Merit：栽培賞）という賞が定められており、苗を長年良好な環境で育成すること自体が高く評価されます。

4

MEMO

写真は、伏木法によって新芽が育ってきた様子。

谷亀氏の所見

ツニア（*Thunia*）はミャンマー、インド、タイなどに自生するランで、今日では数種が専門店に行けば容易に入手できます。花は美しいのですが、弁質が悪く長持ちしないため、展示会に合わせて咲かせることが難しい種類です。今日、廉価で販売されているランでもあり、わざわざ挿し芽で増殖させる愛好家は少ないでしょう。私たちは入手したランをもう少し大事にすべきなのかも知れません。

1

植替の場合其の後部の球茎を切離したる時、側芽の發生する見込みのあるものは各小鉢に一本づゝ水苔を以て植置けば暫くして發芽し續いて新根を發生するものであるから其の時期を見計ひ他の稍大形の鉢に移植すれば忽ちにして生育し早きは二三年にして立派に親株同様となり開花するものであるから優良な品種や貴重な種類等は植替の場合必ず後部の古球を捨てる事なく

と何れの株にも多少根を附着せしめて分離する事が安全であつて種類に依つては根が皆無でも分殖後發根するものもあるがバンダセルレアの如きは回復最も困難なものとされて居るのであるから特に注意されたい、カトレア、レリア等の如きは一球茎より同時に二芽を發生する事があり相當の年數に達すると分殖する事を得るが場合に依つては多數の球茎を有するものは先

伏木法に依り發芽せるを示す
1. CattleYa 2. Cymbidium 3, Miltonia

2

づ其の中間にナイフを入て切斷し置けば兩株より新芽を生ずるものであるから時期を見計ひ増殖する事が出來るのである。分殖の好時期に就ては各屬培養の項に於て述ぶる事とする。

伏木法

伏木とは古くより用ひられた俗稱で之れは適當な言葉が無いので止むを得ず附した名稱である、球茎や幹が多數の節を有するも根を發生せざる種類例へば、デンドロビユーム、チユニア等の如きは植替の場合或は必要に應じて後部の古き茎幹を切離し淺き種子播鉢か或は木製の淺き箱内に水苔を敷詰め其の上に二三節を一本として切斷するか或は其儘横に伏せ置けば其の節より新芽を出し暫くにして根を發生するので時期を見許ひ一本づゝ一鉢植とするもよし當分一鉢に多數寄植とするも随意である、カランセの如きは毎年新球茎を植付けるので古球茎は一球一鉢植とするもよく一鉢に多數寄植として置いても完全に發芽するものであるから繁殖は最も容易である、カトレア、シンビジユーム、ミルトニア等如何なる種類でも

3

左右二種の原種交配の結果中央花を得たるを示す
1. P. Chanberlainianm 2. Mrs. A. W. Sutton 3. Niveum

4

— 90 —

1

岡見氏の記事より

株分けで注意されたいのは時期
多少根をつけた方が安心

カトレヤ、レリアなどで多数のバルブを持つものは、あらかじめ中間にナイフを入れて切っておけば、両株から新芽を出すので、タイミングをみて分ければよい。

谷亀氏の所見

バンダ セルレアは単茎性種で、茎を切断してもなかなか脇芽を吹きません。茎が長く伸びる種類であるため、芽が吹かないと試みようとし、失敗した人もいたかもしれません。そもそも、この時代バンダの茎を切って、増殖を試みることができた人が一体日本中で何人存在したのか……。この情報は当時としてはたいへん貴重だったはずです。のちの時代に、無菌培養で大量にバンダの苗を得られるようになろうとは、当時の好事家は誰も考えなかったことでしょう。カトレアの苗にナイフを入れる方法は、今でもよく行われます。また、大株仕立てにする際、たくさんの芽を吹かせる方法として用いられます。

2

MEMO

写真は、伏木法によって新芽が育ってきたカトレア、シンビジウム、ミルトニア。

谷亀氏の所見

いわゆる今日でいう「バック吹き」という方法です。愛好会の株市には、こういった苗が今日でも並びます。植物を栽培する上で「増殖させる」という行為は、今も昔も大きな楽しみの一つと言えます。

3

岡見氏の記事より

後部の古株を捨てることなく
繁殖せしむべきである

カトレヤ、シンビジューム、ミルトニアなど、どんな種類でも、植え替えのときにバックバルブを切り離した場合、側芽の発生する見込みのあるものは、小鉢に1本ずつ水苔で植えておけば、早い場合は2～3年で親株同様になって開花する。優良な品種や貴重な種類は、植え替えのときにバックバルブを捨てないこと。

谷亀氏の所見

上記にもありますが、当時はランの苗数が少なく、とにかく殖やそうと努力されていたことが、文面から伝わってきます。今日でも、希少な苗はバック吹きによって増殖されます。そういった株は‘オリジナル分け株’と言われ、組織培養によって増殖された苗よりも一段上に扱われます。実は、組織培養による大量増殖は必ずしも完璧な方法ではなく、いわゆる‘メリクロン変異’と呼ばれる現象が起こることがあります。多くの場合変異を起こした苗は、オリジナル株より品質が低下します。株分けにより増殖された苗は品質に間違いがなく、高い価値があるのです。

4

MEMO

写真は、左右の原種を交配した結果、中央の交配種が作出されたことを示す。左から、
Paphiopedilum chamberlainianum
Paphiopedilum Mrs.A.W.Sutton
Paphiopedilum niveum.
すでにプライマリー交配に、注視していたことがわかる。ちなみに、ＲＨＳへの *Paph*. Mrs. A.W.Sutton の登録は、1902（明治 35）年のこと。

谷亀氏の所見

今日でもパフィオペディルムのプライマリー交配は行われており、挑戦的とも思える交配はなくもないのですが、この２種の交配は「たまたま花が咲いていたから交配してみた」というような雰囲気がないわけではありません。ある意味、この‘遊び’によって得られた知見が、その後のランの育種の世界を下支えする基盤になっていったのです。昨今、このような冒険的とも思える交配を積極的に行う育種家は多くはないでしょう。入賞花を出すことが期待される交配、高値が付くであろうと期待される交配…そういった胸算用が、今日ランを育苗する好事家の多くにあるはずです。それだけランという植物が一般化した、ということでしょう。

以上の方法に依つて繁殖せしむべきである。

播種

1

播種卽實生に依る繁殖法で普通の草花や野菜の種子等播下の樣な簡單なものではなく相當の手數と年數は要するが之れは蘭栽培上最も必要な條件の一つであり生命であるのであつて從つて蘭栽培の趣味も全く此處に存するのである、前にも述べたが花の交配より實生の發育狀態や開花までの想像は實に云ひ表す事の出來ない程愉快なものである、我が國に於ける熱帶產蘭科植物の實生に關する歷史は今より約三十四五年前の事で明治三十年頃より初まつたものである、歐洲に於ける蘭實生の歷史は可成り古いものであつて最初の成功者は英國エキジター（Exeter）に於ける最も有名であつたビーチ商會（Veitch）に於けるチエードミニー、（J. Dominy）氏であつて實生を試みたのは西曆一、八五三年で最初カランセ、カトレア、等に着手し、初めて開花したのが一、八五六年十月二十八日で其れが卽カランセ、ドミニー（Calanthe Dominii）で成功者ドミニー氏の名を取つて命名したのである、蘭の交配方法を傳授したのはハリス氏（Dr Harris）であつて Paphiopedilum Harrisianum は氏を記念する爲めに命名されたものである、以上の如く蘭の實生に成功して以來實生を初める者が多くなつて來たが一、八八七年に英國キユウ植物園のロルフ氏（Rolfe）が交配種の目錄を發行された時には僅か十五種であつたのが一、九〇七年にはオーキツドスタツドブツク、（Orchid Stud book）と稱する蘭實生の目錄が編纂され其の時には既に異屬との雜種が五百十七種で其の中三屬雜種か十四種も數へられてあり其の後交配種は非常な勢で作出され進步は目覺ましいもので年代を增す每に夥しく激增して現今では四屬雜種まで實現する樣になつた、我が國に於ける蘭の實生も近年長足の進步

Cattleya 實生の一年生より五年生までの發育狀態を示す

Paphiopedilum 一年生より五年生までの發育狀態を示す

2

『実際園芸』に掲載されていた「家庭向きの小温室一例」。

1

岡見氏の記事より

花の交配より実生の発育状態や開花までの想像は実に言い表すことのできないほど愉快なものである

蘭の実生は、ふつうの草花や野菜のタネをまくようなかんたんなものではなく、相当の手数と年数を要する。これは蘭の栽培上、最も必要なポイントであり生命。蘭栽培の趣味もここにある。

谷亀氏の所見

種子を無菌播種する技術が確立した今日と違い、当時は親株の根元に種子を播き、わずかな数の苗を得る「鉢播き」によって実生苗を得ていました。それだけに種子が発芽すれば喜びも大きかったと思われますし、大事に育成したことと思います。実生苗を得ることが今日より格段に難しかったはずで、その苗が開花株にまで育つ、ということは数少ないランの好事家にとってたまらない喜びであったでしょう。この鉢播きの時代に、今日までその名を残す銘品が作出されていきます。今日に残された銘品は、先人の熱意によって作出された芸術品なのです。

2

岡見氏の記事より

交配種は非常な勢いで作出され、進歩は目覚ましい

1887年に英国で発表された交配種はわずか15種だったが、1907年には異属間交配が517、そのうち3属種が14種も数えられており、その後も年代を増すごとにおびただしく激増し、近頃では4属間交配まで実現するようになった。

谷亀氏の所見

ランの育種の歴史は欧州のそれほど長くはありませんが、日本では古くから園芸を楽しんでおり、江戸時代になるとハナショウブ、ツバキ、サクラソウなど様々な植物を鑑賞対象とし愛好していました。また、メンデルの遺伝法則が認知される前から、日本人はアサガオを育種し‘変化アサガオ’を楽しむ文化があり、植物の育種に関する素養は古い時代から高かったと言えます。

明治維新以降、西洋から入ってきた洋ランを愛好する文化に触れた日本人は、世界に通用する洋ランの園芸品種を作出していきます。当時、日本においてランの育種に携わったのは元大名で、維新後華族に列していた人物や、実業家がほとんどでした。育種家として、水戸徳川家第14代当主の徳川圀斉氏、島津宗家第30代当主の島津忠重氏、旧米沢藩の士族出身で、実業家として知られる池田成功氏、大阪出身の実業家の加賀正太郎氏などが育種家として有名です。先人が行い作出した園芸品種はすべてサンダースリスト（ランの交配品種について、そのすべてを記録した書物。英国王立園芸協会＝RHSが管理）に記録されています。私たちは先人の残した品種改良の歴史を、この書物によって俯瞰することができるのです。

Cymbidium 實生の一年生より四年生までの發育狀態を示す

を以て發展しつつあつて幾多の交配種が作出されつつあるのであるが其の多くは本場の英國或は歐洲大陸ですでに作出れたものが多かつたのであるが近來優秀な品種が交配される樣になつたので近き將來には多數の優良種が作出發表される事は確實であり最近までに英國に於て發表された我が國に於ける實生新種のみでも二十六種に及んで居るのを見ても其の事實が證明して居るのである、蘭實生の歷史に就ては委しく述べたいのであるが限りある紙面であり前回實際園藝講座中に大略述べて置いたので此處では省略して現今に於ける實生法の實際に就て述べる事とする、實生法を述ぶる前に一寸申添へて置きたいのは實生に依つて出來上つた蘭の種名であるが之れは同屬に依る交配種は無論同屬名であつて例へば最初のカトレヤ (Cattleya) の交配種なる C. intermedia と C. Maxima との媒助種は矢張 Cattleya Dominiana であり二屬交配種は二屬名を連續して次の種名を隨意附するのであつて例へば Brassavola digbyana と Cattleya Mossiae との媒助種は Brasso-Cattleya Veitchii の如くであり三屬雜種も同樣で二屬交配種に又他種屬を交配した場合例へば最初の三屬雜種で一、八九二年にビーチ氏に依つて作出された Laelio-Cattleya Schilleriana と Sophronites grandiflora との媒助種 Sophro-Laelio-Cattleya Veitchii の如く最も繁雜なものとなり引續いて一、八九七年にはローレンス氏に依つて Brasso-Laelio- Cattleya Lindleano-elegans が顯はれ一、九〇一年から一、九〇七年頃には續々三屬雜種が出現する樣になり一部の者等には斯樣にして複雜な種名を附する事は將來考へものであり二屬或は三屬はまだしも四屬五屬の交配種となつては如何にも長名となりて從來のものは止むを得ずとするも今後は何とかしたいと云ふ處へ一、九一〇年に白耳義國ブラッセルに於て萬國委員會が開かれたので其の時の決議に依つて今後多種屬の交配新種に對しては作出者或は各々違つた人名を撰擇して命名する事とし尙其の語尾に ara の三字を附する事に規定したので其の以後の三屬以上の交配種に對しては皆摘用されて居るのである、左に其の例を掲げて見ると、

1. Vuylstekeara. (Cochlioda × Miltonia × Odontoglossum) 1912 年
1. Wilsonara. (Cochlioda × Odontoglossum × Oncidium) 1916 年
1. Rolfera. (Brassavola × Cattleya × Sophronitis) 1919 年
1. Charlesworthеara (Cochlioda × Miltonia × Oncidium) 1919 年
1. Potinara. (Brassavola × Cattleya × Laelia × Sophronites) 1928 年

以上の如くいづれも人名を附したのであつて最後の四屬雜種は佛國パリー市に於ける愛蘭家 M. Julien Potin 氏の名を取つて命名したものである、左に最近に於ける最も優良品種として有名且複雜なる雜種の一例を參考までに掲ぐる事とする。

1

岡見氏の記事より

我が国における蘭の実生も近年長足の進歩

我が国でも多くの交配種が作出されている。多くは英国や欧州ですでに交配されたものだったが、近年では優秀な新交配が多くされているので、近き将来には多数の優良種が作出発表されることは確実。最近までに英国で発表された我が国の実生新種のみでも 26 種に及ぶ。

谷亀氏の所見

当時は電子メールもＦＡＸもありませんから、登録用紙がはるばるイギリスに渡り、返事が返ってくるまでかなりの時間を要したはずです。そんな時代に日本人が 26 品種も新品種を登録していたことは驚くべきことと言えます。

『実際園芸』より、家庭向き小温室の内部のようす。

2

MEMO

「昭和初期の蘭界、こぼれ話」　片桐貞

私が昭和８年４月１日、神奈川県大磯町の株式会社池田農園（後の日本園芸株式会社）へ入社した午後、初めての仕事は無菌培養瓶からカトレヤの小苗を取り出して水苔とオスマンダー混用のコンポストをつめた素焼き鉢に植える作業であった。（略）当時既に戦後登録した小型シンビの Oiso や東洋蘭の一茎九花、フウラン、ファレノプシスなどの実生瓶があった。（略）昭和 12 年頃には、毎月 300cc フラスコを約 1200 瓶生産する体制を整え、一万瓶以上収容する特殊棚も作られた。当時の単価は三角瓶が 10 円、試験管は５円で、蘭のカタログも発行され国内はもちろん、台湾やハワイからも注文が来た。

引用
小田善一郎編「あけぼの」（1982 年）

3

岡見氏の記事より

多属間交配ではいかにも長名となって、複雑な種名を付することは将来考えもの

実生で生まれた蘭の名前について、ちょっと申し添えておきたい。カトレヤとレリアを交配するとレリアカトレヤというように呼ばれるが、２〜３の属であればまだしも４〜５属の交配となると名前が長過ぎる。1910 年の国際会議において、３属以上のものについてはルールを定めた。

谷亀氏の所見

この原稿が書かれた当時、育種家たちは新しい花の可能性を求め、盛んに多属間交配を行っていたのでしょう。実験的ともいえる交配の結果、今日に繋がるランの育種の歴史が確立していったのです。近年のＤＮＡ解析による属レベルの分類の再検討によって、かつては別属に分けられていたものが同一属に統合された例もあります。つまり３属間交配とされていたものが今日の分類体系では２属間交配になった例もあります。

➡『実際園芸』第九巻第一号のもくじ。左から６行目に「連載講座　蘭科植物の栽培（六）」とある。

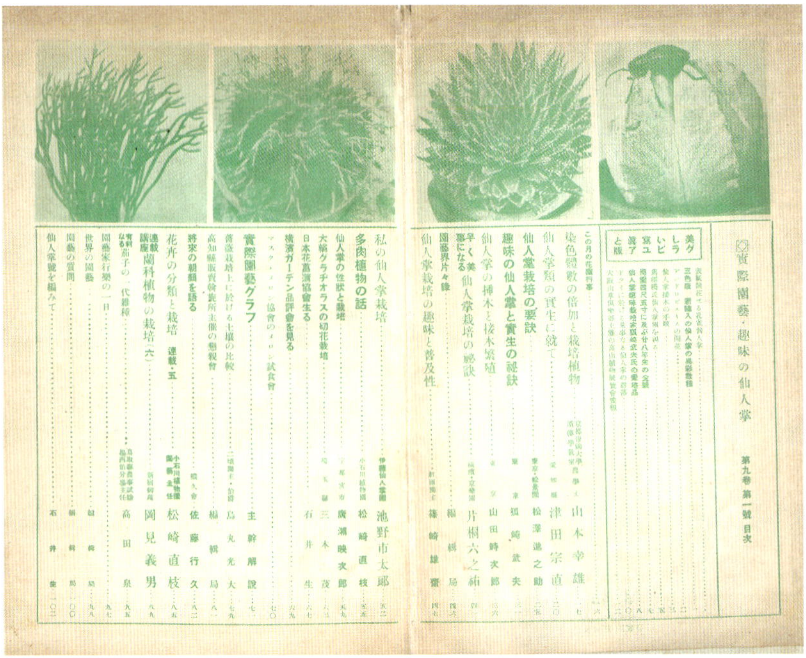

◎實際園藝・趣味の仙人掌　第九卷第一號目次

美しい寫眞と グラビユア版

表紙 開花せる孔雀仙人掌
三色版 新輸入の仙人掌の異彩數種
仙人掌接木の手數
周圍四尺五寸に及ぶ廿八年生の金鯱

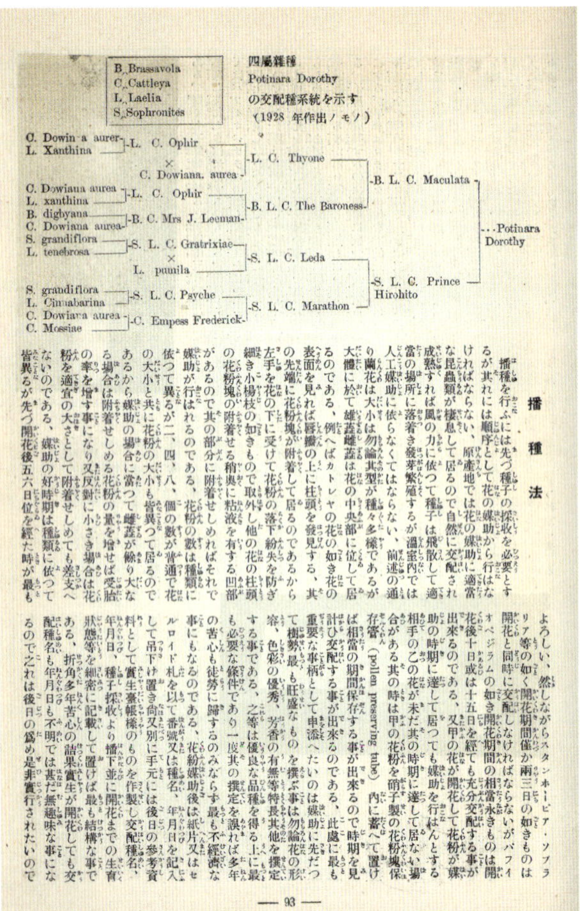

四屬雜種
Potinara Dorothy
の交配種系統を示す
（1928 年作出ノモノ）

B. Brassavola
C. Cattleya
L. Laelia
S. Sophronites

C. Dowiana aurea ┐
L. Xanthina ┘ -L. C. Ophir
× C. Dowiana. aurea → -L. C. Thyone
C. Dowiana aurea ┐
L. xanthina ┘ -L. C. Ophir
B. digbyana ┐
C. Dowiana aurea ┘ -B. C. Mrs J. Leeman
→ -B. L. C. The Baroness
-L. C. Thyone × -B. L. C. The Baroness → -B. L. C. Maculata
S. grandiflora ┐
L. tenebrosa ┘ -S. L. C. Gratrixiae
× L. pumila → -S. L. C. Leda
S. grandiflora ┐
L. Cinnabarina ┘ -S. L. C. Psyche
C. Dowiana aurea ┐
C. Mossiae ┘ -C. Empess Frederick
→ -S. L. C. Marathon
-S. L. C. Leda × -S. L. C. Marathon → -S. L. C. Prince Hirohito
-B. L. C. Maculata × -S. L. C. Prince Hirohito → ...Potinara Dorothy

播種法

播種を行ふには先づ種子の採收を必要とするが其れには順序として花の媒助から行はなければならない、原産地では花の媒助に適當な昆蟲類が棲息して居るので自然に交配され成熟すれば風の力に依つて種子は飛散して適當の場所に落着き發芽繁殖するが溫室内では人工媒助に依らなくてはならない、前述の通り蘭花は大小は勿論其型が種々多樣であるが大體に於て雄蕊雌蕊は花の中央部に位して居るのである、例へばカトレヤの花の如き花の表面を見れば唇瓣の上に柱頭を發見する、其の先端に花粉塊が附着して居るのであるから左手を花の下に受けて花粉の落下紛失を防ぎ細き小楊枝の如きもので取外し他の花の柱頭の花粉塊の附着せる稍奥に粘液を有する凹部があるので其の部分に附着せしめればそれで媒助が行はれるのである、花粉の數は種類に依つて異るが二、四、八、個の數が普通で花の大小と共に花粉の大小も皆異つて居るのであるから媒助の場合に當つて雌蕊が餘り大なる場合は附着せしめる花粉の量を增せば受胎の率を增す事になり又反對に小さき場合は花粉を適宜の大さとして附着せしめても差支へないのである、媒助の好時期は種類に依つて皆異るが先づ開花後五六日位を經た時が最もよろしい、然しながらスタンホーピア・ソブラリア等の如く開花期間僅か兩三日の如きものは開花と同時に交配しなければならないがパフィオペジラムの如き開花期間の相當永きものは開花後十日或は十五日を經ても充分交配する事が出來るのである、又甲の花が開花して花粉が媒助の時期に達して居つても媒助を行はんとする相手の乙の花が未だ其の時期に達して居ない場合がある其の時は甲の花粉を硝子製の花粉塊保存管（pollen preserving tube）内に蓄へて置けば相當の期間保存する事が出來るので時期を見計ひ交配する事が出來るのである、此處に最も重要な事柄として申添へたいのは媒助に先だつて樹勢最も旺盛なものを撰ぶ事は勿論花の形容、色彩の優秀、芳香の有無等特長其他を撰定する事である、之等は優良な品種を得る上に最も必要な條件であり一度其の撰定を誤れば多年の苦心も徒勞に歸するのみならず最も不經濟な事にもなるのである、花粉媒助後は紙片又はセルロイド札を以て番號又は種名、年月日を記入して吊下げ置き尚又別に手元には後日の參考資料として實生臺帳樣のものを作製し交配種名、年月日、種子採收より播下並に開花までの生育狀態等を細密に記載して置けば最も結構な事である、折角多年苦心の結果實生が開花しても交配種名も年月日も不明では甚だ無趣味な事になるので之れは後日の爲め是非實行されたいので

— 93 —

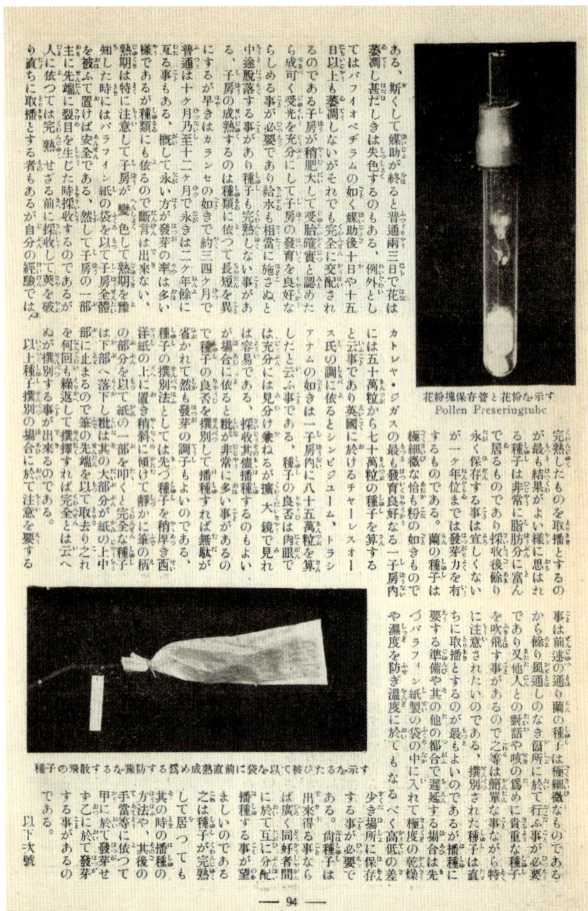

ある、斯くして媒助が終ると普通兩三日で花は萎凋し甚だしきは失色するのもある、例外としてはパフィオペヂラムの如く媒助後十日や十五日以上も萎凋しないがそれでも完全に交配されるのである子房が稍肥大して受胎確實と認めたら成可く受光を充分にして子房の發育を良好ならしめる事が必要であり給水も相當に施さぬと中途脫落する事があり種子も完熟しない事がある、子房の成熟するのは種類に依つて長短を異にするが早きはカランセの如きで約三四ケ月で普通は十ケ月乃至十二ケ月で永きは二ケ年餘に亙る事もある、槪して永い方が發芽の率は多い樣であるが種類にも依るので斷言は出來ない、熟期は特に注意して子房が變色して熟期を豫知した時にはパラフィン紙の袋を以て子房全體を被ふて置けば安全である、然して子房の一部主に先端に裂目を生じた時採收するのであるが人に依つては完熟せざる前に採收して莢を破り直ちに取播とする者もあるが自分の經驗では

花粉塊保存管と花粉を示す
Pollen Preseriugtube

完熟したものを取播とするのが最も結果がよい樣に思はれる種子は非常に脂肪分に富んで居るものであり採收後餘り永く保存する事は宜しくないが一ケ年位までは發芽力を有するものである。蘭の種子は極細微な恰も粉の如きものでカトレヤ・ジガスの最も發育良好なる一子房内には五十萬粒から七十萬粒の種子を算すると云事であり英國に於けるチャーレスオース氏の調に依るとシンビジユーム、トラシアナムの如きは一子房内に八十五萬粒を算したと云ふ事である、種子の良否は肉眼では充分には見分け兼ねるが擴大鏡で見れば容易である、採收其儘播種するのもよいが場合に依ると粃が非常に多い事があるので種子の良否を撰別して播種すれば無駄が省かれて然も發芽の調子もよいのである、種子の撰別法としては先づ種子を稍厚き西洋紙の上に置き稍斜に傾けて靜かに筆の柄の部分を以て紙の一部を叩くと完全な種子は下部へ落下し粃は其の大部分が紙の上中部に止まるので筆の先端を以て取去りこれを何回も繰返して撰擇すれば完全とは云へぬが撰別する事が出來るのである。

以上種子撰別の場合に於て注意を要する事は前述の通り蘭の種子は極細微なものであるから餘り風通しのなき箇所に於て行ふ事が必要であり又他人との對話や咳の爲めに貴重な種子を吹飛す事があるので之等は簡單な事ながら特に注意されたいのである、撰別された種子は直ちに取播とするのが最もよいのであるが播種に要する準備や其の他の都合で遲延する場合は先づパラフィン紙製の袋の中に入れて極度の乾燥や濕度を防ぎ溫度に於てもなるべく高低の差少き場所に保存する事が必要である。尚種子は出來得る事ならば廣く同好者間に於て互に分配播種する事が望ましいのである之は種子が完熟して居つても其の時の播種の方法や、其後の手當等に依つて甲に於て發芽せず乙に於て發芽する事があるのである。

種子の飛散するを豫防する爲め成熟直前に袋を以て被ひたるを示す

以下次號

— 94 —

4章

洋ランの
学名について

洋ランの学名はなぜ変わる？

須和田農園・江尻宗一

学名は世界共通の名前

植物にはさまざまな呼び方（名前）がありますが、主として一般的に呼ばれる名前（一般名）と学術名（学名）があります。

一般名は日本では和名といいますが、英語圏ではコモンネーム（Common Name）と呼ばれ、その国や地域により同じ植物がさまざまな名前で呼ばれ、親しまれています。

一方、学名は世界共通の名前で、学名をしっかりと覚えれば、世界のどこへ行っても同じ名前で1つの植物を表すことができます。洋ランでいえば、日本でコチョウラン（和名）と呼ぶ植物は、英語圏ではモスオーキッド（Moss Orchid 旧英名）と呼んだりバタフライオーキッド（Butterfly Orchid 新英名）と呼んだりします。それでは、この植物の学名は何というのでしょうか。

Phalaenopsis（ファレノプシス属）という名前が学名で、この名前を使えば植物をよく知る世界中の人が理解できる共通の名前ということになります。

洋らんは一般の草花などと異なり、和名がついているものが非常に少なく（コチョウラン以外は現在ほとんど使われていません）、多くの洋ランは交配種も含めて、本名である学名で呼ばれています。

明治初期に洋ランが日本に入り始めた頃は、洋ランにも和名がつけられたのですが、コチョウラン以外は現在ではほぼ残っていません（オンシジウム＝ムレスズメラン、カトレア＝ヒノデランもしくはアサヒランなどがありました）。なぜせっかく考えた洋ランの和名が現在ではなくなっているのか不明ですが、やはりその言葉の持つ響きと花とのマッチングがうまくかみ合わないと残っていかないのではないかと思います。

というわけで、洋ランを扱う場合は、つねに学名で植物を呼ぶことになります。これは、覚えるのは面倒ですが、一度覚えてしまえば世界共通の名前ですからどこへ行っても、言葉は通じなくとも植物の名前は学名を書けば通じるので、大変便利なわけです。

概して学名は長い名前が多いため、日本語の中でこの学名を使うときはしばしば省略形で使われることが多くなります。それでも学名の一部をきちんと使っていると見なしてよいと思います。洋ランの学名では、たとえばパフィオペディルムをパフィオと省略し、デンドロビウムをデンドロと省略することはよくあります。よほど短い洋らんの学名以外は省略して呼んでいるといってもよいでしょう。これは日本語に限らず、他の言語を使っている人もやはり学名を省略して呼ぶことがあります。

変わりつつある植物の学名

さて、この学名ですが一般的には不変の名前で、変わることがないと思われています。ところが近年、洋ランをはじめ、植物界では学名が次々と変わってきています。

上記のように、洋ランは普段から植物名を学名で呼ぶために、近年の学名変更はプロアマ問わず、直接洋ランを栽培する私たちに影響を及ぼしています。じつは、洋ラン以外の草花もかなりの学名変更が出ていますが、これらの草花類は一般名（和名）で呼ぶことが多いため、一般的には気づかれずにいることがほとんどです。

何で学名が変わるの？と思われるのが当たり前ですが、じつは「学名は変わって当たり前」と思っていた方がよいのかもしれません。

そもそも植物の学名とは、植物分類学者が植物の特徴を細かく分析し、同じような特徴を持ったものをまとめて科、属、種などに分けて表した名称です。古くは植物形態学といって、花弁の数、花弁の付き方、花粉の付く位置、花粉の数などで分類をしていました。簡単にいえば花の見た目が似ていると同じグループとなり、同じ科、同じ属という具合に分けられていました。これは、植物分類学が始まってから近年までずっと続いてきた分類方法でした。

洋ランが世界で発見され始めた（ヨーロッパ人が発見した時代を指します）1700年代には、ほぼすべてのラン科植物は*Epidendrum*（エピデンドルム属）として分類された記録があります。みなさんよくご存じの*Cymbidium*（シンビジウム属）ですら一番初めの分類では*Epidendrum*（エピデンドルム属）でした。これは恐らく花の構造が似ていたからと思われますが、現在の分類でいえばラン科植物としての花の基本構造による分類であったことがわかります。すなわち3枚の花弁と3枚の萼片、そして花弁の1枚がリップという特殊な形状になり、おしべとめしべは蕊柱（ずいちゅう）とよばれる一体の構造となった部分に形成され、花粉は粉ではなく花粉塊と呼ばれる大きな塊であるといった構造ということになります。

見た目もまったく異なるのに何で同じ名前だったの？と思われるでしょうが、植物分類学がまだ始まったばかりの頃は、花の構造だけで分類していたことがよくわかる事例と思われます。

その後、世界各地で多くのラン科植物が見つかり、ヨーロッパへ持ち込まれると、本格的なラン科植物の分類が始まります。一番初めはすべて*Epidendrum*（エピデンドルム属）であったラン科植物も、次第に*Cymbidium*（シンビジウム属）、*Cattleya*（カトレア属）、*Dendrobium*（デンドロビウム属）、*Oncidium*（オンシジウム属）など、私たちが今でも使っている名前に細分化されていきます。

1800年代には、ラン科植物の発見ラッシュが起こります。そして、ラン科植物の命名ラッシュも起きてきます。すなわち、ヨーロッパ各地の植物学者が、新しく南米や東南アジア、アフリカからヨーロッパに到

着する植物を研究し、正確な記録を取ったのちに次々と名前を与えていったのです。同じ植物について、ほぼ同じ時期に異なる植物学者が分類を行い、それぞれ新しい名前を与えて発表する事態にもなってきます。

コンピューターとインターネットの発達した現代とは異なり、それぞれの植物学者が命名した名前が長い期間お互いに知られることなく、同じ植物が異なる学名で取引されていたことも珍しくありません。ここで学名の混乱期が始まります。異なる学名の植物を入手して育てたら、同じ花が咲いたということもあったでしょう。このように学名は当初から整然と整理されて発表されたわけではなく、個々の植物分類学者が独自に新しい名前をつけていったわけです。

その後、この混乱を収拾するために、学名の優先権という考えが生まれます。広く読まれている植物雑誌（学会誌）に一番早く正確な記録を発表し命名された名前に学名としての優先権を与え、有効な学名とすることが決まります。わずかな日数の差でもあとから発表された名前は学名としての優先権は失い、シノニム（異名同種）として記録に残るのみとされました。

しかしながら、今日では航空機を使って数時間で移動できるヨーロッパ域内であっても、1800年代では情報が1つの国から別の国に伝わるまで、相当な時間がかかったと想像するのは難しいことではありません。そのため、学名を決める優先権の考えが広まって行くにしても時間がかかり、また各地で独自に分類され、命名された情報が互いに伝わるまでは、各地でつけられた学名がそれぞれ正しいこととなったわけです。そのため、いわゆる植物の学名が本来の意味で確定していくまでには相当の時間がかかり、1900年代になり、交通と物流がヨーロッパ域内で整えられてから、一定の効果が出てきたと考えられます。

この学名の成り立ちについては、少々ややこしい話ではありますが、近年の学名の変更と無縁ではないので、とりあえず覚えておく必要があります。とくに、異なる地域で分類が独自に行われる状況は現代ではもっと広くなり、世界中の植物分類学者が分類を行い、発表しています。

ヨーロッパ域内で始まった植物分類学が、共通の考えとして世界で広く行われるようになったのはよいことと思いますが、インターネットの発達した現代であっても、異なる言語、地域で次々に発表される名前の、学名としての優先権を確定するのは容易でない場合も出てきます。これはスピードの違いこそあれ1800年代と21世紀に入った現代でも変わらない状況であると考えてもよいと思います。

最近の事例でいえば、新種として学名が発表されたスペイン語での園芸誌の発行部数がごくわずかで、世界に広く情報を伝えられていないのではないかとの疑問から、該当園芸誌そのものの有効性と実際の発行年月日の正確性に疑問が残り、その学名の有効性について論争が続いている例もあります。

また、近年は情報管理が発達し、古い学術文献のデータベース化が進み、インターネットでこれまで困難であった世界各地の学術文献を探し出せるようにもなってきています。そのため、これまで見落とされていた古い学名や現在使っているスペルとは異なるスペルの学名が新たに発見されることも起きています。これらの古い情報が、現在有効とされている学名よりも古かった場合は大原則として、その古い名称を有効な学名とすることが一義的には正しい取り扱いとなります。しかしながら、マイナーなスペルの異なりや掲載された学術文献の内容などを考慮して、現状の学名を維持する場面も出てきています。

なぜ学名は変わるか

1900年代初めから洋ランを含めほとんどの植物の学名は長らく大きな変更はありませんでした。洋ランの中で見ると1970年代初めに*Paphiopedilum*（パフィオペディルム属）が学名として登場し、広く使われるようになってから、大きな変更は起こってきませんでした。*Paphiopedilum*はもともと*Cypripedium*（シプリペディウム属）と同じ属とされていた植物が*Paphiopedilum*として独立した形です。*Cypripedium*は、日本では和名でアツモリソウ属とも呼ばれる植物です。ヨーロッパや北アメリカ北部、日本では九州以北に分布する地生ランです。*Paphiopedilum*はまったく異なる地域である、東南アジアに広く分布する植物です。1970年代の初めに、それまでシップ（シプリペディウムの日本での略称）と呼ばれていた植物が、突然パフィオ（パフィオペディルムの日本での略称）と洋ラン界全体が呼ぶようになったのを鮮明に覚えています。これが私にとっての初めての属名変更であったわけです。これは、ＲＨＳ（英国王立園芸協会）やＡＯＳ（アメリカ蘭協会）が*Cypripedium*から*Paphiopedilum*に呼び方を変えて、日本の洋ラン界がそれをすんなりと受け入れたためと思われます。おそらくこの時代の植物分類学者が*Cypripedium*と*Paphiopedilum*の大きな違いを指摘し、分離したものと思われます。その後は大きな属名の変更はほとんどなく、種名の変更がまれに起きる程度でした。

21世紀に入ってすぐに、大きな学名の変更が起きてきました。洋ラン業界の主要な販売品でもあるカトレアとその近縁属の属名変更が起こることがわかり、ＪＯＧＡはじめ日本の洋らん界全体で大きな騒ぎとなっていきました。とくに、近縁属との属間交配種が多く作られているカトレアの仲間の原種に属名変更が起こると、これまで積み上げてきた人工交配属名が大きく変わってしまうため、大騒ぎになったわけです。

ラン科植物は773属27732種（2016年調べ）と、その種類が膨大であることと、今でも南米やアジアの森から新種が発見され続けているため、植物学者の分類意欲が強く、他の植物群と比べてかなり細かく分類されてきた傾向があります。ここ十数年の間に起きている大きな属名の変更は、細分化しすぎたラン科植物の分類を、他の植物群での分類と同等にやや大きなグループにしていこう、という傾向があります。このため、これまで細分化されていた属名がある程度まとまった大きな属名に変更される場面が多く見られます。

この前提となるのが、科学技術の進歩で可能となったＤＮＡ鑑定による分類方法の確立です。これまでは肉眼もしくは顕微鏡レベルで見分けられる花や株の形態を元に分類されてきたものが、ラン科植物のＤＮＡによる塩基配列の解析がほぼ終了し、その塩基配列の近似性を元に分類する分類学に変わってきたことにあります。この解析結果をもとに植物学者が分類を再編し、さらには分類の仕方をやや大きなグループでの区切りにしていくことによって、多くの属名が変更となってきています。この再分類を行う過程でその区切りの切り分けのポイントを巡って植物分類学者間での相当な論争もあったようですし、現在でもさまざまな意見があることは間違いありません。現在有効とされる学名は『Genera Orchidacearum』という６巻セットの書籍にまとめられ、出版されています。この書籍が出版された際には、中心となった植物分類学者が今後 20 年以上は変更ないだろうといっていましたが、翌年から次々とマイナーな変更が提案されてきています。どうも研究者の研究欲に限りはないようです。

どれが正しい学名か

すでにおわかりの通り、学名も生きています。植物分類学者が研究を進めれば進めるほど、新たな学名の変更も出てくるでしょう。学名は植物分類学者の戦いの場でもあるとも考えられると思います。その中で多くの植物分類学者が支持をする学名が、有効な学名として私たちの前に現れてきます。少数派の支持する、現在有効とされない学名が、将来の科学技術の進歩による新たな分類法が出てきたときに、有効な学名になることも否定はできません。すなわち、私たちが学名として取り扱う名称は大げさにいえば今、この瞬間に世界の多くの場所で正しいと思われている名前であり、不変ではないということを覚えておくべきです。現在有効とされていない学名もそのまま葬り去られるわけではなく、現在有効な学名のシノニム（異名）として残されていきます。有効でない名前であるからといって、なくしてしまうのではなく、学術文献として発表された学名は原則永遠に残されていきます。

私たちが普段使う学名は「正しい学名」というわけではなく、単に現在世界の多くの地域で意見の統一が見られ、主に使われている「有効な学名」であると認識をすべきでしょう。学名は非常に長い年月を生きる名称なのです。

旧名は間違った学名か

それでは、古い学名をラベルに記載したり、商取引に使ったりするのは間違っていることでしょうか。古い学名は間違いではありませんが、現在有効ではない名前です。洋ランの世界は広く、同じ植物を世界各地で見ることができます。とくに、近年世界の各地でランの展示会が頻繁に開催され、世界各地のラン業者が販売のためランの輸出入を活発に行います。そのときに使う名前はできるだけ多くの人が理解しやすい名前が望ましいでしょう。そのためには、現在の有効な学名をラベルなどに記載して使うことで、多くの人の理解が深まるはずです。輸出入管理の場面でも最新の学名を使うことが推奨されます。現在有効でない、古い学名をラベルに書き、輸出入書類にも記載している場合は、もしかしたら間違いが起こる可能性もあります。そのためにも有効な学名を必ず確認して、ラベルや書類の記載を行うことがよいと思われます。

だれが有効な学名を決めるのか

有効な学名を決めるのは、特定の個人の植物分類学者ではありません。植物分類学者にもグループ（悪く言えば派閥）があり、主流派と反主流派が存在します。歴史的経緯から英国の Kew Gardens（キュー植物園）

に所属する植物分類学者が主流派とされ、世界各地の植物分類学者の意見の集約を行っているようです。そのため、誰が学名を決めているのかといわれれば、世界の植物分類学者の主流派グループが推奨する名称が有効な学名として扱われている、というのが現状でしょう。

現在有効な学名の調べ方

現在ではインターネットの普及により、世界的に共通で使うことのできる、有効な学名の検索が素早く行える環境になっています。そのため研究者ではなくとも、誰でもコンピューターやスマートフォンを利用して瞬時に現在の有効な学名を確認することが可能です。「WORLD CHECK LIST OF SELECTED PLANT FAMILIES」という、キュー植物園が運営しているWEBサイトで検索ができます（http://wcsp.science.kew.org/home.do）。

すべて英文ですが、学名の検索をすると、現在の有効名に加え、過去の学名や原産地情報なども表示されます。一番基本的な使い方としては、正確な属名を検索ページの検索枠に入力し、検索をすると該当する属にあるすべての種の一覧が見られます。この一覧の中で太字での記載があるものが現在の有効な学名、細字での記載は現在有効ではない名称です。いずれも、クリックすると詳細データの画面に移ります。太字の現在の有効名をクリックすると、シノニム（異名同種）としての過去の学名を見ることができ、細字の現在有効でない名前をクリックすると、現在の有効な学名を確認することができます。

人工交配属名は誰が決めるのか

洋ランの世界は交雑育種が盛んで、150年以上前から各種洋ランを交雑し、人工的に新しい品種や、属間交配種を作り出してきています。品種名はランの世界ではGrex（グレックス）と呼ばれ、新たに交雑で新品種を作り出した場合は、作出者（交配者）に命名権があります。一定の規則に則って命名する必要はありますが、基本的に、これまで使われていない名称であれば、好きな名前をつけることが可能です。現在ではメールによる新交配の登録申請が可能となり、郵便を使って登録申請をしていた時代は３週間以上かかっていた品種名登録が、現在では２～３日で新品種名の登録が完了となります。このようにインターネットの普及で、格段に短い時間で新品種名の登録が可能となっています。

まれに、これまで行われていなかった属どうしでの交雑種ができることがあります。この場合は、新しい人工属名を命名する必要がありますが、これはＲＨＳ（英国王立園芸協会）の品種名登録管理責任者が命名することになっています。新属名は２つの学名を合わせたようなものから、複雑に進んだ交配属の場合は、主として作出者の名前から取った新属名を命名しています。

ランの交配は1800年代半ばから詳細な記録が残っていて、記録を取り始めたサンダー商会の名にちなみ現在でも通称「サンダースリスト」と呼ばれています。現在では、交配記録の管理担当は国際園芸学会からの指名でＲＨＳ（英国王立園芸協会）が行っており、世界各地で交配された新品種の名前はＲＨＳへ登録することが慣例となっています。この品種名登録は、日本の農林水産省が行っている品種登録制度（特許）とはまったく別物で、紳士協定に基づき、申請された新規交配種を何の検証をすることなく記録として残すこととなっています。この交配記録は数年に一度出版される『SANDER'S LIST OF ORCHID HYBRIDS』として出版される他、ＲＨＳのＷＥＢサイトでも検索可能となっています（http://apps.rhs.org. uk/horticultural database/orchidregister/orchidregister.asp）。

2017年７月までの人工交配登録数は、16万8000品種余りになっています。

人工交配属名や種名、品種名に問題が出た場合の協議機関はどこか

交雑育種が活発に行われ、新品種が次々と登録されていくと、まれに問題が起こる場合があります。これまでの経験からあり得ないと思われる属間交配種の登録申請が行われた際の協議や、属名や種名の変更に関する確認およびその及ぼす影響についての意見交換など、ランの学名、品種名を問わず名前に関する検討事項やその関連事項が起きた場合はＲＨＳの機関であるＯＨＲＡＧ（Orchid Hybrid Registration Advisory Group ラン交配登録に関する諮問グループ）で協議

されます。この機関は1961年に設置され、１年に２回、主にロンドンで会議を開き、各種問題の解決を行ったり、属名、種名の変更のタイミングを計ったりしています。

ＪＯＧＡではこの機関へ2009年より参加し、最新の情報を会議より持ち帰り日本国内で提供するとともに、日本で起こる品種名登録に関する問題の解決の手助けなどを行っています。

この機関にはイギリスを初め、ＡＯＳ（アメリカ蘭協会)、ＤＯＧ（ドイツ蘭協会)、ＡＯＣ（オーストラリア蘭協会)、ＯＳＳＥＡ（東南アジア蘭協会・シンガポール)、ＪＯＧＡ（日本洋蘭農業協同組合）から委員が参加し、重要なランの学名や品種名などの名称の国際的な統一について協議を行います。メンバーには植物分類学者、ラン愛好家団体の代表、営業しているラン園経営者などが参加し、植物分類学者が提案してくる変更などをいかに一般のラン栽培農園や愛好家へスムースに伝えることができるかの話し合いを行います。

その結果をそれぞれの委員が世界各地へ持ち帰り、広報活動も行っています。また、会議への参加はありませんが、中国や台湾、コロンビアなどランの生産活動が活発な地域からも外部委員の参加があり、ランの交配登録に関する情報提供や、属名や種名変更の速やかな広報活動への協力も得ています。

近年変更があった主な属

それでは、最後に私たちが普段よく目にする種類の洋ランで最近属名の変更がどのように起きているか、具体的な例を一部抜粋で見ていきましょう。

●カトレア系

カトレア属（*Cattleya*（*C.*））は近縁のブラサボラ属（*Brassavola*（*B.*))、レリア属（*Laelia*（*L.*))、ソフロニティス属（*Sophronitis*（*S.*））との交雑が盛んに行われ、さまざまな交配種が作られてきました。これらの近縁属の中で、レリア属の一部とソフロニティス属がカトレア属となり、ブラサボラ属の一部がリンコレリア属（*Rhyncholaelia*（*Rl.*））に変更されました（その他にもカトレア系で変更のあった属がありますが、今回は省略します)。

旧学名	現在の有効な学名
Brassavola digbyana	*Rhyncholaelia digbyana*
Brassavola glauca	*Rhyncholaelia glauca*
Brassavola（上記以外）	*Brassavola* を維持
Laelia（ブラジル原産全種）	*Cattleya*
Laelia（中米原産全種）	*Laelia* を維持
Sophronitis（全種）	*Cattleya*

これらの変更に伴い、それぞれの属間交雑でできた人工属名にも変更が出ています。主要なごく一部の抜粋でご紹介します。個々の品種の属名についてはＲＨＳのサイトで１つずつ検索して、最新属名を確認する必要があります。

■*Brassolaeliocattleya*（*Blc.*）のほとんどは、*Rhyncholaeliocattleya*（*Rlc.*）となりました。

B.×L.×C. で構成されていたものが、*Rl.×C.* の構成となり *Rlc.* となります。一部 *Blc.* として残るものや、*Bc.* として残るものも存在します。

■*Laeliocattleya*（*Lc.*）のほとんどは、*Cattleya*（*C.*）となりました。

L.×C. で構成されていたものが、*C.* のみになります。一部 *Lc.* として残るものも存在します。

■*Sophrolaeliocattleya*（*Slc.*）のほとんどは、*Cattleya*（*C.*）となりました。

S.×L.×C. で構成されていたものが、*C.* のみになる場合と一部 *Lc.* となる場合があります。

■*Potinara*（*Pot.*）のほとんどは、*Rhyncholaeliocattleya*（*Rlc.*）となりました。

C.×B.×L.×S. で構成されていたものが、*C.×Rl.* の構成となるものが多く、ほとんどが *Rlc.* となります。一部 *Blc.* や *Bc.* として残るものも存在します。

今回の変更により、主要なカトレア交配種はその多くが *Cattleya*（*C.*）もしくは *Rhyncholaeliocattleya*（*Rlc.*）となりました。

●オンシジウム系

オンシジウム属（*Oncidium*（*Onc.*））は、これまで近縁属とされていたオドントグロッサム属（*Odontoglossum*（*Odm.*））が消滅し、ほとんどがオンシジウム属となり、多くのオンシジウム属がゴメザ属（*Gomesa*（*Gom.*））に変更され、大幅な変更となっています。

旧学名	現在の有効な学名
Oncidium （南米太平洋側を原産とするほとんどの種）	*Oncidium* を維持
Oncidium （南米大西洋側を原産とするほとんどの種）	*Gomesa* へ変更
Odontoglossum （南米アンデス山脈を原産とするほとんどの種）	*Oncidium* へ変更

これらの変更に伴い、それぞれの属間交雑でできた人工属名にも変更が出ています。主要なごく一部の抜粋でご紹介します。個々の品種の属名についてはＲＨＳのサイトで１つずつ検索して、最新属名を確認する必要があります。

- **■*Oncidium* の交配種は、その交配により *Oncidium* のまま変わらないものもあれば、*Oncidesa*（オンシデサ属）＝（*Oncidium* × *Gomesa*）に変わるものが出てきます。**
- **■*Odontoglossum*（オドントグロッサム属）の交配種は原則として *Oncidium* となります。**
- **■*Oncidium* と *Odontoglossum* との属間交配種である *Odontocidium*（*Odcdm.*）は *Oncidesa* になるものと *Oncidium* になるものに分かれます。**

以上の変更により、オンシジウム系の交配種・属間交配種の多くは、オンシジウム属（*Oncidium*（*Onc.*））とオンシデサ属（*Oncidesa*（*Oncsa.*））の２つの属に分かれることになります。

●コチョウラン系

ファレノプシス属＝コチョウラン（*Phalaenopsis*（*Phal.*））の交配も若干の影響が出ましたが、コチョウランの近縁属であったドリティス属（*Doritis*（*Dor.*））やセディレア属（*Sedirea*（*Sed.*））が *Phalaenopsis* になることで単一のファレノプシス属（*Phalaenopsis*）が残ることになりました。

旧学名	現在の有効な学名
Phalaenopsis 全種	*Phalaenopsis* を維持
Doritis 全種	*Phalaenopsis* に変更
Sedirea japonica （名護ラン）	*Phalaenopsis japonica* に変更

このため、属間交配であった *Doritenopsis*（*Phalaenopsis* ×*Doritis*）は *Phalaenopsis* となり、*Sedirea* と *Phalaenopsis* の属間交配である *Sediropsis* も *Phalaenopsis* となりました。

このように、コチョウラン系は単純なファレノプシス属（*Phalaenopsis*（*Phal.*））として統一されています。

●バンダ系

バンダ系の交配種はこれまでバンダ属（*Vanda*（*V.*））とアスコセントラム属（*Ascocentrum*（*Asctm.*））の属間交配種が数多く作られてきました。また日本原産の風蘭・ネオフィネティア ファルカタ（*Neofinetia falcata*）との属間交配で小型のタイプも数多く作られています。

今回の変更では、アスコセントラム属もネオフィネティア属も バンダ属となるため、ほぼすべてが単純なバンダ属となります。

旧学名	現在の有効な学名
Vanda 全種	*Vanda* を維持
Ascocenturm 全種	*Vanda* に変更
Neofinetia falcata	*Vanda falcata*

このため、属間交配であった *Ascocenda*（*Vanda*×*Ascocentrum*）は *Vanda* に、*Ascofinetioa*（*Ascocentrum* ×*Neofinetia*）も *Vanda* に、*Vandofinetia*（*Vanda*×*Neofinetia*）も *Vanda* になります。

この場合も、これまで細分化されていた属が大きなバンダ属（*Vanda*）に統合され、単純化した例です。

洋らん展などへの展示会出品の際の最新属名・種名のチェック方法

ＪＯＧＡで開催しているＪＯＧＡ洋らん展や、東京ドームで開催される世界らん展日本大賞などへ作品を出品する際は、最新の正確な属名・種名・品種名を調べた上で出品用紙の記入を行うようにしましょう。

インターネット上で最新情報を調べたり、必要な情報をダウンロードしたりすることが可能です。

原種・現在の有効な学名を調べる場合
http://wcsp.science.kew.org/home.do

原種・交配種属名の省略記号を調べる場合
https://www.rhs.org.uk/plants/pdfs/plant-registration-forms/orchid-name-abbreviations-list.pdf

交配種属間交配種の構成属を調べる場合
https://www.rhs.org.uk/plants/pdfs/plant-registration-forms/list-of-orchid-genera-with-components.pdf

交配種最新の交配種の登録名や、交配親を調べる場合
http://apps.rhs.org.uk/horticulturaldatabase/orchidregister/orchidregister.asp

交配種新規交配の登録申請を行う場合
英語版https://www.rhs.org.uk/plants/pdfs/plant-registration-forms/orchid-hybrid-registration.pdf

日本語版
https://www.rhs.org.uk/plants/pdfs/plant-registration-forms/orchid-hybrid-registration-in-Japanese.pdf

カトレア系属間交配早見表

ＪＯＧＡ審査委員会が調べた一覧です。ご利用時には念のためＲＨＳのサイトもご確認ください（https://www.rhs.org.uk/plants/pdfs/plant-registration-forms/list-of-orchid-genera-with-components.pdf）。

			Cattleya	Brassavola	Guarianthe	Laelia	Rhyncholaelia
	新属名	略号	C.	B.	Gur.	L.	Rl.
二属間交配	Brassocattleya	Bc.	C.	B.			
	Cattlianthe	Ctt.	C.		Gur.		
	Laeliocattleya	Lc.	C.			L.	
	Rhyncholaeliocattleya	Rlc.	C.				Rl.
	Rhynchovola	Rcv.		B.			Rl.
	Brassanthe	Bsn.		B.	Gur.		
	Brassolaelia	Bl.		B.		L.	
	Laelianthe	Lnt.			Gur.	L.	
	Rhyncanthe	Ryn.			Gur.		Rl.
	Laelirhynchos	Lrn.				L.	Rl.
三属間交配	Brassocatanthe	Bct.	C.	B.	Gur.		
	Brassolaeliocattleya	Blc.	C.	B.		L.	
	Rhynchobrassoleya	Rby.	C.	B.			Rl.
	Rhyncattleanthe	Rth.	C.		Gur.		Rl.
	Laeliocatanthe	Lcn.	C.		Gur.	L.	
	Rhyncatlaelia	Ryc.	C.			L.	Rl.
	Rynchovolanthe	Rvt.		B.	Gur.		Rl.
	Guarilaelivola	Glv.		B.	Gur.	L.	
	Rhynchoguarlia	Rgl.			Gur.	L.	Rl.
四属間交配	Garlippara	Gpp.	C.	B.	Gur.	L.	
	Cahuzacara	Chz.	C.	B.	Gur.		Rl.
	Keyesara	Key.	C.	B.		L.	Rl.
	Rechingerara	Rchg.	C.		Gur.	L.	Rl.

オンシジウム系属間交配早見表

ＪＯＧＡ審査委員会が調べた一覧です。ご利用時には念のためＲＨＳのサイトもご確認ください（https://www.rhs.org.uk/plants/pdfs/plant-registration-forms/list-of-orchid-genera-with-components.pdf）。

二属間交配		属名	Oncidium	Gomesa	Cyrtochilum	Rhynchostele	Zelenkoa	Miltonia	Blrassia	Miltoniopsis
	人工属名	略号	Onc.	Gom.	Cyr.	Rst.	Zel.	Milt.	Brs.	Mps.
	Oncidesa	Oncsa.	Onc.	Gom.						
	Cyrtocidium	Ctd.	Onc.		Cyr.					
	Oncostele	Ons.	Onc.			Rst.				
	Zelenkocidium	Zed.	Onc.				Zel.			
	Miltonidium	Mtdm.	Onc.					Milt.		
	Brassidium	Brsdm.	Onc.						Brs.	
	Oncidopsis	Oip.	Onc.							Mps.
	Gomesochilum	Gcs.		Gom.	Cyr.					
	Gomestele	Gms.		Gom.		Rst.				
	Gomenkoa	Gmk.		Gom.			Zel.			
	Gomonia	Gmn.		Gom.				Milt.		
	Bramesa	Bms.		Gom.					Brs.	
	Cyrtostele	Cye.			Cyr.	Rst.				
	Zelenchilum	Zlc.			Cyr.		Zel.			
	Miltochilum	Mtc.			Cyr.			Milt.		
	Brassochilum	Bss.			Cyr.				Brs.	
	Cyrtoniopsis	Crn.			Cyr.					Mps.
	Zelenchostele	Zcs.				Rst.	Zel.			
	Rhynchonia	Rnc.				Rst.		Milt.		
	Brassostele	Bst.				Rst.			Brs.	
	Rhynchopsis	Rycp.				Rst.				Mps.
	Bratonia	Brat.						Milt.	Brs.	
	Milmitonia	Mmt.						Milt.		Mps.
	Brassopsis	Bps.							Brs.	Mps.

三属間交配		属名	Oncidium	Gomesa	Cyrtochilum	Rhynchostele	Zelenkoa	Miltonia	Blrassia	Miltoniopsis
	人工属名	略号	Onc.	Gom.	Cyr.	Rst.	Zel.	Milt.	Brs.	Mps.
	Gomoncidochilum	Gch.	Onc.	Gom.	Cyr.					
	Rhynchomesidium	Rmd.	Onc.	Gom.		Rst.				
	Cyrtocidistele	Cil.	Onc.		Cyr.	Rst.				
	Zelyrtodium	Zyd.	Onc.		Cyr.		Zel.			
	Miltochilidium	Mld.	Onc.		Cyr.			Milt.		
	Cyrtoncidopsis	Cop.	Onc.		Cyr.					Mps.
	Zelencidiostele	Zct.	Onc.			Rst.	Zel.			
	Miltoncidostele	Mos.	Onc.			Rst.		Milt.		
	Brascidostele	Bcd.	Onc.			Rst.			Brs.	
	Oncostelopsis	Osp.	Onc.			Rst.				Mps.
	Milenkocidium	Mkd.	Onc.				Zel.	Milt.		
	Aliceara	Alcra.	Onc.					Milt.	Brs.	
	Milmilcidium	Mmc.	Onc.					Milt.		Mps.
	Cyrtogomestele	Ctgo.		Gom.	Cyr.	Rst.				
	Zelengomestele	Zgs.		Gom.		Rst.	Zel.			
	Gomiltostele	Gml.		Gom.		Rst.		Milt.		
	Gombrassailtonia	Gbt.		Gom.				Milt.	Brs.	
	Cyrassostele	Crs.			Cyr.	Rst.			Brs.	
	Cyrtobrassonia	Cybs.			Cyr.			Milt.	Brs.	
	Wilhelmara	Whm.				Rst.		Milt.	Brs.	

四属間		属名	Oncidium	Gomesa	Cyrtochilum	Rhynchostele	Zelenkoa	Miltonia	Blrassia	Miltoniopsis
	人工属名	略号	Onc.	Gom.	Cyr.	Rst.	Zel.	Milt.	Brs.	Mps.
	Arthurara	Aru.	Onc.			Rst.		Milt.	Brs.	

5章

日本の洋ラン界と各団体の歴史

日本の洋ラン界の歴史

大場蘭園・大場良一

始まりは長崎の出島から

日本の洋ランの歴史は幕末から明治にかけ、長崎の出島から始まったようです。1823（文政6）年、ドイツ人のシーボルト（Philipp Franz von Siebold）がオランダ政府の命により、出島のオランダ商館の医師として来航し、赴任しました。しかし、彼の使命は医師としてだけではなく、日本のあらゆる分野を調査する万有学的調査研究であったのです。そしてその後、日本のさまざまな植物をオランダに持ち帰りましたが、逆に海外の洋ランをシーボルトが持ち込んだ記録は見当たりません。

1853（嘉永6）年には、アメリカのペリーが日本に来航しました。このときにもシーボルトと同様に日本の植物をアメリカに紹介したと言われていますが、洋ランを国内に持ち込んだという記録はありません。

そして、数年の月日が流れ、幕末の1859（安政6）年にイギリス人、グラバー（Thomas Blake Glover）が上海から出島に上陸します。グラバーについては幕末から明治の日本の夜明けに坂本龍馬、五代友厚、伊藤博文を始めとする、当時、もっとも活躍した日本人たちと関係して、武器、艦船を供与し、倒幕へとつながった、重要な人物として有名です。また、その後は三菱の岩崎弥之助らと交友し、日本の近代産業を通じて新しい時代の日本を作り上げた陰の功労者でもありました。日本政府から勲二等旭日重光章を授かっており、外国人としては初めて叙勲された人物です。

日本最古の洋ラン「グラバーさん」

そのグラバーが、日本へ最初に洋ランを持ち込んだ人物であることがわかってきました。いつ、どのように、何株持ち込んだかなどの詳しい資料や記載は見当たりませんが、当時、グラバーに仕えていた庭師の加藤百太郎がグラバーからシンビジウム　トラシアナム

グラバーの胸像

グラバー邸

（*Cymbidium tracyanum*）を譲り受けて、その株が長崎の人々により受け継がれ、「グラバーさん」の愛称で親しまれて今に至っています。2017年3月に閉園した長崎県亜熱帯植物園にも、その株が保存されていました。

この「グラバーさん」が持ち込まれたのは、日本へ最初に来航したときではないようで、その後の幕末から明治初期にかけての頃、仕事で上海へ行ったりした際に持ち込んだと考えられています。

グラバーの植物、洋ラン好きはその後のアルバムで確認することができます。グラバー邸にはサンルーム形式の温室が作られましたが、1887（明治20）年～1905（明治35）年頃のことと推定されています。その後、本格的な大型の家型温室がグラバー邸の庭に作られ、また、グラバーが三菱の仕事で長崎を離れて東

京に移住した際にも、自宅にサンルーム形式の温室を作り、洋ランやその他の亜熱帯、熱帯の植物栽培を楽しんでいました。グラバーのアルバムにはセロジネクリスタータ（*Coelogyne cristata*）がきれいに咲いた写真や、岩崎弥之助との記念写真の額縁には洋ランの花の絵が描かれています。

洋ランを愛した岩崎家の人々

グラバーの花好きは三菱の創業者一族である岩崎家にも影響を与えています。弥之助の長男で三菱四代目総帥の岩崎小弥太は大きな温室を建て、洋ランその他の植物を楽しんでいました。

また、旭硝子創業者で小弥太の弟、岩崎俊弥は東京青山に「鹿島蘭園」を作り、妻の兄、蘆貞吉に管理をさせて、多数の洋ランを生産しました。蘆貞吉は昭和５年に当時のバイブル的洋ラン栽培書『実験培養　蘭』(養賢堂）を出版しており、洋ラン栽培においてはもっとも優れた人物の１人でした。

1932(昭和７)年、岩崎家のすべての洋ランは縁あって北海道大学植物園が買い取りましたが、戦争による燃料不足や温度不足で、そのほとんどが枯死してしまいました。その数、32属300種２万数千株に上ります。

また、岩崎俊弥は、今いちばん流通量の多いコチョウランの育種を日本で最初に実践した人物でもあります。当時はまだ無菌培養が確立されていない時代ですから、苗を多数得ることが難しく大変なことでした。

当時の帝国愛蘭会（後述）会員で、鹿児島（薩摩）の島津忠重とは、同じ洋ランを愛する者としてよきライバル関係にあり、切磋琢磨していたようです。岩崎は裕福であったことから、英国に行き、洋ランに関する書物を片端から買い求め、それらは現在、(公財）三菱経済研究所に保存されています。その中には京都の古書店が販売した、高額で有名な図鑑、ジェームス・ベイトマン著『メキシコとグアテマラの蘭（The Orchidaceae of Mexico & Guatemala)』も２冊含まれています。

岩崎俊弥の功績は、温室にはなくてはならないガラスでも有名で、国産の板ガラスを世に出し、その後の園芸界に広く貢献してきました。

このように、岩崎家の花好きに影響を与えたグラバーは、政治、経済、文化と幅広く日本に貢献した偉大な人物でありながら、洋ラン界、園芸界ではほとんどと言っていいほど知られていません。これはとても残念なことです。

今回、彼の功績をお知らせできる機会が訪れたことは、大いに意義のあることだと思っています。

ジンスデルが先か、ボーマーが先か

筆者が洋ランに従事した頃、洋ランの歴史は、横浜に在住していたイギリス人ジンスデルまたはドイツ人ボーマー（ベーマー）が最初に洋ラン栽培を始めた人物であると習いました。

ジンスデルが先か、ボーマーが先かは未だに結論づけられないことですが、ジンスデルについてはこれまでのところまったく不明で、筆者も調査中であり、どのような人物かわかっておりません。

もう一方のボーマーについて、筆者はこれまで何度か札幌に赴いて調べを進めてきましたが、ようやく彼の過去に出会えました。

明治政府は北海道を開拓するにあたり、後に第二代内閣総理大臣となった黒田清隆に、北海道開拓使次官としてその任務を果たすよう命じました。黒田は訪米して、ホーレス・ケプロンを開拓使顧問に迎え、ケプロンは何人かの技術者を率いて来日しました。その中の１人にボーマーがいたのです。

「Boys Be Ambitious」の言葉で有名なウィリアム・スミス・クラークは余りにも有名ですが、そのクラークと共にお雇い外国人として来日したのです。

農業を始めとする日本の産業に貢献したボーマー。

ボーマーはドイツ人ですが、アメリカに渡って農業技術者として活躍している最中、北海道開拓を依頼されたのです。日本での彼の業績は多様で、北海道に自生するホップに注目し、ビールを作ったり、リンゴの栽培指導で、余市にその生産地を作り上げたり、庭園の設計をしたり、温室を作りその中で熱帯系植物を栽培したりしました。

ボーマーが栽培を指導したリンゴはＮＨＫの連続テレビ小説（朝ドラ）で有名になった「マッサン」こと、竹鶴政孝がニッカウヰスキーを創業する際に、役に立ちました。ウィスキーは作ってから販売できるまでには２～３年以上必要で、その間のつなぎ資金を得るためにリンゴジュースを作り、販売して急場をしのいだのです。

竹鶴政孝は洋ラン界の重鎮ともつながっていて、歴史が作った人間ドラマに感動させられますが、その話は後述します。

また、ボーマーの温室は今の札幌時計台付近に作られましたが、その後、クラークの依頼で札幌農学校に移管され、1878（明治 11）年に現在の北海道大学植物園に移築されました。この温室の中には残念ながら洋ランはなかったとのことですが、その後、1903（明治 36）年には、このボーマー温室に 24 坪の木造温室が増築され、そこではパフィオペディルムやデンドロビウム、カトレアなどが栽培されたそうです。

北海道開拓使が廃止になると、ボーマーは横浜に移ります。1882（明治 15）年に約 40 坪の温室を作り、洋ランの輸入販売事業を始めました。10 年以上続きましたが、ボーマーが日本を離れるときが訪れます。

栽培していた洋ランは番頭の鈴木卯兵衛に譲り、現在も続く総合園芸会社・横浜植木の創業へとつながります。ボーマーは、1894（明治 27）年に故郷のドイツへと帰りました。

このように、日本で最初に洋ラン栽培を始めたのは外国人でした。日本が開国して間もない時代、まさに「洋ラン」の名の通りで、歴史の象徴でもあります。洋ラン界が日本の開化史とぴったりと重なっていることがわかります。

福羽逸人と大隈重信

では、日本人では誰が最初に洋ランの栽培を始めたのしょうか？　長崎の加藤百太郎だったのか。ジンスデルやボーマーから買った人物なのか。何を、いつ、誰から、どこで？――これらのことは、記録や資料が今のところ見つかっていない、あるいは存在しないのでわかりません。もしかすると、永遠の謎となるかもしれません。

これまでに記述されてきた資料もわずかなものですが、ランの栽培家、花卉装飾家として有名な岡見義男が著した『ラン　種類と培養』（誠文堂新光社）によると、福羽逸人が 1891（明治 18）年に温室を作り、洋ラン栽培を始めた――これが日本人として初めての洋ラン培養であると記述しています。

福羽逸人については「福羽いちご」やメロン、小豆島のオリーブなどの植物の栽培、育種で有名です。そ

余市のリンゴ畑

ニッカウヰスキー余市工場

の他、新宿御苑の整備、須磨離宮（武庫離宮）の設計で尽力した人物です。

福羽逸人の逸話で有名なのが、大隈重信が暴漢に襲われて入院をした際に、福羽が洋ランを見舞いに持参したことです。その美しさに感動した大隈は、その後に温室を建て、洋ラン栽培を始めたとのことです。大隈は、のちに当時の華族を中心に組織する洋ランの会、帝国愛蘭会を立ち上げて初代会長になりました。このように、洋ラン界の時代を作るきっかけを作ったのが福羽逸人でした。

大隈重信は内閣総理大臣を2回歴任し、早稲田大学の創設者として有名ですが、洋ランの愛好者だったことは一般にはほとんど知られていません。政治家として外務大臣を5回も歴任したこともそれほど知られていないことです。大隈の花好きの精神はこの外務大臣時代に育ったもの、と筆者は考えています。

海外からの要人を招いて歓待する場所は皇居・宮殿ですが、当時の新宿御苑は「新宿植物御苑」として宮内庁（当時・宮内省）の管轄下にあり、海外の要人に御苑で栽培したメロンやイチゴ、ビワなどの果物でもてなしたのでした。温室の植物もその1つで、宮廷ではそれらの花々が飾られたのです。今の宮内庁庭園課の存在はその流れを汲んでいます。現在も庭園課には温室があり、その中ではさまざまな洋ランが栽培されていて、装飾花として使われています。

大隈重信自身も同様なことをしていました。自宅にはコンサバトリー（サンルーム）と栽培温室を作り、海外の賓客を自宅に招き、そのコンサバトリーで花を見ながら食事を楽しんでいました。「おもてなしの心」は当時の政治家の中では大隈がいちばん、誰よりも心得、実践していたのではないかと思います。

現在、宮内庁では洋ランを日本各地の陶芸窯で作られた鉢に入れて飾っていますが、この鑑賞の仕方についても大隈や福羽が関わっていたのではないかと推察できます。大隈は佐賀県の出身ですが、周辺には伊万里、有田などの有名な陶芸窯があり、これらの蘭鉢を使って鑑賞する作法、こだわりは、彼にとってはごく必然、自然なことではなかったかと思います。

洋ランは一般的に素焼き鉢で栽培しますが、これはあくまでも栽培するための鉢です。栽培には最良ですが、鑑賞するには美しくありません。

また、日本では江戸時代から春蘭や寒蘭、風蘭などの日本原産のランが栽培されており、武士や大名などの趣味、また、装飾植物として楽しまれてきた歴史、文化があります。これらの株を鑑賞するときには、化粧鉢と呼ばれる装飾鉢またはシンプルな淡色の鉢に入れて鑑賞されてきました。宮内庁ではその日本文化を洋ランにも取り入れて、今に至っているのです。「和」と「洋ラン」との融合で海外の賓客をもてなす作法の原点はここから始まったといえるでしょう。

1894（明治27）年には大隈、福羽らの尽力により現在の新宿御苑内（当時は宮内省・新宿植物御苑）に新温室が完成し、横浜のジンスデルから洋ランが導入されました。

洋ラン熱は、新宿植物御苑を発信地として日本全国に広がって行きます。1903（明治36）年には第5回内国勧業博覧会が大阪で開催され、会場には大隈の洋ランが展示されました。この博覧会は海外出品を認め、日本で初めて開催された万国博覧会でした。

最後の帝国愛蘭会会長・島津忠重

1907（明治40）年には鹿児島の島津忠重が洋ラン栽培を開始します。島津はその後、帝国愛蘭会の会員になり、第3代会長に就任し、1943年（昭和18年）に帝国愛蘭会が閉会するまで会長を務めました。

また、島津は園芸界でも、1926（大正15）年に「花卉同好会」を作り、初代会長に就任しました。この会は現在の（公社）園芸文化協会につながっています。

島津は1900年代前半の園芸界では最も活躍した1人で、1921（大正10）年から2年間、イギリスに滞在し、その間に英国王立園芸協会蘭花委員会名誉委員に就任しています。この滞在で多くの園芸、洋ランの知識を得、自身の立ち位置を決めたようです。

島津には、こんな面白いエピソードもあります。1929年、島津は国の命により、英国在勤帝国大使館付武官兼海軍艦政本部造船造兵監督長として日本を離れましたが、その際、さすがは元大大名・島津家の当主というべきか、鷹揚にも本人が交配した株を船に積んで出航したのです。その船がインド洋上を航行していたところ、積んできた株に花が咲きました。白弁の、リップには黒い目の入る清楚で美しい花で、種類はデンドロビウムのノビル系です。

英国に到着した島津は早速、その花に名前をつけ、英国王立園芸協会・サンダーズリストにその名前「インドヨー」を登録したのです。この交配種は今でも現存し、わずかな数ではありますが栽培されています。島津の想いが込められた歴史的な花です。

島津はその他にも多くの洋ランを栽培しましたが、島津の追想録の洋ラン目録には78種の洋ランがリストアップされています。この追想録のタイトルは「しらゆき」で、島津が1932年に花を咲かせ、サンダーズリストに登録した純白の大変にきれいなカトレアの名前です。

カトレア　シラユキ（*C* .Shirayuki）

前述したとおり、島津は岩崎俊弥と帝国愛蘭会などを通じて親交がありましたが、2人の仲のよさがわかる出来事があります。岩崎はコチョウランなどの単茎性の洋ランが好きだったようで、自身も英国王立園芸協会サンダーズリストにいくつか登録をしていますが、岩崎がバンダの原種 *V.dearei* と *V.tricolor* を親に交配したものがあり、岩崎が1930年に亡くなってしまったために登録名がつけられずにいました。それを島津は1934年にサンダーズリストに「Memoria T. Iwasaki」と名をつけて登録したのです。

岩崎は1900年にロンドン大学に入学し、4年間滞在していて、英国についてはよく知っていました。5歳年下の島津はその後、1921年に私費で2年間留学していますが、岩崎の存在は島津の渡英にも影響を及ぼしたことがうかがえます。

島津忠重が岩崎俊弥を偲んで命名したバンダ メモリア・T・イワサキ（*V.* Mem. T. Iwasaki）。

関西での洋ラン栽培

関西での洋ラン栽培はどうだったのでしょうか。1909（明治42）年に東京から舞子別邸（兵庫県神戸市）に戻られた有栖川宮威仁殿下は、温室を作って洋蘭栽培を始められました。関西初の洋ラン栽培です。

温室と洋ランは、威仁殿下が亡くなられた後に、武庫離宮（現・須磨離宮）の庭園設計を手掛けた福羽逸人の手によって、武庫離宮に移築されました。

1914（大正3）年には、大阪の実業家、加賀正太郎が京都府大山崎町に小温室を作り、洋ラン栽培を始めました。そして、本格的に栽培・育種を進めるために新宿御苑から後藤兼吉を招きます。関西の洋ラン愛好家たちは、栽培技術を学ぶために加賀の温室へ足を運び、「後藤学校詣で」「山崎詣で」と呼ばれ、親しまれました。関西洋らん界の発展は、加賀、後藤によるところが大きいのです。

加賀は、栽培した洋ランの中で気に入った花を純日本式木版画他で『蘭花譜』として残します。余談になりますが、加賀は裕福だったことから、隣町の山崎に住み、奥さんどうしが仲よかった竹鶴政孝に出資し、余市でのウイスキーづくりが始まりました。

前述したように、ボーマーと加賀との接点はありませんが、ボーマーのリンゴと竹鶴、加賀には、不思議なつながりがあったのです。竹鶴は、加賀が洋ラン栽培をしていたことは知っていたはずですが、まさか自分のウイスキーづくりを助けてくれたリンゴが、加賀と同じに洋ランに関わった人物によって日本へ導入されたものだったとは知らなかったことでしょう。

関西洋ラン界のもう1人の功労者は、フランク・モーリス・ジョネス（日本名：森井亀次郎）です。ジョネスは日本人の母と英国人の父の間に生まれ、神戸に住み、神戸大阪外国人商工会議所会頭などの要職を歴任しました。彼は、とてもユニークな方法で洋ラン栽培を楽しみました。自宅に面していた、瀬戸内海の海水を温室に引き入れたのです。これらの温室で咲いた多数の花、温室のようすはアルバムにまとめられ、現在もご家族の手で保存されています。

育種に力を注いだ加賀とは対照的に、ジョネスはいかに自生地の環境に近づけて、いい花を咲かせるかに重点を置きました。当時の関西では、この２人だけが帝国愛蘭会の会員でした。1926（大正 15）年に会が主催する関西初の洋ラン展が大阪三越で開催され、成功したのは２人の尽力によるものです。ちなみに、東京初の洋ラン展は、1916（大正 7）年に日本橋三越で開催されています。

フランク・ジョネス

ジョネス邸の温室

1922（大正 11）年にアメリカ人ナドソンが無菌培養を成功させたことの影響で、種子から多数の苗を得ることが可能になり、大量生産が始まりました。

日本でも 1930（昭和５）年に、三井財閥系の池田成功が神奈川県大磯町に日本園芸を開設し、洋ランの営利生産、消費時代に入っていきます。日本園芸の存在は、当時の洋ラン界にとって非常に大きく、日本園芸で作られた品種を、洋ラン愛好家たちは期待をもって入手していました。

また、海外からも多くの株が導入されました。今でもあるパフィオペディルム ツヤイケダ‘大磯’はとくに有名で、日本園芸を象徴するような名花です。

筆者の祖父も、小規模ながら 1928（昭和３）年に洋ランの生産、販売を始めています。

池田は大日本蘭業組合を 1941（昭和 16）年に組織し、その後の日本蘭業組合（昭和 22 年）、日本洋蘭農業協同組合（昭和 25 年）へと発展し、今に至ります。

民間の愛好団体も活動が始まりました。1932（昭和７）年、名古屋に中京愛蘭会。1938（昭和 13）年、東京に大日本蘭協会（昭和 17 年、蘭友会に改組）。1942（昭和 14）年、関西・欒蘭会。1943（昭和 18）年、関西蘭友会ができていきます。一方、帝国愛蘭会は、1942（昭和 17）年には自然休会になり、その後閉会し、一時代が終わりました。

当時の皇族、華族で洋ラン栽培をした人には伏見博恭王殿下、李王家、久邇宮家、松方侯爵、酒井伯爵、林伯爵、伊集院子爵、相馬子爵など、多くの方々がいました。また、関西には住友財閥・第 15 代住友吉左衛門友純男爵もいて、須磨別邸で洋ランを楽しみました。世界らん会議組織委員会名誉会長・福原義春氏のお父上、福原信義も帝国愛蘭会会員で、例会に多数の愛培株を出品されました。民間人も加わり、大いに盛り上がった時代でした。

第２次世界大戦が始まると洋らん界の活動も縮小せざるを得なくなり、厳しい期間が 1945（昭和 20）年の終戦まで続きました。祖父の「戦争は二度と御免だ」という言葉が耳の奥から聞こえてきます。

このように、戦前の洋ラン界は日本の歴史とともに歩んできたことがわかります。また、多くの華族、富豪が注目し、興味をもち、好んで栽培したことからも、洋ランの魅力、奥深さが計り知れないことがわかります。歴史を振り返って見ると、そのすごさを改めて再認識させられます。これからの時代も、多くの人々の心の友として、生活、人生の中で楽しまれていくことは疑う余地がありません。

世界らん展日本大賞の歩み

世界らん展組織委員会　赤井三夫

第12回世界蘭会議の開催

まずは、世界らん展日本大賞を開催するきっかけとなった、第12回世界蘭会議（蘭・第12回世界会議）から説明しましょう。

世界蘭会議は3年に1回開催される、いわゆる「ランのオリンピック」で、展示博覧会であると同時にその名の通り、学術会議も行われます。その世界蘭会議が日本で開催されることになったのは、1970年代から80年代にかけて、永田治彦氏や花島信氏を中心とする、海外に出て行って日本にないランをどんどん買い付けてくる元気のよいプロがいまして、1981（昭和56）年に南アフリカのダーバンで行われた第10回世界蘭会議のときに彼らが手を挙げて、合意を取ることができたのです。これは、彼らの功績です。

ですが、その頃の日本では植物の国際会議などやったことがなかったものですから、どのように行えばよいか、まったくわからない。ノウハウもない中でランのプロ約30人、愛好家（その中に私も入りました）3人が集まって、プロアマ混成の組織委員会が結成されたのです。

この組織委員会というのは、いわゆる実働部隊で、中心で動いたのは、やはり永田氏と花島氏です。実働部隊30数人の上に、プロアマの重鎮が何人か入り、組織委員会の長を務めました。

長というのはまず、名誉会長の篠遠喜人先生、この方は国際基督教大学の学長です。会長は三井不動産の社長・会長を務められた江戸英雄氏。副会長には数名の方に就いていただき、実行委員長は招致を後方支援していただいた永田一策氏が務めました。

私が関わり始めたのは、世界らん会議を日本でやりたいという準備段階で、「広報の副委員長に入ってくれないか」と言われたのがきっかけです。私は25、26歳頃から愛好家のグループである蘭友会に入って、渉外担当などいろいろな雑用係を務めていたために業者との付き合いも長く、また、仕事では出版社系の通信販売に携わっていたので、広報相手のマスコミも多少わかっていました。

つまり、両方に顔が利く？ということで広報を任されたのです。入ったのは副委員長としてでしたが、本番の際には広報委員長を務めました。1987（昭和62）年3月、展示博覧会は川崎市の小田急向ヶ丘遊園にドーム型の会場を特別に設けて18～25日に、学術会議は新宿区の小田急センチュリーハイアットで19～21日に、それぞれ開催されました。

その頃は、ランといえば高嶺の花でしたし、日本で花の世界大会というものが初めてで「世界中からランが来る」という謳い文句で大々的にＰＲしたため、向ケ丘遊園の展示博覧会には、25万人の来場を見込んでいたところ、40万人を超える大盛況でした。昼12時くらいの新宿駅で「向ケ丘遊園駅には降りられません」と放送をしていたほどで、向ヶ丘遊園駅に着いても、駅から向ヶ丘遊園まで徒歩20分ぐらいかかる距離があるのですが、その道路が3列でずっとつながったのです。

記念アルバム『PROCEEDING:ALBUM THE 12TH WORLD ORCHID CONFERENCE,1987』より。向ヶ丘遊園に設けられた第12回世界蘭会議展示博覧会場の外観。

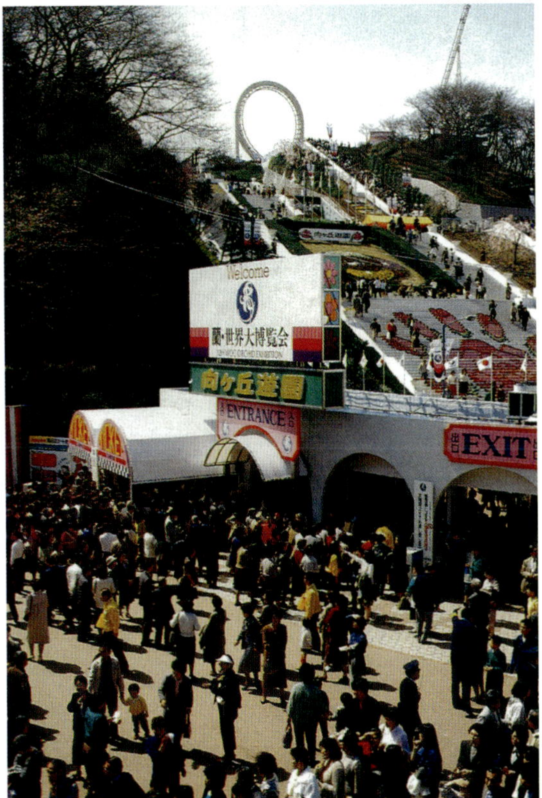

展示博覧会のドーム型会場（向ヶ丘遊園）。

学術会議の開会式（小田急センチュリーハイアット）。

グランドチャンピオン
農林水産大臣賞
パフィオペディルム
ミクランサム‘カミヤマ’

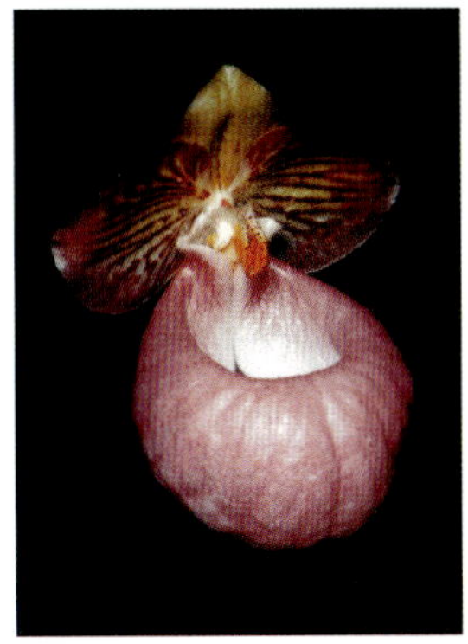

ベストディスプレイ
総理大臣賞
栃木県洋蘭生産組合連合会

蘭・第12回世界会議 組織委員会

●主催	蘭・第12回世界会議 組織委員会
●協力	各蘭愛好団体
●協賛	小田急グループ
●後援	外務省／文部省／農林水産省／通商産業省／運輸省／科学技術庁／東京都／神奈川県／川崎市／新宿区／アメリカ蘭協会（A.O.S.）／英国王立園芸協会（R.H.S.）／日本学術会議／日本植物学会／日本遺伝学会／財団法人・染色体学会／日本植物組織培養学会／園芸学会／日本育種学会／日本農学会／社団法人・日本生花通信配達協会（JFTD）／社団法人・日本フラワーデザイナー協会（NFD）／財団法人・日本いけばな芸術協会／社団法人・園芸文化協会／社団法人・国際文化協会／日本園芸商協会／国際観光振興会／全国農業協同組合中央会／社団法人・全国旅行業協会／朝日新聞社／東京放送
名誉会長	篠遠喜人
会長	江戸英雄
副会長	米本正／横川武／有馬邦彦／渡辺正好／中山林之助／丸山幸治／平田良三／野本仁
実行委員会	委員長　永田一策
副委員長	大場勝／合田弘之／田中隆荘
財務委員会	委員長　大場勝
副委員長	荒井秀章／大野雄志／高橋靖昌／竹内貫三
学術委員会	委員長　田中隆荘
副委員長	加古舜治／唐沢耕司／塩谷勝／齊藤亀三
渉外委員会	委員長　花島信
副委員長	大場良一／勝浦孝昌／島谷賢二／畑信裕
広報委員会	委員長　赤井三夫　副委員長　江尻光一／向山武彦
会場委員会	委員長　高木浩二郎　副委員長　阪上功
展示委員会	委員長　内田一仁　副委員長　永田治彦／高木誠作
審査委員会	委員長　合田弘之　副委員長　椙山文備／外山雄三
出版委員会	委員長　三浦二郎　副委員長　古川仁朗
会計委員会	委員長　渡辺尚一
事務総長	滝上隆司　事務総局部長　塩畑安久
ホストソサエティ	日本洋蘭農業協同組合

世界蘭会議に続くランの祭典

イベントは大成功に終わり、我々も全面的に協力してくださった小田急電鉄も大喜び。今でも向ヶ丘遊園には記念の石碑が建っていると思います。

なにせ、「業者の温室から鉢ものが一掃された」というほどの盛り上がりを見せたものですから、その熱が収まるはずがありません。会議を受け持っていたイベント会社が「東京ドームを借りることができるから、オーキッド・フェスティバルのようなものが開催できないか」と持ちかけてきました。ただし、世界蘭会議のメインはあくまでも「会議」でしたから、ラン展をイベントとして開くには身軽な組織が必要です。そこで、世界蘭会議の委員の中から顔の利く、フットワークの良い人を選び、6人で運営を始めました。

こうして第12回世界蘭会議の翌々年、1989年2月10日～19日の10日間にわたって開催されたのが、ジャパン・プライズ・蘭・インターナショナル・オーキッド・ショウ'89（JP89Japan Prize 蘭 International Orchid Show'89）でした。このイベントも、来場者が43万人を大きく超える大成功を収めました。当然「来年もまた」と、次回の準備を進めていたのですが、思いがけないことが起こりました。これまで、共にイベントを進めてきた会社が途中で降りてしまったのです。

8月の終わりでしたから、次の開催までちょうど半年というタイミングでした。これには途方に暮れましたが、とりあえず組織委員で会合を開き、資金を出して関係者に「今回はこういう事情で申し訳ありません。次回は必ず行います」と、お詫びと次回案内の手紙を出しました。このように思わぬ形で1990年のランの祭典は頓挫してしまいました（大阪で催された国際花と緑の博覧会はまったく別のイベントです）が、プロアマ問わず、盛り上がってきている機運・熱気は抑えられません。

参加してくださっていた資生堂の福原義春氏を中心に「次回どうしようか」と考え、東京都に持ちかけよう、自治省から支援金を得よう、読売新聞に話をしよう、と動きました。私は読売新聞と1989（昭和64／平成元）年に「ふるさとフェア」を行っており、そこで一緒に仕事をした縁があり、相談することになりました。運のよいことに読売新聞で、福原氏が知っている人と私が知っている人が同じでした。2人同時にその人に電話をしたところ、読売新聞が動いてくれることになったのです。読売新聞から広告代理店の読売広告社に話を持ちかけたところ、社長の黒木利夫氏が「福原さんとお会いしたい」というので、あと1人加わり4人で資生堂で面会し、話が進むことになりました。黒木氏は行動的な方でＮＨＫに声をかけ、「組織委員会」「ＮＨＫ」「読売新聞社」という3つの主催者ができたわけです。

第1回世界らん展日本大賞

このように、いったんは頓挫したランの祭典ですが、無事に「第1回世界らん展日本大賞」という新たな名称とともにスタートすることができました。

組織委員会の会長には、三菱銀行・会頭、全銀協・会長の伊夫伎一雄氏に就いていただき（この方もランの愛好家です）、福原氏には会長代行を務めていただきました。初回開催は1991年2月23日～3月2日の9日間。丸1年、間が空いたにもかかわらず、41万人を超える来場者がありました。

開催が確定したところで、先述の組織委員で出した原資を使い、報告と案内の手紙を関係者あてに改めて送ったときには、「これで皆に顔が立つ」と、ホッとしたものです。

東京ドームを借りるのに、読売新聞は最強のコネクションです。初めの頃は開催が9日間、搬入搬出を含めて、14日間借りたのではなかったかと記憶しています。初めの頃はより大がかりな展示が多かったので、10トン車のような大型車やクレーンを入れ込むのが大変でした。

●世界らん展日本大賞の審査部門一覧

部門1　個別部門（この中から日本大賞を選出）
部門2　フレグランス部門
部門3　ディスプレイ部門
部門4　フラワーデザイン部門
部門5　アート部門
部門6　ミニチュアディスプレイ部門

日本発祥のフレグランス部門

世界らん展日本大賞では、洋ランとともに東洋蘭や日本のランが同等に展示されています。ランの種類に垣根がないという意味では、世界一のラン展です。シュンラン系の交配がアメリカのカタログに結構掲載されていますし、キューガーデンにエビネを輸出した人もいますが、展覧会にはまだ出てきていません。

もう1つの大きな特徴が「フレグランス部門」です。1989年のイベントから設けた部門ですが、これは日本発祥です。ランは虫媒花ですから原種には香りがあるものが多い。そこで、新しいものを何か入れたらどうかということで、資生堂がタンタトゥリスという東洋蘭の香りの香水を作ったという経緯もあり、香りの審査も設けようかと思い立ちました。今の副会長である中村祥二氏（現・国際香りと文化の会会長）に初めから携わっていただきました。中村氏は資生堂リサーチセンター香料研究部の長だったため、ランの花の香りについての知識は持っています。ただし、中村氏の関心の対象は、東洋蘭だけだったので、洋ランを嗅ぎ分けていただき、「これだけ多様性があるなら」ということで審査対象になったのです。

中村氏はバラの香りにも精通しておられ、私もバラも好きで八千代の京成バラ園に通い、所長の鈴木省三先生とは親しく、「ランの香りをやるなら、中村さんという香りの専門家がいるじゃないか」という後押しもあったのです。

今では、世界的に香りの審査をやっているようですが、日本発祥のフレグランス部門はランの鑑賞方法の再発見ともいえるでしょう。

⬆バルボフィルム アンブロシア 'ヤマハル'
Bulbophyllum ambrosia 'Yamaharu'

⬆カランセ　コズ '大紫香'
Calanthe Kozu 'Daisiko'

⬆シンビジウム　シュホ×トロシアナム 'ウツセミ'
Cymbidium Shuho × *trocyanum* 'Utsusemi'

⬆デンドロキラム グルマセウム・アルバム 'ファンタジー'
Dendrochilum glumaceum fma.*album* 'Fantasy'

⬆ゴメザ バーブネニー 'イエロードール'
Gomesa verboonenii 'Yellow Doll'

⬆グアリシクリア　キョウグチ 'ハッピーフィールド'
Guaricyclia Kyoguchi 'Happy Field'

⬆リカステ クルエンタ 'スイートフレグランズ'
Lycaste cruenta 'Sweet　Fragrans'

⬆オンシデサ　ココア 'セザール'
Oncidesa Cocoa 'Cesar'

⬆リンコスティリス ギガンテア 'モモカ'
Rhynchostylis gigantea 'Momoka'

全日本蘭協会(AJOS)の歴史

全日本蘭協会・齊藤正博

創立の経緯

　太平洋戦争の深刻化に伴い活動を停止していた日本の洋ラン界は、進駐軍の需要という活力剤もあって、戦後間もなく息を吹き返し、速いスピードで活性化しました。戦後復興期を過ぎると、欧米のような花の審査を行う洋ラン団体設立の気運が高まりました。1958（昭和33）年1月11日、青山学院校友会館に石田孝四郎、加藤光治、塩坂 清、江尻宗三郎、大場守一、後藤兼吉、合田弘一、平井義計の各氏が集まって創立の話し合いが持たれました。東京にはすでに日本洋蘭農業協同組合（JOGA）と蘭友会があり、新たな会を作ることには抵抗があったと伝えられていますが、洋ランの審査団体を作りたいという推進派の熱意が勝りました。ちなみに、JOGAが認定審査を開始したのは1973（昭和48）年のことでした。2月には趣意書案が検討され、5月20日の打ち合わせでは、3年前に設立された関西の日本・蘭協会と将来一緒になって、アメリカ蘭協会（AOS）の如き組織を作るための関東の母体を作るという申し合わせがなされました。会長については帝国愛蘭会最後の会長であった島津忠重氏に異論はありませんでした。島津氏は戦前の英国駐在中に、日本人として初めて王立園芸協会（RHS）蘭委員会の委員となり、同協会の審査にも正式に参加した経験を持っていました。

初代会長
島津忠重

協会の規約（創立時）

第1条　会　　名
本会は全日本蘭協会 {All Japan Orchid Society (A.J.O.S.)} という。
事務所は東京におく。

第2条　目　　的
本会は蘭の愛好者で組織し、会員相互の親睦と蘭の改良普及を計ることを目的とする。本会は営利事業を行わない。

第3条　部門と事業
本会の目的を達成するため次の部門を置き、事業を遂行する。
総　務　部（国内登録等）
企　画　部（展示、品評会、講演会等）
渉　外　部（外国登録、照合等）
東洋蘭部
審　査　部（審査、褒賞等）
連　絡　部（地方在住会員の連絡等）
研究出版部（研究および会誌の発行等）

以下省略

　1958年7月13日に霞ヶ関の霞山会館に於いて創立総会が開催され、全日本蘭協会（All Japan Orchid Society）が発足しました。大正6年に発足した帝国愛蘭会は昭和17年まで存続しましたが、戦局厳しくなり自然休会となっていました。島津氏が会長に就任することを聞いて、第二代会長の林 伯太郎氏をはじめ、多くの元帝国愛蘭会会員が全日本蘭協会に入会しました。こうした人的移動による組織文化の継承によって、両会の大きなつながりが生まれました。

　一方創立時の規約を見ると、花の審査以外にも、国内外の登録や研究などを事業として挙げ、AOSやRHSなどに肩を並べる公的な性格の強いラン協会を作るという、意気込みを読み取ることができます。島津会長自身も多くの交配を行い、*C.* Sirayukiや*Den.* Indoyoをはじめとして49の交配を登録していますが、育種を楽しむ雰囲気は、約60年を経た現在まで、会員の間で綿々と受け継がれています。

審査・会報・展示会のスタート

発足翌年の1959年1月例会において初審査が行われ、4点が入賞（FCC 3点、AM 1点）しました。この時代の賞は、First Class Certificate（FCC 90点以上）、Award of Merit（AM 80点以上90点未満）、Botanical Certificate（BC 植物学的価値）、及びCultural Certificate（CC 栽培賞）の4種類で、Highly Commended Certificate（HCC 75点以上80点未満）は設定されていませんでした。当初審査員の氏名は記録されていませんでしたが、記録されるようになった1965(昭和40)年の名簿を見ると、島津忠重、池田成功、後藤兼吉、合田弘一、大場守一、加藤光治、江尻宗三郎といった日本洋ラン界先達の名前が見られます。1959年5月には会報第1号を発行しました。誌名は「ORCHIDS」となり、帝国愛蘭会の「蘭 The Orchids」を意識しているように感じられます。島津会長の巻頭言の次には、新種紹介と称して、花の大きさが15.5×11.5cmという巨大な点花パフィオペディルムの写真が目を引きます。随筆や品種紹介、栽培方法の解説など、たいへん充実した内容でした。10月例会では初めて人気投票が行われ、翌1960年2月例会では、初心者向けの「洋蘭教室」が開講されるなど、一般会員への心配りも感じられます。

1960（昭和35）年4月19日から21日まで、第1回展示会を新宿伊勢丹婦人サロンで開催しました。出品者29名、出品花は166点あり、*Lc.* Felicitation（レリオカトレア　フェリシテイション：山﨑守勝氏出品）が最高点を獲得し、国産新花賞を受賞しました。同会場では、第5回まで展示会を開催しました。

第1回展示会の会場風景

1960年5月にロンドンで開催された第3回世界蘭会議に副会長の池田成功氏が招聘され「シプリペディウム類の育種とその品種改良」という演題で講演しました。洋ラン界では初めて国際的な檜舞台に立った同氏は、7月の例会で帰朝報告を行いました。

1962（昭和37）年6月の委員会（現在の理事会）でHCCとRare Hybrid Certificate（RHC 珍しい交配に対する賞）が承認され、審査が身近になりました。

1966（昭和41）年5月例会ではフランスのルクーフル氏が講演され、また翌年5月例会ではランのウイルス検定に関する講演会が開催されるなど、協会の進取的姿勢が例会記録からうかがわれます。

1968（昭和43）年、島津会長逝去にともない、当時労働大臣の傍ら園芸文化協会会長でもあった石田博英氏を第2代会長に招聘しました。石田会長のスケジュールが多忙を極めたため、翌年、後藤兼吉氏が第3代会長に就任し、以後は内部出身者による会長が続いています。

研究委員会

例会は当初、青山学院校友会館を会場としていましたが、1969（昭和44）年から南新宿ビルへ、そして1977（昭和52）年6月から後楽園涵徳亭へと移りました。1978年に米本 正氏が第5代会長に就任するとともに、当時理事長を務めていた日本体育大学の講義室が会場となりました。翌年から日体会館に移り、その後23年間の長きにわたり使わせていただきました。

会報を通読すると、1970年代後半にはランの植物学や遺伝学など、高度に専門的な内容が充実していることがわかります。その頃、研究委員長を務めていたのが国際基督教大学学長（当時）の篠遠喜人氏、委員は阿部定夫、木村資生、志佐 誠、庄司太郎、瀬川孝吉、長島時子、横井正人という錚々たるメンバーでした。ところが例会には、学問的な興味のない会員もたくさん参加します。講演会の内容などで苦心しているうちに、いっそ研究部門だけを切り離して別個の会を立ち上げてはどうかという意見が出て、「ラン懇話会」が発足しました。全日本蘭協会の会員だけでなく、ラン関係の研究者、関東や関西の愛好会会員など、幅広い会員が集まり、初代会長には篠遠喜人氏が就任しました。

こうして一旦消滅した研究委員会でしたが、会員への苗の供給や栽培のアドバイス、栽培資材の斡旋、RHS 登録の仲介などを目的として 1987 年 7 月に再度発足し、現在に至っています。

第1回アジア太平洋蘭会議

タイのラピー・サガリック氏とシンガポールのキアット・タン氏が中心となってアジア太平洋蘭会議（APOC）が発足し、その第 1 回大会を 1984（昭和 59）年に日本で開催することになりました。外務省が後援となり、第 2 代会長をお願いした石田氏の縁もあって、全日本蘭協会が引き受けることになりました。

国際会議を開催することになって、協会行事はにわかに国際色豊かになりました。前年の第 23 回洋らん展は「タイ国」がテーマとなり、ボブ・スカーリー Jr. 第 11 回世界蘭会議会長とラピー・サガリック タイ国蘭協会会長が参加しました。1984 年 1 月の第 24 回洋らん展では、センチュリーハイアットで国際シンポジウムを開催しました。そして同年 10 月 25 日から 30 日の 6 日間、蘭友会、横浜蘭友会などの協力、外務省、NHK、読売新聞社、株式会社プランタンなどの後援により、プランタン銀座で第 1 回アジア太平洋蘭会議を主催し、成功裏に終了することができました。

運営費用の捻出には苦労し、前年度からの株市の売り上げを全額寄付とする一方、万一赤字になった際に会に負担をかけないよう、会計は全日本蘭協会から切り離したと伝えられています。

こうした経験はその後の Greater New York Orchid Society との姉妹関係締結、ドイツ蘭協会、サンパウロ蘭協会などとの友好関係（現在はらん展のトロフィー交換など）へと繋がっています。

香りの審査

1990（平成 2）年、福原義春氏が第 6 代会長に就任しました。翌年から年度賞の表彰が制度化され、1994（平成 6）年 4 月から香りの予備審査が始まりました。内容はラン業者の温室を訪問し、資生堂の中村祥二氏の指導の下、香りの評価の仕方を研修するものでした。10 名ほどのメンバーは調香師や香料メーカーの関係者などによって構成され、月に 2 回開催されました。一つ一つの花について「この花は、香りは上品だが華やかさが不足している」とか、「香りの強さはあるが、バランスが良くない」などと評価していったと言われます。その後、現在使われている点数評価が確立されました。香りを、強さと拡散性（0 ～ 4 点）、上品さ（0 ～ 5 点）、華やかさ（0 ～ 5 点）、そして新鮮さ（0 ～ 3 点）という 4 つの要素に分けて採点し、合計点数で評価するものです。こうして、香りの審査員同士の標準化を済ませた後、1996（平成 8）年 4 月例会から、定例の香り審査が開始されました。

サンシャインシティでの洋らん展

協会は、1960（昭和 35）年から毎年洋らん展を開催してきました。1968（昭和 43）年から会場をアジア会館に移し、年 2 回開催となりました。その後、南新宿ビルを経て、1976（昭和 51）年から、新宿小田急百貨店が会場となりました。1977 年と 78 年の洋らん展には予想をはるかに超える入場者がつめかけ、入場制限を行うほどでした。同時期、向ヶ丘遊園で秋の洋らん展を開催していました。1999（平成 11）年から三越池袋店、そして晴海トリトンスクエアを経て、2005（平成 17）年の第 44 回洋らん展から現在まで池袋サンシャインシティの展示ホールをお借りしています。2011（平成 23）年から、晴海トリトンスクエアを会場として秋の洋らん展も復活し現在に至ります。

全日本蘭協会にとってサンシャインシティでの洋らん展は大きな転換点でした。面積が 1,600 平方メートルと、これまでの会場とは比べ物にならない広大な会場を活用するため、第 7 代会長の山﨑守勝氏は単独開催ではなく「洋ラン愛好団体と協力して開催する展示会」という大胆な方針を決定し、各地の洋ラン愛好団体に協力を求めました。各団体が存在をアピールできるように、団体ごとの展示とし、表彰もグループ内でのリボン審査を基本としました。突然の依頼にもかかわらず 18 団体の協力が得られ、2005 年 1 月 7 日～ 14 日の 8 日間、「池袋サンシャイン・ワールドオーキッド 2005」が開催されました。当初は観客数が伸びず、運営上の苦労はありましたが、現在では大きな観客を動員できる、新年早々の洋らん展として定着しています。

50周年

2006（平成18）年に田中利典氏が第8代会長に就任し、2年後の2008年には創立50周年を迎えました。7月13日、ホテルオークラ東京で記念式典が行われ、文化功労者の岩槻邦男氏による特別講演「植物学と蘭」に続き功労者表彰、記念パーティーが開催されました。

11月2〜3日には記念旅行としてアサヒビール大山崎山荘美術館などを見学するとともに、日本・蘭協会との懇親会も開催されました。記念会報にはヘンリー・オークレイ氏、ホルガー・ペルナー氏からの祝辞のほか、劉黄崇徳氏による「台湾洋ラン発展史」という寄稿も掲載されました。50周年を記念して入賞記録集（入賞No. 1からNo.4329まで）も発行されました。

現状

2010（平成22）年に齊藤正博が第9代会長に就任しました。月例会は、毎月第二日曜日の午後、主として千代田区北の丸公園の科学技術館で開催されています。月例会の内容は、花の認定審査、香りの審査、講演、開花株の展示・解説、優秀花の表彰、株や情報の交換等です。誰でも蘭栽培や鑑賞のスキルアップができるように、居心地の良い雰囲気作りが心がけられています。

花の認定審査、香りの審査ともに、独自の審査員研修システムによって養成された審査員によって、厳正な審査が行われています。花の認定審査は、2008年に開催された第19回世界蘭会議において、JOGAと共に日本を代表する審査（機関）として紹介されています。洋らん展は1月の「サンシャインシティ世界のらん展」と、秋の「AJOS晴海トリトン秋の洋らん展」を主催しています。世界らん展日本大賞では、2014年から2016年までディスプレイ審査部門愛好家クラス三連覇を達成し、会員の固い団結力を示しました。定期刊行物としては、月刊の「A.J.O.S.だより」と年会報「ORCHIDS」があります。年会報は認定審査の入賞花集を兼ねており、会員以外の方でもご購入いただけます。ホームページのアドレスは以下の通りです。

http://www.orchid.or.jp/orchid/society/ajos/index.html

年会報以外の参考文献

- 辻ナオミ．"特集　池田成功物語—その生涯とコレクション"．蘭の世界'98. 梅田康夫編．読売新聞社，1998 p.10-27.
- 辻ナオミ．"激動の三時代を生きた最後の殿様—島津忠重と日本の蘭事情"．蘭の世界'99. 田口武雄編．読売新聞社，1999 p.8-23.
- 小田善一郎．ラン懇話会—創生期を支えた人々—. ニュー・オーキッド. 2005, No. 133, p. 56-57.

創立50周年記念パーティー記念写真

蘭友会の歴史

蘭友会・清水達夫

純粋にランを楽しむ会

蘭友会の母体は戦前の昭和13年にできています。それ以前は、趣味の会としては当時の貴族を中心とした（大隈重信公が会長）帝国愛蘭会があって、そこに参加する人たちがいたり、プロアマが交流する場としては「八日会」という毎月8日に開かれるランの交換会があり、それに通う人たちもいました。

会誌『蘭友』50号23ページに蘭友会の創立会員で、現在の須和田農園園主の祖父君にあたる江尻宗三郎氏が書かれた「初代蘭友会の思い出」という第1号に掲載された記事が再掲されています。そこにも書かれていますが、「八日会は実質的には株市だから、商業臭のしない、純粋にランを楽しめる場を作ろう」ということで、江尻氏と宮田敏雄氏、岡内彰氏など数名の方々が声を掛け合って作ったのが蘭友会の始まりです。準備段階となる会合は、1937（昭和12）年に持たれたそうですが、設立は次の年、1938（昭和13）年ということになっています。2018年は創立80周年です。

戦前は、昭和13年から19年までは一応活動していましたが、戦時下ではランの栽培などを続けられる状況ではなくなって、戦前の会はそこで休止になってしまいました。戦後に蘭友会が復活したのは1954(昭和29）年のことでした。

会報『蘭友』の表紙

八日会は、洋ランの入手ルートとして貴重な場ではありましたが、「純粋に楽しんでいる人と販売を目的としている人たちが同じグループにいても、同じようには楽しめない」という意見がありました。1947（昭和22）年ですから終戦後間もなく、今の日本洋蘭農業協同組合さんの前身である日本蘭業組合が発足しました。戦前の蘭友会の人たちも何人かはそこに参加していたのですが、「業者と愛好家が一緒では、やはり具合が悪い」ということで、日本蘭業組合からアマチュアが分かれる形で蘭友会を再出発しています。古い資料を見ると「昭和29年、組合のメンバー8人により、組合の事務所で蘭友会結成」とあります。そこで気持ちも新たに再出発した、ということです。会報『蘭友』33号を見ると、戦前に会報が2回発行されていますが、それはカウントされず、戦後初の会報に「第1号」と銘打ったのですね。

ですから、創立記念日だけ昭和13年を使っていますが、「会報の何号」「第何回ラン展」などの数字は戦後からの通し番号になっています。戦前とは途切れています。

戦前の蘭友会

戦前の蘭友会の初代会長は、小野耕一氏（甲州出身。明治 - 大正時代の実業家・小野金六氏の長男）ですが、この方は東京都の高額納税者で、貴族院議員で、なおかつ帝国愛蘭会の会員だったのですが、いわゆる「貴族」出身ではないのです。電気事業や銀行業など営んでとても裕福でしたので、東京都から高額納税者ということで推挙されて「貴族院多額納税者議員」になっていた方です。その方を会の発足当時に岡内氏が見つけてきて、「蘭友会の初代会長をやってもらえませんか」と頼んだところ、その方が「純粋にランを楽しめるという会の趣旨がよい」ということで、会長を引き受けてくれたとのことです。

戦前の蘭友会は、立派な会報を作ったり、ラン展を開催したりといろいろできたのは、小野耕一氏がパトロンになってくれたおかげです。

発足時の会員数は8名。第1回例会（昭和15年）時には会員20名となっています。昭和18年には会報の第2号が発行されて、会員が200名になっています。昭和19年には戦争のために休止ということになってしまいましたが。庶民向けのアマチュア団体がなかったものですから、戦前には待望の受け皿だったのでしょう。

戦後の再発足と発展

戦後の会誌第1号の発行は再発足から2年経った1956（昭和31）年のことでした。このときの会員数はまだ会員50名。蘭友会は、1959（昭和34）年2月に第1回洋蘭展を日本橋白木屋で開催しています。そのときは、会員が92名。昭和44年には300名を超えています。昭和47年には600名突破と書いてありますから、この頃はずっと増え続けていました。一番多いときには1000名近くになりましたが、超えることはありませんでした。

戦前の最盛期が200名ですから、加入者の多くは新規の会員です。昭和40年代といえば生活も安定してきて、ランには高嶺の花というイメージがありましたから「私も栽培にチャレンジしてみたいな」という気分があったのではないかと思います。

私が蘭友会に入ったのは昭和50年代ですから、それよりは少し後ですが、カトレアの切り花が1輪2000円ぐらいで売っていた時代です。ものすごく高価な花ということで、私にも「やってみようかな」という思いがありました。

最初の発足メンバーである宮田敏雄氏が昭和52年まで会長として引っ張ってくださり、根津文雄氏に変わられたのですがまもなくご病気で亡くなられて、横川武氏が会長になられました。この頃に一番会員数が増えまして、1000人近くになりました。

第12回世界蘭会議への参加

ちょうどその頃です。昭和62年に新宿の小田急センチュリーハイアットと神奈川県川崎市の向ヶ丘遊園で第12回世界蘭会議東京大会が開催され、「ランのオリンピック」と宣伝されまして、予想では25万人のところに40万人の入場者が詰めかけて、ドーム型の会場に入りきれないほど。押すな押すなの大盛況でした。このイベントには、蘭友会も協力しました。それが今の東京ドームの世界らん展日本大賞の発祥といいますか、開催するきっかけとなりました。

日本で中心になったのは、日本洋蘭農業協同組合さんで、そこに学者や愛好団体が協力しています。蘭友会に所属する赤井三夫氏が広報委員会の委員長を務め、蘭友会自体も参加し、大型展示では「ディスプレイ賞」を受賞しています。

記念アルバム『PROCEEDING:ALBUM THE 12TH WORLD ORCHID CONFE RENCE,1987』より。第12回世界蘭会議でディスプレイ賞を受賞した大型展示。

審査は行わないのがモットー

私たちのサイトをご覧いただくと、ものすごくランの種類が豊富で、しかも幅広いことに気づかれると思います。蘭友会では審査がなく、制約となるものがないので、いろいろなものを育てて楽しむ方が多いのです。大きく華やかなランを好む方がいれば、小型でごく地味なものを、ものすごく綺麗に作っている方も少なからずいます。たとえば小さなもの――とくにマンションのベランダには大掛かりな温室は設置できませんが、小さめのケースを設けて、小さなランであれば、その中で何十種類と育てられます。

蘭友会は伝統的に審査をしていません。というのも、戦後長く会長を務められていた宮田敏雄氏が「仲間内で『あなたの花は何点だ』とやるのは非常に失礼だ」という考えを持っていた人で、「これは素晴らしいね」と言い合うのはいいけれども「これは何点だ」と点数をつけるようなことはやめよう、ということで審査は行わない、という方針が浸透しており、当時からいる会員はそういう考えを皆持っています。

昭和の終わり頃から平成に入って、「やはりよその会では審査をしているのだから、うちでもやろうよ」という機運が盛り上がったことは何度もありました。でも、昔を知っている人たちは審査を取り入れることに抵抗があるのです。他の会の方から「よくモチベーションが保てるね」と言われることもありますが、私からすればむしろ、審査がなかったからこそ続けて来られたのだと考えています。会員どうしで審査していると、ぎすぎすしてくるといいますか、仲間内で表立って口にしなくても心に不満などが沈殿してくると思うのです。

ただし、審査を否定するわけではありません。審査に向けて良個体を作るのも楽しみの1つです。審査を受けたい人は、日本洋蘭農業協同組合さんと共催または公認をもらっている展覧会を昔から行っているので、そこで組合の審査を受けましょう、ということにしています。

蘭友会のサイトはアマチュアの会では閲覧数が圧倒的に多くなっています。さまざまな花の検索ができますし、過去のデータがたくさんあるからだと思います。「優良花を見たい人」と、「とにかくいろいろな花を見たい人」とでは趣が違ってくる。たとえば、ある1つの個体を丁寧に育てる人、同じ種類からよりよい個体を選抜する人、いろいろな楽しみ方があっていいのです。お互いの楽しみ方を尊重するのがいいと思います。

⬆セロジネ クロロプテラ
Coelogyne chloroptera

⬆風蘭（バンダ[ネオフィネティア] ファルカタ）
Vanda [Neofinetia] falcata

⬆マスデバリア エンジェルキャンディー
Masdevallia Angel Candy

⬆メディオカルカー ベルスティーギー
Mediocalcar versteegii

⬆レストレピア ヘムスレイアナ
Restrepia hemsleyana

⬆グアリアンセ スキンネリ
Guarianthe skinneri

⬆スカフォセパルム ギベローサム
Scaphosepalum gibberosum

ランの楽しみ方を広げる

よく「東洋ランと洋ランは違うものだ」という人がいますが、要は同じランです。洋ランはある意味、自分の作りやすいように作って、咲きさえすればよい。一方で、東洋ランは定型・様式に合っていなければならないところがある。「このランにはこういう鉢を使うのだ」と。鉢映りと植物のバランスと。鉢選びも点数のうち、と。植物と鉢とが一体になって醸し出す雰囲気が採点ポイントですから。東洋蘭に数えられる寒蘭も春蘭もシンビジウムですけど、東洋蘭としての評価では、葉の先まで綺麗につくられていて、シミひとつなくて、葉先がちょっとでも黒くなっていれば価値がない、というぐらい。ですが、どちらが高貴な趣味で、どちらがよくて、というものではなく、あくまでも楽しみ方のひとつです。風蘭なども「風蘭鉢に入れて」、「中高に作って」とやると風蘭ですが、あれをヘゴ板か何かにつけて育てれば、急にバンダ[ネオフィネティア]・ファルカタ（*Vanda*［*Neofinetia*］*falcata*）と学名で呼びたくなってしまいます。

蘭友会のラン展でも、じつは洋ランを東洋ラン風に作ったコーナーを設けました。その作品を見ると、やはり何とも言えず、雰囲気が締まる印象を受けます。

ラン展で「日本のラン」という特集を組んだ経緯から、東洋ランを無視するわけにはいかないだろう、ということでやってみると会場の空気が締まるといいましょうか、雰囲気が変わるのです。その次のラン展では「香りを楽しむ」という特集を組みまして、そこで大きな天然の風蘭の写真を飾って、古典園芸の風蘭の楽しみ方を展示しました。

ランの楽しみは人によって違うと思いますが、私にとっては「多様性」です。原種だけでも27000種以上といわれています。交配種まで入れたら数え切れません。当然、すべてわかるわけではありません。これまで、自分が準備できる環境で育てられるものを育てたいと思って、さまざまなものにチャレンジしてきました。最近はもう、大きくなるものは手に負えないのでやめようと思っています。

チャレンジも楽しみのひとつです。日本で入手できるものは日本で育てられると考えてよいのかといえば、そうとは限りません。私は冷房室を作って低温性のランも育てていますが、栽培の難しいものが多く、ラン展で買った株を枯らしてしまって、悔しいので3年連続で買ってチャレンジしたものの「これはダメだった」ということもあります。また、「花が綺麗だからやってみよう」と思ったものの、なかなか生態がわからなくてうまくいかない、というものもあります。みんなができないと言っている中で「よし、何とかやってやろう」と試すのも楽しみのひとつですね。

「ランを楽しむことを通じて人の和を図る」というのが蘭友会設立の基本理念になっています。ランを通じて人の輪を広めたいと思います。

世界らん展日本大賞の大型展示。

日本洋蘭農業協同組合（ＪＯＧＡ）の歴史

須和田農園・江尻宗一

大日本蘭業組合、日本蘭業組合

洋ランのプロ、すなわち、生産と販売を生業としているメンバーで構成される日本洋蘭農業協同組合（Japan Orchid Growers Association 略称：JOGA）は戦前の1941（昭和16）年に大日本蘭業組合として創立され、戦後の1947（昭和22）年3月1日に日本蘭業組合として再発足した組織が、1947（昭和22）年11月に施行された農業協同組合法に則り、1950（昭和25）年7月25日に設立認可されてできた農業協同組合です。

残念ながら戦前に設立された大日本蘭業組合の記録はほとんど残っておらず、戦後に再発足した日本蘭業組合としての活動が記録として残っています。日本蘭業組合の設立当初から組合報『蘭之友』を発行し、その活動を組合内部で共有していました。

戦後再設立された日本蘭業組合の所期の目的は、洋ランの栽培に関わる暖房用の石炭や温室に使用するガラス、セメントなどの配給を受けるための組合として設立されています。

当時の記録を読み返してみるとＧＨＱ（連合国軍最高司令官総司令部）から農林省にパーティーなどに使うランの切り花の要請があり、戦時中わずかに残ったランを栽培している園芸農家に声がかかったようです。

ＧＨＱとは農林省を介して、洋ランを栽培するために暖房用の石炭の配給を交渉しています。

1952年10月27日開催のＪＯＧＡ株市で撮影したＪＯＧＡ理事の集合写真（逗子の観覧荘にて）。

また1947（昭和22）年8月1日発行の『蘭之友』第1号には、当時の農林省の担当者による輸出園芸品としての洋ラン栽培を奨励する記事も見られます。ＧＨＱとの交渉は難航したようすが『蘭之友』の記事には垣間見られますが、1948（昭和23）年1月発行の第6号では無事石炭の配給が決まった旨の記事が掲載されています。

戦後の物資のない時代に食料でもない、しかも高級花である洋ランの栽培を行っていこうとする当時の洋らん生産者の意気込みもすごいと思わせる内容がガリ版刷りの紙面に残されています。『蘭之友』第4号には、当時の組合員であった岡山の中山林之助氏による図解つきの輸出箱の記事などもあります。驚くべきことに『蘭之友』は発行当初から毎月発行されており、配給や栽培に関する記事のほか、米国のランの切り花事情や原産地のラン事情などの記事も掲載され、当時から洋ランの世界は国際的であったことがよくわかります。

洋らん展の開催

1947（昭和22）年1月からは東京都世田谷区にあった戸越農園において、ランの切り花競り市を開市しています。また、はじめての洋らん展も終戦2年後の1947（昭和22）年11月に日本橋三越本店で開催をしています。わずか2日間だけの展示会であったようですが、5000人以上もの来場者があり、大変な賑わいであったようです。

当時からリボン審査的な審査も開催され、戦前にＲＨＳ（英国王立園芸協会）の蘭委員会メンバーであった島津忠重氏（元貴族院議員）が審査長を務められました。当時の洋らん展は組合員の咲かせた花を展示するのみで、販売はまだ行われていませんでした。

洋らん展に多くの来場者があったとはいえ、この時代の最大の顧客は進駐軍関係の外国人でした。カトレアなどの切り花生産品の90％以上が進駐軍やアメリカやフィリピンを結ぶ航路を運航していた旅客船向けなどに販売されていたようです。そのため『蘭業ニュース（蘭之友より改称）』第15号からは横浜に入港するアメリカンプレジデントラインズ社の旅客船時刻表が掲載され、その入港日と出帆日に合わせて切り花の出荷日調整などが行われていました。

また7月、8月の夏になると暑い東京から外国人が避暑に出てしまうため、ランの切り花の売上げが極端に悪くなったとも書かれています。このほかの記事を見てもアメリカの年中行事一覧の掲載があり、ほぼすべての商売は進駐軍頼りであったことがうかがえます。もっとも、進駐軍がその当時アメリカ本国でパーティーや装飾に広く使われていた洋ランの切り花が日本でも必要であったために、それらを栽培していたごくわずかな温室園芸家へ石炭やガラス、ペンキなどの洋ラン栽培に欠かせない資材の配給があり、これこそがその後の日本の洋ラン業界発展の基礎となったことは間違いありません。

日本洋蘭農業協同組合発足直前の1950（昭和25）年2月に開催された第4回展示会には、ハワイから空輸されたバンダやデンドロビウムに加え、関西支部などからの切り花150点の出品があり、大変豪華な展示会になったようです。

続く3月には、アメリカ・フロリダ州セントピータースバーグで開催された国際展覧会へ切り花を空輸出品し、イギリス次ぐ第2位を獲得しています。

日本洋蘭農業協同組合の設立

1950（昭和25）年7月25日には、前年6月より設立の準備をしていた日本洋蘭農業協同組合に、農林省より設立認可が下り、これで現在のＪＯＧＡ・日本洋蘭農業協同組合が設立されました。

設立当初の組合員数は56名でのスタートで、初代組合長は石田孝四郎氏でした。当初の事務所は世田谷区にあった戸越農園内に設けられました。世界に目を向ける組合員が設立当初から多かったためか、Japan Orchid Growers Association（ＪＯＧＡ）という英名も設立当初からつけられていました。1950（昭和25）年9月発行の『蘭業組合報（蘭業ニュースより改称）』第3号では、本組合が本邦唯一の洋ラン栽培者の協同組合であり、洋ラン栽培者で未加入の方はぜひご加入を、と表紙に記事が掲載されています。また、併せてラン業市場の紹介もあり、日曜日以外の毎日ランの切り花競り市の開催があり出荷を促す記事もあります。

この頃、組合事務所は渋谷区金王町へ移転しています。また10月号では早くも中山氏による交配の記事が連載で掲載され始めています。順調にスタートしたかに見えた日本洋蘭農業協同組合でしたが、1950年6月に始まった朝鮮戦争の影響で、ランの切り花がぱったりと売れなくなってしまったようです。それであっても東京以外でも展示会が開催されるようになり、蘭業組合報には全国の洋ラン展示会記録が時折掲載されるようになっています。

その後も展示会は毎年開催されるようになり、1951（昭和26）年2月の第5回展示会には三笠宮殿下がご来臨になり、1953（昭和28）年の第7回展示会からは高松宮妃殿下がご来臨されるようになり、年々盛況となっていきます。

第5回展示会より農林大臣賞の授与が始まり、当時は優秀花と栽培賞の両方に農林大臣賞が授与されています。翌年の第6回展示会の記録からは農林大臣賞は国産実生花に授与されており、国産実生による新花育成を奨励していたことが伺い知れます。

切り花競り市場は、1951（昭和26）年3月に日本洋蘭農業協同組合などの出資により、有限会社青山青花市場が渋谷区青山に開設され、ランの切り花以外にも取り扱い品目を広げ、中規模の切り花市場へと発展していきます。同年6月に開催されたJOGA第1回定期総会の記録では、組合員数が96名と大きく増えてきています。

1953（昭和28）年にはアメリカとイギリスからカトレアを輸入し、組合員へ配布が行われています。「イギリスからの株は品質良好であったが、アメリカよりの株は輸送による傷みが多数あった」と記録されています。戦後まだ8年で、1ドル360円の固定相場の時代です。国外からの輸入株導入は大きな事業であったことがうかがい知れます。

1954（昭和29）年の第8回展示会からは、出品花に値札をつけての販売も始まり、売上げは約14万円であったと記録されています。

また、同年4月には戦後初の一般向けの洋ラン栽培書である『蘭の作り方』278ページを450円で発行しています。この当時から切り花の生産販売に加え、洋ランの趣味を多くの人に広めようという努力を始めていたようすがうかがえます。

同じ年に、第1回世界蘭会議（World Orchid Conference 略称：ＷＯＣ）がアメリカ・ミズーリ州セントルイスで開催されましたが、日本洋蘭農業協同組合は参加しませんでした。その後、世界蘭会議は3年おきに世界各地で開催されています。

1955（昭和30）年には、ホノルル蘭協会主催の洋ラン展へ初出品し、ハワイタイムスへ写真入りの記事が掲載され、好評を博したそうです。また、この年からは2月の展示会に加え、11月に秋期即売展示会を同じく日本橋三越本店で開催し、以後昭和42年まで続けられました。この秋の即売展示会は、審査なしの即売目的で開催されていました。

1956（昭和31）年の第10回展示会からは、高級陶磁器メーカーである大倉陶園謹製の手描きによる蘭絵皿を制作し、組合賞としての授与が始まっています。この蘭絵皿は今日でも継続して制作を行い、毎年異なる絵柄の絵皿をＪＯＧＡ洋らん展の上位優秀作品数点に授与しています。

1958（昭和33）年の第12回洋らん展では日本テレビのカラー実験放送で洋らん展のようすが放映されています。この年の総会時には、組合員数も124名と順調に増加しています。

洋らん展はその後もますます盛況となり、1960（昭和35）年の第14回洋らん展には、メキシコへ移住しカトレア切り花の大農園を経営されていた松本三四郎氏よりカトレア切り花の出品があり、秩父宮妃殿下のご来臨も賜っています。

1959年に三越本店で開催されたＪＯＧＡ洋らん展にて。右のカトレアの絵皿が大倉陶園謹製の第1枚目。1956年に組合賞として授与されたもの。

1961（昭和36）年の第15回洋らん展と1965（昭和40）年の第19回洋らん展には皇太子殿下明仁親王（今上天皇）と美智子妃殿下（皇后）の行啓を賜っています。

1967（昭和42）年、1968（昭和43）年と1970（昭和45）年には毎年10月に開催されているホノルル蘭協会主催の展示会へ協力出品もしています。多くの日系人が活躍されていたホノルル蘭協会との深い交流が伺い知れます。

1964（昭和39）年からは株市（組合員による株の交換会）を三井戸越農園で開催し、1968（昭和43）年からは出張株市を開始しています。また1968（昭和43）年には組合内に委員会制度を設置することが理事会で決まり、株市・委託販売・展示会・組合報編集の4委員会が設置されました。

1969（昭和44）年の第23回洋らん展からはメキシコの松本三四郎氏の好意により松本賞が設置されました。この賞は出品されたカトレアの中で、一番優秀であった作品に授与される賞で、当時のカトレア栽培家にとっては大変名誉ある賞でした。松本賞は1999（平成11）年第53回洋らん展まで30年間にわたり授与されていました。

1972（昭和47）年1月に組合事務所を世田谷区八幡山へ移転し、その後、八幡山地区内での移転が数回ありましたが、現在でもＪＯＧＡ事務所は世田谷区八幡山に置かれています。昭和47年当時の組合員数は160名と、当時の洋ラン栽培農家の増加とともに順調に組合員数の増加を続けているのがわかります。

ＪＯＧＡメダル認定審査会

この頃になりますと、ＪＯＧＡでもＡＯＳ（アメリカ蘭協会）やＲＨＳのような認定審査を行えないかとの気運が高まってきます。1970（昭和45）年に審査準備委員会が組合内に組織され、ＡＯＳやＲＨＳなどの先進審査団体の概要、認定の種類、審査方法、審査員の認定などの資料を集め、数年がかりでＪＯＧＡ審査規定の素案をまとめ上げました。これが理事会で承認され、1973（昭和48）年2月開催の第27回洋らん展において初のＪＯＧＡメダル認定審査会が開催されました。第1回目の審査会ではＳＭ11点、ＢＭ20点、ＳＱ2点の合計33点のメダル認定を行っています。その後、今日までＪＯＧＡメダル認定審査会は開催され、現在ではその認定数が16,000個体を超えるまでになっています。

このメダル認定審査会は国内で育種開発された洋ランの品質向上に大変寄与したほか、諸外国から輸入される優秀花の評価や、珍しい原種の同定などにも非常に役立っています。

また、品種改良された新交配は、品種名をＲＨＳへ登録しない限り認定を取り消すとの規約により、品種名登録の促進にも役立っています。メダル認定された入賞花は定期的に発行する『ＪＯＧＡ入賞花集』に掲載され、広く認知されるようになります。1977（昭和52）年発行の『ＪＯＧＡ入賞花集 Vol. 1』から一部カラー写真で入賞花が掲載され、1989（平成元）年発行の『JOGA 入賞花集 Vol. 7』からはフルカラーでの印刷で発行されています。現在では、入賞花集の発行とともに、パソコンで検索のできるＪＯＧＡデータベースも完成し、組合員始め洋蘭愛好家の皆様にご利用いただいています。また、長年蓄積していきましたメダル認定データは、世界最大の洋蘭団体であるＡＯＳへも供給し、今日ではＪＯＧＡ入賞花の高いレベルが世界的にも広く知られるようになっています。

JAPAN ORCHID GROWERS ASSOCIATION
Register of Awards
VOL.35 (2016)

ＪＯＧＡ入賞花集『Register of Awards』。ＪＯＧＡ加盟店で購入できる。

1975（昭和50）年開催の第29回洋らん展と1977（昭和52）年開催の第31回洋らん展には秩父宮妃殿下のご来臨を賜り、また1980（昭和55）年開催の第34回洋らん展には常陸宮両殿下のご来臨を賜っています。

昭和55年にはＪＯＧＡは創立30周年を迎え、組合員数も258名と飛躍的に増えています。当時の洋ラン業界は成長産業であったことがわかります。

1975（昭和50）年の9月にはタイ・バンコクにて開催された洋らん展に切り花を出品し、その後1978（昭和53）年1月にタイ・バンコクのローズガーデンで開催された第9回世界蘭会議にも組合員から150点あまりの出品があり、うち38点が入賞しています。

第12回世界蘭会議の開催

1980（昭和55）年11月4日にワシントン条約（絶滅のおそれのある野生動植物の種の国際取引に関する条約）が国内で発効され、ラン科植物すべてがこの条約に関わることになります。それまで特別な規制もなく、植物検疫のみで国際取引がされていた洋ランもワシントン条約に則り輸出入する必要となり、ＪＯＧＡでもその情報収集を積極的に行い、組合員へのワシントン条約の周知を行っています。

洋ランの国内生産と販売が順調に伸び、その品質も世界と肩を並べるほどになってくると、世界蘭会議の日本への招致機運も高まってきます。1978（昭和53）年にタイで開催された第9回世界蘭会議のおりに、海外のラン園で研修経験のあるＪＯＧＡの若手が「一度日本でも開催してみたいね」と言ったのがきっかけであったようです。

1981（昭和57）年6月のＪＯＧＡ総会時の理事会で招致の提案が通り、同年9月に南アフリカ・ダーバンで開催された第10回世界蘭会議での招致活動が決まります。ダーバンで開かれた第12回大会の開催場所を決める会議には、日本とニュージーランドが立候補していましたがその会議では決定に至らず、翌年春にアメリカで開催されたＡＯＳのミーティングまで持ち越しとなりました。通常の会議で決まらないことは大変珍しく、日本とニュージーランドが接戦であったことがわかります。

1982年の春に日本での開催が決まるわけですが、

開催にはホストソサエティーが必要となります。このときは招致の経緯ならびに国内では洋ランに関して唯一の政府からの認可団体であるＪＯＧＡがホストソサエティーとなったわけですが、国内での根回しは一切なし、経済的裏付けもなし、会場や運営会社の当てもなし。よくぞないない尽くしで日本での開催がとれたものです。そのためＪＯＧＡは名目上ホストソサエティーとなり、ＪＯＧＡの有志で組織委員会を作ることになりました。しかしながらその中心は当時のＪＯＧＡメンバーが占め、一部アマチュアや東洋蘭業界からの代表が入るという形で、ほぼＪＯＧＡ主体で開催準備が進んだことは間違いありません。1984（昭和59）年にアメリカ・フロリダ州マイアミで開催された第11回世界蘭会議ではＪＯＧＡのディスプレー出展や第12回世界蘭会議の宣伝活動ブースなどを設け、日本で開催する世界蘭会議の宣伝活動を行いました。

次回の開催が日本と言うこともあり、日本からの参加者も多かったわけですが、マイアミ大会の規模と大きく素晴らしいディスプレーに圧倒され、果たして日本でこれほどのものができるのかと思いながら皆帰路についたものです。1987（昭和62）年の第12回世界蘭会議・東京大会ではＪＯＧＡメンバーが展示、財務、審査、渉外、会計の各委員長となり、始めて開催する大規模らん展の運営を行い、成功裏に終了することができました。

1972年に三越本店で開催されたＪＯＧＡ洋らん展にて。
混み合う会場内の様子。

ＪＯＧＡでは、その後の世界蘭会議へもディスプレー出展を継続して行っています。第13回ニュージーランド・オークランド大会、第14回スコットランド・グラスゴー大会、第15回ブラジル・リオデジャネイロ大会、第16回カナダ・バンクーバー大会、第17回マレーシア・シャアラーム大会まで毎回出展し、とくに第17回のマレーシアではディスプレー部門第2位の結果を残しています。また、2011（平成23）年11月にシンガポールで開催された第20回大会へもディスプレー出展し、多くのリボンやメダルを獲得しています。

1987（昭和62）年の第12回世界蘭会議・東京大会の後は、国内では洋ランバブルとも言うべき活況となり、洋ラン生産者、販売業者、愛好家のすべてが急激な増加となっています。ＪＯＧＡの組合員数も1986（昭和61）年には306名となり、1996（平成8）年まで増加を続けます。

日本で開催された第12回世界蘭会議は、ちょうど日本経済のバブル景気と重なります。バブル景気は1986（昭和61）年12月から1991（平成3）年2月までとされていますが、洋ラン業界はちょうどこのバブル景気のイケイケ状態に乗り、洋ランの普及と拡大が急激に、そして極端に進んだとも言えます。

この時代はＪＯＧＡのメダル認定審査での入賞も急激に増え、1973（昭和48）年の開始当初1年間に95個体の入賞認定であったものが、1987（昭和62）年には260個体、1991（平成3）年には379個体と順調にその数を伸ばしていきます。

メダル認定審査は2003（平成15）年721個体の入賞認定が単年度の最高で、現在ではおよそその半数の300個体強の入賞認定で推移しています。バブル期に顕著であったのがコチョウランを生産する組合員の急激な増加でした。コチョウランの品種改良も急激に進み、バブル期に高級贈答鉢花としての地位を確立し、今日に至っています。

第12回世界蘭会議・東京大会直後の熱が冷めやらないときには、日本各地で中～小規模の洋ラン展が多数開催され、日本中が洋ランブームに沸いていきます。組合員数も増加の一途をたどり、1996（平成8）年には過去最大の369名の組合員となっています。

大規模ラン展を成功させた勢いに乗り、ＪＯＧＡの中核メンバーが中心となり、1989（平成元）年には東京ドームで初の大規模ラン展を開催し、その後の世界らん展日本大賞（ＪＧＰ）や名古屋国際蘭展、神戸らん展、とうほく蘭展（仙台）、福岡国際らん博などの大規模ラン展の開催につながっていきます。

世界らん展日本大賞ではＪＯＧＡは協力団体として参加し、毎年大規模なディスプレーを出展しています。また、ＪＯＧＡメンバーが運営団体の理事、幹事、実行委員として参加し、円滑な運営の協力を行っています。世界らん展日本大賞では、ＪＯＧＡは大型ディスプレーで８回の最優秀ディスプレーも受賞しています。

洋ラン情報誌『ＪＯＧＡレビュー』創刊

2002（平成14）年には洋ラン情報誌『ＪＯＧＡレビュー』を創刊し、洋ランの栽培方法や最新品種の紹介などの情報の発信を行っています。とくに2007(平成19)年発行の第14号より無料での配布冊子となり、日本各地での洋ラン展やＪＯＧＡ組合員の開催するイベントなどで広く一般の方々へ洋ランの情報をお届けしています。

2006（平成18）年にはワシントン条約に則り、組合員が正規輸入をした附属書Ⅰのランに対しＪＯＧＡ確認ラベル（通称:黒ラベル）の発行を始めています。これにより世界的に珍しいランであっても人工栽培され、正規に輸入されたラン苗は趣味家のみなさんに安心して楽しんでいただけるようになっています。

ＪＯＧＡ洋らん展は1990（平成２）年２月の第44回より、会場を渋谷東急百貨店本店に移し、開催をしてきました。ＪＯＧＡ洋らん展では高円宮殿下・妃殿下のご来臨を1993（平成５）年より毎年賜り、2002（平成14）年の高円宮殿下の薨去後も引き続き高円宮妃殿下のご来臨を賜っています。また、1996（平成８）年よりは高円宮妃牌を下賜され、原種の趣を強く残す交配種に授与しています。

その後、ＪＯＧＡ洋らん展は2011（平成23）年、2012（平成24）年は東京国際フォーラムにて開催し、2013（平成25）年、2014（平成26）年は銀座フェニックスプラザでの開催、そして2015（平成27）年の第69回からは会場を昭和記念公園内にある花みどり文化センターに移し、開催を行っています。2016（平成28）年第70回ＪＯＧＡ洋らん展から農林水産大臣賞に加え、国土交通大臣賞の授与も始めています。

農林水産大臣賞は国産実生で開発された優秀花に授与し、国土交通大臣賞は海外から導入された優秀花に授与しています。

ＪＯＧＡではＪＯＧＡ洋らん展の開催に加え、日本各地での洋ランフェアなどの開催を行い、コマーシャルベースには乗りにくい珍しくも美しいランの普及を引き続き行ってまいります。

また、近年はＲＨＳやＡＯＳなどの世界各地のラン団体との連携も深め、各地の最新情報をＪＯＧＡ ホームページや『ＪＯＧＡレビュー』の誌面でご紹介してまいります。

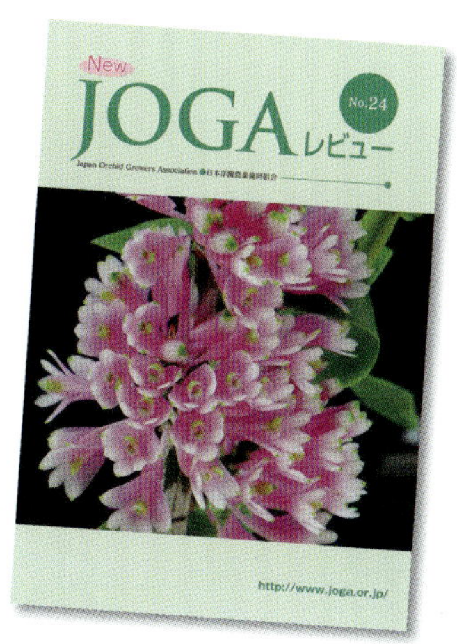

『ＪＯＧＡレビュー』はフリーペーパーとして配布しており、ＪＯＧＡ加盟店や加盟店が参加している蘭展会場で入手できる。また組合のサイトではＰＤＦ形式でダウンロードできる。

合田弘之氏、宇田川芳雄氏に伺う日本洋ラン界の「歴史証言」

合田弘之氏、宇田川芳雄氏は、日本の洋ラン界の戦前、戦中、戦後を知る、いわば『歴史の証人』です。

合田氏のお生まれは大正15（1916）年、宇田川氏は昭和3（1928）年。おふたりとも、東京・世田谷で幼少期を過ごされました。

戦後、おふたりはラン業界の「若手」として、設立まもない洋蘭農業協同組合やラン愛好団体において親しく活動し、国内外の視察旅行を共にすることもありました。現在は、おふたりとも神奈川県伊勢原市在住ですが、「会う機会が減ったのが残念」とのこと。

本書においては、おふたりそれぞれに、数度にわたってインタビューを行いました。ほんの数年前のできごとのように次々と語られる、時代の香り漂うエピソードのすべてを紹介できないのが残念ですが、この項では、時代を追って、おふたりの証言を合わせて構成することといたします。

ランの輸出入の最前線で　その歴史を記録し続ける

合田氏は、種苗会社に勤めていたご父君が趣味で育てていたのが、洋ランに触れたきっかけでした。ご父君は、合田弘一氏。戦後は企業に勤めたのち、ご父君と共に種苗会社を経営し、国内外のクライアントに向けて洋ランの輸出入販売に携わります。いち早く「倍数体」に注目し、海外の良花を多く国内に紹介しました。自社交配品種はまめにＲＨＳに申請し、他社代行も積極的に行いました。

昭和31年、海外から輸入したランを予約販売したことをきっかけに、カタログの発行を始めます。同社が発行する『洋ランカタログ』は商品カタログの域を超え、その内容の充実さと正確さで、業界内では「洋ラン名テキスト」としても重用されました。

その裏には、合田氏のアーカイバー（記録保存伝達者）としての、不断の努力があるといえるでしょう。時代時代に流通したランたちの写真をコツコツと撮影し、いつでもすぐに使えるように学名順にファイリングした膨大なポジフィルムや、つねに正しく調べられた種名、品種名のデータ（初期は紙のカードに手書きで記入、現在はパソコンで管理）などは、コレクションといってよいほど。他に類を見ません。

日本の洋ラン界において、学名を正しく表記して取り扱うことの重要性がこれほどまでに浸透したのは、合田氏の功績が大きかったと感じます。その膨大な資料と知識で、組合報の編集なども長年支えられました。

近頃出回るランの中には、商品名や愛称で呼ばれているものも目にします。

「広く一般にアピールするにはいいと思うけれど、交配親を調べようがないものがあるのはちょっとね。洋ランは、学名表記を尊重し、決められたルールの中で、多くの人が積み上げてきた歴史があります。海外と交流したり、交配の妙を楽しんだり。そうした歴史や楽しみがこれからも続くのを、僕は期待したいですね」。

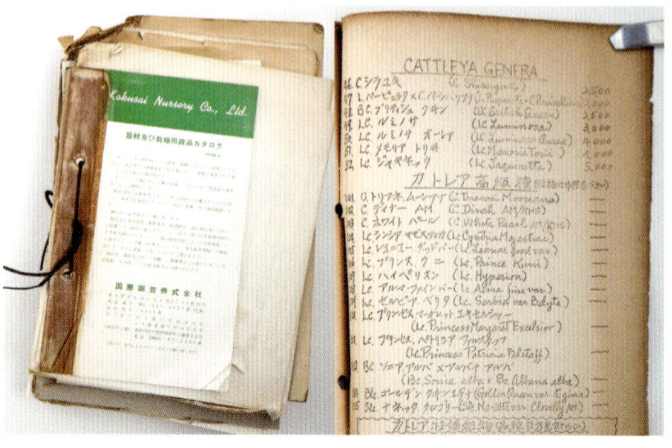

国際園芸・自社商品カタログ（右：昭和31年発行）。手書きガリ版刷り。*C.*Shirayuki ¥2,500、*Lc.*Luminosa Aurea¥4,000などが並ぶ。

合田弘之氏
1916年生まれ。国際園芸株式会社会長。青山学院卒業。企業に勤めたのち、合田商会（同社前身）にてランの輸入、輸出、流通に携わる。

庶民の手に届かぬ時代のラン、限られた人たちのひそやかな楽しみ

宇田川芳雄氏
1928年生まれ。独学でランの研究を行い、阿夫利洋蘭園を開業（現在は勇退）。日本洋蘭農業協同組合理事や、愛好家団体の役員などを勤めた。

宇田川氏がランに興味を持ったのは、第二次大戦が始まった頃のこと。園芸少年だった宇田川氏は、初めて訪れたラン園でその香りと美しさに魅了され、いくつものラン園を訪ね歩きます。当時、ランは特権階級の人たちを中心に楽しまれていましたが、そうしたお屋敷に連れて行ってもらったこともあったそうです。

戦争が続き物資が不足しはじめますが、生家が薪炭商で燃料には困らず、1坪半の木造温室でラン栽培を続けました。食べるものも不足した時代ですが、家業が栄えていたこともあって、学生ながらランを買い集めました。当時購入したランの種類や金額を記載した「おこづかい帳」が、今でも大切に保管されています。

いよいよ戦火が激しくなる頃にはランの価格も暴落し、売買も行われなくなりました。召集令状が来た知人のランを引き取ったり、東京大空襲で生家と温室が焼けてしまったり、厳しい経験もされました。

宇田川氏は、興味のある植物をとことん追求するという学者肌で、戦前、戦後に発行された国内外の多くの豪華本をはじめ膨大な資料を手元に、海外の自生地にも出かけ、多くの研究を重ねられました。とくに原種について造詣が深く、長年審査委員も務めました。

「初期の株市は、ランが好きで好きでたまらないといった人たちの集まりで、楽しかったな。組合理事の江尻（宗三郎＝須和田農園）さんが理事会の話し合いで「皆つくることばかり熱心で、売る方のことはまったく不熱心で困ったものだ」とよく言っていた。後年は大量生産、大量消費の時代で、だんだん面白くなくなっちゃって。深みがなくなった気がするね。ランへの想いを託した『Masdevallia & Dracula』（1994年二玄社）を自費出版したのが、せめてもの慰めだね」。

木造の温室
昭和18年。姉上の後ろは1坪半の温室。当初、大工さんに説明したものの伝わらず、物置きのようなものができてしまった。翌年つくり直した、南側にガラスの入った立派なもの。

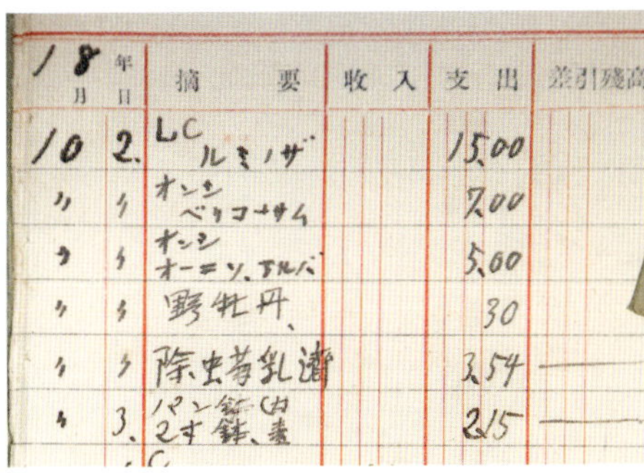

当時、種苗会社に勤めていた合田氏のご父君の給料が約65円だった頃、宇田川青年が購入したランは15円、7円など（平均は2円前後）の金額で、レリオカトレア・ルミノザなどの種名も明記されており、貴重な歴史の記録といえよう。

宇田川氏の小遣い帳

宇田川氏所有「蘭友会　会報」
巻頭は、小野耕一貴族院議員による祝辞。
「大空襲の日、母屋も温室も焼け落ちました。燃え広がる炎を、防火用の水をかぶって見ていました。ずいぶん長い間、一人きりで眺めていたのを覚えています。近所に火が回り始めたとき、本棚から数冊の本を持ち出して温室に投げ入れました。それで、大事にしていた軍艦の本などの本と一緒に、蘭友会の会報が残ったんです」。端が少し焦げているのは、戦火によるもの。

合田 談・毎月開催された株市 1

父の時代、昭和６年頃から毎月、株の交換会をしていました。業者と愛好家が８日に集まったので「八日会」。場所は持ち回りで、家でも何度か開催しています。パフィオが多かったようですが、私は子どもだったし値段の記憶はないです。銀座で店を経営していたハイカラな叔母が、ロシア料理のザクースカ（前菜料理）でもてなしたのは覚えているけれど。

昭和 11 年頃、池田成功さん（神奈川県大磯市）が遅れて来て、「スポーツカーでとばし過ぎて（スピード違反で）、逆に遅れた」と笑ってた、なんてこともありました。まだ、庶民が車に乗ることも少なかった時代です。株の取り引きはもちろん、皆で集まって情報交換や食事をするのが楽しかったようです。

宇田川 談・各社がカタログを発行 2

日本園芸がカタログを出した昭和８年頃には、ランの愛好者も結構いました。当時カタログを出していたのは４～５社あって、とくに横浜植木のカタログは素晴らしかった。スベスベの紙を使った、立派なカタログでね。眺めるだけで楽しかった。

パフィオなど、高いものは家一軒建つくらいの値段もあった。当時はランを、主に英国から輸入。来るまでに腐らないよう、まず英国で２週間くらい乾かして、芽があると腐っちゃうから芽を取って。それでもダメになるのが多かったから、リスクも高かったと思います。だから管理も細やか。芽の中の水は、筆でひと株ずつ吸い取っていたようです。

宇田川 談・有志が集まりラン界を熱く語る 3

大栄浩さん（賛花園）によると、この頃、渋谷の宮益坂にあった馬肉料理店「サクラヤ」に有志（おもに八日会メンバー）がよく集まり、「帝国愛蘭会は格式が高いから、だれでも参加できるランの団体を作ろう」と気炎を上げたとか。この流れで、貴族院議員の小野耕一氏に初代会長を引き受けてもらい、蘭友会設立の運びとなったと聞きました。

合田 談・戦前、パフィオが人気 4

戦前は庭に６坪くらいの掘り下げ式温室があり、パフィオ・シャーマインなどを育てていました。当時はパフィオをシップと呼び、趣味家も多かったのです。狭い場所にたくさん置けて、花立ちがよいし。蘭友会の会報第一号には、父が原稿「趣味栽培用としてシプリペディウムの好まるるは何故か（合田弘一）」を書いています。ところが戦争中、温室はいかんとガラスを外し、解体しました。残念だけれど……、まあ、そういう時代だったから。ランは戸越農園に引き取ってもらいました。

宇田川 談・ラン園は「縦覧お断わり」 5

前年に入学した園芸学校の級友の紹介で、初めて世田谷・尾山台の賛花園に出かけました。1500 坪の敷地に大小５棟 120 坪の温室と、12 のフレームがあったと思います。温室の中は、すべて洋ラン。フレームは山草の寄せ植え。ある日、主温室に入ると華やかなカトレアがいくつも咲いていました。温室いっぱい馥郁たる香りに包まれて、一時天国にいるような気分になり、それは二度とない体験となりました。

	元号、西暦	世の中の動き	洋ラン界	
	昭和元年 (1926)	天皇が皇位継承	合田弘之氏　誕生	
	昭和2年 (1927)	金融恐慌が起きる	―	
	昭和3年 (1928)	最初の普通選挙	宇田川芳雄氏　誕生	
	昭和4年 (1929)	世界恐慌始まる	―	
	昭和5年 (1930)	―	日本園芸洋蘭開始	
1	昭和6年 (1931)	満州事変、昭和恐慌	このころから「八日会」業者や趣味家が集まり、株市を行う	
	昭和7年 (1932)	五. 一五事件、政治の汚職、暗殺事件相次ぐ		
2	昭和8年 (1933)	日本国際連盟を脱退	島津忠重、第三代帝国愛蘭会会長就任	
	昭和9年 (1934)	ヒトラードイツの総統に	―	
	昭和10年 (1935)	―	―	
	昭和11年 (1936)	二. 二六事件起こる	この頃、「サクラヤ」にて会合	
3	昭和12年 (1937)	日中戦争始まる	―	
	昭和13年 (1938)	公務員の初任給料　75円	大日本蘭協会設立（宮田会長）＝蘭友会に継承	
	昭和14年 (1939)	英仏が宣戦布告。第二次大戦始まる	―	
4	昭和15年 (1940)	日独伊三国同盟締結。米の配給制、ぜいたく監視隊の設置	―	
	昭和16年 (1941)	真珠湾攻撃。尋常小学校が国民学校に	―	
5	昭和17年 (1942)	深刻な物資不足で配給制が強化。国民生活は厳しさを増し、塩、味噌、醤油が切符配給に	蘭友会設立（小野耕一会長、宇田川氏入会）蘭友会　会報第１号	
	昭和18年 (1943)	各地で日本軍の敗退が続く。学徒出陣始まる。朝日新聞月額１円 30 銭	蘭友会　会報第２号	6
	昭和19年 (1944)	神風特攻隊。学童疎開進む	―	
	昭和20年 (1945)	東京大空襲、広島長崎原爆投下、ポツダム宣言受諾。終戦	―	
	昭和21年 (1946)	天皇陛下が人間宣言。日本国憲法公布。婦人参政による総選挙。出版ブーム	進駐軍の需要。洋蘭農業共同組合の設立。石炭不足。	
	昭和22年 (1947)	日本国憲法施行。インフレが続き食料不足、第一次ベビーブーム	日本蘭業組合発足、組合主催の展示会第一回開催（於：日本橋三越）	7
	昭和23年 (1948)	東京裁判。帝銀事件、日本脳炎大流行		

園芸学校では花の勉強は行えず、軍事教練と食料増産に明け暮れていました。私は大の苦手だったから、学校を素通りして弁当持ちでラン園に通う日々。その後、ほかのラン園も訪ねたけれど、賛花園に比べて規模が小さかった。

当時、長時間火力を保つのは練炭ストーブしかなかったけれど、ガスが出るから仕切りが必要。だから大きなところは石炭でした。石炭は2～3時間おきに足さないとならないから、深夜も園丁が見守らないとならない。

ランはかなり高価で、少しよいものはサラリーマンの月給くらい。楽しめるのは、かなり恵まれた人でした。一部のラン園も温室には「縦覧お断わり」の札がかかっていて、一般には公開していませんでした。

賛花園の大栄浩さんには、よくしてもらいました。蘭友会の入会も、大栄さんの紹介です。八日会に最年少で参加したり、九段下の小野邸、赤坂見附の李王家などの訪問も同行したり。でも、大栄さんに二度目の召集令状が来たとき「好きなランを好きなだけ持っていけ」と言われたけど、あまり持ってこられなかったなあ。

宇田川 談・多くのランが散逸、枯死 6

昭和18年はまだランを楽しめる多少のゆとりがありましたが、19年になると日ごとに物資がひっ迫してきて、温室の燃料（石炭、練炭）はまったく手配できなくなりました。

冬になると、大きな温室を抱えたところはどこも大変。よく知られる話ですが、大山崎山荘では池田端月の有名な版画「蘭花譜」の版木を燃料として燃やしてしまったそうです。賛花園さんでは、夕方にはランの上に新聞紙を敷き詰め、寒さをしのいでいました。朝に温室を訪ねると、しっとりと湿った新聞紙をはがしていることも多かった。

しばらくそうしてしのいだようですが、どこのコレクションも、多くは散逸、枯死。とうとうランの値段が暴落し、商いにもならなくなりました。八日会も19年頃には自然消滅したようです。

家はたまたま燃料商をしていたので困らなかったのですが、オガクズやタドンも使った覚えがあります。

合田 談・物資融通のための「組合」 7

「戦後しばらくして、戦前から細々と育てられていた洋ランの株が流通するようになりました。物資が不足していたので、当時の農林省の役人から「石炭とガラスの配給を受けるには「農業協同組合」を作るといい」とアドバイスを受け、組合を作ることになりました。

合田 談・戦後のカトレア特需 8

戦後まず、進駐軍を相手にラン、とくにカトレアの切り花が驚くような高値で売れるようになりました。あまりに売れるので関東では供給がまかないきれず、関西から汽車で株を運びました。戦争中も関西では生産者や篤志家どうしがやりくりして、なんとか株を蒐集保存していたものです。面白いのは、商いをする相手が進駐軍なので、「輸出産業」と認定されたこと。

古い組合報には、米国の旅客船が横浜に入港する日などが記載されています。米兵の家族が来日すると横浜の花屋さんでカトレアがよく売れたので、客船の入港日はつねに注目していたというわけです。

	元号、西暦	世の中の動き	洋ラン界	
8	昭和24年 (1949)	為替レート1ドル360円単一レートの実施。マッカーサー ,GHQ	—	
	昭和25年 (1950)	朝鮮戦争。米国が国連軍の中心に。米国からの注文、戦争特需（特需景気の開始）日本経済復興始まる	日本洋蘭農業共同組合設立	9
	昭和中期			
	昭和26年 (1951)	サンフランシスコ講和条約、日米安全保障条約調印。日本の平均寿命は男性60歳、女性64歳。この頃サボテンブーム	青山生花市場設立、第一園芸設立。「明治期に開設した戸越農園（旧三井財閥三井家別邸付属「三井農園」）を所轄した三井不動産に、父が中心となった富士園芸（株）が協力し、草花販売に注力した「第一園芸」が作られました」（合田）	
	昭和27年 (1952)	講和条約発効、日本国として独立	昭和27～28年ごろ、組合に入る（宇田川）	
	昭和28年 (1953)	吉田首相バカヤロー解散。HHKテレビ放送開始	—	
	昭和29年 (1954)	アメリカ・ビキニ水爆実験。街頭テレビ	「このころは車を持っている人も少なくて、僕は小さな鉢ばかりだったから風呂敷に包んで持参した。（江尻）光一くんは、いつも洋蘭の長い切り花を抱えて電車に乗るっていうんで、目立ってたらしい（笑）」（宇田川）	
	昭和30年 (1955)	輸出船ブームから神武景気、日本の平均寿命男性64歳、女性68歳	日本蘭協会設立	
	昭和31年 (1956)	国際連合加盟。「もはや戦後ではない」。三種の神器「白黒テレビ」「洗濯機」「冷蔵庫」	「ガリ版刷りだった組合報が活字版になり体裁もよくなった」（宇田川）「合田商会設立し、ランを商売に」（合田）	
	昭和32年 (1957)	鍋底不況。ソ連、世界初の人工衛星打ち上げ成功	第2回世界蘭会議（ハワイ・ホノルル）山本弘之、永野芳夫、小田善一郎、合田弘之、宇田川芳雄氏ほか出席。合田商会設立（合田）	10
	昭和33年 (1958)	東京タワー完成	"全日本蘭協会設立。シンビジウムの輸入全盛（合田）。「全蘭の設立総会は、華族会館で開催した豪勢なもの。そのころは旧華族が何人もいたし、毛筆で署名したのを覚えている。僕の隣りは徳川圀斉さんだった」（宇田川）"	
	昭和34年 (1959)	皇太子明仁親王と正田美智子さんご成婚	「中古で買ったルノー車で、関西まで仕入れに通いました。組合報には「近頃は車で蘭の商売をする洋蘭貴族がいる」なんて皮肉られたことも」（合田）	

中でも人気だったのは、黄色弁で赤リップのメモリア・トリイ。鳥居忠文子爵にちなむ名前のランですが、昭和23年には1輪1,300円の高値で取り引きされました。しばらくして市場と花屋さんたちが「トリヰ会」という会を作り、融通し合ったほどです。

合田 談・外貨制限の中、輸入 9

外貨の持ち出しが厳しく制限されていたのですが、うち（当時 合田商会）では、球根植物の輸出をしていた関係もあって外貨割り当て分がありました。

そこで、倍数体に着目して科学的な交配を行っていた、スチュワートのシンビジウムなどを輸入したのです。ラン業界で倍数体に言及する人が少なかった時代ですが、父が坂田種苗（現サカタのタネ）や第一園芸に勤めた時代にタネ無しスイカなどを扱ったので、倍数体植物の優位性について知っていたのです。

合田 談・初の海外視察 10

世界蘭会議に出席した後、有志でアメリカのラン園を見学して回りました。ビール・グリーンハウスには、日本人の名が付いた *Blc.Furuhashi* がありました。これは戦前、日本園芸がフラスコで輸出していたものでした。

サンフランシスコの著名なロッドマクレランに、初めて行ったのもこのときです。日本人の研修生がいると案内され、行ってみると高木浩二郎さん。戦後、海外へ研修に行った最初くらいではなかったかと思います。

宇田川 談・第二世代の「ジュニア会」 11

ラン界の中心は合田さんの親父さんの世代が中心だったから、我々だけで気軽な集まりを作ろうということで集まったのが、通称「ジュニア会」。

昭和40年には、唯一持っていた合田さんの車で、九州まで研修旅行に出かけました。途中で永田一策さんのところや高木さん、小田善一郎さんの故郷にも寄って。九州の阿蘇山廻りは苦しかったけど、みんな若かったし、楽しかったね。

宇田川 談・大量生産、大量消費時代へ

ランの株市は、この頃から、ようすが変わり始めました。昭和30年代までは1株ずつじっくりと眺め、意見を交換し、株のやりとりをする時代でした。

ところが当時、名古屋の永田一策さんが、オランダやデンマークなどに海外視察に出かけて、「海外の市場では、ベルトコンベアーで花が流れてくる！」「日本と全然違う」「これからは大量生産、大量消費の時代だ」と報告。そのような風潮が広がって、次第に様変わりをし始めたわけです。

宇田川 談・第一次洋蘭ブーム 12

昭和40年代には、ＮＨＫで趣味の園芸が始まったり、たくさんの園芸に関する本が出版されたり、講習会が盛んに開かれたりしました。これが、洋ランの第一次ブームでしたね。

＊スナップ写真提供＝宇田川氏
＊ランの品種写真提供＝合田氏

元号、西暦	世の中の動き	洋ラン界
昭和35年（1960）	日米新安全保障条約調印、60年安保闘争、カラーテレビ放送開始	Morellメリクロン培養成功。第3回世界蘭会議（イギリス・ロンドン）池田成功氏パフィオ白花について講演。「次は日本で、との依頼があったようだが、組合の理事会において時期尚早との判断で実現しなかった」（合田）
昭和36年（1961）	農業基本法施行、ソ連のガガーリン少佐地球一周	36年のJOGA会報に「ジュニア会」集合の記載（宇田川）
昭和37年（1962）	—	
昭和38年（1963）	—	東京蘭葉設立（世田谷にあった花市場。現在は鉢物卸売市場東京砧花きへ統合）。「東京蘭葉の立ち上げに参加。しばらくは食虫植物やランを出荷していた」（宇田川）
11 昭和39年（1964）	東京オリンピック開催	—
昭和40年（1965）	—	「ジュニア会」西日本視察旅行（合田、宇田川）
12 昭和41年（1966）	日本人口1億人突破、大学紛争相次ぐ	—
昭和42年（1967）	NHK「趣味の園芸」放送開始、サツキブーム	—
昭和43年（1968）	三億円事件	—
昭和44年（1969）	大学紛争激化、東名高速道路開通、アポロ11号月面着陸	—
昭和45年（1970）	大阪万博、よど号事件	「洋ラン入門：品種 手入れ ふやし方」（合田、太田稔共著）池田書店刊
昭和後期		
昭和46年（1971）	—	「洋らん」原色（宇田川、江尻光一共著）集英社刊
昭和47年（1972）	—	
昭和48年（1973）	オイルショック	—
昭和49年（1974）	—	
昭和50年（1975）	—	
昭和62年	—	第12回世界蘭会議東京大会

時代を彩った、交配種の歴史的銘花

⬆ *Cattleya* Bob Betts 'The Virgin' FCC/AOS

⬆ *Cattleya* Shirayuki

⬆ *Cattleya* [*Laeliocattleya*] Hyperion FCC/JOS

⬆ *Cattleya* [*Sophrocattleya*] Beaufort 'South River' AM/AOS

⬆ *Cymbidium* Balkis 'Silver Orb' AM/AOS

⬆ *Cymbidium* Hirokadzu Gauda 'Concolor'

⬆ *Cymbidium* Hirokadzu Gauda 'Expo'

⬆ *Cymbidium* Minneken'Koyato' AM/AJOS

⬆ *Cymbidium* Rosanna 'Rotunda'

⬆ *Dendrobium* Cassiope (Arai)

⬆ *Dendrobium* Gatton Sunray

⬆ *Dendrobium* Glace 'Yellow var.'

⬆ *Dendrobium* Indoyo 'Black Lip'

⬆ *Dendrobium* Merlin(Nagata)

⬆ *Dendrobium* Yukidaruma'King' AM/AOS

⬆ *Paphiopedilum* Meadowsweet 'Purity' AM/RHS

⬆ *Paphiopedilum* Narikatsu Ikeda 'No.1' FCC/AJOS

⬆ *Paphiopedilum* Orchilla 'Chilton' AM/RHS, AOS, JOS

⬆ *Phalaenopsis* Mount Kaala 'Katsuyama No.1' BM/JOGA

⬆ *Miltoniopsis* Piccadilly (Black & Flory)

日本の洋ラン界の年譜［幕末から現代まで］（作成：大場蘭園・大場良一）

西暦	元号	日本の洋ラン界＆その他の出来事
1823	文政6	**シーボルト**、出島に来航。欧州に日本の植物を紹介（例：キエビネ）。
1835	天保6	●**瀧井種苗**創業。
1853	嘉永6	ペリー来航（米国に日本の植物を紹介）。
1859	安政6	**グラバー**が上海から長崎に来航。この頃、*Cymbidium tracyanum* を持ち込むとの説あり。
1875	明治8	●英貿易商**ジンスデル**、横浜でランを温室栽培 20 坪（岡見『JOGA』No.66）。●日本のラン業界の黎明期。
1882	15	●独貿易商**ボーマー**、ランを導入（温室栽培 40 坪）。
1885	18	●**福羽逸人**、温室でラン栽培（日本人初）。
1890	23	●**横浜植木**創業（日本初のラン販売業者）。ランを**ボーマー**から譲り受ける。
1891	24	**福羽逸人**、**新宿御苑**就任。**大隈重信**、ラン栽培開始（**ジンスデル**から）（岡見記す）。
1894	27	●**新宿御苑**の新温室完成、初めてラン導入（**ジンスデル**から）（岡見記す）。
1902	35	●**辻村農園**、日本初の鉢もの経営。東京・小田原で販売。**石井勇義**、**大場守一**勤務。
1903	36	第5回内国勧業博覧会（大阪・天王寺）で**大隈重信**のラン出品。
1907	40	**島津忠重**、ラン栽培開始。
1908	41	**米アーマコスト＆ロイストン**創業（米国最古のラン園）。
1909	42	**有栖川宮威仁親王**、ラン栽培開始（関西では日本人初か）。
1912	45	●**三井戸越農園**営業開始。
1913	大正2	**島津忠重**、ランの実生開始。●**坂田種苗**創業。
1914	3	**加賀正太郎**、大山崎山荘建設・温室完成。　第一次世界大戦始まる。
1916	5	●**帝国愛蘭会**発足（会長・**大隈重信**）、会員数 40 ～ 50 名。　●帝国愛蘭会時代の始まり。 **帝国愛蘭会**会費 30 円（官立大学初任給 75 円）
1918	7	**帝国愛蘭会**、**三越本店**品評会、139 鉢（3月9～10 日）。 **岩崎俊哉**（**旭硝子**社長）ラン栽培開始。コチョウラン交配、栽培の先覚者。
1920	9	**アメリカ蘭協会**（**ＡＯＳ**）発足。
1921	10	**島津忠重**、渡欧。**後藤兼吉**、ビルマ・フィリピン・ボルネオ旅行。
1922	11	●**ナドソン**、無菌培養成功。**後藤兼吉**、**加賀正太郎**の温室勤務（3月1日）。
1926	15	**帝国愛蘭会**、**大阪三越**で洋ラン展（関西初）。 関西では**加賀正太郎**、**フランク・ジョネス**が出品。 ●**花卉同好会**（会長・**島津忠重**、**園芸文化協会**の前身）発足。 月給 40 ～ 50 円の頃に、*C.labiata*10 円、*Lc.*Hyperion150 円、*Paph.*RobinHood100 円（後藤記す）。
1930	昭和5	●**日本園芸**、洋ラン栽培開始。（後藤記す）。**岩崎俊哉**没、ランはその後、**北海道大学植物園**へ。
1931	6	**日本園芸**（**池田成功**）、無菌培養生産開始（宇田川記す）。　●営利栽培時代の始まり。 ●この頃から**八日会**、趣味家・業者が一堂に集まる。**大場・伊藤**が音頭取り（江尻記す）。
1932	7	●**中京愛蘭会**発足。**野々垣**、**加古**、**永田**ほか7名（永田治郎七記す）。
1933	8	**島津忠重**、第3代**帝国愛蘭会**会長。
1938	13	**大日本蘭協会**発足（**蘭友会**に継承）。
1939	14	●関西、**欒蘭**（らんらん）会発足（**後藤**、**山本**、**椙山**、**片桐**、**山岡**ほか 10 名）。第二次世界大戦始まる。 パフィオ Finetta AM/JOS1000 円、Kanchanjunga650 円、Sharmain280 円。カトレア切花卸 90 銭。
1941	16	●**大日本蘭業組合**創立（組合長・**池田成功**、相談役・**後藤兼吉**、のちに**日本蘭業組合**に継承）。
1942	17	●**蘭友会改組**（会長・**小野耕一**）。**宮田**、**岡内**、**江尻**、**大栄**、**久保田**発起。 ●**帝国愛蘭会**、自然休会。会報『蘭』は 21 号まで発行。　●帝国愛蘭会時代の終わり。
1943	18	●**関西蘭友会**創立（幹事役員・**後藤**、**椙山**、**樋田**、**阪上**、**坂東**）。 ●**園芸文化協会**発足（会長・島津忠重）。
1944	19	●**八日会**消滅。**大日本蘭業組合**関西部の株市では洋ラン株が1円に（片桐記す）。
1945	20	終戦。●**関西蘭業組合**設立（**片桐**、**椙山**、**坂東**、**後藤**ほか7名。後の**ＪＯＧＡ関西支部**（片桐記す）。
1946	21	●**名古屋愛蘭会**発足。　●戦後の新組織の始まり。
1947	22	●**日本蘭業組合**発足（組合長・**石田孝四郎**）、**三越本店**で第1回展示会。　●デパートラン展の始まり。 組合報『蘭之友』創刊（8月）。
1948	23	●**日本オーキッド有限会社**設立（社長・**島田利吉**）。米軍特需（カトレア1輪 1300 円、1万輪の注文）。
1950	25	●**日本洋蘭農業協同組合**（**ＪＯＧＡ**）設立（初代組合長・**石田孝四郎**）。
1951	26	●**青山生花市場**設立。●**第一園芸**設立（**戸越農園**と**富士園芸**が合併）。
1954	29	●第1回**世界蘭会議**（セントルイス）。**蘭友会**発会（8月）。
1955	30	●**日本蘭協会**創立（会長・**荒勝文策**、発起・**武田長兵衛**）。
1958	33	●**全日本蘭協会**設立（会長・**島津忠重**）。
1960	35	●**モレル**、クローン培養成功。
1962	37	●**日本洋蘭株式会社**設立。　●大量生産、消費時代の始まり。
1963	38	●**東京蘭栞株式会社**設立。
1987	62	●第 12 回**世界蘭会議**・東京大会。　●大型ラン展時代の始まり。
1991	平成3	●**世界らん展日本大賞**・第1回開催、●**日本花き生産協会**洋らん部会設立。

太字：人名・組織名　●愛好家組織、一般　●らん業界　●園芸界　●繁殖技術

6章

ラン科植物学名リスト

ALPHABETICAL ONE-TABLE LIST

より

ALPHABETICAL LIST OF STANDARD ABBREVIATIONS OF ALL GENERIC NAMES
GENERIC NAME ⇒ STANDARD ABBREBIATION

(Natural Genus are shown by Bold)

Aa = Aa.
Abaxianthus = Ab.
Abdominea = Abd.
Aberconwayara = Acw.
Aberrantia = Abr.
Acacallis = Ac.
Acampe = Acp.
Acampodorum = Apd.
Acampostylis = Acy.
Acanthephippium = Aca.
Acapetalum = Acpt.
Aceras = A.
Acerasherminium = Ah.
Aceratorchis = Ao.
Acianthera = Acia.
Acianthus = Aci.
Acinbreea = Acba
Acineta = Acn.
Aciopea = Aip.
Ackermania = Akm.
Ackermania = Ackm.
Acoridium = Aco.
Acropera = Acro.
Acostaea = Asa.
Acriopsis = Acr.
Acrolophia = Apa.
Acronia = Aro.
Acrorchis = Arr.
Ada = Ada.
Adachilum = Adh.
Adacidiglossum = Adg.
Adacidium = Adcm.
Adaglossum = Adgm.
Adamantinia = Adn.
Adamara = Adm.
Adapasia = Adps.
Adelopetalum = Adl.
Adenocalpa = Adp.
Adenochilus = Ad.
Adoncostele = Ans.
Adenoncos = Ade.
Adioda = Ado.
Adoglossum = Adog.
Adrorhizon = Adr.
Aenhenrya = Aen.
Aerachnochilus = Aac.
Aerangaeris = Arg.
Aeranganthes = Argt.
Aerangis = Aergs.
Aeranthes = Aerth.
Aerasconetia = Aescta.
Aeridachnanthe = Aer.
Aeridachnis = Aerdns.
Aeridanthe = Aet.
Aerides = Aer.
Aeridisia = Aersa.
Aeriditis = Aerdts.
Aeridocentrum = Aerctm.
Aeridochilus = Aerchs.
Aeridofinetia = Aerf.
Aeridoglossum = Aergm.
Aeridoglottis = Aegts.
Aeridolabium = Aem.
Aeridopsis = Aerps.
Aeridopsisanthe = Athe.
Aeridostachya = Ads.
Aeridostylis = Aes.
Aeridovanda = Aerdv.
Aeridsonia = Ards.
Aeristomanda = Atom.
Aerodpvanisia = Aervsa.
Aeroeonia = Aoe.
Aerovanda = Aero.
Agananthes = Agths.
Aganax = Agx
Aganella = All.
Aganisia = Agn.
Aganopeste = Agt.
Agasepalum = Agsp.
Aglossorhyncha = Ag.
Agrostophyllum = Agr.
Agubata = Agubata.
Aitkenara = Aitk.
Alamania = Al.
Alangreatwoodara = Agwa.
Alantuckerara = Atc.
Alatiglossum = Atg.
Alcockara = Alc.
Alexanderara = Alxra.
Aliceara = Alcra.
Allenara = Alna.
Allioniara = Aln.
Alphonsoara = Alph.
Altensteinia = Alt.
Alvisia = Alv.
Amalia = Amal.
Amalias = Amals.
Amblostoma = Amb.
Ambrella = Aba.
Amenopsis = Amn.
Amerorchis = Aos.
Amesangis = Am.
Amesara = Ams.
Amesiella = Ame.
Amesilabium = Aml.
Amitostigma = Ami.
Amparoa = Amp.
Amphigena = Aga.
Amphiglottis = Amph.
Ampliglossum = Amg.
Anabarlia = Anb.
Anabaranthe = Abt.
Anacamptiplatanthera = An.
Anacamptis = Ant.
Anacamptorchis = Ana.
Anacheilium = Ahl.
Anagymnorhiza = Agz.
Anahtallis = Anat.
Anamantoglossum = Amtg.
Anaphorkis = Apk.
Ancipitia = Acip.
Ancistrochilus = Anc.
Ancistrolanthe = Anh.
Ancistrophaius = Astp.
Ancistrorhynchus = Anci.
Andascodenia = Add.
Andinia = Andi.
Andreara = Andre.
Andreettaea = Adt.
Andreettara = Are.
Andrewara = Andw.
Andrewckara = Adk.
Androchilus = And.
Androcorys = Andr.
Angellea = Agl.
Angida = Agd.
Anglyda = Ayd.
Angraecentrum = Angctm.
Angraeconopsis = Agcp.
Angraecopsis = Ago.
Angraecostylis = Angsts.
Angraecum = Angcm.
Angraecyrtanthes = Ancyth.
Angraeoniella = Angnla.
Angraeorchis = Angchs.
Angrangis = Angrs.
Angranthellea = Angtla.
Angranthes = Angth.
Angularia = Alr.
Anguloa = Ang.
Angulocaste = Angcst.
Ania = Ani.
Anikaara = Ank.
Ankersmitara = Akr.
Anneliesia = Ann.
Anocheile = Ache.
Anochilus = Anoc.
Anoectochilus = Anct.
Anoectodes = Atd.
Anoectogoodyera = Ano.
Anoectomaria = Anctma.
Anota = Anota
Ansecymphyllum = Ayp.
Ansellia = Aslla.
Ansidium = Asdm.
Anthechostylis = Anth.
Antheglottis = Antg.
Antheranthe = Anr.
Anthereon = Aten.
Anthogonium = Agm.
Anthosiphon = Asn.
Antilla = Alla.
Anselangis = Asg.
Antillanorchis = Als.
Aorchis = Aor.
Aphyllorchis = Aph.
Aplectrum = Apl.
Apoda-prorepentia = Apr.
Aporopsis = Ap.
Aporostylis = Apor.
Apostasia = Ata.
Appendicula = App.
Appletonara = Aea.
Aracampe = Arcp.
Aracamunia = Arc.
Arachnadenia = Ara.
Arachnanthe = Ane.
Arachnis = Arach.
Arachnocentron = Act.
Arachnochilus = Arnc.
Arachnoglossum = Arngm.
Arachnoglottis = Arngl.
Arachnopsirea = Aps.
Arachnopsis = Arnps.
Arachnorchis = Anch.
Arachnostylis = Arnst.
Aranda = Aranda
Arandanthe = Aran.
Aranthera = Arnth.
Archineottia = Arch.
Areldia = Ael.
Arethusa = Aret.
Argyrorchis = Agy.
Arguellesara = Agu.
Aristotleara = Ari.
Arizara = Ariz.
Armanda = Ard.
Armandacentrum = Adc.
Armocentron = Art.
Armochilus = Arl.
Armodachnis = Arm.
Armodorum = Amm.

Arnottia = Arn.
Arpophyllum = Arpo.
Arthrochilium = Arh.
Arthrochilus = Arth.
Arthurara = Aru.
Artorima = Arto.
Arundina = Ar.
Asarca = Asr.
Ascandopsis = Ascdps.
Aschersonara = Ach.
Ascidieria = Asci.
Ascocampe = Acc.
Ascocenda = Ascda.
Ascocentrochilus = Acch.
Ascocentrum = Asctm.
Ascochilopsis = Acs.
Ascocleinetia = Ascln.
Ascocleiserides = Acd.
Ascodenia = As.
Ascofadanda = Afd.
Ascofinetia = Ascf.
Ascogastisia = Agsta.
Ascoglossum = Ascgm.
Ascoglottis = Asgts.
Ascolabium = Albm.
Asconopsis = Ascps.
Ascoparanthera = Apn.
Ascorachnis = Ascns.
Ascoralda = Ald.
Ascorella = Asc.
Ascorenanthochilus = Asnc.
Ascorhynnopsis = Arp.
Ascostomanda = Atm.
Ascovandanthe = Avd.
Ascovandoritis = Asvts.
Ashtonara = Atn.
Ashworthara = Ash.
Aspaleomnia = Alm.
Aspasia = Asp.
Aspacidopsis = Asdp.
Aspacidostele = Acid.
Aspasiopsis = Apo.
Aspasium = Aspsm.
Aspezia = Apz.
Aspidogyne = Apg.
Aspioda = Asid.
Asplundara = Aspl.
Aspodonia = Aspd.
Aspoglossum = Aspgm.
Aspomesa = Apm.
Aspopsis = Aso.
Apostele = Asl.
Athertonara = Ath.
Atopoglossum = Ato.
Auliza = Alz.
Aulosepalum = Aul.
Aulostylis = Ass.
Australia = Ast.
Australorchis = Au.
Auxopus = Ax.
Ayubara = Ayb.
Azzdehdelia = Az.
Backhouseara = Bka.
Bakerara = Bak.
Balaguerara = Blga.
Baldwinara = Bdwna.
Balenkezia = Blk.
Balfourara = Blf.
Ballantineara = Bln.
Balmeara = Blm.
Banfieldara = Bnfd.
Baptichilum = Btc.
Bapticidium = Btcm.
Baptiguezia = Bpt.
Baptikoa = Btk.
Baptioda = Bpd.
Baptirettia = Btta.
Baptistoglossum = Bpgm.
Baptistonia = Bapt.
Barangis = Brgs.
Baraniara = Bnr.
Baravolia = Bvl.
Barbosaara = Bbra.
Barbosella = Barb.
Barbrodria = Bbd.
Barcatanthe = Bkt.
Barclia = Bac.
Bardendrum = Bard.
Barkeranthe = Bkn.
Barkeria = Bark.
Barkidendrum = Bar.
Barkonitis = Bknts.
Barkorima = Bkm.
Barlia = Ba.
Barkronleya = Bry.
Barlorchis = Bos.
Barnesara = Ban.
Barombia = Brmb.
Bartholina = Bart.
Bartlettara = Btt.
Basigyne = Bge.
Basiphyllaea = Bas.
Baskervilla = Bva.
Batemannia = Btmna.
Bateostylis = Btst.
Baumannara = Bmnra.
Beadiea = Bda.
Beallara = Bllra.
Beardara = Bdra.
Beclardia = Bec.
Belgeara = Beg.
Beloglottis = Bel.
Bennett-Poeara = Bpr.
Bensteinia = Bns.
Benthamara = Ben.
Benthamara (1974) = Bta.
Benthamia = Bent.
Benzingia = Bza.
Beranekara = Bek.
Bergmanara = Bra.
Berkeleyara = Bkl.
Berlineara = Brln.
Bertara = Ber.
Bhumipollara = Bhm.
Bhutanthera = Bhu.
Bicchia = Bic.
Biermannia = Bie.
Bifranisia = Bfsa.
Bifrenaria = Bif.
Bifrenidium = Bifdm.
Bifreniella = Bifla.
Bifrenlaria = Bifrenl.
Bifrillaria = Bi.
Bifrinlaria = Bfa.
Bilneyara = Bny.
Biltonara = Bilt.
Binotia = Bin.
Binotioda = Bid.
Bipinnula = Bip.
Bishopara = Bish.
Blackara = Blkr.
Bleitzara = Btz.
Blephariglottis = Bg.
Blepharochilum = Blp.
Blueara = Blu.
Bleteleorchis = Blet.
Bletia = Bti.
Bletiaglottis = Blgts.
Bletilla = Ble.
Bletundina = Btd.
Bleuara = Blu.
Bloomara = Blma.
Blumeara = Blr.
Boelanara =Bon.
Bogardara = Bgd.
Bogoria = Bog.
Bohnhofara = Boh.
Bohnhoffara = Bnf.
Bokchoonara = Bkch.
Bolbicymbidium = Bby.
Bolbidium = Bld.
Bollea = Bol.
Bolleanthes = Blth.
Bolleochondrorhyncha = Bca.
Bolleoscaphe = Bop.
Bollopetalum = Blptm.
Bolusiella = Bolu.
Bonatea = Bnt.
Bonniera = Bonn.
Bonplandara = Bnp.
Bootara = Boo.
Borwickara = Bor.
Bothriochilus = Bot.
Bouletia = Bo.
Bovornara = Bov.
Bowringara = Bow.
Braassiella = Braa.
Brachionidium = Brac.
Brachtia = Bra.
Brachycorythis = Bcs.
Brachypeza = Bpa.
Brachystele = Bse.
Bracisepalum = Bpm.
Bradeara = Brade.
Bradriguezia = Bz.
Bradriquezia = Bq.
Bradshawara = Brd.
Braemia = Bma.
Bramesa = Bms.
Bramitumnia = Bmt.
Brapacidium = Bpc.
Braparmesa = Bme.
Brapasia = Brap.
Brapilia = Bil.
Brasadastele = Bdt.
Brascidostele = Bcd.
Brasicattleya = Brt.
Brasilaelia = Bll.
Brasilidium = Bsd.
Brasiliorchis = Bch.
Brasilocycnis = Bly.
Brasophonia = Bsh.
Brasophrolia = Bsl.
Brassacathron = Bcn.
Brassada = Brsa.
Brassanthe = Bsn.
Brassattlia = Btl.
Brassavola = B.
Brassavola-cattleya = Brc.
Brassavolaelia = Brsv.
Brassia = Brs.
Brassidiocentrum = Bssd.
Brassidium = Brsdm.
Brassidomesa = Bdm.
Brassioda = Broda.
Brassocatanthe = Bct.
Brassocattleya = Bc.
Brassocatlaelia = Bcl.
Brassocattlaelia = Bsctt.
Brasso-Cattleya-Laelia = Bla.
Brassochilum = Bss.
Brassochilus = Brchs.
Brassodiacrium = Bdia.
Brassoepidendrum = Bepi.
Brassoepilaelia = Bpl.
Brassokeria = Brsk.
Brassolaelia = Bl.
Brassolaeliocattleya = Blc.
Brassolaeliophila = Blpr.
Brassoleya = Bsy.
Brassomicra = Bmc.
Brassoncidopsis = Bcp.
Brassonotis = Br.
Brassophila = Bph.
Brassophranthe = Bsp.
Brassophronitis = Bnts.
Brassopsis = Brp.
Brassosophrolaeliocattleya = Bslc.
Brassostele = Bst.

Brassotonia = Bstna.
Brassovolaelia = Bv.
Bratonia = Brat.
Brenesia = Bre.
Brevilongium = Blg.
Brianara = Brn.
Briegeria = Bri.
Briggs-Buryara = Bba.
Brilliandeara = Brlda.
Broanthevola = Btv.
Brolaelianthe = Blt.
Brolaephila = Brh.
Brolarchilis = Boc.
Bromecanthe = Brm.
Bromheadia = Brom.
Brongniartara = Bgn.
Brossitonia = Bit.
Broughtonia = Bro.
Broughtopsis = Bt.
Brownara = Bwna.
Brummittara = Brum.
Brymerara = Bym.
Bryobium = Byb.
Bryopinalia = Byp.
Buckmanara = Bck.
Buchtienia = Bu.
Buesiella = Bue.
Buiara = Bui.
Bulbophyllum = Bulb.
Bulborobium = Bbr.
Bullara = Bul.
Bulleyia = Bya.
Bunochilus = Bnc.
Burkhardtara = Bktra.
Burkillara = Burk.
Burkinshawara = Bkw.
Burnettia = Bur.
Burrageara = Burr.
Buyssonara = Bys.
Cadetia = Cad.
Cahuzacara = Chz.
Calaconitis = Can.
Caladenia = Calda.
Calaeonitis = Can.
Calanthe = Cal.
Calanthidio-preptanthe = Cp.
Calanthidium = Ctm.
Calanthophaius = Ctp.
Calassodia = Calsd.
Caleana = Cla.
Caletilla = Calt.
Caliptrochilum = Cpm.
Callostylis = Call.
Calnorchis = Clc.
Caloarethusa = Clts.
Calochilus = Clchs.
Calomitra = Cmta.
Calopogon = Cpg.
Calopotilla = Cpt.
Caluera = Calu.
Calymmanthera = Caly.
Calypso = Cpso.
Camaridium = Cmd.
Camarotis = Cmt.
Cambellara = Cmpba.
Campanulorchis = Cam.
Campbellara = Cmpba.
Campylocentrum = Cctm.
Cannaeorchis = Cnn.
Cannazzaroara = Cnz.
Capanemia = Cap.
Cappeara = Cpa.
Cardiochilos = Card.
Carenidium = Carn.
Carlwithnerara = Cwt.
Carmichaelara = Crml.
Carolara = Cro.
Carolineleongara = Clg.
Carparomorchis = Crp.
Carpenterara = Cptra.
Carrara = Car.
Carterara = Ctra.
Casoara = Csr.
Cataleria = Cat.
Catamangis = Cag.
Catamodes = Ctmds.
Catanoches = Ctnchs.
Catasandra = Ctsda.
Catasellia = Ctsl.
Catasetum = Ctsm.
Catawesia = Ca.
Catcattleyella = Ctc.
Catcaullia = Ctll.
Catcylaelia = Ctyl.
Catlaelia = Ctl.
Catminichea = Cnc.
Cattkeria = Cka.
Cattlaelia = Cttl.
Cattlassia = Cas.
Cattleya = C.
Cattleychea = Ctyh.
Cattleychytonia = Cyy.
Cattleyella = Cte.
Cattleyodendron = Cttrn.
Cattleyodendrum = Cdm.
Cattleyopsis = Ctps.
Cattleyopsisgoa = Ctpga.
Cattleyopsistonia = Ctpsta.
Cattleyovola = Cva.
Cattleytonia = Ctna.
Cattlianthe = Ctt.
Cattoniphila = Ctph.
Cattotes = Ctts.
Cattychilis = Cyi.
Catyclia = Cty.
Caucaea = Cauc.
Caucaerettia = Cet.
Cauchostele = Cus.
Caucidium = Ccd.
Caulaelia = Cll.
Caulaeliokeria = Clk.
Caularstedella = Clt.
Caularthron = Cau.
Caulavola = Clv.
Caulbardendrum = Cbd.
Cauldenclia = Cdc.
Cauleytonia = Cun.
Cauliopsis = Clps.
Caulkeria = Ckr.
Caulocattleya = Clty.
Caulophila = Cup.
Caulriantis = Cut.
Caulrianvola = Cuv.
Caultonia = Cul.
Caultoniophila = Cnph.
Cautonleya = Cny.
Centrogenium = Ctg
Centroglossa = Cen.
Centropetalum = Cnl.
Centrostigma = Cent.
Cephalanthera = Ceph.
Cephalantheropsis = Ceps.
Cephalopactis = Cpts.
Cephalophrys = Chp.
Cephalorhiza = Cph.
Cepobaculum = Ce.
Ceporillia = Cpr.
Ceraia = Cr.
Ceratandra = Cera.
Ceratobium = Cer.
Ceratocentron = Crtn.
Ceratochilus = Cerato.
Ceratograecum = Crgm.
Ceratosiella = Csl.
Ceratostylis = Css.
Chadwickara = Cdw.
Chaenanthe = Chae.
Chamaeangis = Cmg.
Chamaeanthus = Cms.
Chamaegastrodia = Chg.
Chamberlainara = Cba.
Chamelophyton = Cptn.
Chamodenia = Cham.
Chamorchis = Chm.
Changara = Cng.
Changnienia = Cgna.
Charlesara = Cae.
Charlesknappara = Ckp.
Charlesworthara = Cha.
charlesworteara = Chra.
Charlesworthiara = Charli.
Charlieara = Charl.
Chaseella = Ch.
Chaubardia = Chau.
Chaubardianthes = Chbth.
Chaubardiella = Chbl.
Chaubewiczella = Cbz.
Chauliodon = Cldn.
Cheiradenia = Che.
Cheirorchis = Chei.
Cheirostylis = Cs.
Chelonistele = Cse.
Chelychocentrum = Cyh.
Chelycidium = Chd.
Chelyopsis = Cey.
Chelyorchis = Cly.
Chenlanara = Chen.
Chewara = Chew.
Chilocentrum = Chctm.
Chiloglottis = Chil.
Chilopogon = Cpgn.
Chiloschista = Chsch.
Chilosimpliglottis = Csg.
Chinheongara = Chi.
Chitonanthera = Chit.
Chitonchilus = Ccls.
Chloraea = Chl.
Chlorogavilea = Cgv.
Chlorosa = Chlo.
Chndadenia = Chon.
Chondranthes = Cdths.
Chondrobollea = Chdb.
Chondropetalum = Cho.
Chondrorhyncha = Chdrh.
Chondroscaphe = Cds.
Chrisanda = Csn.
Chrisanthera = Chrt.
Chrisnopsis = Cps.
Christensonia = Chri
Christenstylis = Chn..
Christieara = Chtra.
Christocentrum = Crc.
Chromatotriccum = Cht.
Chroniopchilus = Chr.
Chrysocycnis = Chry.
Chrysoglossum = Cgm.
Chuanyenara = Chnya.
Chuatianara = Chtn.
Chusua = Csa.
Chyletia = Chlt.
Chysis = Chy.
Chytrolossa = Chyt.
Cirrhaea = Cra.
Cirrhopea = Chpa.
Cirrhopetalum = Cirr.
Cirrhophyllum = Crphm.
Cischostalix = Cstx.
Cischweinfia = Cisch.
Cischweinidium = Ccw.
Claderia = Clad.
Clarkeara = Clka.
Claudegayara = Cgy.
Clayara = Cay.
Cleisanda = Ces.
Cleiscocentrum = Csct.
Cleisocalpa = Clclp.
Cleisocentron = Clctn.
Cleisodes = Clsd.
Cleisofinetia = Clfta.
Cleisomeria = Cle.

6章 ラン科植物学名リスト～ALPHABETICAL ONE-TABLE LISTより

属名⬇標準略称

Cleisonopsis = Clnps.
Cleisopera = Clspa.
Cleisoquetia = Clq.
Cleisostoma = Cleis.
Cleisostomopsis = Cst.
Cleisostylanda = Cli.
Cleisostylis = Clsty.
Cleisotheria = Cltha.
Cleisovanda = Cvd.
Cleistes = Cls.
Clematepistephium = Clem.
Clomodes = Cd.
Clomophyllum = Clm.
Cloughara = Cgh.
Cloweandra = Cwr.
Clowenoches = Clw
Clowesetenaea = Cws..
Clowesetum = Clo.
Clowesia = Cl.
Clowsellia = Cwl.
Coccineorchis = Coc.
Coccinoglottis = Ccc.
Cochardia = Ccr.
Cochella = Chla.
Cochleanthes = Cnths.
Cochlecaste = Cccst.
Cochlenia = Cclna.
Cochleottia = Colta.
Cochlepetalum = Ccptm.
Cochlesepalum = Cos.
Cochlesteinella = Clsl.
Cochlezella = Czl.
Cochlezia = Ccz.
Cochlicidichilum = Cch.
Cochlioda = Cda.
Cochliodopsis = Cdp.
Cochlistele = Cit.
Cochloncopsis = Ccp.
Cochloscaphe = Csp.
Cochlumnia = Ccl.
Codonorchis = Cod.
Codonosiphon = Codo
Coeleione = Coeln.
Coeliopsis = Clp.
Coeloglossum = Co.
Coeloglossgymnadenia = Cga.
Coelogyne = Coel.
Cogniauxara = Cox.
Cohniella = Coh.
Coilochilus = Coi.
Coilostylis = Coil.
Colax = Clx.
Coleara = Cole.
Collabium = Coll.
Collierara = Col.
Colmanara = Colm.
Commersonara = Cmm.
Comparettia = Comp.
Comparumnia = Cmr.
Compelenzia = Cpz.
Comperia = Com.
Comptoglossum = Ctgs.
Conchidium = Conc.
Condylago = Cond.
Conphronitis = Conph.
Constanciaara = Cnt.
Constantia = Const.
Cookara = Cook.
Cooksonara = Cok.
Coppensia = Cpp.
Corallorrhiza = Cor.
Corbettara = Crb.
Cordiglottis = Cg.
Corningara = Coa.
Coronadoara = Crd.
Correllara = Corl.
Correvonia = Corr.
Coryanthes = Crths.
Corybas = Cbs.
Corycium = Cory.
Corydandra = Cnd.
Coryhopea = Crhpa.
Corymborchis = Cbcs.
Corymborkis = Cbks.
Corysanthes = Cyt.
Cottonia = Cot.
Cotylolabium = Clbm.
Cowperara = Cow.
Crangonorchis = Crg.
Cranichis = Cran.
Cravenara = Crv.
Crawshayara = Craw.
Cremastra = Cre.
Cribbia = Cri.
Crybe = Cry.
Cryptarrhena = Cth.
Cryptocentrum = Ctcm.
Cryptochilus = Ccs.
Cryptolauzina = Cyz.
Cryptophoranthus = Cryp.
Cryptopus = Crypt.
Cryptopylos = Cpps.
Cryptostylis = Csy.
Cucumeria = Cum.
Cuitlacidium = Cud.
Cuitlauzina = Cu.
Cuitlioda = Cid.
Cuitliodaglossum = Cdg.
Cuitlumnia = Ctn.
Cyanaeorchis = Cya.
Cyanicula = Cca.
Cyanthera = Cnr.
Cybebus = Cb.
Cycatonia = Cct.
Cycgalenodes = Cgn.
Cycleria = Cyl.
Cyclodes = Cld.
Cyclopogon = Cycl.
Cyclosia = Clos.
Cycnandra = Cycda.
Cycnoches = Cyc.
Cycnodes = Cycd.
Cycnophyllum = Cnp.
Cycsellia = Cysl.
Cylindrolobus = Cyln.
Cymaclosetum = Cma.
Cymasetum = Cymst.
Cymbidiella = Cymla.
Cymbidimangis = Cdm.
Cymbidinaea = Cbn.
Cymbidium = Cym.
Cymbiglossum = Cbg.
Cymbiliorchis = Cbl.
Cymbipetalum = Cbp.
Cymbiphyllum = Cyb.
Cymbisella = Cml.
Cymboglossum = Cbgl.
Cymphiella = Cymph.
Cynorkis = Cyn.
Cypercymbidium = Ccm.
Cyperocymbidium = Cyd.
Cyperorchis = Cy.
Cyphochilus = Chs.
Cypholoron = Cln.
Cypripedium = Cyp.
Cyrassostele = Crs.
Cyrtellia = Cyrtl.
Cyrtidiorchis = Cto.
Cyrtidium = Cti.
Cyrtobrassidium = Csd.
Cyrtobrassonia = Cybs.
Cyrtocaucaea =Cuc.
Cyrtochiloides = Crt.
Cyrtochilum = Cyr.
Cyrtocidistele = Cil.
Cyrtocidium = Ctd.
Cyrtodenia = Cydn.
Cyrtodontocidium = Crdc.
Cyrtodontostele = Code.
Cyrtoglossum = Cgl.
Cyrtoglottis = Cgt.
Cyrtogomestele = Ctgo.
Cyrtolauzina = Cyz.
Cyrtolioda = Crl.
Cyrtollaria = Clr.
Cyrtomangophyllum = Cgp.
Cyrtonaea = Ctea.
Cyrtoncidopsis = Cop.
Cyrtoncidumnia = Cdu.
Cyrtoniopsis = Crn.
Cyrtopasia = Cpas.
Cyrtopodium = Cyrt.
Cyrtorchis = Cyrtcs.
Cyrtosia = Ctsa.
Cyrtostele = Cye.
Cyrtostylis = Cyst.
Cyrtozia = Crz.
Cyrtumnia = Ctu.
Cysepedium = Cys.
Cystorchis = Cyor.
Cytidium = Ctdm.
Dacruzara = Dcz.
Dactilostalix = Dlx.
Dactylanthera = D.
Dactylocamptis = Dps.
Dactylodenia = Dtd.
Dactyloglossum = Dam.
Dactylorchis = Dtylo.
Dactylorhiza = Dact.
Dactylorrhiza = Datrr.
Dactylorhynchus = Dhs.
Dallemagneara = Dlm.
Danhatchia = Dnh.
Darwinara = Dar.
Darwiniera = Dwa.
Dasyglossum = Dyg.
Davejonesia = Dj.
Davidhuntara = Dvh.
Davidsonara = Dvd.
Debarriara = Dbr.
Debruyneara = Dbra.
Degarmoara = Dgmra.
Degranvillea = De.
Deiregyne = Dei.
Deiselara = Dsla.
Dekensara = Dek.
Delouvrexara = Dvx.
Dendrobates = Dn.
Dendrobium = Den.
Dendrocatanthe = Dec.
Dendrocattleya = Dc.
Dendrochilum = Ddc.
Dendrogeria = Denga.
Dendrolirium = Ddlr.
Dendrophylax = Dlax.
Deprinsara = Dpn.
Depterostele = Dse.
Derosaara = Droa.
Desmetara = Dmt.
Desmotrichum = Des.
Deverexara = Dvra.
Dewolfara = Dew.
Diabroughtonia = Diab.
Diacattleya = Diaca.
Diacrium = Diacm.
Diadenium = Diad.
Diakeria = Dkra.
Dialaelia = Dial.
Dialaeliocattleya = Dialc.
Dialaeliopsis = Dialps.
Diaphanangis = Dpgs.
Diaphananthe = Dpthe.
Diaschomburgkia = Dias.
Diceratostele = Dic.
Dicerostylis = Drs.
Dichaea = Dich.
Dichromanthus = Dmts.
Dichromarrhynchos = Dcy.

Dichromoglottis = Dct.
Dickasonia = Dsa.
Dicksonhowara = Dhw.
Dictyophyllaria = Dict.
Didiciea = Did.
Didnopsis = Dns.
Didymoplexiella = Didy.
Didymoplexis = Dmp.
Diglyphosa = Dig.
Dignanthe = Dign.
Dillonara = Dill.
Dilochia = Dil.
Dilochiopsis = Dlc.
Dilomilis = Dilo.
Dimerandra = Dmd.
Dimorphachnis = Dph.
Dimorphanda = Dpda.
Dimorphorchis = Dimo.
Dineclia = Dii.
Dinema = Din.
Dinklageella = Dink.
Diodonopsis = Ddo.
Diothonea = Dio.
Diovallia = Dvl.
Diphylax = Dip.
Diplandrorchis = Dipl.
Diplocaulobium = Dcm.
Diplocentrum = Dpc.
Diplochilus = Dplch.
Diplodium = Dpl.
Diplolabellum = Dbm.
Diplomeris = Dms.
Diplonopsis = Dpnps.
Diplopanda = Dld.
Diploprora = Dpra.
Diplorrhiza = Dipr.
Dipodium = Dipo.
Dipteranthus = Dts.
Disa = Disa
Discyphus = Dis.
Disperis = Disp.
Disticholiparis = Dtl.
Distichorchis = Ds.
Dithrix = Dit.
Dithyridanthus = Ddts.
Diuris = Diuris
Dixuanara = Dix.
Docjonesia = Djn.
Dockrillia = Doc.
Dockrilobium = Dok.
Dockrobium = Dkb.
Dodsonia = Dod.
Doinara = Don.
Dolichopsis = Dol.
Domindendrum = Do.
Domindesmia = Ddma.
Domingoa = Dga.
Dominleychile = Dly.
Domintonia = Dmtna.
Dominyara = Dmya.
Domliopsis = Dmlps.
Donaestelaara = Dnt.
Doncollinara = Dclna.
Donsutingara = Dsg.
Dorandopsis = Ddps.
Dorantara = Drt.
Doredirea = Drd.
Doreenhuntara = Dhta.
Doricentrum = Dctm.
Doridium = Dd.
Doriella = Drlla.
Doriellaopsis = Dllps.
Dorifinetia = Dfta.
Doriglossum = Drgm.
Doriopsisium = Dpm.
Dorisia = Drsa.
Doristylis = Dst.
Doritaenopsis = Dtps.
Doritis = Dor.
Doritopsis = Dr.
Dorthera = Dtha.
Dossinia = Doss.
Dossinimaria = Dsma.
Dossinochilus = Dsh.
Dossinodes = Dnd.
Dossinyera = Dny.
Dossisia = Dsi.
Dothilopsis = Dot.
Downsara = Dwsa.
Doxosma = Dox.
Dracomonticola = Dmta.
Dracula = Drac.
Dracuvallia = Drvla.
Drakaea = Dra.
Dresslerara = Dres.
Dresslerella = Dla.
Dressleria = Dre.
Dressleriella = Dress.
Drewettara = Dwt.
Dryadella = Dda.
Dryadorchis = Dyo.
Drymoanthus = Dry.
Drymoda = Dma.
Duckeella = Duc.
Duckittara = Duk.
Duggerara = Dugg.
Dungsia = Dng.
Dunnara = Dnna.
Dunningara = Dngra.
Dunstervillea = Dun.
Dupontara = Dup.
Durabaculum = Du.
Durutyara = Dtya.
Duvalara = Duv.
Duvivierara = Dvv.
Dyakanthus = Dkt.
Dyakia = Dy.
Earina = Ear.
Eastonara = Eas.
Echinella = Ec.
Ecuadorina = Ecd.
Edara = Eda.
Edeara = Edr.
Eggelingia = Eg.
Elearethusa = Elsa.
Elecalthusa = Ecth.
Eleorchis = Elo.
Elepogon = Elp.
Eleutheroglossum = Et.
Eliara = Eliara
Ellanthera = El.
Elleanthus = Ell.
Eloyella = Eya.
Eltoplectris = Elt.
Eltroplectris = Etp.
Elwesara = Ews.
Elythodia = Etha.
Elythranthera = Elth.
Embreea = Emb.
Emigara = Eig.
Enanthleya = Eny.
Encheiridion = Enc.
Enchelia = Ehl.
Encyarthrolia = Eyr.
Encyclarthron = Ect.
Encyclechea = Elh.
Encyclia = E.
Encyclipedium = En.
Encylaelia = Enl.
Encylaevola = Ecv.
Encyleyvola = Eyy.
Encyphila = Eyp.
Encytonavola = Etl.
Encyvola = Eyv.
Encyvolendrum = Ece.
Endicherara = Edl.
Endresiella = End.
Engkhiamara = Ekma.
Engsoonara = Eng.
Entomophobia = Ent.
Eparmatostigma = Epa.
Ephemerantha = Ephem.
Ephippianthus = Ephi.
Ephippium = Epp.
Epiarthron = Ert.
Epibarkiella = Epbkl.
Epiblastus = Epib.
Epiblema = Eb.
Epibrascattlaelia = Ebcl.
Eoibrassavola = Ep.
Epibrassonitis = Epbns.
Epibroughtonia = Epb.
Epicatanthe = Ett.
Epicatarthron = Eth.
Epicatcyclia = Ety.
Epicatechea = Ecc.
Epicatonia = Epctn.
Epicattleya = Epc.
Epicaulaelia = Ecll.
Epichile = Eicl.
Epicladium = Ecl.
Epicyclia = Epy.
Epidanthus = Ed.
Epidella = Epdla.
Epidendropsis = Epid.
Epidendrum = Epi.
Epidiacrium = Epdcm.
Epidomingoleya = Edg.
Epidominkeria = Emk.
Epidrobium = Epd.
Epierstedella = Erd.
Epigeneium = Egm.
Epiglottis = Epgl.
Epigoa = Epg.
Epilaelia = Epl.
Epilaeliocattleya = Eplc.
Epilaeliopsis = Eplps.
Epilaelopsis = Eis.
Epileptovola = Elva.
Epileya = Ea.
Epiliopsis = Els.
Epilopsis = Epil.
Epilyna = Elna.
Epimicra = Emc.
Epinidema = Epn.
Epiopsis = Eps.
Epipactis = Epcts.
Epipaius = Eph.
Epiphila = Eil.
Epiphronitella = Epip.
Epiphronitis = Ephs.
Epipogium = Epgm.
Epirhynanthe = Ery.
Epistephium = Epis.
Epistoma = Epstm.
Epithechavola = Etv.
Epithechea = Etc.
Epithechia = Epith.
Epitonanthe = Enn.
Epitonia = Eptn
Epivola = Epv.
Eremorchis = Erm.
Eria = Er.
Eriaxis = Eri.
Ericholttumara = Eht.
Erikstephenstormara = Eks.
Eriochilus = Erio.
Eriodes = Eds.
Eriopsis = Ess.
Erioxantha = Erx.
Ernestara = Entra.
Erycina = Ercn.
Erydium = Erdm.
Erymesa = Eym.
Erythrodes = Eyd.
Erythrorchis = Eo.
Eryumnia = Eyn.
Esmenanthera = Esm.
Esmeralda = Em.
Esmeranda = Es.

Esmeropsis = Ems.
Esmerstylis = Est.
Esperonara = Esn.
Estelaara = Esta.
Euanthe = Eua.
Euanthron = Frn.
Euarachnides = Eu.
Eucatanthe = Eun.
Eucatlaelia = Eutl.
Eucatophila = Fcp.
Eucattlevola = Elv.
Eucattonia = Ettn.
Eucentrum = Euc.
Euchiclia = Euh.
Euchilaelia = Eal.
Euchile = Ech.
Euclades = Eucl.
Eucosia (1911) = Eca.
Eucycattleya = Euct.
Eudendravola = Edv.
Eudevereuxaras = Eud.
Eulaelianthe = Eln.
Euleya = Euly.
Euleyarthron = Eyt.
Eulobodoim = Ebd.
Eulocymbidiella = Eucmla.
Eulomangis = Elm.
Eulophia = Euph.
Eulophidium = Epm.
Eulophiella = Eul
Eulophyllum = Ely.
Eulosellia = Ela.
Eumingoa = Emg.
Eupapilanda = Eup.
Eupapilio = Epo.
Euporphyranda = Epr.
Eurachnis = Eur.
Eurhyncattleya = Erc.
Eurostyles = Euro.
Euryangis = Eugs.
Eurycaulis = Eyc.
Eurycentrum = Euy.
Eurychone = Echn.
Eurygraecum = Eugcm.
Eurynopsis = Eunps.
Eurystles = Eys.
Euthechedendrum = Edd.
Eutonia = Eut.
Euvola = Eut.
Evakara = Evk.
Evotella = Evo.
Evrardia = Evr.
Evrardianthe = Ev.
Exalaria = Exa.
Exeria = Exe.
Exochanthus = Exo.
Exophya = Exp.
Fadenchoda = Fdn.
Fadenfinanda = Ffn.
Fergusonara = Ferg.
Fernandezia = F.
Fialaara = Fia.
Fickingeria = Fikg.
Fisherara = Fsh.
Fletcherara = Flt.
Flickingeria = Flkga.
Forbesina = For.
Fordyceara = Fdca.
Forgetara = Fgtra.
Forsterara = Frs.
Fournierara = Frn.
Fredclarkeara = Fdk.
Fredschechterara = Fre.
Freedara = Frda.
Fregea = Fr.
Frezierara = Frz.
Friedaara = Fri.
Froebelara = Frb.
Frondaria = Fro.
Fruticicola = Frt.
Fuchsara = Fcr.
Fuertesiella = Fu.
Fujioara = Fjo.
Fujiwarara = Fjw.
Funkiella = Fun.
Gabertia = Gab.
Galabstia = Gbs.
Galeandra = Gal.
Galeansellia = Gslla.
Galearis = Gale.
Galeodes = Gds.
Galeola = Gla.
Galeomenetalum = Gle.
Galeonisia = Gln.
Galeopetalum = Gptm.
Galeorchis = Gos.
Galeosepalum = Glspm.
Galeotiella = Gota.
Galeottia = Glta.
Galiczella = Gzl.
Gamosepalum = Gam.
Garayara = Ga.
Gastisia = Gsta.
Gastisocalpa = Gscpa.
Gastophaius = Gaph
Gastorchis = Gach.
Gastritis = Gtts.
Gastranda = Gsd.
Gastrocalanthe = Gas.
Gastrochiloglottis = Gchgl.
Gastrochilus = Gchls.
Gastrodia = Gta.
Gastronopsis = Gnp.
Gastrophaianthe = Gpi.
Gastrophaius = Gp.
Gastrorchis = Gs.
Gastrosarcochilus = Gsarco.
Gastrostoma = Gstm.
Gastrothera = Gsrth.
Gastruisinda = Gin.
Gauarichile = Guh.
Gauntlettara = Gtra.
Gavilea = Gav.
Geesinkorchis = Ge.
Gennaria = Gen.
Genoplesium = Geno.
Genyorchis = Geny.
Geoblasta = Geo.
Geodorum = Gdm.
Georgeblackara = Gbka.
Georgecarrara = Gcr.
Georgefara = Ggf.
Gerberara = Gba.
Gibezara = Gbz.
Giddingsara = Gi.
Gigara = Gigara
Gilmourara = Gil.
Gladysyeeara = Glya.
Glanzara = Glz.
Glicensteinara = Glc.
Glomera = Gl.
Glossadenia = Gls.
Glossodia = Gloss.
Glossorhyncha = Glos.
Goffara = Gfa.
Gohartia = Ghta.
Golumnia = Glm.
Gomada = Gmda.
Gomadachtia = Gmd.
Gombrassiltonia = Gbt.
Gomcidetta = Gdt.
Gomcidumnia = Gcn.
Gomecentridium = Ger.
Gomenkoa = Gmk.
Gomesa = Gom.
Gomesochiloglossum = Gcg.
Gomesochilum = Gsc.
Gomessiastele = Gst.
Gomestele = Gms.
Gomettia = Gmtta.
Gomezing = Gmz.
Gomguezia = Gmg.
Gomiltidium = Gtd.
Gomiltlauzing = Gzm.
Gomiltostele = Gml.
Gomocentrum = Gmt.
Gomochilus = Gmch.
Gomoglossum = Gmgm.
Gomonciada = Goa.
Gomoncidochilum = Gch.
Gomonia = Gmn.
Gomoniopcidium = Gnd.
Gomopsiella = Gpl.
Gompassia = Gps.
Gomphichis = Gomp.
Gomstelettia = Gtl.
Gonatostylis = Gon.
Gonginia = Ggn.
Gongora = Gga.
Gongorhaea = Gbh.
Gongryanthopea = Ggy.
Goniobulbon = Gbn.
Goniochilus = Goni.
Goodaleara = Gdlra.
Goodalemoirara = Gdmr.
Goodisachilus = Gdc.
Goodisia = Gda.
Goodsonara = Goo.
Goodyera = G.
Gosseara = Gss.
Gotokoa = Gtk.
Gottererara = Gott.
Gottoara = Got.
Govenia = Gov.
Graireara = Grr.
Gramcymbimangis = Gbi.
Gramcymbiphia = Gyp.
Grammangis = Gra.
Grammatocymbidium = Grcym.
Grammatoheadia = Grda.
Grammatomangis = Gtm.
Grammatophyllum = Gram.
Grammatopodium = Grtp.
Grammoglottis = Ggt.
Grammothecopus = Gtp.
Grandicentrum = Gat.
Grandicidium = Gdi.
Grandiphyllum = Gdp.
Graphiella = Grpla.
Graphorkis = Grks.
Grastidium = Grs.
Gratrixara = Grx.
Grayara = Gry.
Greatwoodara = Gr.
Greenwoodia = Gre.
Grobya = Gro.
Groganara = Ggr.
Grosourdya = Gsa.
Guarcholia = Guc.
Guarcyclinitis = Gcl.
Guarechea = Grc.
Guarianthe = Gur.
Guariburgkia = Gbk.
Guaricatophila = Gcp.
Guaricattonia = Gct.
Guaricyclia = Gcy.
Guaridendrum = Gdd.
Guariencychea = Gny.
Guarilaeliarthron = Glt.
Guarilaelivola = Glv.
Guarimicra = Gmc.
Guarischomtonia = Ght.
Guarisophleya = Gsl.
Guarisophlia = Gsp.
Guarithron = Gut.
Guaritonia = Grt.
Guaritonichea = Gtc.
Guaritoniclia = Grn.

6章 ラン科植物学名リスト〜ALPHABETICAL ONE-TABLE LISTより

属名➡標準略称

Guarlaeburgkia = Glk.
Guarlaeliopsis = Glp.
Guaronilia = Gua.
Guarophidendrum = Gpd.
Guarthroleya = Gty.
Guarthron = Gut.
Guartonichea = Gtc.
Guarvolclia = Gvl.
Gudrunia = Gud.
Gumara = Gum.
Gunnarella = Gu.
Gunnarorchis = Gun.
Gymnadenia = Gym
Gymnanacamptis = Gc.
Gymnaplatanthera = Gpt.
Gymnochilus = Gcs.
Gymnotraunsteinera = Gyt.
Gynoglottis = Gyn.
Habenaria = Hab.
Habenariorchis = Ho.
Haberiorchis = Hrc.
Hackerara = Hkr.
Hadrobrasilaelia = Hbl.
Hadrocattleya = Hdc.
Hadrodungsia = Hdg.
Hadrolaelia = Hdl.
Haemari-anoectochilus = Ha.
Haemari-macodes = Hm.
Haemaria = Haem.
Hagerara = Hgra.
Hagsatera = Hag.
Hagsavola = Hgv.
Hagsechea = Hgc.
Halleorchis = Hlo.
Hamelwellsara = Hmwsa.
Hamerara = Hmr.
Hamiltonara = Hmtn.
Hammarbya = Ham.
Hamularia = **Hmu.**
Hanburyara = Hby.
Hancockia = Hac.
Hanesara = Han.
Haniffara = Hnf.
Hansenara = Hns.
Hapalochilus = Hcs.
Hapalorchis = Hap.
Haraella = Hal.
Haraenopsis = Hnp.
Harrisara = Hrs.
Harrisella = Har.
Hartara = Hart.
Hartwegia = Hwa.
Harveyara = Hvy.
Hasegawaara = Hasgw.
Hasskarlara = Has.
Hatcherara = Hat.
Hattoriara = Hatt.
Hausermannara = Haus.
Hawaiiara = Haw.
Hawkesara = Hwkra.
Hawkinsara = Hknsa.
Hayataara = Hay.
Haywoodara = Hyw.
Hederorkis = Hed.
Helcia = Hlc.
Helleriella = Hel.
Helonoma = Helo.
Helpilia = Hpla.
Hemipilia = Hemi.
Hemipiliopsis = Hmp.
Hemiscleria = Hc.
Herbertara = Hbtr.
Herminium = H.
Hermoara = Hro.
Hermorchis = Hrm.
Herpysma = Her.
Herreraara = Hrr.
Herschelia = Hers.
Herschelianthe = Hse.
Herscheliodisa = Hrds.
Hertensteinara = Hrt.
Hetaeria = Het.
Heterozeuxine = Htz.
Hexadesmia = Hex.
Hexalectris = Hxs.
Hexisea = Hxsa.
Heynholdara = Hyn.
Higashiara = Hgsh.
Higginsara =Hig.
Higrochilus = Hy.
Hildaara = Hdra.
Himantoglossum = Him.
Himoriara = Hmra.
Hintonella = Hi.
Hippeophyllum = Hip.
Hirayamaara = Hry.
Hirtzia = Hir.
Hispaniella = His.
Hoehneara = Hhn.
Hoehneela = Hoe.
Hoffmanncattleya = Hfc.
Hoffmanncyclia = Hfc.
Hoffmannseggella = Hof.
Hofmeisterella = Hf.
Holcanthe = Hct.
Holcanthera = Hol.
Holcenda = Hln.
Holcocentrum = Hctm.
Holcodirea = Hld.
Holcofinetia = Hcf.
Holcoglossum = Holc.
Holcograecum = Hlg.
Holconopsis = Hop.
Holcopsis = Hlp.
Holcorides = Hr.
Holcosia = Hls.
Holcosianda = Hla.
Holcostylis = Hoc.
Holcovanstylis = Hvs.
Holfordara = Hfd.
Hollingtonara = Hog.
Holmara = Hlm.
Holmesia = Hma.
Holopogon = Holo.
Holothrix = Htx.
Holttumara = Holtt.
Homalopetalum = Hom.
Honoluluara = Hon.
Hookerara = Hook.
Hoosierara = Hos.
Horichia = Hor.
Hormidium = Horm.
Hornara = Hrn.
Horvatia = Hv.
Houlhopea = Hhp.
Houlletia = Hlt.
Houllinia = Hul.
Houllora = Hlra.
Howardara = How.
Howeara = Hwra.
Hrubyara = Hru.
Hsuara = Hsu.
Huangara = Hng.
Hueylihara = Hylra.
Hueylihara (1972) = Hha.
Hugofreedara = Hgfda.
Humboldtara = Hmb
Hummelara = Humm.
Huntara = Hu.
Huntingtonara = Htg.
Huntleanthes = Hnths.
Huntleya = Hya.
Huntzellanthes = Huz.
Hunzella = Hzl.
Hurstara = Hur.
Huttonaea = Hut.
Hybochilus = Hyb.
Hybriorchis = Hybo.
Hydranthus = Hyr.
Hyedecromara = Hcm.
Hygranda = Hyd.
Hygrocenda = Hcd.
Hygrochilus = Hy.
Hygrodirea = Hgd.
Hylophila = Hyl.
Hymeneria = Hmn.
Hymenorchilus = Hmc.
Hymenorchis = Hym.
Hyrayamaara = Hry.
Iacovielloara = Icvl.
Ianara = Ian.
Ianclarkara = Inc.
Ichijoara = Icj.
Ichthyostomum = Ich.
Ida = Ida
Ilonara = Ilo.
Imerinaea = Im.
Ingramara = Ing.
Inobulbon = Ino.
Ioncidium = I.
Ione = Io.
Ionettia = Intta.
Ionmesa = Ims.
Ionmesettia = Imt.
Ionocentrum = Ict.
Ionocidium = Incdm.
Ionopsis = Inps.
Ionparettichilum = Ipt.
Ionumnia = Inm.
Ipsea = Ip.
Ipseglottis = Ips.
Irvingara = Irv.
Isabelia = Isa.
Isadendrum = Isd.
Isanitella = IS.
Isaoara = Isr.
Ischnocentrum = Isc.
Ischnogyne = Ige.
Isochilus = Iso.
Isotria = It.
Iwanagaara = Iwan.
Iwanagara = Iana.
Izumiara = Izma.
Jackfowlieara = Jkf.
Jacquinara = Jqn.
Jacquiniella = Ja.
Jacquinpara = J.
Jamesonara = Jmr.
Janssensara = Jan.
Jeaneara = Jen.
Jejosephia = Je.
Jellesmaara = Jel.
Jewellara = Jwa.
Jimenezara = Jmzra.
Jisooara = Jsr.
Joannara = Jnna.
Johnara = Jon.
Johnkellyara = Jkl.
Johnsonara = Joh.
Johnyeeara = Jya.
Jolyara = Jly.
Jonesiopchis = Jsc.
Jonesiopsis = Joe.
Jonorchis = Jnc.
Josephara = Jsp.
Jostia = Jos.
Jumanthes = Jmth.
Jumellea = Jum.
Jungara = Jng.
Kagawaara = Kgw.
Kagawara = Kagaw.
Kalakauara = Kal.
Kalimpongia = Kma.
Kalopternix = Ka.
Kamemotoara = K.
Kanetsunaara = Kun.
Kanzerara = Kza.
Karorchis = Kar.
Katherinea = Kat.
Kawamotoara = Kwmta.

Kawanishiara = Kaw.
Keferanthes = Kefth.
Keferella = Kfl.
Kefericzella = Kfz.
Kefersollea = Krl.
Keferhyncha = Kfy.
Keferollea = Krl.
***Kefersteinia** = Kefst.*
Keftorella = Kft.
***Kegeliella** = Ke.*
Kegeopea = Kgp.
Keishunara = Kei.
Keishunhattoriara = Kht.
Kennethbearleara = Knb.
Kerchoveara = Ker.
Kerorea = Kfr.
Khiamara = Khm.
Kimballara = Kim.
***Kingidium** = Ki.*
***Kingiella** = King.*
Kingistylis = Kgs.
***Kionophyton** = Kin.*
Kippenara = Kpa.
Kirchara = Kir.
***Kitigorchis** = Kit.*
Klehmara = Klma.
Klugara = Klg.
Knappara = Knp.
Knowlesara = Knw.
Knudsonara = Knud.
***Kochiophyton** = Koc.*
Kodamaara = Kdm.
***Koellensteinia** = Ko.*
Komarovara = Kmv.
Komkrisara = Kom.
***Konantzia** = Kon.*
Kraenlinorchis = Kro.
Kraenzlinara = Kr.
***Kraenzlinella** = Kz.*
Kraussara = Krsa.
***Kreodanthus** = Kre.*
Kriegerara = Kgra.
***Kuhlhasseltia** = Kuh.*
Kuhnara = Kn.
Kunoara = Kno.
Kunthara = Knt.
Lacaena = Lac.
Lachelinara = Lcl.
Laechilis = Lah.
Laegoa = Lga.
Laelcattleya = Lctt.
***Laelia** = L.*
Laelia-Brasso-Cattleya = Lbc.
Laelianthe = Lnt.
Laeliavola = Lvl.
Laelichilis = Lch.
Laelidendranthe = Ldt.
Laeliocatanthe = Lcn.
Laeliocatarthron = Lcr.
Laeliocatonia = Lctna.
Laeliocattkeria = Lcka.
Laeliocattleya = Lc.
Laeliodendron = Ldrn.
Laeliodendrum = La.
Laeliokeria = Lkra.
Laeliopleya = Lpya.
***Laeliopsis** = Lps.*
Laeliovola = Lv.
Laelirhynchos = Lrn.
Laelonia = Lna.
Laenopsonia = Lpn.
Laeopis = Laeo.
Laeopsis = Lae.
Laerianchea = Lca.
Laetonanthe = Ltt.
Lagerara = Lgra.
Laipenchihara = Lpca.
Lairesseara = Lair.
Lambara = Lmb.
Lancebirkara = Lbka.
***Lanium** = Lan.*
***Lankesterella** = Lak.*
Lauara = Lauara
Lavrihara = Lav.
Law-Schofieldara = Lws.
Lawara = Lwr.
Lawlessara = Law.
Lawrenceara = Lwn.
Laycockara = Lay.
Leaneyara = Lnya.
Lebaudyara = Leb.
***Lecanorchis** = Lec.*
Leeara = Leeara
Leechara = Leh.
***Leioanthum** = Lei.*
Lemaireara = Lemra.
Leemannara = Lee.
Leioanthum = Lei.
Lemaireara = Lemra.
***Lemboglossum** = Lem.*
***Lemurella** = Lla.*
***Lemurorchis** = Lrs.*
Leochilumnia = Llm.
***Leochilus** = Lchs.*
Leocidium = Lcdm.
Leocidmesa = Lcmsa.
Leocidpasia = Lcdpa.
Leocidumnia = Lod.
Leogolumnia = Lgn.
Leokoa = Lko.
Leomesezia = Lsz.
Leonara = Len.
Lepanopsis = Lep.
***Lepanthes** = Lths.*
***Lepanthopsis** = Lpths.*
***Lepidogyne** = Lie.*
***Leporella** = Lepo.*
***Leptoceras** = Lcs.*
Letochilum = Lth.
Leptodendrum = Lptdm.
Leptoguarianthe = Lgt.
Leptokeria = Lptka.
Leptolaelia = Lptl.
Leptosophrocattleya = Lsc.
***Leptotes** = Lpt.*
Leptovola = Lptv.
***Lesliea** = Les.*
Leslieara = Lesl.
Lesliehertensteinara = Lhr.
Lesueurara = Lsu.
***Leucohyle** = Lce.*
***Leucorchis** = Le.*
Levyara = Lev.
Lewisara = Lwsra.
Liaopsis = Liaps.
Lichtara = Licht.
Lichterveldia = Lich.
Liebmanara = Lieb.
***Ligeophila** = Lig.*
***Ligeophyla** = Lpa.*
Limara = Lim.
***Limatodes** = Li.*
Limatopreptanthe = Lima
***Limodorum** = Limo.*
Linara = Lnr.
Lindoblomia = Lblm.
Lindleyara = Lin.
***Lindleyella** = Lya.*
***Lindsayella** = Lind.*
***Linguella** = Lgl.*
Linneara = Linn.
Lioponia = Lpna.
***Liparis** = Lip.*
Liponia = Lpna.
***Lissochilus** = Liss.*
***Listera** = Lis.*
***Listrostachys** = Lit.*
Lobbara = Lob.
Lockcidium = Lkcdm.
Lockcidmesa = Lkda.
***Lockhartia** = Lhta.*
Lockochilettia = Lkctta.
Lockochilus = Lkchs.
Lockoglossum = Lkg.
Lockogochilus = Lkgch.
Lockopilia = Lckp.
Lockostalix = Lkstx.
Lockumnia = Lkm.
***Loefgrenianthum** = Loe.*
***Loefgrenianthus** = Lts.*
Lomantrisuloara = Ltl.
Londesboroughara = Lon.
Longhueiara = Lgh.
***Lophiaris** = Lop.*
Lophoglottis = Loph.
Lorenara = Lora.
Loritis = Lrt.
Loroglorchis = Lor.
***Loroglossum** = Lg.*
Lovelessara = Lov.
Lowara = Low.
Lowiorchis = Lwc.
Lowsonara = Lwnra.
Lowsutongara = Lwt.
***Loxoma** = Lox.*
Luascotia = Lscta.
Lucasara = Luc.
***Ludisia** = Lus.*
Ludochilus = Lud.
Ludlowara = Ldw.
***Lueddemannia** = Lue.*
***Luerella** = Lria.*
Luianopsanthe = Lnpt.
Luicentrum = Lctm.
Luichilus = Luic.
Luilionanda = Lnd.
Luinetia = Lnta.
Luinopsanda = Lpd.
Luinopsis = Lnps.
Luiphalandpsis = Lid.
Luisaerides = Lu.
Luisanda = Lsnd.
Luisanthera = Lut.
Luisedda = Lda.
Luiserides = Luiser.
***Luisia** = Lsa.*
Luistylis = Lst.
Luivanetia = Lvta.
Lutherara = Luth.
Lycabstia = Lbs.
Lycamerlycaste = Lmc.
Lycafrenuloa = Lfl.
Lycanisia = Lns.
***Lycaste** = Lyc.*
Lycastenaria = Ly.
Lycazella = Lzl.
Lycida = Lcd.
***Lycomormium** = Lyco.*
***Lycomorphium** = Lpm.*
Lymanara = Lymra.
Lyonara = Lyon.
Lyonara (1948) = Lra.
Lyonarci = Lci.
***Lyperanthus** = Lyp.*
***Lyroglossa** = Lyr.*
Lysudamuloa = Lys.
Macbrideara = Mcb.
Maccorquodaleara = Mcq.
Maccoyara = Mcyra.
Maccraithara = Mcc.
***Maccraithea** = Mrt.*
Maccullyara = Mly.
Macdanielara = Mcdl.
Macekara = Maka.
Maclellanara = Mclna.
Maclemooreara = Mclmra.
Macmeekinara = Mmk.
***Macodes** = Mac.*
Macodisia = Mcd.
Macodyera = Mdy.

Macomaria = Mcmr.
***Macradenia** = Mcdn.*
Macradesa = Mcdsa.
Macrangraecum = M.
Macrastonia = Mstn.
***Macroclinium** = Mcm.*
***Macroplectrum** = Ma.*
***Macropodanthus** = Mpt.*
***Macrura** = Mur.*
Maechtleara = Mta.
Maelenia = Mae.
Mailamaiara = Mai.
***Malaxis** = Mal.*
Malcolmcampbellara = Mcba.
***Malleola** = Mll.*
***Manniella** = Man.*
Mantinara = Mtn.
Marcchristopherstormara = Mph.
***Margelliantha** = Mar.*
Marimeara = Mrm.
Markara = Mka.
Maronara = Mrn.
Marriottara = Mrr.
Martiusara = Mtr.
Marvingerberara = Mrv.
Marycrawleystormara = Mry
***Masdevallia** = Masd.*
Masonara = Msna.
Masrepis = Mrp.
Massangeara = Msg.
***Mastigion** = Mg.*
Mastipetalum = Mtp.
Mastiphylum = Mas.
Mathewsara = Mtw.
Matsudaara = Msda.
Maunderara = Mnda.
Mauriceara = Mrc.
Maxidium = Mxd.
Maxillacaste = Mxcst.
***Maxillaria** = Max.*
***Maxillariella** = Mxl.*
Maxillyca = Mxy.
Maxilobium = Mxlb.
Maxthompsonara = Mxp.
Mayara = May.
Maymoirara = Mymra.
Meadara = Mea.
Measuresara = Msu.
***Mediocalcar** = Med.*
Meechaiara = Mchr.
***Megaclinium** = Mgm.*
***Megalorchis** = Meg.*
***Megalotus** = Mega.*
***Megastylis** = Mgs.*
***Meiracyllium** = Mrclm*
Meirmosesara = Mei.
***Menadenium** = Me.*
Mendelara = Mdl.
***Mendoncella** = Mdcla.*
Menziesara = Mzr.
***Mesadenella** = Mdla.*
***Mesadenus** = Msds.*
***Mesoglossum** = Mes.*
***Mesospinidium** = Meo.*
***Mespospinidium** = Mppm.*
Metdepenningenara = Met.
***Mexicoa** = Mex.*
***Mexipedium** = Mxdm.*
Michelvacherotara = Mvt.
Micholiitzara = Mchza.
***Microcattleya** = Mct.*
***Microcelia** = Mic.*
***Microchilus** = Mcr.*
***Microepidendrum** = Mpd.*
***Microlaelia** = Mcl.*
***Micropera** = Micr.*
***Microsaccus** = Mcs.*
***Microstylis** = Mst.*
***Microtatorchis** = Mto.*
***Microterangis** = Mts.*
***Microthelys** = Mty.*
***Microtis** = Mrs.*
Milassentrum = Msr.
Milcentrum = Mlc.
Milcidossum = Mis.
Milenkocidium = Mkd.
Millerara = Mla.
Millspaughara = Msp.
Milmilcidium = Mmc.
Milmiloda = Mmo.
Milmiloglossum = Mmg.
Milmilpasia = Mmp.
Milmilrassia = Mmr.
Milmiltonia = Mmt.
Milonzina = Moz.
Milpasia = Mpsa.
Milpilia = Mpla.
Miltada = Mtad.
Miltadium = Mtadm.
Miltarettia = Mtta.
Miltassia = Mtssa.
Miltistonia = Mtst.
Miltocentrum = Mnt.
Miltochilidium = Mid.
Miltochilum = Mtc.
Miltodontrum = Mtd.
Miltogomechilum = Mgc.
Miltoncentrum = Mnt.
Miltoncidium = Mcid.
Miltoncidostele = Mos.
Miltonguezia = Mz.
***Miltonia** = Milt.*
Miltonicidium = Mil.
Miltonidium = Mtdm.
Miltonioda = Mtda.
***Miltonioides** = Mds.*
***Miltoniopsis** = Mps.*
Miltonpasia = Mp
Miltonpilia = Mpa.
Miltostelada = Msl.
***Mirandorchis** = Mrd.*
***Mischobulbum** = Mbm.*
Mizunoara = Mzu.
Mizutara = Miz.
***Mobilabium** = Mob.*
Moensara = Moe.
***Moerenhoutia** = Mha.*
Moihwaara = Mhw.
Moirara = Moir.
Moirara (1965) = Mra.
Mokara = Mkra.
Molonzina = Moz.
Momordia = Mo.
***Monadenia** = Mon*
Monkara = Mnkr.
Monkhouseara = Mkhsa..
Monnierara = Monn.
***Monomeria** = Mono.*
***Monophyllorchis** = Mpo.*
***Monosepalum** = Mpm.*
Moonara = Mnra.
Mooreara = Mora.
Morieara = Moi.
Mormariella = Mrml.
Mormieria = Mor.
***Mormodes** = Morm.*
Mormodia = Mo.
***Mormolyca** = Mlca.*
Mormosellia = Mml.
Morrisonara = Mrsa.
Moscosoara = Mscra.
Mountfordara = Mtf.
***Mycaranthes** = Mrth.*
Mylamara = Mym.
***Myoxanthus** = My.*
Myoxastrepia = Mxt.
Myrmecanthe = Mcn.
Myrmecatlaelia = Mycl.
Myrmecatavola = Mcv.
Myrmechea = Myh.
***Myrmechis** = Mms.*
Myrmecocattleya = Myc.
Myrmecochile = Mco.
Myrmecolaelia = Myl.
***Myrmecophila** = Mcp.*
Myrmeopsis = Myp.
Myrmesophleya = Mys.
Myrmetonia = Myt.
***Myrosmodes** = Myro.*
***Mystacidium** = Mycdm.*
***Nabaluia** = Nab.*
***Nageliella** = Ngl.*
Nakagawaara = Nkgwa.
Nakamotoara = Nak.
Nakamuraara = Nkm.
***Nanodes** = Na.*
Nashara = Nash.
Naugleara = Naug.
Nebrownara = Neb.
Neippergia = Npg.
***Neo-urbania** = Nu.*
Neoaeristylis = Nrst.
***Neobartlettia** = Neob.*
***Neobathlea** = Nbth.*
Neobatopus = Nbps.
***Neobenthamia** = Nba.*
***Neobolusia** = Nbsa.*
Neochristieara = Nca.
***Neoclemensia** = Nm.*
***Neocogniauxia** = Nga.*
Neodebruynera = Neo.
Neodevereuxara = Nex.
***Neodryas** = Nys.*
Neofadanda = Ndn.
Neofadenia = Nfd.
***Neofinetia** = Neof.*
***Neogardneria** = Ngda.*
Neoglossum = Neogm.
Neograecum = Ngrcm.
***Neogyna** = Nya.*
Neojoannara = Neoj.
Neokagara = Ng.
***Neokoehleria** = Nka.*
***Neolauchea** = Nla.*
***Neolehmannia** = Nha.*
Neomoirara = Neom.
Neomokara = Nk.
***Neomoorea** = Nma.*
Neopabstopetalum = Npp.
Neorobinara = Nb.
Neosedanda = Ndd.
Neosedirea = Nsd.
Neostylis = Neost.
Neostylopsis = Nsls.
***Neotainiopsis** = Ntn.*
Neotinacamptis = Ntc.
Neotinarhiza = Ntz.
***Neotinea** = Nt.*
***Neottia** = Neot.*
***Neottianthe** = Ntte.*
***Neowilliamsia** = Nw.*
Neoyusofara = Nyf.
Neozygisia = Nzg.
***Nephelaphyllum** = Nep.*
***Nephrangis** = Nrs.*
***Nervilia** = Ner.*
***Neuwiedia** = Neu.*
Ngara = Ngara.
Nicholasara = Nls.
Nickcannazzaroara = Nkz.
Nicholsonara = Ncl.
Nideclia = Ndc.
***Nidema** = Nid.*
Nogomesa = Nog.
***Nigritella** = N.*
Nobleara = Nlra.
Nochocentrum = Nct.
Nohacidiopsis = Ndp.

Nohacidium = *Nhc.*
Nohagomenkoa = *Ngk.*
Nohalumnia = *Nhl.*
Nohamiltocidium = *Nmo.*
Nohamiltonia = *Nmt.*
Nohamiltoniopsis = *Nhp.*
Nohastelomesa = *Nsm.*
Nohawenkoa = *Nwk.*
Nohawilentrum = *Ntr.*
Nohawilliamsia = *Nhw.*
Nohazelencidium = *Nzc.*
Nonaara = *Non.*
Nornahamamotoara = *Nhmta.*
Northenara = *Nrna.*
Norwoodara = *Nwda.*
Nothodoritis = *No.*
Nothostele = *Not.*
Notolidium = *Ntd.*
Notylettia = *Ntlta.*
Notylia = *Ntl.*
Notylidium = *Ntldm.*
Notylopsis = *Ntlps.*
Nuccioara = *Nuc.*
Oakes-Amesia = *Oa.*
Oakesara = *Oks.*
Oberonia = *Ob.*
Octarrhena = *Oct.*
Octomeria (1825) = *Oc1825*
Oddyara = *Oddy.*
Oderara = *Ode.*
Odonchlopsis = *Ocp.*
Odontioda = *Oda.*
Odontiodonia = *O.*
Odontiopsis = *Otp.*
Odontobrassia = *Odbrs.*
Odontocentrum = *Otc.*
Odontochilus = *Odt.*
Odontocidium = *Odcdm.*
Odontoglossum = *Odm.*
Odontokoa = *Otk.*
Odontonia = *Odtna.*
Odontopilia = *Odpla.*
Odontorettia = *Odrta.*
Odontorrhynchus = *Odo.*
Odontostele = *Ots.*
Odontozelencidium = *Otl.*
Odopetalum = *Od.*
Odyncidium = *Ody.*
Oeceoclades = *Oecl.*
Oeonia = *Oeo.*
Oeoniella = *Oenla.*
Oeorchis = *Oec.*
Oerstedella = *Oe.*
Oerstedkeria = *Ork.*
Oerstelaelia = *Osl.*
Oertonia = *Oer.*
Oestlundia = *Ost.*
Oestlundorchis = *Oes.*
Okaara = *Okr.*
Olgasis = *Olg.*
Oligochaetochilus = *Ogt.*
Oliveriana = *Oli.*
Olygophyton = *Ol.*
Omoea = *Om.*
Oncandra = *Ora.*
Oncidaretia = *Ont.*
Oncidarettia = *Ott.*
Oncidasia = *Osa.*
Oncidenia = *Oncna.*
Oncidesa = *Oncsa.*
Oncidettia = *Onctta.*
Oncidguezia = *Oncg.*
Oncidiella = *Onclla.*
Oncidioda = *Oncda.*
Oncidium = *Onc.*
Oncidodontopsis = *Odd.*
Oncidoglossum = *Oig.*
Oncidophora = *Onp.*
Oncidopsiella = *Odp.*
Oncidopsis = *Oip.*
Oncidpilia = *Oncpa.*
Oncidquezia = *Onz.*
Oncidumnia = *Ocd.*
Oncigomada = *Oncigom.*
Oncitonioides = *Otd.*
Oncostele = *Ons.*
Oncostelopsis = *Osp.*
Onoara = *Onra.*
Onrodenkoa = *Odk.*
Ontolezia = *Otz.*
Ontolglossum = *Ogs.*
Onzelcentrum = *Olt.*
Onzelettia = *Ozt.*
Onzeloda = *Ozl.*
Onzelumnia = *Ozn.*
Ophramptis = *Opt.*
Ophrys = *Oph.*
Ophydion = *Odn.*
Opisanda = *Opisan.*
Opoixara = *Opo.*
Opsilaelia = *Ops.*
Opsisanda = *Opsis.*
Opsisanthe = *Op.*
Opsiscattleya = *Opsct.*
Opsistylis = *Opst.*
Orchidactyla = *Orc.*
Orchigymnadenia = *Ogy.*
Orchimantoglossum = *Org.*
Orchinea = *Ohn.*
Orchiophrys = *Orcys.*
Orchipedium = *Opm.*
Orchiplatanthera = *Opa.*
Orchis = *Orchis*
Orchiserapias = *Orsps.*
Oreorchis = *Ore.*
Orestias = *Ores.*
Orleanesia = *Orle*
Orleanisia = *Orl.*
Ornithidium = *Otm.*
Ornithocephalus = *Orcp.*
Ornithochilus = *Orn.*
Ornithocidium = *Orncm.*
Ornithophora = *Orpha.*
Orpetara = *Orp.*
Orthoceras = *Ort.*
Orthopenthea = *Opta.*
Osmentara = *Osmt.*
Osmoglossum = *Ogm.*
Ossiculum = *Os.*
Otaara = *Otr.*
Otobrastonia = *Obn.*
Otochilus = *Ocs.*
Otocolax = *Otcx.*
Otoglochilum = *Oth.*
Otoglossum = *Oto.*
Otohartia = *Otht.*
Otonisia = *Otnsa.*
Otopabstia = *Ot.*
Otorhynchocidium = *Ohd.*
Otosepalum = *Otspm.*
Otostele = *Oot.*
Otostylis = *Otst.*
Ottoara = *Ota.*
Owensara = *Owsr.*
Oxtsepala = *Oys*
Oxyanthera = *Ox.*
Oxyglossellum = *Oxy.*
Oxysepala = *Oys.*
Pabanisia = *Pbn.*
Pabstia = *Pab.*
Pabstosepalum = *Pss.*
Pachites = *Pac.*
Pachyphyllum = *Pach.*
Pachyplectron = *Ppn.*
Pachystele = *Pce.*
Pachystoma = *Psa.*
Pageara = *Pga.*
Palermoara = *Pal.*
Palmerara = *Plmra.*
Palmorchis = *Palm.*
Palumbina = *Pua.*
Panarica = *Pana.*
Panczakara = *Pzka.*
Panisea = *Pan.*
Pantapaara = *Pntp.*
Paphinia = *Pna.*
Paphinopea = *Phnp.*
Paphiopedilum = *Paph.*
Papilachnis = *Pa.*
Papilaenopsis = *Peps.*
Papilaenostylis = *Psts.*
Papilandachnis = *Pap.*
Papilanthera = *Pl.*
Papiliocentrum = *Pc.*
Papiliochilus = *Pic.*
Papiliodes = *Pd.*
Papilionanda = *Pda.*
Papilionanthe = *Ple.*
Papilionetia = *Pt.*
Papiliopsis = *Pp.*
Papiliovanvanda = *Plv.*
Papilisia = *Papi.*
Papillilabium = *Pbm.*
Papitonia = *Ptn.*
Papopsis = *Pops.*
Papperitzia = *Pea.*
Papuaea = *Paa.*
Papulipetalum = *Plp.*
Paracaleana = *Pca.*
Paracentrum = *Part.*
Parachilus = *Prcls.*
Parachnis = *Par.*
Paradisanisia = *Pds.*
Paradisanthus = *Pdsnth.*
Paradistia = *Pis.*
Paragnathis = *Pgnt.*
Paralophia = *Pph.*
Paramayara = *Py.*
Parandachnis = *Pas.*
Parandanthe = *Pdt.*
Paranthe = *Pn.*
Paranthera = *Prt.*
Paraottis = *Ptt.*
Parapapilio = *Ppl.*
Paraphachilus = *Pphc.*
Paraphadenia *Pdn.*
Paraphalaenopsis = *Pps.*
Paraphalanthe *Pplt.*
Paraphalraecum = *Prec.*
Parapteroceras = *Pts.*
Paraptosiella = *Ppt.*
Pararachnis = *Pcs.*
Pararenanthera = *Prn.*
Pararides = *Prd.*
Parasarcochilus = *Psarco.*
Parastylis = *Pst.*
Paravanda = *Pv.*
Paravandaenopsis = *Prv.*
Paravandanthe = *Paravand.*
Paravandanthera = *Pav.*
Paravandopsis = *Pvp.*
Paravandrum = *Pvd.*
Parhabenaria = *Pba.*
Parisia = *Pia.*
Parkerara = *Pka.*
Parnataara = *Parn.*
Pattonia = *Pta.*
Pattoniheadia = *Pat.*
Paulandmarystormara = *Pdr.*
Paulara = *Plra.*
Paulsenara = *Plsra.*
Paulstormara = *Put.*
Pavonara = *Pvn.*
Paynterara = *Pay.*
Peaseara = *Pasr.*
Pectabenaria = *Pe.*
Pecteilis = *Pec.*
Pedilochilus = *Ped.*
Peetersara = *Pee.*

Pehara = Peh.
Pelacentrum = Plctm.
Pelachilus = Pelcs.
Pelastylis = Pelst.
Pelatanda = Pelt.
Pelatantheria = Pthia.
Pelathanopsis = Petp.
Pelatoritis = Pltrs.
Pelexia = Pel.
Pennellara = Pnl.
Pennilabium = Pen.
Penthea = Pnha.
Pentisea = Pent.
Peocatavola = Pcv.
Pepeara = Ppa.
Peristeranthus = Perths.
Peristerchilus = Prschs.
Peristeria = Per.
Peristylus = Peri.
Perreiraara = Prra.
Pescabstia = Peb.
Pescantleya = Pey.
Pescarhyncha = Pyha.
Pescascaphe = Pch.
Pescatobollea = Psbol.
Pescatorea = Pestea
Pescatoria = Pes.
Pescatoscaphe = Pcp.
Pescawarrea = Psw.
Pescenia = Pesc.
Pescoranthes = Psnth.
Pesmanara = Pmr.
Petalocentrum = Pet.
Peterhuntara = Pth.
Petrorchis = Ptr.
Pettitara = Pett.
Phabletia = Ph.
Phaiocalanthe = Phcal.
Phaiocymbidium = Phcym.
Phaiolimatopreptanthe = Phai.
Phaiopreptanthe = Ppp.
Phaius = Phaius
Phalaeglossum = Plgs.
Phalaenitia = Pht.
Phalaenidium = Phd.
Phalaenopapilio = Php.
Phalaenopsis = Phal.
Phalaensonia = Phns.
Phalaerianda = Phda.
Phalandopsis = Phdps.
Phalanetia = Phnta.
Phalanthe = Pte.
Phaleralda = Pld.
Phaliella = Phlla.
Phalphalaenopsis = Phph.
Phalvanvanda = Pvv.
Pharochilum = Phc.
Pheladenia = Phel.
Philippiara = Phl.
Philippinara = Phi.
Phillipsara = Phill.
Phloeophia = Pep.
Pholidota = Pho.
Phragmipaphiopedilum = Phm.
Phragmipaphium = Phrphm.
Phragmipedium = Phrag.
Phragmopaphium = Phragmo.
Phragmorchis = Pgo.
Phreatia = Phr.
Phymatidium = Phy.
Phymatochilum = Pmc.
Physinga = Phys.
Physoceras = Psc.
Physogyne = Psg.
Physosiphon = Psn.
Physothallis = Pys.
Pierardia = Pier.
Pilophyllum = Pil.
Pilumna = Pilm.
Pinalia = Pina.
Piperia = Pip.
Pittara = Pi.
Pityphyllum = Pit.
Platanthera = P.
Platanthopsis = Plt.
Platyclinis = Pns.
Platycoryne = Pla.
Platyglottis = Pgs.
Platylepis = Plat.
Platyrhiza = Ptra.
Platystele = Pls.
Platythelys = Pyy.
Plectochilus = Plchs.
Plectorrhiza = Plrhz.
Plectrelgraecum = Plgcm.
Plectrelminthus = Plmths.
Plectrophora = Pha.
Pleione = Pln.
Pleionilla = Plnl.
Plelis = Pll.
Pleurobotryum = Prm.
Pleurothallis = Pths.
Pleurothallopsis = Plu.
Plocoglottis = Plo.
Plumatichilos = Plm.
Plumatistylis = Pmt.
Poaephyllum = Poa.
Podangis = Pod.
Podochilus = Podo.
Poeppigara = Ppg.
Pogonia = Pog.
Pogoniopsis = Pogo.
Poicilanthe = Pcl.
Pollardia = Poll.
Pollettara = Plet.
Polycycnis = Pcn.
Polygora = Plr.
Polyotidium = Ptd.
Polyphylax = Ppx.
Polyradicion = Prad.
Polyrrhiza = Pza.
Polystachya = Pol.
Pomacentrum = Pmctm.
Pomanda = Pom.
Pomatisia = Pmtsa.
Pomatocalpa = Pmcpa.
Pomatochilus = Pmtls.
Ponera = Pon.
Ponerorchis = Pnr.
Ponerostigma = Ptg.
Ponterara = Pnt.
Ponthieva = Ptva.
Pooleara = Polra.
Porolabium = Plbm.
Porpax = Px.
Porphyrachnis = Por.
Porphyranda = Pra.
Porphyrandachnis = Prs.
Porphyranthera = Prtr.
Porphyrodesme = Po.
Porphyroglottis = Pgt.
Porphyrostachys = Porp.
Porracula = Pcu.
Porroglossum = Prgm.
Porrorhachis = Prr.
Porrovallia = Pvla.
Porterara = Prta.
Portillia = Poi.
Portoara = Port.
Posadaara = Pad.
Potinara = Pot.
Pourbaixara = Pou.
Powllara = Pow.
Praecoxanthus = Prae.
Prapinara = Prp.
Prasophyllum = Prass.
Preptacalanthe = Prpc.
Preptanthe = Pr.
Prescottia = Pct.
Priceara = Pri.
Pristiglottis = Pris.
Probaranthe = Pbr.
Procatavola = Pcv.
Prochaea = Poha.
Proctoria = Poc.
Procycleya = Pcc.
Prodendranthe = Pdd.
Proguarleya = Pgy.
Proleyophila = Plh.
Proleytonia = Pre.
Promadisanthus = Pmds.
Promarrea = Pmar.
Promcidium = Pcd.
Promellia = Pmla.
Promenabstia = Pmb.
Promenaea = Prom.
Promenanthes = Prths.
Promenopsis = Pmp.
Promenzella = Pmz.
Promoglossum = Pgl.
Promosepalum = Prsm.
Propabstopetalum = Pbt.
Propescapetalum = Pop.
Propetalum = Pptm.
Prosanthopsis = Pnp.
Prosarthron = Prh.
Prosavola = Psv.
Proschile = Prch.
Prosgoa = Pg.
Proslaeliocattleya = Plc.
Proslia = Psl.
Prosophrovola = Ppv.
Prosrhyncholeya = Pry.
Prosthechea = Psh.
Prostonia = Pros.
Prosyclia = Pcc.
Proteroceras = Pro.
Pseudacoridium = Pcm.
Pseudadenia = Ps.
Pseudanthera = Psd.
Pseudencyclia = Pde.
Pseuderia = Pdra.
Pseudinium = Pdm.
Pseudocentrum = Pdcm.
Pseudocoeloglossum = Pcg.
Pseudocranichis = Pccs.
Pseudodiphryllum = Pdpm.
Pseudogoodyera = Pgya.
Pseudohemipilia = Pdh.
Pseudolaelia = Pdla.
Pseudomaxillaria = Pma.
Pseudorchis = Pse.
Pseudorhiza = Psz.
Pseudovanilla = Pva.
Psilanthemum = Psil.
Psilochilus = Psi.
Psybrassocattleya = Pbc.
Psyburgkia = Pbg.
Psycarthron = Pyrt.
Psycattleytonia = Psct.
Psycavola = Pyv.
Psychanthe = Phh.
Psychassia = Phs.
Psychia = Psyh.
Psychelia = Pye.
Psychilis = Psy.
Psychlumnia = Pyn.
Psychocentrum = Pyc.
Psychocidium = Pyd.
Psychoglossum = Pyl.
Psychomesa = Pms.
Psychophila = Pyo.
Psychopilia = Psp.
Psychopsiella = Psyc.
Psychopsis = Pyp.
Psychopsychopsis = Ppy.
Psyclia = Psyl.

6章 ラン科植物学名リスト〜ALPHABETICAL ONE-TABLE LISTより 属名⬇標準略称

Psygmorchis = Psyg.
Psylaeliocattleya = Pyct.
Psyleyopsis = Ply.
Psymiltonia = Pym.
Psyonitis = Pso.
Psysophrocattleya = Ppc.
Psythechea = Pyh.
Psytonia = Pyt.
Pteloglossa = Pgsa.
Pteloglossaspsis = Pgps.
Pteroceras = Pos.
Pterocottia = Ptc.
Pterolexia = Ptx.
Pteroplodium = Ptp.
Pterostemma = Psm.
Pterostylis = Ptst.
Pterygodium = Pgdm.
Purverara = Pur.
Pygmaeorchis = Pyg.
Pynaertara = Pya.
Pyrorchis = Pyr.
Quekettia = Qu.
Quiaqueya = Qui.
Quirkara = Qrk.
Quisavola = Qvl.
Quischilis = Qch.
Quisqueya = Qui
Quisumbingara = Q.
Radinocion = Rdnc.
Rafinesqueara = Raf.
Raganara = Rgn.
Ramasamyara = Rmsya.
Ranchilus = Rcl.
Randactyle = R.
Rangaeris = Rgs.
Ranorchis = Ran.
Rappartara = Rap.
Rauhiella = Ra.
Raycadenco = Ray.
Rebeccaara = Reb.
Recchara = Recc.
Recchiara = Recchi.
Rechingerara = Rchg.
Regnierara = Reg.
Rehderara = Reh.
Rehfieldara = Rfda.
Reicheara = Rec.
Reichenbachanthus = Reic
Reichenbachara = Rei.
Reinikkaara = Rk.
Renachilus = Rcl..
Renades = Rnds.
Renafinanda = Rfnda.
Renaglottis = Rngl.
Renancentrum = Rnctm.
Renanda = Re.
Renanetia = Rnet.
Renanopsis = Rnps.
Renanparadopsis = Rpd.
Renanstylis = Rnst.
Renantanda = Rntda.
Renanthera = Ren.
Renantheranda = Rta.
Renantherella = Rtl.
Renanthoceras = Rena.
Renanthoglossum = Rngm.
Renanthopsis = Rnthps.
Renaradorum = Rd.
Renarodorum = Rdm.
Renata = Rnt.
Renoprora = Rpr.
Renopsis = Rps.
Renorphorchis = Rpc.
Renvanvanda = Rvv.
Restesia = Ret.
Restrepia = Rstp.
Restrepiella = Rpa.
Restrepiopsis = Rpps.
Rhaesteria = Rha.
Rhamphorhynchus = Rham.
Rhenanthopsis = Rhenanth.
Rhinerrhiza = Rhin.
Rhinerrhizochilus = Rrh.
Rhinerrhizopsis = Rrp.
Rhinochilus = Rhincs.
Rhinocidium = Rhc.
Rhipidoglossum = Rhip.
Rhizanthella = Rhi.
Rhizanthera = Rh.
Rhodehamelara = Rhdm.
Rhomboda = Rhm.
Rhycopelia = Ryp.
Rhyleyaopsis = Ryy.
Rhynaelionitis = Rln.
Rhynarthroleya = Rry.
Rhynarthron = Rrt.
Rhynburgkia = Rbg.
Rhyncada = Rya.
Rhyncadamesa = Rds.
Rhyncanthe = Ryh.
Rhyncatclia = Rcc.
Rhyncatdendrum = Rnd.
Rhyncatlaelia = Ryc.
Rhyncattleanthe = Rth.
Rhynchamsia = Rym.
Rhynchavolarum = Rvm.
Rhynchawidium = Rhw.
Rhynchobrassoleya = Rby.
Rhynchocentrum = Rhctm.
Rhynchochile = Rch.
Rhynchochilopsis = Ryl.
Rhynchochilus = Rych.
Rhynchodendrum = Rdd.
Rhynchodenia = Rcn.
Rhynchodenitis = Rdt.
Rhynchodirea = Ryd.
Rhynchofadanda = Rfd.
Rhynchoguarlia = Rgl.
Rhynchogyna = Rcga.
Rhyncholabium = Rlb.
Rhyncholaelia = Rl.
Rhyncholaeliocattleya = Rlc.
Rhynchomesidium = Rmd.
Rhynchonia = Rnc.
Rhynchonopsis = Rhnps.
Rhynchopapilisia = Ry.
Rhynchopera = Rnp.
Rhynchopera = Rnp.
Rhynchophreatia = Rcra.
Rhynchopsis = Rycp.
Rhynchorettia = Ryrt.
Rhynchorides = Rhrds.
Rhynchosophrocattleya = Rsc.
Rhynchostele = Rst.
Rhynchostylis = Rhy.
Rhynchothechea = Rct.
Rhynchothechlia = Rhh.
Rhynchovanda = Rhv.
Rhynchovandanthe = Rv.
Rhynchovola = Rcv.
Rhynchovolanthe = Rvt.
Rhynchovolitis = Rvl.
Rhynchumnia = Rcm.
Rhyncidlioda = Rhcd.
Rhyncleiserides = Rcr.
Rhyncorades = Rcd.
Rhyncovanda = Rvd.
Rhyncyclia = Rcy.
Rhyndenlia = Rdl.
Rhyndiranda = Rdn.
Rhyndoropsis = Rhdps.
Rhynelionitis = Rln.
Rhynitanthe = Rtt.
Rhynitis = Rhn.
Rhynochlioglossum = Rcg.
Rhynopsirea = Rns.
Rhynphalandopsis = Rpp.
Rhyntheconitis = Ryt.
Rhyntonleya = Rly.
Rhyntonossum = Rys.
Rhynvandopsis = Rpp.
Rhytionanthos = Rht.
Rhytiopetalum = Rtp.
Rhytoniglossum = Rtg.
Richardara = Ric.
Richardmizutaara = Rcmza.
Richardsonara = Rchna.
Ridleyara = Ridl.
Ridleyella = Ri.
Rimacola = Rim.
Risleya = Ris.
Rittershausenara = Rthn.
Robertrolfeara = Rtf.
Robertsara = Rbt.
Robicentrum = Rbc.
Robifinetia = Rbf.
Robinara = Rbnra.
Robinstevensara = Rsv.
Robiquetia = Rbq.
Robostylis = Rbst.
Roccaforteara = Rcfta.
Rodrassia = Rdssa.
Rodrenia = Ro.
Rodrettia = Rdtta.
Rodrettiopsis = Rdtps.
Robertrolfeara = Rtf.
Rodrichilus = Rdchs.
Rodricidium = Rdcm.
Rodridenia = Rden.
Rodriglossum = Rdgm.
Rodrigoa = Rgo.
Rodriguezia = Rdza.
Rodrigueziella = Rdzlla.
Rodrigueziopsis = Rz.
Rodrimesastele = Rms.
Rodriopsis = Rodps.
Rodritonia = Rdtna.
Rodroncidium = Rdc.
Rodrostele = Rdr.
Rodrostelettia = Rol.
Rodrostelidium = Rdo.
Rodrumnia = Rrm.
Roeblingara = Rob.
Roellkeara = Rlk.
Roeperocharis = Roe.
Roeziella = Rza.
Roezlara = Roz.
Rogersonara = Rna.
Rohrlara = Rhla.
Rolfeara = Rolf.
Rolfwilhelmara = Rwm.
Rollissonara = Rls.
Rongwuara = Rgw.
Ronmaunderara = Ron.
Ronnyara = Rnya.
Rosakirschara = Rskra.
Roseara = Rsra.
Rosscyrtodium = Rsy.
Rossimilmiltonia = Rsm.
Rossiochopsis = Rscp.
Rossioglossum = Ros.
Rossitolidium = Rsot.
Rossitonia = Rot.
Rossitoniopsis = Rsp.
Rossotoglossum = Rsg.
Rosstuckerara = Rsk.
Rothara = Roth.
Rothschildara = Rca.
Rothwellara = Rwl.
Rotorara = Rtra.
Rubellia = Rbl.
Rubenara = Rbn.
Rudolfiella = Rud.
Ruizara = Ruz.
Rumrillara = Rlla.
Rundleara = Run.
Ruppara = Rppa.
Rusbyella = Ru.

Russellara = Rsl.
Rydbergara =Ryg.
Saccanthera = Sac.
Saccoglossum = Sacc.
Saccolabiopsis = Slps.
Saccolabium = Slm.
Sacoila = Soi.
Sacolia = Scla.
Sagarikara = Sgka.
Sakabaara = Skba.
Sallyyeeara = Sya.
Salpistele = Sal.
Sanda = Snd.
Sander = Sa.
Sanderara = Sand.
Sanderella = San.
Sanjumeara = Sjma.
Saplalaara = Spla.
Sappanara = Sapp.
Sarcalaenopsis = Sar.
Sarcandides = Sdd.
Sarcanthopsis = Sarc.
Sarcanthus = Snths.
Sarcocadetia = Sdt.
Sarcocentrum = Srctm.
Sarcoceras = Scs.
Sarchochilanthe = Slh.
Sarcochilus = Sarco.
Sarcodirea = Sdl.
Sarcoglossum = Sglm.
Sarcoglottis = Srgt.
Sarcoglyphis = Sgps.
Sarcolexia = Slx.
Sarcomoanthus = Sran.
Sarconopsis = Srnps.
Sarcopapilionanda = Sla.
Sarcophyton = Spn.
Sarcopodium = Spd.
Sarcorhiza = Srza.
Sarcorhynchus = Sccs.
Sarcostachys = Srty.
Sarcoschistotylus = Schy.
Sarcostoma = Ssa.
Sarcothera = Srth.
Sarcovanda = Srv.
Saridestylis = Srdts.
Sarpariza = Spza.
Sartylis = Srts.
Sarvandopanthera = Svp.
Sarvandopsis = Svd.
Satorkis = Stk.
Satyridium = Srm.
Satyrium = Satm.
Sauledaara = Sdra.
Saundersia = Sau.
Sauroglossum = Sgsm.
Saurorhynchos = Saur.
Savageara = Svg.
Sayeria = Say.
Scaphingoa = Scg.
Scaphosepalum = Sppm.
Scaphyglottis = Scgl.
Scelcidumnia = Sld.
Scelochiloides = Sce.
Scelochilus = Scel.
Scelodium = Scd.
Sceloglossum = Sgl.
Scelonia = Sln.
Scelorettia = Slt.
Schafferara = Schfa.
Scheidweilerara = Sdw.
Schiedeella = Sdl.
Schiedella = Shda.
Schilligerara = Slga.
Schistotylus = Ssys.
Schizochilus = Szs.
Schizodium = Szdm.
Schlechterara = Sch.
Schlechterorchis = Sct.
Schlimmia = Schl.
Schloatara = Shl.
Schluckbleria = Skbl.
Schluckebrieria = Skb.
Schoenorchis = Sns.
Schombarthron = Sbr.
Schombavola = Smbv.
Schombletia = Sb.
Schombobrassavola = Sba.
Schombocatonia = Smbcna.
Schombocattleya = Smbc.
Schombocyclia = Sby.
Schombodiacrium = Smbdcm.
Schomboepidendrum = Smbep.
Schombolaelia = Smbl.
Schombolaeliocattleya = Scl.
Schombolaeliocyclia = Sbc.
Schombolaeliopsis = Smlp.
Schombonia = Smbna.
Schombonitis = Smbts.
Schombophila = Sbp.
Schombotonia = St.
Schomburgkia = Schom
Schomburgkio-Cattleya = Scho
Schomcatanthe = Scn..
Schomcattleya = Scc.
Schomcaulaelia = Sll.
Schomcaulattleya = Scty.
Schomechea = Smh.
Schomkeria = Skr.
Schomleycyclia = Smy.
Schomocattleya = Sco.
Schomrhyncattleya = Smr.
Schuitemania = Stm.
Schunkeara = Shk.
Schwartzkopffia = Ska.
Schweinfurthara = Swf.
Sciedeella = Sdla.
Scistotylus = Sci.
Scizochilus = Sciz.
Scleropteris = Slpt.
Sclimmia = Scli.
Scolnikara = Snk.
Scottara = Sctt.
Scullyara = Scu.
Scuticaria = Sca.
Seahexa = Sxa.
Sealara = Se.
Sedenara = Sedn.
Sedenfadenia = Sf.
Sedirea = Sed.
Sedirisia = Sdr.
Sediritinopis = Sedtp.
Sediropsis = Sdp.
Seegerara = See.
Segerara = Sgra.
Seibertara = Srr.
Seidenanda = Snn.
Seidenfadenara = Sef.
Seidenfadenia = Sei.
Seidenides = Sdn.
Selenipanthes = Selen.
Selenipedium = Sel.
Selenocypripedium = Scp.
Selenopanthes = Sele.
Senghasara = Sngs.
Sepalosaccus = Sep.
Sepalosiphon = Ssn.
Seraphrys = Sry.
Serapias = Srps.
Serapicamptis = Ser.
Serapirhiza = Sz.
Sergioara = Sgr.
Serpenticaulis = Srp.
Sertifera = Seert.
Severinara = Sev.
Sevillaara = Svl.
Sheehanara = Shn.
Sherriffara = Srf.
Shigeuraara = Shgra.
Shipmanara = Shipm.
Shiveara = Shva.
Sidranara = Sidr.
Siebertara = Sbt.
Siegeristara = Sgrt.
Sievekingia = Sie.
Sigmacidium = Sgdm.
Sigmatogyne = Sig.
Sigmatostalix = Sgmx.
Sigmettia = Sgmt.
Silpaprasertara = Silpa.
Silvorchis = Sil.
Simpliglottis = Sgt.
Singaporeara = Si.
Sinorchis = Sin.
Sirhookera = Sir.
Sirjeremiahara = Sjm.
Skeprostachys = Sk.
Skeptrostachys = Skp.
Sladeara = Slad.
Smithanthe = Smt.
Smithara = Sm.
Smithara (1972) = Smi.
Smithorchis = Smit.
Smithsonia = Ssna.
Smitinandia = Stda.
Sobennigraecum = Sbgcm.
Sobennikoffia = Sbk.
Sobraleya = So.
Sobralia = Sob.
Sobratilla = Sbl.
Sobrinoara = Sbn.
Solanderara = Slr.
Solenangis = Sole.
Solenidiopsis = Sdps.
Solenidium = Sdm.
Solenocentrum = Sctm.
Solonidium = Snm.
Sopharthron = Sot.
Sophcychea = Sha.
Sophleyclia = Spy.
Sophranthe = Srt.
Sophrattlia = Sprt.
Sophrobardendrum = Sbd.
Sophrobroanthe = Spb.
Sophrobroughtonia = Sop.
Sophrocatarthron = Scr.
Sophrocatcattleya = Shc.
Sophrocattleya = Sc.
Sophrocatlaelia = Sol.
Sophrocattlaelia = Srct.
Sophrocyclia = Scy.
Sophrogoa = Srg.
Sophrolaelia = Sl.
Sophrolaeliocattleya = Slc.
Sophrolaeliocyclia = Sly.
Sophrolaeliophila = Slp.
Sophroleya = Spl.
Sophronia = Sphr.
Sophronitella = Soph.
Sophronitis = S.
Sophrophila = Srl.
Sophroprosleya = Shy.
Sophrotes = Spt.
Sophrotheanthe = Spth.
Sophrothechea = Sht.
Sophrovola = Spv.
Soterosanthus = Sts.
Spathoglottis = Spa.
Spathophaius = Spp.
Specklinia = Spe.
Speculantha = Spc.
Sphyrarhynchus = Sph.
Sphyrastylis = Sss.
Spiculaea = Spi.
Spiessara = Sps.
Spilorhhiza = Spil.
Spiranthes = Spir.

Spongiola = Spo.
Spruceara = Spr.
Srisukara = Srka.
Staalara = Staal.
Stacyara = Stac.
Staffordara = Std.
Stalkya = Sak.
Stamariaara = Stmra.
Stamnorchis = Stn.
Stanbreea = Stb.
Stanfieldara = Sfdra.
Stangora = Stga.
Stanhocycnis = Stncn.
Stanhopea = Stan.
Stanhopeastrum = Shstrum.
Statterara = Sat.
Staurachnanthera = Sant.
Staurachnis = Sta.
Stauranda = Sr.
Staurandopsis = Sup.
Staurochilus = Src.
Staurochoglottis = Stgl.
Stauropsis = Sp.
Staurovanda = Sur.
Stearnara = Strn.
Stectophyllum = Spm.
Stelbophyllum = Stl.
Stelis = Ste.
Stellamizutaara = Stlma.
Stellilabium = Sbm.
Stellipogon = Stp.
Stenia = Sen.
Steniella = Stla.
Stenizella = Szl.
Stenobolusia = Snb.
Stenocoryne = Scye.
Stenodenella = Sno.
Stenoglottis = Sngl.
Stenolexia = Snx.
Stenopetella = Snp.
Stenopogon = Spg.
Stenoptera = Sna.
Stenorrhynchos = Strs.
Stenorrhynchus = Sten.
Stenosarcos = Stsc.
Stephanothelys = Shts.
Stephenara = Stph.
Stephenmonkhouseara = Stmk.
Stereochilus = Ster.
Stereosandra = Soda.
Steumpfleara = Spf.
Steveniella = Snla.
Stewartara = Stwt.
Stigmatodactylus = Sds.
Stigmatosema = Sti.
Stilbophyllum = Stlb.
Stilifolium = Stil.
Stolzia = Stol.
Stonia = Sto.
Stormara = Strm.
Stricklandara = Str.
Stylisanthe = Sy.
Suarezia = Sua.
Sudalycenaris = Syc.
Sudamerlycaste = Sud.
Sudamuloa = Sul.
Summerangis = Smg.
Summerhayesia = Sum.
Sunipia = Sun.
Susanperreiraara = Sprra.
Sutingara = Sut.
Suttonara = Stt.
Sutrina = Sra.
Svenkoelzia = Svk.
Swanara = Swn.
Sweetara = Sw.
Symmonsara = Syma.
Symphoglossum = Sg.
Symphodontioda = Sym.
Symphodontoglossum = Symp.
Symphodontonia = Sda.
Symphyglossonia = Syg.
Symphyglossum = Sgm.
Symphysepalum = Sspm.
Synanthes = Syn.
Synassa = Syna.
Systeloglossum = Sys.
Taeniochista = Tch.
Taeniophyllum = Tae.
Taeonirrhiza = Tnr.
Tainia = Tai.
Tainiopsis = Tin.
Takakiara = Tak.
Takulumena = Tkl.
Taleara = Tat.
Tanakara = Ta.
Tanara = Tanara
Tansirar = Tsr.
Tapeinoglossum = Tap.
Tapilinopsis = Tlp.
Taprachnis = Tpch.
Taprachthera = Tar.
Tapranda = Tpd.
Tapranthera = Tpr.
Tapranthopsis = Tph.
Taprenopsis = Tprn
Taprenvasndopsis = Trvp.
Taproanthe = Tpn.
Taprobanea = Tpb.
Tproglottis = Tpg.
Tapronopsis = Tpp.
Tapropapilanda = Tppd.
Tapropapilanthera = Tplt.
Taproparanthera = Tprp.
Taprophalanda = Tpln.
Taprotrichothera = Tpt.
Tapvandera = Tvr..
Tateara = Tat.
Taurantha = Tur.
Taurodium = Trd.
Teagueia = Tea.
Telidezia = Tdz.
Telipogon = Tp.
Telisterella = Tlt.
Templeara = Tem.
Teohara = Thra.
Tetrabaculum = Tbc.
Tetrabroughtanthe = Tbg.
Tetracattleya = Ttct.
Tetracyclia = Tcy.
Tetradiacrium = Ttdm.
Tetragamestus = Tet.
Tetrakeria = Ttka.
Tetralaelia = Tta.
Tetraliopsis = Ttps.
Tetrallia = Ttr.
Tetramicra = Ttma.
Tetrarthron = Ttt.
Tetrasychilis = Tyc.
Tetratonia = Tttna.
Tetronichilis = Trn.
Teuscheria = Teu.
Thaia = Tha.
Taiara = Th.
Thayerara = Thy.
Thecopus = The.
Thecostele = Tcs.
Thecostelopus = Ttp.
Thelasis = Tls.
Thelybaculum = Tlb.
Thelychiton = Tly.
Thelymitra = Thel.
Telypilis = Typ.
Thelyrillia = Tyr.
Thelyschista = Tca.
Thompsonara = Thmpa.
Thorntonara = Tho.
Thousarsara = Thr.
Thrixspermum = Tx.
Thulinia = Tla.
Thunia = Thu.
Thunilla = Tnl.
Thwaitesara = Thw.
Thysanoglossum = Tga.
Ticoglossum = Tic.
Tipularia = Tip.
Toladenia = Tld.
Tolassia = Tos.
Tolguezettia = Tgz.
Toloncettia = Tnc.
Toluandra = Tln.
Tolucentrum = Tun.
Toluglossum = Tgl.
Tolumnia = Tolu.
Tolumnopsis = Tmp.
Tolutonia = Tut.
Tomazanonia = Tmz.
Tomoderara = Tod.
Tomzanonia = Tom.
Townsonia = To.
Trachoma = Tra.
Trachypetalum = Trp.
Traunsteinera = T.
Trautara = Trta.
Trevorara = Trev.
Trevoria = Tre.
Treyeranara = Try.
Triaristella = Trl.
Trias = Trias
Triaspetalum = Tspt.
Triasphyllum = Tphm.
Triceratorhynchus = Tts.
Trichachnis = Tri.
Trichassia = Tss.
Trichocenilus = Tcn.
Trichocensiella = Ths.
Trichocentrum = Trt.
Trichoceros = Tc.
Trichochilus = Tchch.
Trichocidiphyllum = Tpy.
Trichocidium = Trcdm.
Trichocyrtocidium = Tyd.
Trichodezia = Tdza.
Trichoglottis = Trgl.
Trichonopsis = Trnps.
Trichopasia = Tric.
Trichopilia = Trpla.
Trichopogon = Tpgn.
Trichopsis = Trcps.
Trichorella = Trla.
Trichosalpinx = Tsx.
Trichosma = Tcm.
Trichostylis = Trst.
Trichotosia = Thta.
Trichovanda = Trcv.
Tricyrtochilum = Tyt.
Trichovanvanda = Tvv.
Tridactyle = Tr.
Trigolyca = Trgca.
Trigonidium = Trgdm.
Trilumna = Trimn.
Triodoncidium = Tcd.
Triphora = Trip.
Trisetella = Tris.
Trisuloara = Tsla.
Trizeuxis = Triz.
Trophianthus = Tphnt.
Tropidia = Tro.
Tropilis = Tpl.
Trudelia = Trud.
Trudelianda = Tru.
Tsaiara = Tsa.
Tsaiorchis = Ts.
Tsubotaara = Tst.
Tubaecum = Tbcm.
Tubecentron = Tct.
Tuberella = Tbl.
Tuberolabium = Tblm.

Tueroparaptoceras = Tpc.
***Tubilabium** = Tub.*
Tuckerara = Tuck.
Turnbowara = Tbwa.
Tunstillara = Tna.
Turnbowara = Tbwa.
***Tylochilus** = Tylo.*
***Tylostigma** = Ty.*
Tylostylis = Tyl.
***Uleiorchis** = U.*
Umlandara = Uml.
***Uncifera** = Un.*
Uptonara = Upta.
***Urochilus** = Urc.*
Urostachya = Uro.
Vacherotara = Vach.
Valinara = Val.
Vanachnochilus = Vacl.
Vanalstyneara = Vnsta.
Vananthopsis = Vtp.
Vanascochilus = Vnc.
Vancampe = Vcp.
Vanchosanthe = Vct.
***Vanda** = V.*
Vandachnanthe = Va.
Vandachnis = Vchns.
Vandachostylis = Van.
Vandacostylis = Vdcy.
Vandacopsis = Vp.
Vandaenopsis = Vdnps.
Vandaeranthes = Vths.
Vandanopsis = Vps.
Vandanthe = Vt.
Vandantherfella = Vdla.
Vandantherides = Vdr.
Vandarachnis = Vc.
Vandathera = Vth.
Vandewegheara = Vwga.
Vandirea = Vnd.
Vandofinetia = Vf.
Vandofinides = Vfds.
Vandoglossum = Vg.
Vandoglottanthe = Vgt.
Vandopirea = Vdp.
Vandopsides = Vdpsd.
***Vandopsis** = Vdps.*
Vandopsis (1931) = Vs.
Vandopsisvanda = Vv.
Vandoritis = Vdts.
Vanglossum = Vgm.
***Vanila** = Vl.*
Vanlaenoglottis = Veg
Vannerara = Vnr.
Vanphalanthe = Vpl.
Vanquetia = Vqt.
Vansteenisara = Ves.
Vantrichopsis = Vrp.
Vanstauropsis = Vsp.
Vasnschista = Vst.
Vanvanda = Vvd.

Vappaculum = Vapd.
***Vappodes** = Vap.*
Vargasara = Vrg.
***Vargasiella** = Var.*
Vascostylis = Vasco.
***Vasqueziella** = Vas.*
Vaughnara = Vnra.
Vejvarutara = Vja.
Veraara = Vrr.
Veramayara = Vrm.
Vervaetara = Ver.
***Vexillabium** = Vex.*
***Veyretella** = Vey.*
***Veyretia** = Vyr.*
Vicentelara = Vnt.
***Vieillardorchis** = Vie.*
Vinckeara = Vnk.
Viraphandhuara = Vpda.
Vitebrassonia = Vrs.
Vitechilum = Vtl.
Vitecidium = Vtc.
***Vitekorchis** = Vit.*
Volkertara = Vkt.
Vonbismarchara = Vbm.
***Vrydagzynea** = Vry.*
Vuylsteckeara = Vuylck.
Vuylstekeara = Vuyl.
Waczebardia = Wzb.
Waibengara = Wai.
Wailaiara = Wlra.
Wailaihowara = Wll.
***Waireia** = Wre.*
Waironara = Wrna.
Waiyengara = Wyg.
Wallbrunnara = Wlb.
Warburtonara = Wba.
Warcatardia = Wtd.
Warchaubeanthes =Whb.
Warchlerhyncha =Wcy.
Warczatoria = Wzt.
Warczerhyncha = Wzr.
Warczewiczella = Wcz.
Warczewscaphe = Wws.
***Warmingia** = Wa.*
Warneara = Wnra.
***Warrea** = Wra.*
***Warreela** = War.*
***Warreopsia** = Warp.*
Warscatoranthes = Wtr.
***Warscewiczella** = W.*
Warszewiczara = Wwz.
Watsonara = Wts.
Weberbauerara = Wbb.
Wellesleyara = Wel.
Wengangara = Wgg.
Westara = Wsta.
Whitinara = Whi.
Whitmoorara = Wmr.
Wiganara = Wig.
Wilburchangara = Wbg.

Wilburchangara = Wbchg.
Wilhelmara = Whm.
Wiliaara = Wil.
Wilkara = Wlk.
Wilkinsara = Wknsra.
Williamara = Wlm.
Williamcookara = Wll.
Williampriceara = Wmp.
Williamsara = Wls.
Willihow a e a = Whw.
Wilsonara = Wils.
Wingfieldara = Wgfa.
Winnara = Win.
Wiseara = Wse.
Withnerara = With.
Wooara = Woo.
Woodwardara = Wdwa.
Wrefordara = Wr.
Wrigleyara = Wrg.
***Wullschlaegelia** = Wu.*
Wuttiphanara = Wut.
Xaritonia = Xar.
***Xenikophyton** = X.*
***Xerorchis** = Xe.*
Xerriara = Xra.
Xiphosium = Xip.
***Xylobium** = Xyl.*
Yahiroara = Yhra.
Yamadaara = Yam.
Yamadara = Yamad.
Yapara = Yap.
Yeeara = Yra.
Yeepengara = Ypga.
Yeohbookara = Ybk.
Yinmunara = Ymn.
Yinwaiara = Yin.
Yithoeara = Yit.
***Yoania** = Y.*
Yoneoara = Ynra.
Yonezawaara = Yzwr.
Youngyouthara = Ygt.
Ypsilactyle = Ypt.
***Ypsilopus** = Yp.*
Yusofara = Ysfra.
Zelawillumnia = Zwn.
Zelemnia = Zlm.
Zelenchilum = Zlc.
Zelenchostele = Zcs.
Zelencidiostele = Zct.
Zelenettia = Znt.
Zelengomestele = Zgs.
***Zelenkoa** = Zel.*
Zelenkoara = Zka.
Zelenkocidium = Zed.
Zelglossoda = Zgd.
Zellahuntanthes = Zht.
Zellencidopsis = Zdp.
Zelomguezia = Zmg.
Zeloncidesa = Zds.
Zeltonossum = Zts.

Zelumguezia = Zgz.
Zelyrtodium = Zyd.
***Zetagyne** = Zc.*
***Zeuxine** = Zeu.*
***Zootrophion** = Zo.*
Zygobardia = Zbd.
Ztgobatemania = Zbt.
Zygobatemannia = Zbm.
Zygocalyx = Zyo.
Zygocaste = Zcst.
Zygocastuloa = Zcl.
Zygocella = Zcla.
Ztgocidium = Zy.
Zygocolax = Zcx.
Zygodendrum = Zyg.
Zygodisanthus = Zdsnth.
Zygogardmannia = Zgm.
Zygolax = Zgx.
Zygolum = Zglm.
Zygomatophyllum = Zmt.
Zygomena = Zma.
Zygomenzella = Zmz.
Zygoneria = Zga.
Zygoncidesa = Zgc.
Zygonisatoria = Zsr.
Zygonisia = Zns.
Zygopabstia = Zba.
***Zygopetalum** = Z.*
Zygophinia = Zpn.
Zygorhyncha = Zcha.
Zygoscaphe = Zcp.
***Zygosepalum** = Zspm.*
Zygosepella = Zsp.
Zygosepescalum = Zsc.
***Zygostates** = Zyt.*
Zigosteria = Zst.
Zygostylis = Zsts.
Zygotorea = Zgt.
Zygowarrea = Zwr.
Zygozella = Zzl.
***Zylobium** = Zyl.*

ALPHABETICAL LIST OF STANDARD ABBREVIATIONS OF ALL GENERIC NAMES

(Natural Genus are shown by Bold)

A. = Aceras
Aa. = ***Aa***
Aac. = Aerachnochilus
Ab. = ***Abaxianthus***
Aba. = ***Ambrella***
Abd. = ***Abdominea***
Abr. = Aberrantia
Abt. = Anabaranthe
Ac. = ***Acacallis***
Aca. = ***Acanthephippium***
Acba = Acinbreea
Acc. = Ascocampe
Acch. = Ascocentrochilus
Acd. = Ascocleiserides
Acdp. = Aspacidopsis
Ach = Aschersonara
Ache. = Anocheile
Aci. = ***Acianthus***
Acia. = ***Acianthera***
Acid. = Aspacidostele
Acip. = Ancipitia
Acn. = ***Acineta***
Aco. = ***Acoridium***
Acp. = ***Acampe***
Acpt. = Acapetalum
Acr. = ***Acriopsis***
Acro. = Acropera
Acs. = ***Ascochilopsis***
Act. = Arachnocentron
Acw. = Aberconwayara
Acy. = Acampostylis
Ad. = ***Adenochilus***
Ada. = ***Ada***
Adc. = Armandacentrum
Adcm. = Adacidium
Add. = Andascodenia
Ade. = ***Adenoncos***
Adg. = Adacidiglossum
Adgm. = Adaglossum
Adh. = Adachilum
Adk. = Andrewckara
Adl. = ***Adelopetalum***
Adm. = Adamara
Adn. = ***Adamantinia***
Ado. = Adioda
Adog. = Adoglossum
Adps. = Adapasia
Adr. = ***Adrorhizon***
Ads. = Aeridostachya
Adt. = ***Andreettaea***
Aea. = Appletonara
Aed. = Aeridachnanthe
Aegts. = Aeridoglottis
Ael. = ***Areldia***
Aem. = Aeridolabium
Aen. = ***Aenhenrya***

Aer. = ***Aerides***
Aerchs. = Aeridochilus
Aerctm = Aeridocentrum
Aerdns. = Aeridachnis
Aerdts. = Aeriditis
Aerf. = Aeridofinetia
Aergm. = Aeridoglossum
Aergs = ***Aerangis***
Aero. = Aerovanda
Aerps. = Aeridopsis
Aersa. = Aeridisia
Aerth. = ***Aeranthes***
Aervsa. = Aeridovanisia
Aes. = Aeridostylis
Aescta. = Aerasconetia
Aet. = Aeridanthe
Afd. =. Ascofadanda
Ag. = ***Aglossorhyncha***
Aga. = ***Amphigena***
Agcp. = Angraeconopsis
Agd. = Angida
Agl. = Angellea
Agm. = ***Anthogonium***
Agn. = ***Aganisia***
Ago. = ***Angraecopsis***
Agr. = ***Agrostophyllum***
Agsp. = Agasepalum
Agsta. = Ascogastisia
Agt. = Aganopeste
Agths. = Agananthes
Agu. = Arguellesara
Agubatas = Agubata
Agwa. = Alangreatwoodara
Agx. = Aganax
Agy. = Argyrorchis
Agz. = Anagymnorhiza
Ah. = Acerasherminium
Ahl. = Anacheilium
Aip. = Aciopea
Aitk. = Aitkenara
Akm. = ***Ackermania***
Akr. = Ankersmitara
Aks. = Ackersteinia
Al. = ***Alamania***
Albm = ***Ascolabium***
Alc. = Alcockara
Alcra. = Aliceara
Ald. = Ascoralda
All. = Aganella
Alla. = Antilla
Alm. = Aspaleomnia
Aln. = Allioniara
Alna. = Allenara
Alph. = Alphonsoara
Alr. = Angularia
Als. = ***Antillanorchis***

Alt. = ***Altensteinia***
Alv. = Alvisia
Alxra. = Alexanderara
Alz. = ***Auliza***
Am. = Amesangis
Amal. = Amalia
Amals. = Amalias
Amb. = ***Amblostoma***
Amtg. = Anamantoglossum
Ame. = ***Amesiella***
Amg. = Ampliglossum
Ami. = ***Amitostigma***
Aml. = Amesilabium
Amm. = ***Armodorum***
Amn. = Amernopsis
Amp. = ***Amparoa***
Amph. = Amphiglottis
Ams. = Amesara
An. = Anacamptiplantanthera
Ana. = Anacamptorchis
Anat. = ***Anahtallis***
Anb. = Anabarlia
Anc. = ***Ancistrochilus***
Anch. = ***Arachnorchis***
Anci. = ***Ancistrorhynchus***
Anct. = ***Anoectochilus***
Anctma. = Anoectomaria
Ancyth. = Angraecyrtanthes
And. = ***Androchilus***
Andi. = ***Andinia***
Andr. = ***Androcorys***
Andre. = Andreara
Andw. = Andrewara
Ane. = ***Arachnanthe***
Ang. = ***Anguloa***
Angchs. = Angraeorchis
Angcm. = ***Angraecum***
Angcst. = Angulocaste
Angctm. = Angraecentrum
Angnla. = Angraeoniella
Angrs. = Angrangis
Angsts. = Angraecostylis
Angth. = Angranthes
Angtla = Angranthellea
Anh. = Ancistrolanthe
Ani. = ***Ania***
Ank. = Anikaara
Ann. = ***Anneliesia***
Ano. = Anoectogoodyera
Anoc. = ***Anochilus***
Anota = Anota
Anr. = Antheranthe
Ans. = Adoncostele
Ant. = ***Anacamptis***
Antg. = Antheglottis

Anth. = Anthechostylis
Ao. = ***Aceratorchis***
Ao9e. = Aeroeonia
Aor. = ***Aorchis***
Aos. = ***Amerorchis***
Ap. = ***Aporopsis***
Apa. = ***Acrolophia***
Apd. = Acampodorum
Apg. = Aspidogyne
Aph. = ***Aphyllorchis***
Apk. = Anaphorkis
Apk. = Anophorkis
Apl. = ***Aplectrum***
Apm. = Aspomesa
Apn. = Ascoparanthera
Apo. = Aspasiopsis
Apor. = ***Aporostylis***
App. = ***Appendicula***
Apr. = ***Apoda-prorepentia***
Aps. = Arachnopsirea
Apz. = Aspezia
Ar. = ***Arundina***
Ara. = Arachnadenia
Arach. = ***Arachnis***
Aran. = Arandanthe
Aranda = Aranda
Arc. = ***Aracamunia***
Arch. = ***Archineottia***
Arcp. = Aracampe
Ard. = Armanda
Ards. = Aeridsonia
Are. = Andreettara
Aret = ***Arethusa***
Arg. = Aerangaeris
Argt. = Aeranganthes
Arh. = Arthrochilium
Ari. = Aristotleara
Ariz. = Arizara
Arl. = Armochilus
Arm. = Armodachnis
Arn. = ***Arnottia***
Arnc. = Arachnochilus
Arngl. = Arachnoglottis
Arngm. = Arachnoglossum
Arnps. = Arachnopsis
Arnst. = Arachnostylis
Arnth. = Aranthera
Aro. = Acronia
Arp. = Ascorhynnopsis
Arpo. = ***Arpophyllum***
Arr. = ***Acrorchis***
Art. = Armocentron
Arth. = ***Arthrochilus***
Arto. = ***Artorima***
Aru. = Arthurara
As. = Ascodenia

6章 ラン科植物学名リスト～ALPHABETICAL ONE-TABLE LISTより

標準略称 ⬇ 属名

Asa. = **Acostaea**
Asc. = *Ascorella*
Ascda = *Ascocenda*
Ascdps. = *Ascandopsis*
Ascf. = *Ascofinetia*
Ascgm. = **Ascoglossum**
Asci. = **Ascidieria**
Ascln. = *Ascocleinetia*
Ascns. = *Ascorachnis*
Ascps. = *Asconopsis*
Asctm. = **Ascocentrum**
Asdm. = *Ansidium*
Asg. = *Anselangis*
Asgts. = *Ascoglottis*
Ash. = *Ashworthara*
Asid. = *Aspioda*
Asl. = *Aspostele*
Aslla. = **Ansellia**
Asn. = **Anthosiphon**
Asnc. = *Ascorenanthochilus*
Aso. = *Aspopsis*
Asp. = **Aspasia**
Aspd. = *Aspodonia*
Aspgm. = *Aspoglossum*
Aspl. = *Asplundara*
Aspsm. = *Aspasium*
Asr. = *Asarca*
Ass. = **Aulostylis**
Ast. = *Australia*
Astp. = *Ancistrophaius*
Asvts. = *Ascovandoritis*
Ata. = **Apostasia**
Atc. = *Alantuckerara*
Atd. = *Anoectodes*
Aten = **Anthereon**
Atg. = *Alatiglossum*
Ath. = *Athertonara*
Athe. = *Aeridopsisanthe*
Atm. = *Ascostomanda.*
Atn. = *Ashtonara*
Ato. = **Atopoglossum**
Atom. = *Aeristomanda*
Au. = **Australorchis**
Aul. = **Aulosepalum**
Av. = *Aeridovanda*
Ayb. = *Ayubara*
Ayp. = *Ansecymphyllum*
Avd. = *Ascovandanthe*
Ax. = **Auxopus**
Ayb. = *Ayubara*
Ayd = *Anglyda*
Az. = **Azzdehdelia**
B. = **Brassavola**
Ba. = **Barlia**
Bac. = *Barclia*
Bak. = *Bakerara*
Ban. = *Barnesara*
Bapt = **Baptistonia**
Bar. = *Barkidendrum*
Barb. = **Barbosella**
Bard. = *Bardendrum*
Bark. = **Barkeria**

Bart. = **Bartholina**
Bas. = **Basiphyllaea**
Bba. = *Briggs-Buryara*
Bbd. = **Barbrodria**
Bbr. = *Bulborobium*
Bbra. = *Barbosaara*
Bby. = *Bolbicymbidium*
Bc. = *Brassocattleya*
Bca. = *Bolleochondrorhyncha*
Bcd. = *Brascidostele*
Bch. = *Brasiliorchis*
Bck. = *Buckmanara*
Bcl. = *Brassocatlaelia*
Bcn. = *Brassacathron*
Bcp. = *Brassoncidopsis*
Bcs. = **Brachycorythis**
Bct. = *Brassocatanthe*
Bda. = **Beadiea**
Bdia. = *Brassodiacrium*
Bdm. = *Brassidomesa*
Bdra. = *Beardara*
Bdt. = *Brasadastele*
Bdwna. = *Baldwinara*
Bec. = **Beclardia**
Beg. = *Belgeara*
Bek. = *Beranekara*
Bel. = **Beloglottis**
Ben. = *Benthamara*
Bent. = **Benthamia**
Bepi. = *Brassoepidendrum*
Ber. = *Bertara*
Bfa. = *Bifrinlaria*
Bfsa. = **Bifranisia**
Bg. = **Blephariglottis**
Bgd. = *Bogardara*
Bge. = **Basigyne**
Bgn. = *Bronmgniartara*
Bhm. = *Bhumipollara*
Bhu. = **Bhutanthera**
Bi. = *Bifrillaria*
Bic. = **Bicchia**
Bid. = *Binotioda*
Bie. = **Biermannia**
Bif. = **Bifrenaria**
Bifdm. = *Bifrenidium*
Bifla. = *Bifreniella*
Bifrenl. = *Bifrenlaria*
Bil. = *Brapilia*
Bilt. = *Biltonara*
Bin. = **Binotia**
Bip. = **Bipinnula**
Blr. = *Blumeara*
Bish. = *Bishopara*
Bit. = *Brossitonia*
Bka. = *Backhouseara*
Bkch. = *Bokchoonara*
Bkl. = *Berkeleyara*
Bkm. = *Barkorima*
Bkn. = *Barkeranthe*
Bknts. = *Barkonitis*
Bkt. = *Barcatanthe*

Bktra. = *Burkhardtara*
Bkw. = *Burkinshawara*
Bl. = *Brassolaelia*
Bla. = *Brasso-Cattleya-Laelia*
Blc. = *Brassolaeliocattleya*
Bld. = **Bolbidium**
Ble. = **Bletilla**
Ble. = *Bletilla*
Blet. = *Bleteleorchis*
Blf. = *Balfourara*
Blga. = *Balaguerara*
Blgts. = *Bletiaglottis*
Blk. = *Balenkezia*
Blkr. = *Blackara*
Bll. = *Brasilaelia*
Bllra. = *Beallara*
Blm. = *Balmeara*
Blma. = *Bloomara*
Bln. = *Ballantineara*
Blp. = **Blepharochilum**
Blpr. = *Brassolaeliophila*
Blptm. = *Bollopetalum*
Blt. = *Brolaelianthe*
Blth. = *Bolleanthes*
Blu. = *Bleuara*
Bly. = *Brasilocycnis*
Bma. = **Braemia**
Bmc. = *Brassomicra*
Bme. = *Braparmesa*
Bmnra. = *Baumannara*
Bms. = *Bramesa*
Bmt. = *Bramitumnia*
Bnc. = *Bunochilus*
Bnf. = *Bohnhoffara*
Bnfd. = *Banfieldara*
Bnp. = *Bonplandara*
Bnr. = *Baraniara*
Bns. = *Bensteinia*
Bnt. = **Bonatea**
Bnts. = *Brassophronitis*
Bny. = *Bilneyara*
Bo. = **Bouletia**
Boc. = *Brolarchilis*
Bog. = **Bogoria**
Boh. = *Bohnhofara*
Bol. = **Bollea**
Bolu. = **Bolusiella**
Bon. = *Boelanara*
Bonn. = **Bonniera**
Boo. = *Bootara*
Bop. = *Bolleoscaphe*
Bor. = *Borwickara*
Bos. = *Barlorchis*
Bot. = **Bothriochilus**
Bov. = *Bovornara*
Bow. = *Bowringara*
Bpa. = **Brachypeza**
Bpc. = *Brapacidium*
Bpd. = *Baptioda*
Bpgm. = *Baptistoglossum*
Bph. = *Brassophila*
Bpl. = *Brassoepilaelia*

Bpm. = **Bracisepalum**
Bpr. = *Bennett-Poeara*
Bpt. = *Baptiguezia*
Bq. = *Bradriquezia*
Br. = *Brassonotis*
Bra. = *Bergmanara*
Bra. = **Brachtia**
Brac = **Braassiella**
Brac. = **Brachionidium**
Brade. = *Bradeara*
Brap. = *Brapasia*
Brat. = *Bratonia*
Brc. = *Brassavola-cattleya*
Brchs. = *Brassochilus*
Brd. = *Bradshawara*
Bre. = **Brenesia**
Brgs. = *Barangis*
Brh. = *Brolaephila*
Bri. = **Briegeria**
Brlda. = *Brilliandeara*
Brln. = *Berlinearara*
Brm. = *Bromecanthe*
Brmb. = **Barombia**
Brn. = *Brianara*
Bro. = **Broughtonia**
Broda. = *Brassioda*
Brom. = **Bromheadia**
Brp. = *Brassopsis*
Brs. = **Brassia**
Brsa. = *Brassada*
Brsdm. = *Brassidium*
Brsv. = *Brassavolaelia*
Brsk. = *Brassokeria*
Brt. = *Brasicattleya*
Brum. = *Brummittara*
Bry. = *Barkronleya*
Bsctt. = *Brassocattlaelia*
Bsd. = *Brasilidium*
Bse. = **Brachystele**
Bsh. = *Brasophonia*
Bsl. = *Brasophrolia*
Bslc. = *Brassosophrolaeliocattleya*
Bsn. = *Brassanthe*
Bsp. = *Brassophranthe*
Bss. = *Brassochilum*
Bssd. = *Brassidiocentrum*
Bst. = *Brassostele*
Bstna. = *Brassotonia*
Bsy. = *Brassoleya*
Bt. = *Broughtopsis*
Bta. = *Benthamara (1974)*
Btc. = *Baptichilum*
Btcm = *Bapticidium*
Btd. = *Bletundina*
Bti. = **Bletia**
Btk. = *aptikoa*
Btl. = *Brassattlia*
Btmna. = **Batemannia**
Btmna. = *Batemannia*
Btst. = *Bateostylis*
Btt. = *Bartlettara*

Btta. = Baptirettia
Btv. = Broanthevola
Btz. = Bleitzara
Bu. = **Buchtienia**
Bue. = **Buesiella**
Bui. = Buiara
Bul. = Bullara
Bulb. = **Bulbophyllum**
Bur. = **Burnettia**
Burk. = Burkillara
Burr. = Burrageara
Bv. = Brassovolaelia
Bva. = **Baskervilla**
Bvl. = Baravolia
Bwna. = Brownara
Bya. = **Bulleyia**
Byb. = **Bryobium**
Bym. = Brymerara
Byp. = Bryopinalia
Bys. = Buyssonara
Bza. = **Benzingia**
Bz. = Bradriquezia
C. = **Cattleya**
Cad. = **Cadetia**
Cae. = Charlesara
Cag. = Catamangis
Cal. = **Calanthe**
Calda. = **Caladenia**
Call. = **Callostylis**
Calsd. = Calassodia
Calu. = **Caluera**
Caly. = **Calymmanthera**
Cam. = Campanulorchis
Can. = **Calaeonitis**
Cap. = **Capanemia**
Car. = Carrara
Card. = **Cardiochilos**
Carn. = Carenidium
Cas. = Cattlassia
Cat. = Cataleria
Cau. = **Caularthron**
Cauc. = **Caucaea**
Cay. = Clayara
Cb. = **Cybebus**
Cba. = Chamberlainara
Cbcs. = **Corymborchis**
Cbd. = Caulbardebdrum
Cbg. = **Cymbiglossum**
Cbgl. = Cymboglossum
Cbks. = **Corymborkis**
Cbn. = Cymbidinaea
Cbp. = Cymbipetalum
Cbs. = **Corybas**
Cbt. = Cymbiliorchis
Cbz. = Chaubewiczella
Cca. = **Cyanicula**
Ccc. = Coccinoglottis
Cccst. = Cochlecaste
Ccd. = Caucidium
Cch. = Cochlicidichilum
Ccl. = Cochlumnia
Cclna. = Cochlenia
Ccls. = **Chitonchilus**
Ccm. = Cypercymbidium
Ccp. = Cochloncopsis
Ccptm. = Cochlepetalum
Ccr. = Cochardia
Ccs. = **Cryptochilus**
Cct. = Cycatonia
Cctm. = **Campylocentrum**
Ccw. = Cischweinidium
Ccz. = Cochlezia
Cd. = Clomodes
Cda. = **Cochlioda**
Cdc. = Cauldenclia
Cdg. = Cuitliodaglossum
Cdm. = Cattleyodendrum
Cdn. = Cymbidimangis
Cdp. = Cochliodopsis
Cds. = **Chondroscaphe**
Cdths. = Chondranthes
Cdu. = Cyrtoncidumnia
Cdw = Chadwickara
Ce. = **Cepobaculum**
Cen. = **Centroglossa**
Cent. = **Centrostigma**
Ceph. = **Cephalanthera**
Ceps. = **Cephalantheropsis**
Cer. = **Ceratobium**
Cera. = **Ceratandra**
Cerato. = **Ceratochilus** Lindl.
Ces. = Cleisanda
Cet. = Caucaerettia
Cey. = Chelyopsis
Cg. = **Cordiglottis**
Cga. = **Coeloglossgymnadenia**
Cgh. = Cloughara
Cgl. = Cyrtoglossum
Cgm. = **Chrysoglossum**
Cgn. = Cycgalenodes
Cgna. = **Changnienia**
Cgp. = Cyrtomangophyllum
Cgt. = **Cyrtoglottis**
Cgv. = Chlorogavilea
Cgy. = Claudegayara
Ch. = **Chaseella**
Cha. = Charlesworthara
Chae. = **Chaenanthe**
Cham. = Chamodenia
Charl. = Charlieara
Charli. = Charleswothiara
Chau. = **Chaubardia**
Chbl. = **Chaubardiella**
Chbth. = Chaubardianthes
Chctm. = Chilocentrum
Chd. = Chelycidium
Chdb. = Chondrobollea
Chdrh. = **Chondrorhyncha**
Che. = **Cheiradenia**
Chei. = **Cheirorchis**
Chen. = Chenianara
Chew. = Chewara
Chg. = **Chamaegastrodia**
Chi. = Chinheongara
Chil. = **Chiloglottis**
Chit. = **Chitonanthera**
Chl. = **Chloraea**
Chla. = Cochella
Chlo. = **Chlorosa**
Chlt. = Chyletia
Chm. = **Chamorchis**
Chn. = Christenstylis
Chnya. = Chuanyenara
Cho. = Chondropetalum
Chon. = **Chndadenia**
Chp. = Cephalophrys
Chpa. = Cirrhopea
Chr. = **Chroniopchilus**
Chra. = Charleswortheara
Chri. = **Christensonia**
Chrt. = Chrisanthera
Chry. = **Chrysocycnis**
Chs. = **Cyphochilus**
Chsch. = **Chiloschista**
Cht. = **Chromatotriccum**
Chtn. = Chuatianara
Chtra. = Christieara
Chy. = **Chysis**
Chyt. = **Chytrolossa**
Chz. = Cahuzacara
Cid. = Cuitlioda
Cil. = Cyrtocidistele
Cirr. = Cirrhopetalum
Cisch. = **Cischweinfia**
Cit. = Cochlistele
Cka. = Cattkeria
Ckp. = Charlesknappara
Ckr. = Caulkeria
Cl. = **Clowesia**
Cla. = **Caleana**
Clad. = **Claderia**
Clbm. = **Cotylolabium**
Clchs. = **Calochilus**
Clclp. = Cleisocalpa
Clctn. = **Cleisocentron**
Clc. = Calnorchis
Cld. = Cyclodes
Cldn. = **Chauliodon**
Cle. = **Cleisomeria**
Cleis. = **Cleisostoma**
Clem. = **Clematepistephium**
Clfta. = Cleisofinetia
Clg. = Carolineleongara
Cli. = Cleisostylanda
Clk. = Caulaeliokeria
Clka. = Clarkeara
Cll. = Caulaelia
Clm. = Clomophyllum
Cln. = **Cypholoron**
Clnps. = Cleisonopsis
Clo. = Clowesetum
Clp. = **Coeliopsis**
Clps. = Cauliopsis
Clq. = Cleisoquetia
Clr. = Cyrtollaria
Cls. = **Cleistes**
Clsd. = Cleisodes
Clsl. = Cochlesteinella
Clspa. = Cleisopera
Clsty. = Cleisostylis
Clt. = Caularstedella
Cltha. = Cleisotheria
Clts. = Caloarethus
Clty. = Caulocattleya
Clv. = Caulavola
Clw. = Clowenoches
Clx. = **Colax**
Cly. = **Chelyorchis**
Cmd. = **Camaridium**
Cmg. = **Chamaeangis**
Cml. = Cymbisellia
Cmm. = Commersonara
Cmpba. = Cambellara
Cmr. = Comparumnia
Cms. = **Chamaeanthus**
Cmt. = **Camarotis**
Cmta. = Calomitra
Cnc. = Catminichea
Cnd. = Corydandra
Cng. = Changara
Cnl. = **Centropetalum**
Cnn. = **Cannaeorchis**
Cnp. = Cycnophyllum
Cnph. = Caultoniophila
Cnr. = Cyanthera
Cnt. = Constanciaara
Cnths. = **Cochleanthes**
Cny. = Cautonleya
Cnz. = Cannazzaroara
Co. = **Coeloglossum**
Coa. = Corningara
Coc. = **Coccineorchis**
Cod. = **Codonorchis**
Code. = Cyrtidibtisteke
Codo. = **Codonosiphon**
Coel. = **Coelogyne**
Coeln. = Coeleione
Coh. = **Cohniella**
Coi. = **Coilochilus**
Coil. = **Coilostylis**
Cok. = Cooksonara
Col. = Collierara
Cole. = Coleara
Coll. = **Collabium**
Colm. = Colmanara
Colta. = Cochleottia
Com. = **Comperia**
Comp. = **Comparettia**
Cond. = **Condylago**
Conph. = Conphronitis
Const. = **Constantia**
Cook. = Cookara
Cop. = Cyrtoncidopsis
Cor. = **Corallorrhiza**
Corr. = Correvonia

Cort. = Correllara
Cory. = **Corycium**
Cos. = Cochlesepalum
Cot. = **Cottonia**
Cow. = Cowperara
Cox = Cogniauxara
Cp. = Calanthidio-preptanthe
Cpa. = Cappeara
Cpas. = Cyrtopasia
Cpg. = **Calopogon**
Cpgn. = **Chilopogon**
Cph. = Cephalorhiza
Cpm. = **Caliptrochilum**
Cpp. = **Coppensia**
Cpps. = **Cryptopylos**
Cpr. = Ceporillia
Cps. = Chrisnopsis
Cpso. = **Calypso**
Cpt. = Calopotilla
Cptn. = **Chamelophyton**
Cptra. = Carpenterara
Cpts. = Cephalopactis
Cpz. = Compelenzia
Cr. = **Ceraia**
Cra. = **Cirrhaea**
Cran. = **Cranichis**
Craw. = Crawshayara
Crb. = Corbettara
Crc. = Christocentrum
Crd. = Coronadoara
Crdc. = Cyrtodontocidium
Cre. = **Cremastra**
Crg. = **Crangonorchis**
Crgm. = Ceratograecum
Crhpa. = Coryhopea
Cri. = **Cribbia**
Crl. = Cyrtolioda
Crml. = Carmichaelara
Crn. = Cyrtoniopsis
Crp. = **Carparomorchis**
Crphm. = **Cirrhophyllum**
Crs = Cyrassostele
Crt. = **Cyrtochiloides**
Crths. = **Coryanthes**
Crtn. = **Ceratocentron**
Crv. = Cravenara
Cry. = **Crybe**
Cryp. = **Cryptophoranthus**
Crypt. = **Cryptopus**
Crz. = Cyrtozia
Cs. = **Cheirostylis**
Csa. = **Chusua**
Csct. = Cleiscocentrum
Csd. = Cyrtobrassidium
Cse. = **Chelonistele**
Csg. = Chilosimpliglottis
Csl. = Ceratosiella
Csn. = Chrisanda
Csp. = Cochloscaphe
Csr. = Casoara
Css = **Ceratostylis**
Cst. = **Cleisostomopsis**
Cstx. = Cischostalix
Csy. = **Cryptostylis**
Ctc. = Catcattleyella
Ctcm. = **Cryptocentrum**
Ctcs. = **Ceratochilus**
Ctd. = Cyrtocidium
Ctdm. = **Cytidium**
Cte. = **Cattleyella**
Ctea. = Cyrtonaea
Ctg. = **Centrogenium**
Ctgo. =Cyrtogomestele
Ctgs. = Comptoglossum
Cth. = **Cryptarrhena**
Cti. = **Cyrtidium**
Ctll. = Catcaullia
Ctm. = **Calanthidium**
Ctmds. = Catamodes
Ctn. = Cuitlumnia
Ctna. = Cattleytonia
Ctnchs. = Catanoches
Cto. = **Cyrtidiorchis**
Ctp. = Calanthophaius
Ctpga. = Cattleyopsisgoa
Ctph. = Cattoniphila
Ctps. = **Cattleyopsis**
Ctpsta. = Cattleyopsistonia
Ctra. = Carterara
Ctsa. = **Cyrtosia**
Ctsda. = Catasandra
Ctsl. = Catasellia
Ctsm. = **Catasetum**
Ctt. = Cattlianthe
Cttrn. = Cattleyodendron
Ctts. = Cattotes
Ctu. = Cyrtumnia
Cty. = Catyclia
Ctyh. = Cattleychea
Ctyl. = Catcylaelia
Cu. = **Cuitlauzina**
Cuc. = Cyrtocaucaea
Cud. = Cuitlacidium
Cul. = Caultonia
Cum. = Cucumeria
Cun. = Cauleytonia
Cup. = Caulophila
Cus. = Cauchostele
Cut. = Caulrianitis
Cuv. = Caulrianvola
Cva. = Cattleyovola
Cvd. = Cleisovanda
Cwl. = Clowsellia
Cwr. = Cloweandra
Cws. = Clowesetenaea
Cwt. = Carlwithnerara
Cy. = **Cyperorchis**
Cya. = **Cyanaeorchis**
Cybs. = Cyrtobrassonia
Cyc. = **Cycnoches**
Cycd. = Cycnodes
Cycda. = Cycnandra
Cycl. = **Cyclopogon**
Cyd. = Cyperocymbidium
Cydn. = Cyrtodenia
Cye. = Cyrtostele
Cyh. = Chelychocentrum
Cyi. = Cattychilis
Cyl. = Cycleria
Cyln. = Cylindrolobus
Cym. = **Cymbidium**
Cymla. = **Cymbidiella**
Cymph. = Cymphiella
Cymst. = Cymasetum
Cyn. = **Cynorkis**
Cyor. = **Cystorchis**
Cyp. = **Cypripedium**
Cyr. = **Cyrtochilum**
Cyrt. = **Cyrtopodium**
Cyrtcs. = **Cyrtorchis**
Cyrtl. = Cyrtellia
Cys. = Cysepedium
Cysl. = Cycsellia
Cyst. = **Cyrtostylis**
Cyt. = **Coryanthes**
Cyy. = Cattleychytonia
Cyz. = Cyrtolauzina
Czl. = Cochlezella
D. = Dactylanthera
Dact. = **Dactylorhiza**
Dam. = Dactyloglossum
Dar. = Darwinara
Datrr. = Dactylorrhiza
Dbm. = **Diplolabellum**
Dbr. = Debarriara
Dbra. = Debruyneara
Dc. = Dendrocattleya
Dclna. = Doncollinara
Dcm. = **Diplocaulobium**
Dct. = Dichromoglottis
Dctm. = Doricentrum
Dcy. = Dichromarrhynchos
Dcz. = Dacruzara
Dd. = Doridium
Dda. = **Dryadella**
Ddc. = **Dendrochilum**
Ddo. = Diodonopsis
Ddlr. = Dendrolirium
Ddma. = Domindesmia
Ddps. = Dorandopsis
Ddts. = **Dithyridanthus**
De. = **Degranvillea**
Dec. = Dendrocatanthe
Dei. = **Deiregyne**
Dek. = Dekensara
Den. = **Dendrobium**
Denga. = Dendrogeria
Des. = **Desmotrichum**
Dew. = Dewolfara
Dfta. = Dorifinetia
Dga. = **Domingoa**
Dgmra. = Degarmoara
Dhs. = **Dactylorhynchus**
Dhta. = Doreenhuntara
Dhw. = Dicksonhowara
Diab. = Diabroughtonia
Diaca. = Diacattleya
Diacm. = **Diacrium**
Diad. = **Diadenium**
Dial. = Dialaelia
Dialc. = Dialaeliocattleya
Dialps. = Dialaeliopsis
Dias. = Diaschomburgkia
Dic. = **Diceratostele**
Dich. = **Dichaea**
Dict. = **Dictyophyllaria**
Did. = **Didiciea**
Didy. = **Didymoplexiella**
Dig. = **Diglyphosa**
Dign. = **Dignanthe**
Dii. = Dineclia
Dil. = **Dilochia**
Dill. = Dillonara
Dilo. = **Dilomilis**
Dim. = **Dimeranda**
Dimo. = **Dimorphorchis**
Din. = **Dinema**
Dink. = **Dinklageella**
Dio. = **Diothonea**
Dip. = **Diphylax**
Dipl. = **Diplandrorchis**
Dipo. = **Dipodium**
Dipr. = Diplorrhiza
Dis. = **Discyphus**
Disa = **Disa**
Disp. = **Disperis**
Dit. = **Dithrix**
Diuris = **Diuris**
Dix. = Dixuanara
Dj. = **Davejonesia**
Djn. = Docjonesia
Dkb. = Dockrobium
Dkra. = Diakeria
Dkt. = Dyakanthus
Dla. = **Dresslerella**
Dlax. = **Dendrophylax**
Dlc. = Dilochiopsis
Dld. = Diplopanda
Dllps. = Doriellaopsis
Dlm. = Dallemagneara
Dlx. = **Dactilostalix**
Dly. = Dominleychile
Dma. = **Drymoda**
Dmlps. = Domliopsis
Dmd. = **Dimerandra**
Dmp. = **Didymoplexis**
Dms. = **Diplomeris**
Dmt. = Desmetara
Dmta. = **Dracomonticola**
Dmtna. = Domintonia
Dmts. = **Dichromanthus**
Dmya. = Dominyara
Dn. = **Dendrobates**
Dnd. = Dossinodes
Dng. = **Dungsia**
Dngra. = Dunningara
Dnh. = **Danhatchia**

Dnna. = Dunnara
Dns. = **Didnopsis**
Dnt. = Donaestelaara
Dny. = Dossinyera
Do. = Domindendrum
Doc. = **Dockrillia**
Dod. = **Dodsonia**
Dok. = Dockrilobium
Dol. = Dolichopsis
Don. = Doinara
Dor. = **Doritis**
Doss. = **Dossinia**
Dot. = Dothilopsis
Dox. = Doxosma
Dpc. = **Diplocentrum**
Dpda. = Dimorphanda
Dpgs. = Diaphanangis
Dph. = Dimorphachnis
Dpl. = **Diplodium**
Dplch. = Diplochilus
Dpm. = Doriopsisium
Dpn. = Deprinsara
Dpnps. = Diplonopsis
Dpra. = **Diploprora**
Dps. = Dactylocamptis
Dpthe. = **Diaphananthe**
Dra. = **Drakaea**
Drac. = **Dracula**
Drd. = Doredirea
Dre. = **Dressleria**
Dres. = Dresslerara
Dress. = Dressleriella
Drgm. = Doriglossum
Drlla. = Doriella
Droa. = Derosaara
Drs. = **Dicerostylis**
Drsa. = Dorisia
Drt. = Durantara
Drvla. = Dracuvallia
Dry. = **Drymoanthus**
Ds. = **Distichorchis**
Dsa. = **Dickasonia**
Dse. = **Depterostele**
Dsg. = Donsutingara
Dsh. = Dossinochilus
Dsi. = Dossisia
Dsla. = Deiselara
Dsma. = Dossinimaria
Dst. = Doristylis
Dtd. = Dactylodenia
Dtha. = Dorthera
Dtps. = Doritaenopsis
Dts. = **Dipteranthus**
Dtya. = Durutyara
Dtylo. = Dactylorchis
Du. = **Durabaculum**
Duc. = **Duckeella**
Dugg. = Duggerara
Duk. = Duckittara
Dun. = **Dunstervillea**
Dup. = Dupontara
Duv. = Duvalara
Dvd. = Davidsonara
Dvh. = Davidhuntara
Dvl. = Diovallia
Dvra. = Deverexara
Dvv. = Duvivierara
Dvx. = Delouvrexara
Dwa. = **Darwiniera**
Dwsa. = Downsara
Dwt. = Drewettara
Dy. = **Dyakia**
Dyg. = Dasyglossum
Dyo. = **Dryadorchis**
E. = **Encyclia**
Ea. = Epileya
Eal. = Euchilaelia
Ear. = **Earina**
Eas. = Eastonara
Eb. = **Epiblema**
Ebcl. = Epibrascattlaelia
Ebd. = Eulobidium
Ec. = **Echinella**
Eca. = **Eucosia** (1911)
Ecc. = Epicatechea
Ecd. = **Ecuadorina**
Ece. = Encyvolendrum
Ech. = **Euchile**
Echn. = **Eurychone**
Ecl. = **Epicladium**
Ecll. = Epicaulaelia
Ecp. = Eucatophila
Ect. = Encyclarthron
Ecth. = Elecalthusa
Ed. = **Epidanthus**
Eda. = Edara
Edd. = Euthechedendrum
Edg. = Epidpomgoleya
Edl. = Endicherara
Edr. = Edeara
Eds. = **Eriodes**
Edv. = Eudendravola
Eg. = **Eggelingia**
Egm. = **Epigeneium**
Eht. = Ericholttumara
Eicl. = Epichile
Eil. = Epiphila
Eis. = Epilaelopsis
Ekma. = Engkhiamara
Eks. = Erikstephenstormara
Ela. = Eulosellia
Elh. = Encyclechea
Eliara = Eliara
Ell. = **Elleanthus**
Elm. = Eulomangis
Eln. = Eulaelianthe
Elna. = **Epilyna**
Elo. = **Eleorchis**
Elp. = Elepogon
Els. = Epiliopsis
Elsa. = Elearethusa
Elt. = **Eltoplectris**
Elth. = **Elythranthera**
Elv. = Eucattlevola
Elva. = Epileptovola
Ely. = Eulophyllum
Em. = **Esmeralda**
Emb. = **Embreea**
Emc. = Epimicra
Emg. = Eumingoa
Emk. = Epidominkeria
Ems. = Esmeropsis
Enc. = **Encheiridion**
End. = **Endresiella**
Eng. = Engsoonara
Enl. = Encylaelia
Enn. = Epitonanthe
Ent. = **Entomophobia**
Entra. = Ernestara
Eny. = Enanthleya
Eo. = **Erythrorchis**
Ep. = Epibrassavola
Epa. = **Eparmatostigma**
Epb. = Epibroughtonia
Epbkl. = Epibarkiella
Epbns. = Epibrassonitis
Epc. = Epicattleya
Epctn. = Epicatonia
Epcts. = **Epipactis**
Epd. = Epidrobium
Epdcm. = Epidiacrium
Epdla. = Epidella
Epg. = Epigoa
Epgl. = Epiglottis
Epgm. = **Epipogium**
Ephem. = **Ephemerantha**
Ephi. = **Ephippianthus**
Ephs. = Epiphronitis
Epi. = **Epidendrum**
Epib. = **Epiblastus**
Epid. = **Epidendropsis**
Eph. = Epiphaius
Epil. = Epilopsis
Epip. = Epiphronitella
Epis. = **Epistephium**
Epith. = Epithechia
Epl. = Epilaelia
Eplc. = Epilaeliocattleya
Eplps. = Epilaeliopsis
Epm. = **Eulophidium**
Epn. = Epinidema
Epo. = Eupapilio
Epp. = **Ephippium**
Epr. = Euporphyranda
Eps. = Epiopsis
Epstm. = Epistoma
Eptn. = Epitonia
Epv. = Epivola
Epy. = Epicyclia
Er. = **Eria**
Erc. = Eurhyncattleya
Ercn. = **Erycina**
Erd. = Epierstedella
Erdm. = Eryidium
Eri. = **Eriaxis**
Erio. = **Eriochilus**
Erm = **Eremorchis**
Ern. = Euarthron
Ert. = Epiarthron
Erx. = Erioxantha
Ery. = Epirhynanthe
Es. = Esmeranda
Esm. = Esmenanthera
Esn. = Esperonara
Ess. = **Eriopsis**
Est. = Esmerstylis
Esta. = Estelaara
Et. = **Eleutheroglossum**
Etc. = Epithechea
Eth. = Epicatarthron
Etha. = Elythodia
Etl. = Encytonavola
Etp. = **Eltroplectris**
Ett. = Epicatanthe
Ettn. = Eucattonia
Etv. = Epithechavola
Ety. = Epicatcyclia
Eu. = Euarachnides
Eua. = **Euanthe**
Euc. = Eucentrum
Eucl. = Euclades
Eucmla. = Eulocymbidiella
Euct. = Eucycattleya
Eud. = Eudevereuxara
Eugcm. = Eurygraecum
Eugs. = Euryangis
Euh. = Euchiclia
Eul. = **Eulophiella**
Euly. = Euleya
Eun. = Eucatanthe
Eunps. = Eurynopsis
Eup. = Eupapilanda
Euph. = **Eulophia**
Eur. = Eurachnis
Euro. = **Eurostyles**
Eutl. = Eucatlaelia
Eut. = Eutonia
Euv. = Euvola
Euy. = **Eurycentrum**
Ev. = **Evrardianthe**
Evk. = Evakara
Evo. = **Evotella**
Evr. = **Evrardia**
Ews. = Elwesara
Exa. = **Exalaria**
Exe. = Exeria
Exo. = **Exochanthus**
Exp. = Exophya
Eya. = **Eloyella**
Eyc. = **Eurycaulis**
Eyd. = **Erythrodes**
Eym. = Erymesa
Eyn. = Eryumnia
Eyp. = Encyphila
Eyr. = Encyarthrolia
Eys. = Eurystles
Eyt. = Euleyarthron
Eyv. = Encyvola

Eyy. = Encyleyvola
F. = **Fernandezia**
Fcr. = Fuchsara
Fdca. = Fordyceara
Fdk = Fredclarkeara
Fdn. = Fadenchoda
Ferg. = Fergusonara
Ffn. = Fadenfinanda
Fgtra. = Forgetara
Fia. = Fialaara
Fikg. = Fickingeria
Fjo. = Fujioara
Fjw. = Fujiwarara
Flkga. = **Flickingeria**
Flt. = Fletcherara
For. = **Forbesina**
Fr. = **Fregea**
Frb. = Froebelara
Frda. = Freedara
Fre. = Fredschechterara
Fri. = Friedaara
Frn. = Fournierara
Fro. = **Frondaria**
Frs. = Forsterara
Frt. = **Fruticicola**
Frz. = Frezierara
Fsh. = Fisherara
Fu. = **Fuertesiella**
Fun. = **Funkiella**
G. = **Goodyera**
Ga. = Garayara
Gach. = **Gastorchis**
Gal. = **Galeandra**
Gale. = **Galearis**
Gam. = **Gamosepalum**
Gas. = Gastrocalanthe
Gat. = Grandicentrum
Gav. = **Gavilea**
Gba. = Gerberara
Gbi. = Gramcymbimangis
Gbk. = Guariburgkia
Gbka. = Georgeblackara
Gbn. = **Goniobulbon**
Gbs. = Galabstia
Gbt. = Gombrassiltonia
Gbz. = Gibezara
Gc. = Gymnanacamptis
Gcg. = Gomesochiloglossum
Gch. = Gomoncidochilum
Gchgl. = Gastrochiloglottis
Gchls. = **Gastrochilus**
Gcl. = Guarcyclinitis
Gcn. = Gomcidumnia
Gcp. = Guaricatophila
Gcr. = Georgecarrara
Gcs. = **Gymnochilus**
Gct. = Guaricattonia
Gcy. = Guaricyclia
Gda. = Goodisia
Gdc. = Goodisachilus
Gdd. = Guaridendrum
Gdi. = Grandicidium
Gdlra. = Goodaleara
Gdm. = **Geodorum**
Gdmr. = Goodalemoirara
Gdp. = **Grandiphyllum**
Gds. = Galeodes
Gdt. = Gomcidettia
Ge. = Geesinkorchis
Gen. = **Gennaria**
Geno. = **Genoplesium**
Geny. = Genyorchis
Geo. = **Geoblasta**
Ger. = Gomecentridium
Gfa. = Goffara
Gga = **Gongora**
Ggf. = Georgefara
Ggn. = Gonginia
Ggr. = Groganara
Ggt. = Grammoglottis
Ggy. = Gongryanthopea
Ght. = Guarischomtonia
Ghta. = Gohartia
Gi. = Giddingsara
Gigara = Gigara
Gil. = Gilmourara
Gin. = Gastruisinda
Gl. = **Glomera**
Gla. = **Galeola**
Glc. = Glicensteinara
Gle. = Galeomenetalum
Glk. = Guarlaeburgkia
Glm. = Golumnia
Gln. = Galeonisia
Glos. = **Glossorhyncha**
Gloss. = **Glossodia**
Glp. = Guarlaeliopsis
Gls. = Glossandenia
Glspm. = Galeosepalum
Glt. = Guarilaeliarthron
Glta. = **Galeottia**
Glty. = Guarthroleya
Glv. = Guarilaelivola
Gly. = Guarthroleya
Glya. = Gladysyeeara
Glz. = Glanzara
Gmc. = Guarimicra
Gmch. = Gomochilus
Gmd. = Gomadachtia
Gmda. = Gomada
Gmg. = Gomguezia
Gmgm. = Gomoglossum
Gmk. = Gomenkoa
Gml. = Gomiltostele
Gmn. = Gomonia
Gms. = Gomestele
Gmt. = Gomocentrum
Gmtta. = Gomettia
Gmz. = Gomezina
Gnd. = Gomoniopcidium
Gnp. = Gastronopsis
Gny. = Guariencychea
Goa. = Gomonciada
Gom. = **Gomesa**
Gomp. = **Gomphichis**
Gon. = **Gonatostylis**
Goni. = **Goniochilus**
Goo. = Goodsonara
Gos. = **Galeorchis**
Got. = Gottoara
Gota. = Galeotiella
Gott. = Gottererara
Gov. = **Govenia**
Gpd. = Guarophidendrum
Gpi. = Gastrophaianthe
Gpl. = Gomopsiella
Gps. = Gompassia
Gpt. = Gymnaplatanthera
Gptm. = Galeopetalum
Gr. = Greatwoodara
Gra. = **Grammangis**
Gram. = **Grammatophyllum**
Grc. = Guarechea
Grcym. = Grammatocymbidium
Grda. = Grammatoheadia
Gre. = **Greenwoodia**
Grh. = Gongorhaea
Grks. = **Graphorkis**
Grn. = Guaritoniclia
Gro. = **Grobya**
Grpla. = Graphiella
Grr. = Graireara
Grs. = Grastidium
Grt. = Guaritonia
Grtp. = Grammatopodium
Grx. = Gratrixara
Gry. = Grayara
Gs. = **Gastrorchis**
Gsa. = **Grosourdya**
Gsarco. = Gastrosarcochilus
Gsc. = Gomesochilum
Gscpa. = Gastisocalpa
Gsd. = Gastranda
Gsl. = Guarisophleya
Gslla. = Galeansellia
Gsp. = Guarisophlia
Gsrth. = Gastrothera
Gss. = Gosseara
Gst. = Gomessiastele
Gsta. = Gastisia
Gstm. = Gastrostoma
Gta. = **Gastrodia**
Gtc. = Guaritonichea
Gtd. = Gomiltidium
Gtk. = Gotokoa
Gtl. = Gomstelettia
Gtm. = Grammatomangis
Gtp. = Grammothecopus
Gtra. = Gauntlettara
Gtts. = Gastritis
Gu. = **Gunnarella**
Gua. = Guaronilia
Guc. = Guarcholia
Gud. = Gudrunia
Guh. = Gauarichile
Gum. = Gumara
Gun. = **Gunnarorchis**
Gur. = **Guarianthe**
Gut. = Guarithron
Gvl. = Guarvolclia
Gym = **Gymnadenia**
Gyn. = **Gynoglottis**
Gyp. = Gramcymbiphia
Gyt. = Gymnotraunsteinera
Gzl. = Galiczella
Gzn. = Gomiltlauzina
H. = **Herminium**
Ha. = Haemari-anoectochilus
Hab. = **Habenaria**
Hac. = **Hancockia**
Haem. = **Haemaria**
Hag. = **Hagsatera**
Hal. = **Haraella**
Ham. = **Hammarbya**
Han. = Hanesara
Hap. = **Hapalorchis**
Har. = **Harrisella**
Hart. = Hartara
Has. = Hasskarlara
Hasgw. = Hasegawaara
Hat. = Hatcherara
Hatt. = Hattoriara
Haus. = Hausermannara
Haw. = Hawaiiara
Hay. = Hayataara
Hbl. = Hadrobrasilaelia
Hbtr. = Herbertara
Hby. = Hanburyara
Hc. = **Hemiscleria**
Hcd. = Hygrocenda
Hcf. = Holcofinetia
Hcm. = Hyedecromara
Hcs. = **Hapalochilus**
Hct. = Holcanthe
Hctm. = Holcocentrum
Hdc. = Hadrocattleya
Hdg. = Hadrodungsia
Hdl. = **Hadrolaelia**
Hdra. = Hildaara
Hed. = **Hederorkis**
Hel. = **Helleriella**
Helo. = **Helonoma**
Hemi. = **Hemipilia**
Her. = **Herpysma**
Hers. = **Herschelia**
Het. = **Hetaeria**
Hex. = **Hexadesmia**
Hf. = **Hofmeisterella**
Hfc. = Hoffmanncattleya
Hfd. = Holfordara
Hgc. = Hagsechea
Hgd. = Hygrodirea
Hgfda. = Hugofreedara
Hgra. = Hagerara
Hgsh. = Higashiara
Hgv. = Hagsavola

Hha. = Hueylihara (1972)
Hhn. = Hoehneara
Hhp. = Houlhopea
Hi. = **Hintonella**
Hig. = Higginsara
Him. = **Himantoglossum**
Hip. = **Hippeophyllum**
Hir. = **Hirtzia**
His. = **Hispaniella**
Hknsa. = Hawkinsara
Hkr. = Hackerara
Hla. = Holcosiianda
Hlc. = **Helcia**
Hld. = Holcodirea
Hlg. = Holcograecum
Hlm. = Holmara
Hln. = Holcenda
Hlo. = **Halleorchis**
Hlp. = Holcopsis
Hlra. = Houllora
Hls. = Holcosia
Hlt. = **Houlletia**
Hm. = Haemari-macodes
Hma. = **Holmesia**
Hmb = Humboldtara
Hmc. = **Hymenorchilus**
Hmn. = **Hymeneria**
Hmp. = **Hemipiliopsis**
Hmr. = Hamerara
Hmra. = Himoriara
Hmtn. = Hamiltonara
Hmu. = **Hamularia**
Hmwsa. = Hamelwellsara
Hnf. = Haniffara
Hng. = Huangara
Hnp. = Haraenopsis
Hns. = Hansenara
Hnths. = Huntleanthes
Ho. = Habenariorchis
Hoc. = Holcostylis
Hoe. = **Hoehneela**
Hof. = **Hoffmannseggella**
Hog. = Hollingtonara
Hol. = Holcanthera
Holc. = **Holcoglossum**
Holo. = **Holopogon**
Holtt. = Holttumara
Hom. = **Homalopetalum**
Hon. = Honoluluara
Hook. = Hookerara
Hop. = Holconopsis
Hor. = **Horichia**
Horm. = **Hormidium**
Hos. = Hoosierara
How. = Howardara
Hpla. = Helpilia
Hr. = Holcorides
Hrc. = Haberiorchis
Hrds. = Herscheliodisa
Hrm. = Hermorchis
Hrn. = Hornara
Hro. = Hermoara
Hrr. = Herreraara
Hrs. = Harrisara
Hrt. = Hertensteinara
Hru. = Hrubyara
Hry. = Hirayamaara
Hse. = **Herschelianthe**
Hsu. = Hsuara
Htg. = Huntingtonara
Htx. = **Holothrix**
Hty. = Hoffmanncyclia
Htz. = **Heterozeuxine**
Hu. = Huntara
Hul. = Houllinia
Humm. = Hummelara
Hur. = Hurstara
Hut. = **Huttonaea**
Huz. = Huntzellanthes
Hv. = **Horvatia**
Hvs. = Holcovanstylois
Hvy, = Harveyara
Hwa. = **Hartwegia**
Hwkra. = Hawkesara
Hwra. = Howeara
Hxs. = **Hexalectris**
Hxsa. = **Hexisea**
Hy. = **Hygrochilus**
Hya. = **Huntleya**
Hyb. = **Hybochilus**
Hybo. = Hybriorchis
Hyd. = Hygranda
Hyl. = **Hylophila**
Hylra. = Hueylihara
Hym. = **Hymenorchis**
Hyn. = Heynholdara
Hyr. = Hydranthus
Hyw. = Haywoodara
Hzl. = Hunzella
I. = Ioncidium
Ian. = Ianara
Iana. = Iwanagara
Icj. = Ichijoara
Ich. = **Ichthyostomum**
Ict. = Ionocentrum
Icvl. = Iacovielloara
Ida = **Ida**
Ige. = **Ischnogyne**
Ilo. = Ilonara
Im. = **Imerinaea**
Ims. = Ionmesa
Imt. = Ionmesettia
Incdm. = Ionocidium
Ing. = Ingramara
Ink. = Ianclarkara
Inm. = Ionumnia
Ino. = **Inobulbon**
Inps. = **Ionopsis**
Intta = Ionettia
Io. = **Ione**
Ip. = **Ipsea**
Ips. = Ipseglottis
Ipt. = Ionparettichilum
Irv. = Irvingara
Is. = Isanitella
Isa. = **Isabelia**
Isc. = **Ischnocentrum**
Isd. = Isadendrum
Iso. = **Isochilus**
Isr. = Isaoara
It. = **Isotria**
Iwan. = Iwanagaara
Izma. = Izumiara
Ja. = **Jacquiniella**
Jan. = Janssensara
Je. = **Jejosephia**
Jel. = Jellesmaara
Jen. = Jeaneara
Jkf. = Jackfowlieara
Jkl. = Johnkellyara
Jly. = Jolyara
Jmr. = Jamesonara
Jmth. = Jumanthes
Jmzra. = Jimenezara
Jnc. = Jonorchis
Jng. = jungara
Jnna. = Joannara
Joe. = Jonesiopsis
Joh. = Johnsonara
Jon. = Johnara
Jos. = **Jostia**
Jqn. = Jacquinara
Jsc. = Jonesiopchis
Jsp. = Josephara
Jsr. = Jisooara
Jum. = **Jumellea**
Jwa. = Jewellara
Jya. = Johnyeeara
K. = Kamemotoara
Ka. = **Kalopternix**
Kal. = Kalakauara
Kar. = **Karorchis**
Kat. = **Katherinea**
Kaw. = Kawanishiara
Kdm. = Kodamaara
Ke. = **Kegeliella**
Ke. = **Kegeliella**
Kefst. = **Kefersteinia**
Kefth. = Keferanthes
Kei. = Keishunara
Ker. = Kerchoveara
Kfl. = Keferella
Kfr. = Kerorea
Kft. = Keftorella
Kfy. = Keferhyncha
Kfz. = Kefericzella
Kgp. = Kegeopea
Kgra. = Kriegerara
Kgs. = Kingistylis
Kgw. = Kagawara
Khm. = Khiamara
Kht. = Keishunhattoriara
Ki. = **Kingidium**
Klg. = Klugara
Kim. = Kimballara
Kin. = **Kionophyton**
King. = **Kingiella**
Kir. = Kirchara
Kit. = **Kitigorchis**
Klma. = Klehmara
Kma. = **Kalimpongia**
Kmv. = Komarovara
Kn. = Kuhnara
Knb. = Kennethbealeara
Kno. = Kunoara
Knp. = Knappara
Knt. = Kunthara
Knud. = Knudsonara
Knw. = Knowlesara
Ko. = **Koellensteinia**
Koc. = **Kochiophyton**
Kom. = Komkrisara
Kon. = **Konantzia**
Kpa. = Kippenara
Kr. = Kraenzlinara
Kre. = **Kreodanthus**
Krl. = Keferollea
Kro. = Kraenlinorchis
Krsa. = Kraussara
Kuh. = **Kuhlhasseltia**
Kun. = Kanetsunaara
Kwmta. = Kawamotoara
Kz. = **Kraenzlinellla**
Kza. = Kanzerara
L. = **Laelia**
La. = Laeliodendrum
Lac. = Lacaena
Lae. = Laeopsis
Laeo. = Laeopis
Lah. = Laechilis
Lair. = Lairesseara
Lak. = **Lankesterella**
Lan. = **Lanium**
Lauara = Lauara
Lav = Lavrihara
Law. = Lawlessara
Lay. = Laycockara
Lbc. = Laelia-Brasso-Cattleya
Lbka. = Lancebirkara
Lblm. = Lindblomia
Lbs = Lycabstia
Lc. = Laeliocattleya
Lca. = Laerianchea
Lcd. = Lycida
Lcdm. = Leocidium
Lcdpa. = Leocidpasia
Lce. = **Leucohyle**
Lch. = Laelichilis
Lchs. = **Leochilus**
Lci. = Lyonarci
Lcka. = Laeliocattkeria
Lckp. = Lockopilia
Lcl. = Lachelinara
Lcmsa. = Leocidmesa
Lcn. = Laeliocatanthe
Lcr. = Laeliocatarthron
Lcs. = **Leptoceras**
Lctm. = Luicentrum

Lctna. = Laeliocatonia
Lctt. = Laelcattleya
Lda. = Luisedda
Ldrn. = Laeliodendron
Ldt. = Laelidendranthe
Ldw. = Ludlowara
Le. = **Leucorchis**
Leb. = Lebaudyara
Lec. = **Lecanorchis**
Lee. = Leemannara
Leeara = Leeara
Leh. = Leemannara
Lei. = **Leioanthum**
Lem. = **Lemboglossum**
Lemra. = Lemaireara
Len. = Leonara
Lep. = Lepanopsis
Lepo. = **Leporella**
Les. = **Lesliea**
Lesl. = Leslieara
Lev. = Levyara
Lfl. = Lycafrenuloa
Lg. = **Loroglossum**
Lga. = Laegoa
LGh. = Longhueiara
Lgl. = **Linguella**
Lgn. = Leogolumnia
Lgra. = Lagerara
Lgt. = Leptoguarianthe
Lhr. = Lesliehertensteinara
Lhta. = **Lockhartia**
Li. = **Limatodes**
Liaps. = Liaopsis
Lich. = Lichterveldia
Licht. = Lichtara
Lid. = Luiphalandpsis
Lie. = **Lepidogyne**
Lieb. = Liebmanara
Lig. = **Ligeophila**
Lim. = Limara
Lima. = Limatopretanthe
Limo. = **Limodorum**
Lin. = Lindleyara
Lind. = **Lindsayella**
Linn. = Linneara
Lip. = **Liparis**
Lis. = **Listera**
Liss. = **Lissochilus**
Lit. = **Listrostachys**
Lkcdm. = Lockcidium
Lkchs = Lockochilus
Lkctta. = Lockochilettia
Lkda. = Lockcidmesa
Lkg. = Lockoglossum
Lkgch. = Lockogochilus
Lkm. = Lockumnia
Lko. = Leokoa
Lkra. = Laeliokeria
Lkstx. = Lockostalix
Lla. = **Lemurella**
Llm. = Leochilumnia
Lmb. = Lambara
Lmc. = Lycamerlycaste
Lnd. = Luilionanda
Lna. = Laelonia
Lnps. = Luinopsis
Lnpt. = Luianopsanthe
Lnr. = Linara
Lns. = Lycanisia
Lnt. = Laelianthe
Lnta. = Luinetia
Lnya. = Leaneyara
Lob. = Lobbara
Lod. = Leocidumnia
Loe. = **Loefgrenianthum**
Lon. = Londesboroughara
Lop. = **Lophiaris**
Loph. = Lophoglottis
Lor. = Loroglorchis
Lora. = Lorenara
Lov. = Lovelessara
Low. = Lowara
Lox. = **Loxoma**
Lpa. = **Ligeophyla**
Lpca. = Laipenchihara
Lpd. = Luinopsanda
Lpm. = **Lycomorphium**
Lpn. = Laenopsonia
Lpna. = Liponia
Lps. = **Laeliopsis**
Lpt. = **Leptotes**
Lptdm. = Leptodendrum
Lpths. = **Lepanthopsis**
Lptka. = Leptokeria
Lptl. = Leptolaelia
Lptv. = Leptovola
Lpya. = Laeliopleya
Lra. = Lyonara (1948)
Lria. = **Luerella**
Lrn. = Laelirhynchos
Lrs. = **Lemurorchis**
Lrt. = Loritis
Lsa. = **Luisia**
Lsc. = Leptosophrocattley
Lscta. = Luascotia
Lsnd. = Luisanda
Lst. = Luistylis
Lsu. = Lesueurara
Lsz. = Leomesezia
Lth. = Letochilum
Lths. = **Lepanthes**
Ltl. = Lomantrisulloara
Lts. = **Loefgrenianthus**
Ltt. = Laetonanthe
Lu. = Luisaerides
Luc. = Lucasara
Lud. = Ludochilus
Lue. = **Lueddemannia**
Luic. = Luichilus
Luiser. = Luiserides
Lus. = **Ludisia**
Lut. = Luisanthera
Luth. = Lutherara
Lv. = Laeliovola
Lvl. = Laeliavola
Lvta. = Luivanetia
Lwc. = Lowiorchis
Lwn. = Lawrenceara
Lwnra. = Lowsonara
Lwr. = Lawara
Lws. = Law-Schofieldara
Lwsra. = Lewisara
Lwt. = Lowsutongara
Ly. = Lycastenaria
Lya. = **Lindleyella**
Lyc. = **Lycaste**
Lyco. = **Lycomormium**
Lymra. = Lymanara
Lyon. = Lyonara
Lyp. = **Lyperanthus**
Lyr. = **Lyroglossa**
Lys. = Lysudamuloa
Lzl. = Lycazella
M. = Macrangraecum
Ma. = **Macroplectrum**
Mac. = **Macodes**
Mae. = Maelenia
Mai. = Mailamaiara
Maka. = Macekara
Mal. = **Malaxis**
Man. = **Manniella**
Mar. = **Margelliantha**
Mas. = Mastiphylum
Masd. = **Masdevallia**
Max. = **Maxillaria**
May = Mayara
Mbm. = **Mischobulbum**
Mcb. = Macbrideara
Mcba. = Malcolmcampbellara
Mcc. = Maccraithara
Mcd. = Macodisia
Mcdl. = Mackcannazzaroara
Mcdn. = **Macradenia**
Mcdsa. = Macradesa
Mchr. = Meechaiara
Mchza. = Micholiitzara
Mcid. = Miltoncidium
Mcl. = **Microlaelia**
Mclmra. = Maclemoreara
Mclna. = Maclellanara
Mcm. = **Macroclinium**
Mcmr. = Macomaria
Mcn. = Myrmecanthe
Mco. Myrmecochile
Mcp. = **Myrmecophila**
Mcq. = Maccorquodaleara
Mcr. = **Microchilus**
Mcs. = **Microsaccus**
Mct. = Microcattleya
Mcv. = Myrmecatavola
Mcyra. = Maccoyara
Mdcla. = **Mendoncella**
Mdl. = Mendelara
Mdla. = **Mesadenella**
Mds. = **Miltonioides**
Mdy. = Macodyera
Me. = **Menadenium**
Mea. = Meadara
Med. = **Mediocalcar**
Meg. = **Megalorchis**
Mega. = **Megalotus**
Mei. = Meirmosesara
Meo. – **Mesospinidium**
Mes. = **Mesoglossum**
Met. = Metdepenningenara
Mex. = **Mexicoa**
Mg. = **Mastigion**
Mgc. = Miltogomechilum
Mgm. = **Megaclinium**
Mgs. = **Megastylis**
Mha. = **Moerenhoutia**
Mhw. = Moihwaara
Mic. = **Microcelia**
Micr. = **Micropera**
Mil. = Milgonicidium
Milt. = **Miltonia**
Mis. = Milcidossum
Miz. = Mizutara
Mkd. = Milenkocidium
Mkhsa. = Monkhouseara
Mka. = Markara
Mkra. = Mokara
Mla. = Millerara
Mlc. = Milcentrum
Mlca. = **Mormolyca**
Mld. = Miltochilidium
Mll. = **Malleola**
Mly. = Maccullyara
Mmc. = Milmilcidium
Mmg. = Milmiloglossum
Mmk. = Macmeekinara
Mml. = Mormosellia
Mmo. = Milmiloda
Mmp. = Milmilpasia
Mmr. = Milmilrassia
Mms. = **Myrmechis**
Mmt. = Milmiltonia
Mnda. = Maunderara
Mnkr. = Monkara
Mnra. = Moonara
Mnt. = Miltocentrum
Mnt. = Miltoncentrum
Mo. = Momordia
Mob. = **Mobilabium**
Moe. = Moensara
Moi. = Morieara
Moir. = Moirara
Mon. = **Monadenia**
Monn. = Monnierara
Mono. = **Monomeria**
Mor. = Mormleria
Mora. = Mooreara
Morm. = **Mormodes**
Mos. = Miltoncidostele
Moz. = Molonzina
Mp. = Miltonpasia
Mpa. = Miltonpilia
Mpd. = **Microepidendrum**

Mph. =
Marcchrustopherstormara
Mpla. = Milpilia
Mpm. = **Monosepalum**
Mpo. = **Monophyllorchis**
Mppm. = **Mespospinidium**
Mps. = **Miltoniopsis**
Mpsa. = Milpasia
Mpt. = **Macropodanthus**
Mra. = Moirara (1965)
Mrc. = Mauriceara
Mrclm. = **Meiracyllium**
Mrd. = **Mirandorchis**
Mrm. = Marimeara
Mrml. = Mormariella
Mrn. = Maronara
Mrp. = Masrepis
Mrr. = Marriottara
Mrs. = **Microtis**
Mrsa. = Morrisonara
Mrt. = **Maccraithea**
Mrth. = **Mycaranthes**
Mrv. = Marvingerberara
Mry. = Marycrawleystormara
Mscra. = Moscosoara
Msda. = Matsudaara
Msds. = **Mesadenus**
Msg. = Massangeara
Msl. = Miltostelada
Msna. = Masonara
Msp. = Millspaughara
Msr. = Milassentrum
Mst. = **Microstylis**
Mstn. = Macrastonia
Msu. = Measuresara
Mta. = Maechtleara
Mtad. = Miltada
Mtadm. = Miltadium
Mtc. = Miltochilum
Mtd. = Miltodontrum
Mtda. = Miltonioda
Mtdm. = Miltonidium
Mtf. = Mountfordara
Mtn. = Mantinara
Mto. = **Microtatorchis**
Mtp. = Mastipetalum
Mtr. = Martiusara
Mts. = **Microterangis**
Mtssa. = Miltassia
Mtst. = Miltistonia
Mtta. = Miltarettia
Mtw. = Mathewsara
Mty. = **Microthelys**
Mur. = **Macrura**
Mvt. = Michelvacherotara
Mxcst. = Maxillacaste
Mxd. = Maxidium
Mxdm. = **Mexipedium**
Mxl. = **Maxillariella**
Mxlb. = Maxilobium
Mxp. = Maxthompsonara
Mxt. = Myoxastrepia
Mxy. = Maxillyca
My. = **Myoxanthus**
Myc. = Myrmecocattleya
Mycdm. = **Mystacidium**
Mycl. = Myrmecatlaelia
Myh. = Myrmechea
Myl. = Myrmecolaelia
Mym. = Mylamara
Mymra. = Maymoirara
Myp. = Myrmeopsis
Myro. = **Myrosmodes**
Mys. = Myrmesophleya
Myt. = Myrmetonia
Mz. = Miltonguezia
Mzr. = Menziesara
Mzu. = Mizunoara
N. = **Nigritella**
Na. = **Nanodes**
Nab. = **Nabaluia**
Nak. = Nakamotoara
Nash. = Nashara
Naug. = Naugleara
Nb. = Neorobinara
Nba. = **Neobenthamia**
Nbps. = Neobatopus
Nbsa. = **Neobolusia**
Nbth. = **Neobathiea**
Nca. = Neochristieara
Ncl. = Nicholsonara
Nct. = Nochocentrum
Ndc. = Nideclia
Ndd. = Neosedanda
Ndn. = Neofadanda
Ndp. = Nohacidiopsis
Neb. = Nebrownara
Neo. = Neodebruyneara
Neob. = **Neobartlettia**
Neof. = **Neofinetia**
Neogm. = Neoglossum
Neoj. = Neojoannara
Neom. = Neomoirara
Neost. = Neostylis
Neot. = **Neottia**
Nep. = **Nephelaphyllum**
Ner. = **Nervilia**
Neu. = **Neuwiedia**
Nex. = Neodevereuxara
Nfd. = Neofadenia
Ng. = Neokagawara
Nga. = **Neocogniauxia**
Ngara = Ngara
Ngda. = **Neogardneria**
Ngk. = Nohagomenkoa
Ngl. = **Nageliella**
Ngrcm. = Neograecum
Nha. = **Neolehmannia**
Nhc. = Nohacidium
Nhl. = Nohalumnia
Nhmta. =
Nornahamamotoara
Nhp. = Nohamiltoniopsis
Nhw. = **Nahawilliamsia**
Nid. = **Nidema**
Nk. = Neomokara
Nka. = **Neokoehleria**
Nkgwa. = Nakagawaara
Nkm. = Malamuraara
Nkz. = Nickcannazzaroara
Nla. = **Neolauchea**
Nlra. = Nobleara
Nls. = Nicholasara
Nm. =. **Neoclemensia**
Nma. = **Neomoorea**
Nmo. = Nohamiltocidium
Nmt. = Nohamiltonia
No. = **Nothodoritis**
Nog. = Nogomesa
Non. = Nonaara
Not. = **Nothostele**
Npg. = Neippergia
Npp. = Neopabstopetalum
Nrna. = Northenara
Nrs. = **Nephrangis**
Nrst. = Neoacristylis
Nsd. = Neosedirea
Nsls. = Neostylopsis
Nsm. Nohastelomesa
Nt. = **Neotinea**
Ntc. = Neotinacamptis
Ntd. = Notolidium
Ntl. = **Notylia**
Ntldm. = Notylidium
Ntlps. = Notylopsis
Ntlta. = Notylettia
Ntn. = **Neotainiopsis**
Ntr. = Nohawilentrum
Ntte. = **Neottianthe**
Ntz. = Neotinarhiza
Nu. = **Neo-urbania**
Nuc. = Nuccioara
Nw. = **Neowilliamsia**
Nwda. = Norwoodara
Nwk. = Nohawenkoa
Nya. = **Neogyna**
Nyf. = Neoyusofara
Nys. = **Neodryas**
Nzc. = Nohazelencidium
Nzg. = Neozygisia
O. = Odontiodonia
Oa. = **Oakes-Amesia**
Ob. = **Oberonia**
Obn. = Otobrastonia
Oc1825 = Octomeria (1825)
Ocd. = Oncidumnia
Ocp. = Odonchlopsis
Ocs. = **Otochilus**
Oct. = **Octarrhena**
Od. = Odopetalum
Oda. = Odontioda
Odbrs. = Odontobrassia
Odcdm. = Odontocidium
Odd. = Oncidodontopsis
Oddy. = Oddyara
Ode. = Oderara
Odk. = Onrodenkoa
Odm. = **Odontoglossum**
Odn. = **Ophydion**
Odo. = **Odontorrhynchus**
Odp. = Oncidopsiella
Odpla. = Odontopilia
Odrta. = Odontorettia
Odt. = **Odontochilus**
Odtna. = Odontonia
Ody. = Odyncidium
Oe. = **Oerstedella**
Oec. = Oeorchis
Oecl. = **Oeceoclades**
Oenla. = **Oeoniella**
Oeo. = **Oeonia**
Oer. = Oertonia
Oes. = **Oestlundorchis**
Ogm. = **Osmoglossum**
Ogs. = Ontolglossum
Ogt. = **Oligochaetochilus**
Ogy. = Orchigymnadenia
Ohd. = Otorhynchocidium
Ohn. = Orchinea
Oig. = Oncidoglossum
Oip. = Oncidopsis
Okr. = Okaara
Oks. = Oakesara
Ol. = **Olygophyton**
Olg. = **Olgasis**
Oli. = **Oliveriana**
Olt. = Onzelcentrum
Om. = **Omoea**
Onc. = **Oncidium**
Oncda. = Oncidioda
Oncg. = Oncidguezia
Oncigom. = Oncigomada
Onclla. = Oncidiella
Oncna. = Oncidenia
Oncpa. = Oncidpilia
Oncsa. = Oncidesa
Onctta. = Oncidettia
Onp. = Oncidophora
Onra. = Onoara
Ons. = Oncostele
Ont. = Oncidaretia
Oot. = Otostele
Op. = Opsisanthe
Opa. = Orchiplatanthera
Oph. = **Ophrys**
Opisan. = Opisanda
Opm. = **Orchipedium**
Opo. = Opoixara
Ops. = Opsilaelia
Opsct. = Opsiscattleya
Opsis. = Opsisanda
Opst. = Opsistylis
Opt. = Ophramptis
Opta. = **Orthopenthea**
Ora. = Oncandra
Orc. = Orchidactyla
Orchis = **Orchis**
Orcp. = **Ornithocephalus**

Orcys. = Orchiophrys
Ore. = **Oreorchis**
Ores. = **Orestias**
Org. = Orchimantoglossum
Ork. = Oerstedkeria
Orl. = **Orleanisia**
Orle. = **Orleanesia**
Orn. = **Ornithochilus**
Orncm. = Ornithocidium
Orp. = Orpetara
Orpha. = **Ornithophora**
Orsps. = Orchiserapias
Ort. = **Orthoceras**
Os. = **Ossiculum**
Osa. = Oncidasia
Osl. = Oerstelaelia
Osp. = Oncostelopsis
Osmt. = Osmentara
Ost. = **Oestlundia**
Ot. = Otopabstia
Ota. = Ottoara
Otc. = Odontocentrum
Otcx. = Otocolax
Otd. = Oncitonioides
Oth. = Otoglochilum
Otht. = Otohartia
Otk. = Odontokoa
Otl. = Odontozelencidium
Otm = **Ornithidium**
Otnsa. = Otonisia
Oto. = **Otoglossum**
Otp. = Odontiopsis
Otr. = Otaara
Ots. = Odontostele
Otspm. = Otosepalum
Otst. = **Otostylis**
Ott. = Oncidarettia
Otz. = Ontolezia
Owsr. = Owensara
Ox. = **Oxyanthera**
Oxy. = **Oxyglossellum**
Oys. = **Oxysepala**
Ozl. = Onzeloda
Ozn. = Onzelumnia
Ozt. = Onzelettia
P. = **Platanthera**
Pa. = Papilachnis
Paa. = **Papuaea**
Pab. = **Pabstia**
Pac. = **Pachites**
Pach. = **Pachyphyllum**
Pad. = Pasadaara
Pal. = Palermoara
Palm. = **Palmorchis**
Pan. = **Panisea**
Pana. = Panarica
Pap. = Papilandachnis
Paph. = **Paphiopedilum**
Papi. = Papilisia
Par. = Parachnis
Paravand. = Paravandanthe
Parn. = Parnataara
Part. = Paracentrum
Pas. = Parandachnis
Pasr. = Peaseara
Pat. = Pattoniheadia
Pav. = Paravandanthera
Pay. = Paynterara
Pba. = **Parhabenaria**
Pbc. = Psybrassocattleya
Pbg. = Psyburgkia
Pbm. = **Papillilabium**
Pbn. = Pabanisia
Pbr. = Probaranthe
Pbt. = Propabstopetalum
Pc. = Papiliocentrum
Pca. = **Paracaleana**
Pcc. = Procyclia
Pccs. = **Pseudocranichis**
Pcd. = Promcidium
Pce. = **Pachystele**
Pcg. = **Pseudocoeloglossum**
Pch. = Pescascaphe
Pcl. = **Poicilanthe**
Pcm. = **Pseudacoridium**
Pcn. = **Polycycnis**
Pcp. = Pescatoscaphe
Pcs. = Parachnis
Pcs. = Pararachnis
Pct. = **Prescottia**
Pcu. = Porracula
Pcv. = Peocatavola
Pd. = Papiliodes
Pda. = Papilionanda
Pdcm. = **Pseudocentrum**
Pdd. = Prodendranthe
Pde. = Pseudencyclia
Pdh. = **Pseudohemipilia**
Pdla. = **Pseudolaelia**
Pdm. = Pseudinium
Pdn. = Paraphadenia
Pdpm. = **Pseudodiphryllum**
Pdr. = Paulandmarystormara
Pdra. = **Pseuderia**
Pdsnth. = **Paradisanthus**
Pds. = Paradisanisia
Pdt. = Parandanthe
Pe. = Pectabenaria
Pea. = **Papperitzia**
Peb. = Pescabstia
Pec. = **Pecteilis**
Ped. = **Pedilochilus**
Pee. = Peetersara
Peh. = Pehara
Pel. = **Pelexia**
Pelcs. = Pelachilus
Pelst. = Pelastylis
Pelt. = Pelatanda
Pen. = **Pennilabium**
Pent. = Pentisea
Pep. = **Phloeophia**
Peps. = Papilaenopsis
Per. = **Peristeria**
Peri. = **Peristylus**
Perths. = **Peristeranthus**
Pes. = **Pescatoria**
Pesc = Pescenia
Pet. = **Petalocentrum**
Petp. = Pelathanopsis
Poha. = Prochaea
Pett. = Pettitara
Pey. = Pescantleya
Pg. = Prosgoa
Pga. = Pageara
Pgdm. = **Pterygodium**
Pgl. = Promoglossum
Pgnt. = Paragnathis
Pgo. = **Phragmorchis**
Pgps. = **Pteloglossaspsis**
Pgs. = **Platyglottis**
Pgsa. = **Pteloglossa**
Pgt. = **Porphyroglottis**
Pgy. = Proguarleya
Pgya. = **Pseudogoodyera**
Ph. = Phabletia
Pha. = **Plectrophora**
Phaius = **Phaius**
Phal. = **Phalaenopsis**
Phc. = **Pharochilum**
Phcal. = Phaiocalanthe
Phcym. = Phaiocymbidium
Phd. = Phalaenidium
Phda. = Phalaerianda
Phdps. = Phalandopsis
Phel. = Pheladenia
Phh. = Psychanthe
Phi. = **Philippinaea**
Phill. = Phillipsara
Phl. = Philippiara
Phlla. = Phaliella
Phnp. = Raphinopea
Phns. = Phalaensonia
Phnta. = Phalanetia
Pho. = **Pholidota**
Php. = Phalaenopapilio
Phph. = Phalphalaenopsis
Phr. = **Phreatia**
Phrag. = **Phragmipedium**
Phragmo. = Phragmopaphium
Phrphm. = Phragmipaphium
Phs. = Psychassia
Pht. = Phalaenetia
Phy. = **Phymatidium**
Phys. = **Physinga**
Pi. = Papilionetia
Pia. = Parisia
Pic. = Papiliochilus
Pier. = Pierardia
Pil. = **Pilophyllum**
Pilm. = Pilumna
Pina. = **Pinalia**
Pip. = **Piperia**
Pis = Paradistia
Pit. = **Pityphyllum**
Pl. = Papilanthera
Pla. = **Platycoryne**
Plat. = **Platylepis**
Plet. = Pollettara
Plbm. = **Porolabium**
Plc. = Proslaeliocattleya
Plchs. = Plectochilus
Plctm. = Pelacentrum
Pld. = Phaleralda
Ple. = **Papilionanthe**
Plet. = Pollettara
Plgcm. = Plectrelgraecum
Plgs. = Phalaeglossum
Plh. = Proleyophila
Pll. = Plelis
Plm. = **Plumatichilos**
Plmra. = Palmerara
Plmths. = **Plectrelminthus**
Pln. = **Pleione**
Plnl. = Pleionilla
Plo. = **Plocoglottis**
Plp. = **Papulipetalum**
Plr. = Polygora
Plra. = Paulara
Plrhz. = **Plectorrhiza**
Pls. = **Platystele**
Plsra. = Paulsenara
Plt. = **Platanthopsis**
Pltrs. = Pelatoritis
Plu. = **Pleurothallopsis**
Plv. = Papiliovanvanda
Ply. = Psyleyopsis
Pma. = **Pseudomaxillaria**
Pmar. = Promarrea
Pmb. = Promenabstia
Pmcpa. = **Pomatocalpa**
Pmctm. = Pomacentrum
Pmds. = Promadisanthus
Pmla. − Promellia
Pmp. = Promenopsis
Pmr. = Pesmanara
Pms. = Psychomesa
Pmt. = Plumatistylis
Pmtls. = Pomatochilus
Pmtsa. = Pomatisia
Pmz. = Promenzella
Pn. = Paranthe
Pna. = **Paphinia**
Pnha. = **Penthea**
Pnl. = Pennellara
Pnp. = Prosanthopsis
Pnr. = **Ponerorchis**
Pns. = **Platyclinis**
Pnt. = Ponterara
Pntp. = Pantapaara
Po. = **Porphyrodesme**
Poa. = **Poaephyllum**
Poc. = Proctoria
Pod. = **Podangis**
Podo. = **Podochilus**
Pog. = **Pogonia**
Pogo. = **Pogoniopsis**

Poi. = Portillia
Pol. = **Polystachya**
Poll. = Pollardia
Polra. = Pooleara
Pom. = Pomanda
Pon. = **Ponera**
Pop. = Propescapetalum
Pops. = Papopsis
Por. = Porphyrachnis
Porp. = **Porphyrostachys**
Port. = Portoara
Pos. = **Pteroceras**
Pot. = Potinara
Pou. = Pourbaixara
Pow. = Powellara
Pp. = Papiliopsis
Ppa. = Pepeara
Ppc. = Psysophrocattleya
Ppg. = Poeppigara
Pph. = **Paralophia**
Pphc. = Paraphachilus
Ppl. = Parapapilio
Pplt. = Paraphalanthe
Ppn. = **Pachyplectron**
Ppp. = Phaiopreptanthe
Pps. = **Paraphalaenopsis**
Ppt. = Paraptosiella
Pptm. = Propetalum
Ppv. = Prosophrovola
Ppx. = Polyphylax
Ppy. = Psychopsychopsis
Pr. = **Preptanthe**
Pra. = Porphyranda
Prad. = **Polyradicion**
Prae. = **Praecoxanthus**
Prass. = **Prasophyllum**
Prc. = Prosyclia
Prch. ~ Proschile
Prcls. = Parachilus
Prd. = Pararides
Pre. = Proleytonia
Prec. = Paraphalraecum
Prgm. = **Porroglossum**
Prh. = Prosarthron
Pri. = Priceara
Pris. = **Pristiglottis**
Prm. = **Pleurobotryum**
Prn. = Pararenanthera
Pro. = **Proteroceras**
Prom. = **Promenaea**
Pros. = Prostonia
Prp. = Prapinara
Prr. = **Porrorhachis**
Prra. = Perreiraara
Prs. = Porphyrandachnis
Prschs. = Peristerchilus
Prsm. = Promosepalum
Prt. = Paranthera
Prpc. = Preptacalanthe
Prta. = Porterara
Prths. = Promenanthes
Prtr. = Porphyranthera
Prv. = Paravandaenopsis
Pry. = Prosrhyncholeya
Ps. = Pseudadenia
Psa. = **Pachystoma**
Psarco. = **Parasarcochilus**
Psbol. = Pescatobollea
Psc. = **Physoceras**
Psct. = Psycattleytonia
Psd. = Pseudanthera
Pse. = **Pseudorchis**
Psg. = **Physogyne**
Psh. = **Prosthechea**
Psi. = **Psilochilus**
Psl. = Proslia
Psm. = **Pterostemma**
Psn. = **Physosiphon**
Psnth. = Pescoranthes
Pso. = Psyonitis
Psp. = Psychopilia
Pss. = Pabstosepalum
Pst. = Parastylis
Psts. = Papilaenostylis
Psv. = Prosavola
Psw. = Pescawarrea
Psy. = **Psychilis**
Psyc. = **Psychopsiella**
Psyg. = **Psygmorchis**
Psyh. = Psychia
Psyl. = Psyclia
Psz. = Pseudorhiza
Pt. = Pittara
Pta. = **Pattonia**
Ptc. = Pterocottia
Ptd. = **Polyotidium**
Pte. = Phalanthe
Ptg. = Ponerostigma
Pth. = Peterhuntara
Pthia. = **Pelatantheria**
Pths. = **Pleurothallis**
Ptn. = Papitonia
Ptp. = Pteroplodium
Ptr. = **Petrorchis**
Ptra. = **Platyrhiza**
Pts. = **Parapteroceras**
Ptst. = **Pterostylis**
Ptt. = Paraottis
Ptt. = Parottis
Ptva. = **Ponthieva**
Pua. = **Palumbina**
Pur. = Purverara
Put. = Paulstormara
Pv. = Paravanda
Pva. = **Pseudovanilla**
Pvd. = Paravandrum
Pvla. = Porrovallia
Pvn. = Pavonara
Pvp. = Paravandopsis
Pvv. = Phalvanvanda
Px. = **Porpax**
Py. = Paramayara
Pya. = Pynaertara
Pyc. = Psychocentrum
Pyct. = Psylaeliocattleya
Pyd. = Psychocidium
Pye. = Psychelia
Pyg. = **Pygmaeorchis**
Pyh. = Psythechea
Pyha. = Pescarhyncha
Pyl. = Psychoglossum
Pym. = Psymiltonia
Pyn. = Psychlumnia
Pyo. = Psychophila
Pyp. = **Psychopsis**
Pyr. = Psychavola
Pyr. = **Pyrorchis**
Pyrt = **Psycarthron**
Pys. = **Physothallis**
Pyt. = Psytonia
Pyv. = Psycavola
Pyy. = **Platythelys**
Pza. = **Polyrrhiza**
Pzka. = Panczakara
Q. = Quisumbingar
Qch. = Quischilis
Qu. = **Quekettia**
Qui. = **Quiaqueya**
Qrk. = Quirkara
Qvl. = Quisavola
Ra. = **Rauhiella**
R. = Randactyle
Raf. = Rafinesqueara
Ran. = **Ranorchis**
Rap. = Rappartara
Ray. = **Raycadenco**
Rbc. = Robicentrum
Rbf. = Robifinetia
Rbg. = Rhynburgkia
Rbl. = **Rubellia**
Rbn. = Rubenara
Rbnra. = Robinara
Rbq. = **Robiquetia**
Rbst. = Robostylis
Rbt. = Robertsara
Rby. = Rhynchobrassoleya
Rca. = Rothschildara
Rcc. = Rhyncatclia
Rcd. = Rhyncorades
Rcfta. = Roccaforteara
Rcg. = Rhynochiloglossum
Rcga. = **Rhynchogyna**
Rch. = Rhynchochille
Rchg. = Rechingerara
Rchna. = Richardsonara
Rcl. = Ranachilus
Rcm. = Rhynchumnia
Rcmza = Richardmizutaara
Rcn. = Rhynchodenia
Rcr. = Rhyncleiserides
Rcra. = **Rhynchophreatia**
Rct. = Rhynchothechea
Rcv. = Rhynchovola
Rcy. = Rhyncyclia
Rd. = Renaradorum
Rdc. = Rodroncidium
Rdchs. = Rodrichilus
Rdcm. = Rodricidium
Rdd. =.Rhynchodendrum
Rden. = Rodridenia
Rdgm. = Rodriglossum
Rdl. = Rhyndenlia
Rdm. = Renarodorum
Rdn. = Rhyndiranda
Rdnc. = **Radinocion**
Rdo. = Rodrostelidium
Rdr. = Rodrostele
Rds. = Rhyncadamesa
Rdssa. = Rodrassia
Rdt. = Rhynchodeniitis
Rdtna. = Rodritonia
Rdtps. = Rodrettiopsis
Rdtta. = Rodrettia
Rdza. = **Rodriguezia**
Rdzlla. = **Rodrigueziella**
Re. = Renanda
Reb. = Rebeccaara
Rec. = Reicheara
Recc. = Recchaara
Reg. = Regnierara
Reh. = Rehderara
Rei. = Reichenbachara
Reic. = **Reichenbachanthus**
Ren. = **Renanthera**
Rena = Renanthoceras
Renanth. = Rhenanthopsis
Ret. = Restesia
Rfd. = Rhynchofadanda
Rfda. = Rehfieldara
Rfnda. = Renafinanda
Rgl. = Rhynchoguarlia
Rgn. = Raganara
Rgs. = **Rangaeris**
Rgw. = Rongwuara
Rh. = **Rhizanthera**
Rha. = **Rhaesteria**
Rham. = **Rhamphorhynchus**
Rhc. = **Rhinocidium**
Rhcd. = Rhyncidlioda
Rhctm. = Rhynchocentrum
Rhdm. = Rhodehamelara
Rhdps. = Rhyndoropsis
Rhh. = Rhynchothechlia
Rhi. = **Rhizanthella**
Rhin. = **Rhinerrhiza**
Rhincs. = Rhinochilus
Rhip. = **Rhipidoglossum**
Rhla. = Rohrlara
Rhm. = **Rhomboda**
Rhn. = Rhynitis
Rhnps. = Rhynchonopsis
Rhrds. = Rhynchorides
Rht. = **Rhytionanthos**
Rhv. = Rhynchovanda
Rhw. = Rhynchawidium
Rhy. = **Rhynchostylis**

Ri. = **Ridleyella**
Ric. = Richardara
Ridl. = Ridleyara
Rll. = Rhynchovolaelia
Rim. = **Rimacola**
Ris. = **Risleya**
Rk. = Reinikkaara
Rl. = **Rhyncholaelia**
Rlb. = Rhyncholabium
Rlc. = Rhyncholaeliocattleya
Rlk. = Roellkeara
Rlla. = Rumrillara
Rln. = Rhynaelionitis
Rls. = Rollissonara
Rly. = Rhyntonleya
Rmd. = Rhynchomesidium
Rms. = Rodrimesastele
Rmsya. = Ramasamyara
Rna. = Rogersonara
Rnc. = Rhynchonia
Rnctm. = Renancentrum
Rnd. = Rhyncatdendrum
Rnds. = Renades
Rnet. = Renanetia
Rngl. = Renaglottis
Rngm. = Renanthoglossum
Rnp. = **Rhynchopera**
Rnps. = Renanopsis
Rns. = Rhynopsirea
Rnst. = Renanstylis
Rnt. = **Renata**
Rntda. = Renantanda
Rnthps. = Renanthopsis
Rnya. = Ronnyara
Ro. = Rodrenia
Rob. = Roeblingara
Rodps. = Rodriopsis
Roe. = **Roeperocharis**
Rol. = Rodrostelettia
Rolf. = Rolfeara
Ron. = Ronmaunderara
Ros. = **Rossioglossum**
Rot. = Rossitonia
Roth. = Rothara
Roz. = Roezlara
Rpa. = **Restrepiella**
Rpc. = Renorphorchis
Rpd. = Renanparadopsis
Rpp. = Rhynphalandopsis
Rppa. = Ruppara
Rpps. = **Restrepiopsis**
Rpr. = Renoprora
Rps. = Renopsis
Rrh. = Rhinerrhizochilus
Rrm. = Rodrumnia
Rrp. = **Rhinerrhizopsis**
Rrt. = Rhynarthron
Rry. = Rhynarthroleya
Rsc. = Rhynchosophrocattleya
Rscp. = Rossiochopsis
Rsg. = Rossotoglossum
Rsk. = Rosstuckerara
Rskra. = Rosakirschara
Rsl. = Russellara
Rsm. = Rossimilmiltonia
Rsot. = Rossitolidium
Rsp. = Rossitoniopsis
Rsra. = Roseara
Rst. = **Rhynchostele**
Rstp. = **Restrepia**
Rsv. = Robinstevensara
Rsy. = Rosscyrtodium
Rtf. = Robertrolfeara
Rtg. = Rhytoniglossum
Rth. = Rhyncattleanthe
Rthn. = Rittershausenara
Rtl. = **Renantherella**
Rtp. = Rhytiopetalum
Rtra. = Rotorara
Rtt. = Rhynitanthe
Ru. = **Rusbyella**
Rud. = **Rudolfiella**
Run. = Rundleara
Ruz. = Ruizara
Rvd. = Rhyncovanda
Rvl. = Rhynchovolitis
Rvm. = Rhynchavolarum
Ryps. = Rhynvandopsis
Rvt. = Rhynchovolanthe
Rvv. = Renvanvanda
Rwl. = Rothwellara
Rwm. = Rolfwilhelmara
Ry. = Rhynchopapilista
Rya. = Rhyncada
Ryc. = Rhyncatlaelia
Rych. = Rhynchochilus
Rycp. = Rhynchopsis
Ryd. = Rhynchodirea
Ryg. = Rydbergara
Ryh. = Rhynxhanthe
Ryl. = Rhynchochilopsis
Rym. = Rhynchamsia
Ryn = Rhyncanthe
Ryp. = Rhycopelia
Ryrt. = Rhynchorettia
Rys. = Rhyntonossum
Ryt. = Rhyntheconitis
Ryy. = Rhyleyaopsis
Rz. = **Rodrigueziopsis**
Rza. = **Roeziella**
S. = **Sophronitis**
Sa. = Sander
Sac. = Saccanthera
Sacc. = **Saccoglossum**
Saccm. = **Saccolabium**
Sak. = **Stalkya**
Sal. = **Salpistele**
San. = **Sanderella**
Snd. = Sanda
Sand. = Sanderara
Sant. = Starrachbabthera
Sapp. = Sappanara
Sar. = Sarcalaenopsis
Sarc. = **Sarcanthopsis**
Sarco. = **Sarcochilus**
Sat. = Statterara
Satm. = **Satyrium**
Sau. = **Saundersia**
Saur. = Saurorhynchos
Say. = **Sayeria**
Sb. = Schombletia
Sba. = Schombobrassavola
Sbc. = Schombolaeliocyclia
Sbd. = Sophrobardendrum
Sbgcm. = Sobennigraecum
Sbk. = **Sobennikoffia**
Sbl. = Sobratilla
Sbm. = **Stellilabium**
Sbn. = Sobrinoara
Sbp. = Schombophila
Sbr. = Schombarthron
Sbt. = Siebertara
Sby. = Schombocyclia
Sc. = Sophrocattleya
Sca. = **Scuticaria**
Scc. = Schomcattleya
Sccs. = **Sarcorhynchus**
Scd. = Scelodium
Sce. = **Scelochiloides**
Scel. = **Scelochilus**
Scg. = Scaphingoa
Scgl. = **Scaphyglottis**
Sch. = Schlechterara
Schfa. = Schafferara
Schl. = **Schlimmia**
Scho. = Schomburgkio-Cattleya
Schom. = **Schomburgkia**
Schy. = Sarcoschistotylus
Sci. = **Scistotylus**
Sciz. = **Scizochilus**
Scl. = Schombolaeliocattleya
Scla. = **Sacolia**
Scli. = **Sclimmia**
Scn. = Schomcatanthe
Sco. = Schomocattleya
Scp. = Selenocypripedium
Scr. = Sophrocatarthron
Scs. = Sarcoceras
Sct. = **Schlechterorchis**
Sctm. = **Solenocentrum**
Sctt. = Scottara
Scty. = Schomcaulattleya
Scu. = Scullyara
Scy. = Sophrocyclia
Scye. = **Stenocoryne**
Sda. = Symphodontonia
Sdd. = Sarcandides
Sdi. = Sarcodirea
Sdl. = **Schiedeella**
Sdla. = **Sciedeella**
Sdm. = **Solenidium**
Sdn. = Seidenides
Sdp. = Sediropsis
Sdps. = **Solenidiopsis**
Sdr. = Sedirisia
Sdra. = Sauledaara
Sds. = **Stigmatodactylus**
Sdt. = **Sarcocadetia**
Sdw. = Scheidwellerara
Se. = Sealara
Sed. = **Sedirea**
Sedn. = Sedenara
Sedto. = Sediritinopsis
See. = Seegerara
Seert. = **Sertifera**
Sef. = Seidenfadenara
Sei. = **Seidenfadenia**
Sel. = **Selenipedium**
Sele. = Selenopanthes
Selen. = Selenipanthes
Sen. = Stenia
Sep. = **Sepalosaccus**
Ser. = Serapicamptis
Sev. = Severinara
Sf. = **Sedenfadenia**
Sfdra. = Stanfieldara
Sg. = **Symphoglossum**
Sgdm. = Sigmacidium
Sgka. = Sagarikara
Sgl. = Sceloglossum
Sgm. = **Symphyglossum**
Sgmt. = Sigmettia
Sgmx. = **Sigmatostalix**
Sgps. = **Sarcoglyphis**
Sgr. = Sergioara
Sgra. = Segerara
Sgrt. = Siegeristara
Sgsm. = **Sauroglossum**
Sgt. = **Simpliglottis**
Sha. = Sophcychea
Shc. = Sophrocatcattleya
Shda. = **Schiedella**
Shgra. = Shigeuraara
Shhn. = Sheehanara
Shipm. = Shipmanara
Shk. = Schunkeara
Shl. = Schloatara
Shn. = Sheehanara
Shstrum. = Stanhopeastrum
Sht. = Sophrothechea
Shts. = **Stephanothelys**
Shva. = Shiveara
Shy. = Sophroprosleya
Sidr. = Sidranara
Sie. = **Sievekingia**
Sig. = **Sigmatogyne**
Sil. = **Silvorchis**
Silpa. = Silpaprasertara
Sin. = **Sinorchis**
Sir. = **Sirhookera**
Sjm. = Sirjeremiahara
Sjma. = Sanjumeara
Sk. = **Skeprostachys**
Ska. = **Schwartzkopffia**
Skb. = Schluckebieria
Skba. = Sakabaara

Skbl. = Schluckbleria
Skp. = **Skeptrostachys**
Skr. = Schomkeria
Sl. = Sophrolaelia
Sla. = Sarcopapilionanda
Slad. = Sladeara
Slc. = Sophrolaeliocattleya
Sld. = Scelcidumnia
Sld. = Selcidumnia
Slga. = Schilligerara
Slh. = Sarcochilanthe
Sll. = Schomcaulaelia
Slm. = Saccolabium
Sln. = Scelonia
Slp. = Sophrolaeliophila
Slps. = **Saccolabiopsis**
Slpt. = Scleropteris
Slr. = Solanderara
Slt. = Scelorettia
Slx. = Sarcolexia
Sly. = Sophrolaeliocyclia
Sm. = Smithara
Smbc. = Schombocattleya
Smbcna. = Schombocatonia
Smbdcm. = Schombodiacrium
Smbep. = Schomboepidendrum
Smbl. = Schombolaelia
Smbna. = Schombonia
Smbts. = Schombonitis
Smbv. = Schombavola
Smg. = Summerangis
Smh. = Schomechea
Smi. = Smithara (1972)
Smit. = **Smithorchis**
Smlp. = Schombolaeliopsis
Smt. = Smithanthe
Smr. = Schomrhyncattleya
Smy. = Schomleycyclia
Sna. = **Stenoptera**
Snb. = Stenobolusia
Sngl. = **Stenoglottis**
Sngs. = Senghasara
Snk. = Scolnikara
Snla. = **Steveniella**
Snm. = **Solonidium**
Snn. = Seidenanda
Sno. = Stenodenella
Snp. = Stenopetella
Sns. = **Schoenorchis**
Snths. = **Sarcanthus**
Snx. = Stenolexia
So. = Sobraleya
Sob. = **Sobralia**
Soda. = **Stereosandra**
Soi. = **Sacoila**
Sol. = Sochrocatlaelia
Sole. = **Solenangis**
Sop. = Sophrobroughtonia
Soph. = **Sophronitella**
Sot. = Sopharthron

Sp. = **Stauropsis**
Spa. = **Spathoglottis**
Spb. = Sophrobroanthe
Spc. = **Speculantha**
Spd. = **Sarcopodium**
Spe. = **Specklinia**
Spf. = Steumpfleara
Spg. = Stenopogon
Sph. = **Sphyrarhynchus**
Sphr. = **Sophronia**
Spi. = **Spiculaea**
Spil. = Spilorhhiza
Spir. = **Spiranthes**
Spl. = Sophroleya
Spla. = Saplalaara
Spb. = Sophrobroanthe
Spm = **Stectophyllum**
Spn. = **Sarcophyton**
Spo. = **Spongiola**
Spp. = Spathophaius
Sppm. = **Scaphosepalum**
Spr. = Spruceara
Sprra. = Susanperreiraara
Sprt. = Sophrattlia
Sps. = Spiessara
Spt. = Sophrotes
Spth. = Sophrotheanthe
Spv. = Sophrovola
Spy. = Sophleyclia
Spza. = Sarpariza
Sr. = Stauranda
Sra. = **Sutrina**
Sran. = Sarcomoanthus
Src. = **Staurochilus**
Srct. = Sophrocattlaelia
Srctm. = Sarcocentrum
Srdts. = Saridestylis
Srf. = Sherriffara
Srg. = Sophrogoa
Srgt. = **Sarcoglottis**
Srka. = Srisukara
Srl. = Sophrophila
Srm. = **Satyridium**
Srnps. = Sarconopsis
Srp. = **Serpenticaulis**
Srps. = **Serapias**
Srr. = Seibertara
Srt. = Sophranthe
Srth. = Sarcothera
Srts. = Sartylis
Srty. = Sarcostachys
Srv. = Sarcovanda
Sry. = Seraphrys
Srza. = Sarcorhiza
Ssa. = **Sarcostoma**
Ssn. = **Sepalosiphon**
Ssna. = **Smithsonia**
Sspm. = **Symphysepalum**
Sss. = **Sphyrastylis**
Ssys. = **Schistotylus**
St. = Schombotonia
Sta. = Staurachnis

Staal. = Staalara
Stac. = Stacyara
Stan. = **Stanhopea**
Stb. = Stanbreea
Std. = Staffordara
Stda. = **Smitinandia**
Ste. = **Stelis**
Sten. = **Stenorrhynchus**
Stenia = **Stenia**
Ster. = **Stereochilus**
Stga. = Stangora
Stgl. = Staurochoglottis
Sti. = **Stigmatosema**
Stil. = **Stilifolium**
Stk. = Satorkis
Stl. = **Stelbophyllum**
Stla. = Steniella
Stlb. = Stilbophyllum
Stlma. = Stellamizutaara
Stm. = **Schuitemania**
Stmk = Stephenmonkhouseara
Stmra. = Stamariaara
Stn. = **Stamnorchis**
Stncn. = Stanhocycnis
Sto. = Stonia
Stol. = **Stolzia**
Stp. = Stellipogon
Stph. = Stephenara
Str. = Stricklandara
Strm. = Stormara
Strn. = Stearnara
Strs. = **Stenorrhynchos**
Sts. = **Soterosanthus**
Stsc. = Stenosarcos
Stt. = Suttonara
Stwt. = Stewartara
Sua. = **Suarezia**
Sud. = **Sudamerlycaste**
Sul. = Sudamuloa
Sum. = **Summerhayesia**
Sun. = **Sunipia**
Sup. = Staurandopsis
Sur. = Staurovanda
Sut. = Sutingara
Svd. = Sarvandopsis
Svg. = Savageara
Svk. = **Svenkoelzia**
Svl. = Sevillaara
Svp. = Sarvandopanthera
Sw. = Sweetara
Swf. = Schweinfurthara
Sxa. = Seahexa
Sy. = Stylisanthe
Sya. = Sallyyeeara
Syc. = Sudalycenaria
Syg. = Symphyglossonia
Sym. = Symphodontioda
Syma. = Symmonsara
Symp. = Symphodontoglossum
Syn. = **Synanthes**

Syna. = **Synassa**
Sys. = **Systeloglossum**
Sz. = Serapirhiza
Szdm. = **Schizodium**
Szl. = Stenizella
Szs. = **Schizochilus**
T. = **Traunsteinera**
Ta. = Tanakara
Tae. = **Taeniophyllum**
Tai. = **Tainia**
Tak. = Takakiara
Tanara = Tanara
Tap. = **Tapeinoglossum**
Tar. = Taprachthera
Tat. = Tateara
Tbc. = **Tetrabaculum**
Tbcm. = Tubaecum
Tbg. = Tetrabroughtanthe
Tbl. = Tuberella
Tblm. = **Tuberolabium**
Tbwa. = Turnbowara
Tc. = **Trichoceros**
Tcd. = Triodoncidium
Tch. = Taeniochista
Tchch. = Trichochilus
Tcm. = Trichosma
Tcn. = Trichocenilus
Tca. = **Thelyschista**
Tcs. = **Thecostele**
Tct. = Tubecentron
Tcy. = Tetracyclia
Tdz. = Telidezia
Tdza. = Trichodezia
Tea. = **Teagueia**
Tem. = Templeara
Tet. = **Tetragamestus**
Teu. = **Teuscheria**
Tga. = **Thysanoglossum**
Tgl. = Toluglossum
Tgz. = Tolguezettia
Th. = Thaiara
Tha. = **Thaia**
The. = **Thecopus**
Thel. = **Thelymitra**
Thmpa. = Thompsonara
Tho. = Thorntonara
Thr. = Thousarsara
Thra. = Teohara
Ths. = Trichocensiella
Thta. = **Trichotosia**
Thu. = **Thulinia**
Thu. = **Thunia**
Thw. = Thwaitesara
Thy. = Thayerara
Tic. = **Ticoglossum**
Tin. = **Tainiopsis**
Tip. = **Tipularia**
Tkl. = Takulumena
Tlb. = Thelybaculum
Tld. = Toladenia
Tln. = Toluandra
Tlp. = Tapilinopsis

Tls. = **Thelasis**
Tlt. = Telisterella
Tly. = **Thelychiton**
Tmp. = Tolumnopsis
Tna. = Tunstillara
Tnc. = Toloncettia
Tnl. = Thunilla
Tnr. = **Taeonirrhiza**
To. = **Townsonia**
Tod. = Tomoderara
Tolu. = **Tolumnia**
Tom. = **Tomzanonia**
Tos. = Tolassia
Tp. = **Telipogon**
Tpb. = **Taprobanea**
Tpd. = Tapranda
Tpc. = Tuberoparaptoceras
Tpch. = Taprachnis
Tpg. = Taproglottis
Tpgn. = Trichopogon
Tph. = Tapranthopsis
Tphm. = Triasphyllum
Tphnt. = Trophianthus
Tpl. = **Tropilis**
Tpln. = Taprophalanda0
Tplt. = Tapropailanthera
Tpn. = Taproanthe
Tpp. = Tapronopsis
Tpt. = Taprotrichothera
Tpy. = Trichocidiphyllum
Tprn. = Taprenopsis
Tprp. = Taproparanthera
Tr. = **Tridactyle**
Tra. = **Trachoma**
Trcdm. = Trichocidium
Trcps. = Trichopsis
Tpr. = Tapranthera
Trcv. = Trichovanda
Trd. = Taurodium
Tre. = **Trevoria**
Trev. = Trevorara
Trgca. = Trigolyca
Trgdm. = **Trigonidium**
Trgl. = **Trichoglottis**
Tri. = Trichachnis
Trias = **Trias**
Tric. = Trichopasia
Trip. = **Triphora**
Tris. = **Trisetella**
Triz. = **Trizeuxis**
Trl. = Triaristella
Trla. = Trichorella
Trmn. = Trilumna
Trn. = Tetronichilis
Trnps. = Trichonopsis
Tro. = **Tropidia**
Trp = **Trachypetalum**
Trpla. = **Trichopilia**
Trst. = Trichostylis
Trt. = **Trichocentrum**
Trta. = Trautara
Tru. = Trudelianda
Trud. = **Trudelia**
Trvp. = Taprenvandopsis
Try. = Treyeranara
Ts. = **Tsaiorchis**
Tsa. = Tsaiara
Tsla. = Trisuloara
Tspt. = Triaspetalum
Tsr. = Tansirara
Tss. = Trichassia
Tst. = Tsubotaara
Tsx. = **Trichosalpinx**
Tta. = Tetralaelia
Ttct. = Tetracattleya
Ttdm. = Tetradiacrium
Ttka. = Tetrakeria
Ttma. =. **Tetramicra**
Ttp. = Thecostelopus
Ttps. = Tetraliopsis
Ttr. = Tetrallia
Tts. = **Triceratorhynchus**
Ttt. = Tetrarthron
Tttna. = Tetratonia
Tub. = **Tubilabium**
Tuck. = Tuckerara
Tun. = Tolucentrum
Tur. = **Taurantha**
Tut. = Tolutonia
Tvd. = Tapvandachnis
Tvr. = Tapvandera
Tvv. = Trichovanvvanda
Tx. = **Thrixspermum**
Ty. = **Tylostigma**
Tyc. = Tetrasychilis
Tyd. = Trichocyrtocidium
Tyl. = Tylostylis
Tylo. = **Tylochilus**
Typ. = Thelypilis
Tyr. = Thelyrillia
Tyt. = Tricyrtochilum
U. = **Uleiorchis**
Uml. = Umlandara
Un. = **Uncifera**
Upta. = Uptonara
Urc. = **Urochilus**
Uro. = Urostachya
V. = **Vanda**
Va. = Vandachnanthe
Vach. = Vacherotara
Vacl. = Vanachnochilus
Val. = Valinara
Van. = Vandachostylis
Vap. = **Vappodes**
Vapd. = Vappaculum
Var. = **Vargasiella**
Vas. = **Vasqueziella**
Vasco. = Vascostylis
Vbm. = Vonbismarchara
Vc. = Vandarachnis
Vchns. = Vandachnis
Vcp. = Vancampe
Vct. = Vanchoanthe
Vdcy. = Vandacostylis
Vdla. = Vandantherella
Vdnps. = Vandaenopsis
Vdp. = Vandopirea
Vdps. = **Vandopsis**
Vdpsd. = Vandopsides
Vdr. = Vandantherides
Vdts. = Vandoritis
Veg. = Vanlaenoglottis
Ver. = Vervaetara
Ves. = Vansteenisara
Vex. = **Vexillabium**
Vey. = **Veyretella**
Vf. = Vandofinetia
Vfds. = Vandofinides
Vg. = Vandoglossum
Vgm. = Vanglossum
Vgt. = Vandoglottanthe
Vie. = **Vieillardorchis**
Vja. = Vejvarutara
Vkt. = Volkertara
Vl. = **Vanila**
Vnc. = Vanascochilus
Vnd. = Vandirea
Vnk. = Vinckeara
Vnr. = Vannerara
Vnra. = Vaughnara
Vnsta. = Vanalstyneara
Vnt. = Vicentelara
Vp. = Vandacopsis
Vpda. = Viraphandhuara
Vpl. = Vanphalanthe
Vps. = Vandanopsis
Vqt. = Vanquetia
Vrg. = Vargasara
Vrm. = Varamayara
Vrp. = Vantrichopsis
Vrr. = Veraara
Vrs. = Vitebrassonia
Vry. = **Vrydagzynea**
Vs. = Vandopsis (1931)
Vsp. = Vanstauropsis
Vst. = Vanschista
Vt. = Vandanthe
Vtc. = Vitecidium
Vth. = Vandathera
Vths. = Vandaeranthes
Vtl. = Vitechilum
Vtp. = Vananthopsis
Vuyl. = Vuylstekeara
Vuulck. = Vuylsteckeara
Vv. = Vandopsisvanda
Vvd. = Vanvanda
Vwga. = Vandewegheara
Vyr. = **Veyretia**
W. = **Warscewiczella**
Wa. = **Warmingia**
Wai. = Waibengara
War. = **Warreela**
Warp. = **Warreopsia**
Wba. = Warburtonara
Wbb. = Weberbauerara
Wbg. = Wilburchangara
Wcy. = Warchlerhyncha
Wdwa. = Woodwardara
Wel. = Wellesleyara
Wgfa. = Wingfieldara
Wgg. = Wengangara
Whb. = Warchaubeanthes
Whi. = Whitinara
Whm. = Wilhelmara
Whw. = Whillihowaea
Wig. = Wiganara
Wil. = Williaara
Wils. = Wilsonara
Win. = Winnara
With. = Withnerara
Wknsra. = Wilkinsara
Wlb. = Wallbrunnara
Wlc. = Williamcookara
Wlk. = Wilkara
Wll. = Wailaihowara
Wlm. = Williamara
Wlra. = Wailaiara
Wls. = Williamsara
Wmp. = Williampriceara
Wmr. = Whitmoorara
Wnra. = Warneara
Woo. = Wooara
Wr. = Wrefordara
Wra. = **Warrea**
Wre. = **Waireia**
Wrg. = Wrigleyara
Wrna. = Waironara
Wse. = Wiseara
Wsta. = Westara
Wtd. = Warcatardia
Wtr. = Warscatoranthes
Wts. = Watsonara
Wu. = **Wullschla egelia**
Wut. = Wuttiphanara
Wws. = Warczewscaphe
Wwz. = Warszewiczara
Wyg. = Waiyengara
Wzb. = Waczebardia
Wzr. = Warczerhyncha
Wzt. = Warczatoria
X. = **Xenikophyton**
Xar. = Xaritonia
Xe. = **Xerorchis**
Xip. = Xiphosium
Xra. = Xerriara
Xyl. = **Xylobium**
Y. = **Yoania**
Yam. = Yamadaara
Yamad. = Yamadara
Yap. = Yapara
Ybk. = Yehbokara
Ygt. = Youngyouthara
Yhra. = Yahiroara
Yin. = Yinwaiara
Yit. = Yithpeara
Ymn. = Yinmunara
Ynra. = Yoneoara
Yp. = **Ypsilopus**

Ypga. = *Yeepengara*
Ypt. = *Ypsilactyle*
Yra. = *Yeeara*
Ysfra. = *Yusofara*
Yzwr. = *Yonezawaara*
Z. = ***Zygopetalum***
Zba. = *Zygopabstia*
Zbd. = *Zygobardia*
Zbm. = *Zygobatemannia*
Zbt. = *Zygobatemania*
Zcha. = *Zygorhyncha*
Zcl. = *Zygocastuloa*
Zcla. = *Zygocella*
Zcp. = *Zygoscaphe*
Zcs. = *Zelenchostele*
Zcst. = *Zygocaste*
Zct. = *Zelencidiostele*
Zcx. = *Zygocolax*
Zdp. = *Zelencidopsis*
Zds. = *Zeloncidesa*
Zdsnth. = *Zygodisanthus*
Ze. = ***Zetagyne***
Zed. = *Zelenkocidium*
Zel. – ***Zelenkoa***
Zeu. = ***Zeuxine***
Zga. = *Zygoneria*
Zgc. = *Zygoncidesa*
Zgd. = *Zelglossoda*
Zglm. = *Zygolum*
Zgm. = *Zygogardmannia*
Zgs. = *Zelengomestele*
Zgt. = *Zygotorea*
Zgx. = *Zygolax*
Zgz. = *Zelumguezia*
Zht. = *Zellahuntanthes*
Zka. = *Zelenkoara*
Zlc. = *Zelenchilum*
Zlm. = *Zelemnia*
Zma. = *Zygomena*
Zmg. = *Zelomguezia*
Zmt. = *Zygomatophyllum*
Zmz. = *Zygomenzella*
Zns. = *Zygonisia*
Znt. = *Zelenettia*
Zo. = ***Zootrophion***
Zpn. = *Zygophinia*
Zsc. = *Zygosepescalum*
Zsp. = *Zygosepella*
Zspm. = ***Zygosepalum***
Zsr. = *Zygonisatoria*
Zst. = *Zygosteria*
Zsts. = *Zygostylis*
Zts. = *Zeltonossum*
Zwr. = *Zygowarrea*
Zy. = *Zygocidium*
Zyd. = *Zelyrtodium*
Zyg. = *Zygodendrum*
Zyl. = ***Zylobium***
Zyo. = *Zygocalyx*
Zyt. = ***Zygostates***
Zzl. = *Zygozella*

執筆（50音順・敬称略）

赤井　三夫　世界らん展組織委員会　理事
宇田川芳雄　阿夫利洋蘭園　園主（現在は勇退）
江尻　宗一　日本洋蘭農業協同組合　副組合長・審査委員長
英国王立園芸協会　蘭委員会委員
須和田農園　園主
大場　良一　株式会社 大場蘭園　社長
小澤　知良　小澤蘭園　園主
片桐　壮介　日本洋蘭農業協同組合　理事
片桐農園　園主
河村　賢治　日本洋蘭農業協同組合　理事・中部支部長・正審査員
やまはる園芸　園主
合田　弘之　国際園芸 株式会社　会長
齊藤　正博　全日本蘭協会　会長
阪上　広和　日本洋蘭農業協同組合　理事
株式会社 万花園　洋蘭担当
坂本　英昭　全日本蘭協会　審査委員長
清水　達夫　蘭友会　会長
高橋　昌美　世界らん展組織委員会　幹事長
日本洋蘭農業協同組合　副組合長・正審査員
株式会社 東京オーキット・ナーセリー　社長
古屋　進　無錫向山蘭園科技有限公司　総経理
向山　武彦　株式会社 向山蘭園　会長
谷亀　高広　理学博士（専門は菌類生態学）
瑞穂町郷土資料館けやき館　学芸員
北海道大学総合博物館　資料部研究員
国立科学博物館植物研究部　特別研究生
望月　信和　日本洋蘭農業協同組合　理事・正審査員
世界らん展組織委員会　委員・審査員
望月蘭園　代表
和中　雅人　日本洋蘭農業協同組合　理事・正審査員
ワカヤマオーキッド　園主

写真提供（上記以外）

世界らん展日本大賞事務局
橋本　季正　高知県立牧野植物園　植物研究課　研究調査員

特別協力

合田　一之　日本洋蘭農業協同組合　代表理事・組合長
国際園芸 株式会社　社長
森田　裕子　Office Wani

STAFF

編　　者　洋ラン大全編集部
監　　修　世界らん展日本大賞事務局
全日本蘭協会
日本洋蘭農業協同組合
蘭友会
デザイン・DTP　HOPBOX
編集協力　和田士朗［knowm］

優良花から珍ラン奇ランまで

洋ラン大全

2018年1月15日 発　行　　NDC672

編　　者　洋ラン大全編集部
監　　修　世界らん展日本大賞事務局
全日本蘭協会
日本洋蘭農業協同組合
蘭友会
発 行 者　小川雄一
発 行 所　株式会社誠文堂新光社
〒113-0033　東京都文京区本郷3-3-11
［編集］電話 03-5800-3625
［販売］電話 03-5800-5780
http://www.seibundo-shinkosha.net/
印刷・製本　大日本印刷株式会社

ISBN978-4-416-51768-0